विचार-प्रवाह

विचार-प्रवाह

हजारीप्रसाद द्विवेदी

राजकमल प्रकाशन

ISBN : 978-81-267-0581-8

मूल्य : ₹695

पहला संस्करण : 1959
आवृत्ति : 2023

प्रकाशक : राजकमल प्रकाशन प्रा.लि.
1-बी, नेताजी सुभाष मार्ग, दरियागंज
नई दिल्ली-110 002
द्वारा प्रकाशित

शाखाएँ : अशोक राजपथ, साइंस कॉलेज के सामने, पटना-800 006
पहली मंजिल, दरबारी बिल्डिंग, महात्मा गांधी मार्ग, प्रयागराज-211 001
1, अनमोल सोराबजी संतुक लेन, धोबी तलाव, मरीन लाइंस, मुम्बई-400 002

वेबसाइट : www.rajkamalprakashan.com
ई-मेल : info@rajkamalprakashan.com

मुद्रक : बी.के. ऑफसेट
नवीन शाहदरा, दिल्ली-110 032

VICHAR-PRAVAH
Critical Essays by Hazari Prasad Dwivedi

यह संस्करण

आचार्य हजारीप्रसाद द्विवेदी की प्रायः सभी कृतियाँ 'राजकमल' से प्रकाशित हैं। फिर भी कुछ पुस्तकें ऐसी हैं जो 'राजकमल' से बाहर हैं और लम्बे समय से अनुपलब्ध भी। हमारी हार्दिक इच्छा रही है कि ऐसी सभी कृतियों के नये संस्करण 'राजकमल' से प्रकाशित किये जायें। इस सन्दर्भ में **हिन्दी साहित्य : उद्भव और विकास** तथा **सहज साधना** का प्रकाशन उल्लेखनीय है और **विचार प्रवाह** का यह संस्करण भी हमारी इसी इच्छा का मूर्त रूप है। आशा है, आचार्य द्विवेदी की इस महत्त्वपूर्ण निबन्ध-कृति को नये रूप में पाकर पाठकों को सन्तोष होगा।

प्रकाशक

पहले संस्करण के लिए लिखित

निवेदन

विचार-प्रवाह समय-समय पर लिखे गये मेरे लेखों और भाषणों का संग्रह है। कुछ निबन्ध बहुत पहले के लिखे हुए हैं, कुछ हाल के। इस संग्रह में कविवर रवीन्द्रनाथ ठाकुर की एक कविता का अनुवाद भी चला गया है। यह कविता मुझे बहुत प्रिय है। किन्तु इस संग्रह में इसके अनुवाद के देने की मेरी कोई इच्छा नहीं थी। फिर भी उसने अपना स्थान बना ही लिया! पुस्तक पढ़कर सहृदय पाठक यदि कुछ आनन्द पा सकें तो परिश्रम सार्थक समझूंगा। संग्रह को आदरणीय पं. नाथूरामजी प्रेमी ने बड़े उत्साह से प्रकाशित किया है। वे इस समय रोगशय्या पर पड़े हुए हैं। परमात्मा उन्हें शीघ्र स्वस्थ करें। ये लेख पहले विभिन्न पत्र-पत्रिकाओं और, कभी-कभी, छोटी पुस्तिकाओं के रूप में प्रकाशित हुए थे, कुछ आकाशवाणी से प्रसारित हुए थे, इन सबके प्रति हार्दिक आभार प्रकट करता हूँ।

25-6-59

हजारीप्रसाद द्विवेदी

क्रम

संस्कृत के महाकाव्यों की परम्परा

(1)

'महाकाव्य' शब्द का प्रयोग आजकल दो अर्थों में होने लगा है---अंग्रेजी के 'एपिक' शब्द के अर्थ में और प्राचीन आलंकारिक आचार्यों द्वारा प्रयुक्त सर्गबद्ध काव्य के अर्थ में। साधारणतः यूरोपियन पण्डितों ने भारतीय 'एपिक' कहकर केवल दो ग्रन्थों की चर्चा की है, महाभारत की और रामायण की। भारतीय पण्डितों ने भी रामायण को आदिकाव्य कहा है, परन्तु महाभारत को 'इतिहास', 'आख्यान', 'पाँचवाँ वेद' आदि कहा है और इस प्रकार यह बताना चाहा है कि महाभारत रामायण से भिन्न श्रेणी की रचना है। कौटिल्य के अर्थशास्त्र (1-5) के अनुसार इतिहास में पुराण और इतिवृत्त का समावेश होता है। ऐसा जान पड़ता है कि परवर्ती पुराणों की परम्परा महाभारत के रूप से सम्बद्ध है और काव्यों की परम्परा रामायण के रूप से; पर न तो परवर्ती पुराण महाभारत की ऊँचाई तक पहुँच सके हैं और न परवर्ती काव्य रामायण की गुरुता तक। महाभारत को यद्यपि 'काव्य' नहीं कहा गया तथापि उसमें कितने ही आख्यान ऐसे हैं जो निश्चित रूप से 'काव्य' की श्रेणी में आते हैं और समूचे महाभारत में कवि-बुद्धि को प्रेरणा देनेवाले तत्त्व प्रचुर मात्रा में वर्तमान हैं। स्वयं महाभारत ने अपने विषय में कहा है: "जैसे दही में मक्खन, मनुष्यों में ब्राह्मण, वेदों में आरण्यक, औषधों में अमृत, जलाशयों में समुद्र और चतुष्पदों में गौ श्रेष्ठ है, उसी प्रकार इतिहास में यह 'भारत' श्रेष्ठ है। इस आख्यान को सुनने के बाद अन्य कथाएँ उसी प्रकार

फीकी मालूम होंगी जिस प्रकार कोकिल की वाणी सुनने के बाद काक की वाणी। जैसे पंचभूत से लोक की तीन संविधियाँ उत्पन्न होती हैं उसी प्रकार इस इतिहास को सुनकर कवि-बुद्धियाँ उत्पन्न होती हैं।" अर्थात् महाभारत-कार के मन में यह बात उपस्थित थी कि इस इतिहास को सुनकर कवि-बुद्धियाँ उत्पन्न होती हैं। यह बात अक्षरशः सत्य है, क्योंकि पिछले दो हजार वर्षों के भारतीय साहित्य को यह महाग्रन्थ नित्य प्रेरित और चालित करता रहा है। अनेक युगों के संचित भारतीय ज्ञान का यह भण्डार माना जाता रहा है और 'काव्य' तो नहीं, पर 'काव्य' का प्रेरणा-दाता समझा जाता रहा है।

महाभारत की मूल कहानी कुरु-पाण्डव युद्ध है जो सम्भवतः प्राचीनतर कुरु-पाञ्चाल युद्ध का किञ्चित् परिवर्तित रूप था। परन्तु इस मूल कहानी के इर्द-गिर्द अनेक प्राचीन उपाख्यान आ जुटे हैं, जिन्होंने इस ग्रन्थ को 'संहिता' (संग्रहीकृत) का रूप दिया है। इन कहानियों में से कई तो यूरोपियन देशों में इतनी प्रिय हुई हैं कि एक ही कहानी के, एक ही भाषा में तीन-तीन चार-चार अनुवाद हुए हैं। नल-दमयन्ती का उपाख्यान ऐसा ही मोहक कथानक है जो मूल कथा से सम्बद्ध नहीं है पर यूरोप की भाषाओं में कई-कई बार अनूदित हो चुका है और भारतीय साहित्य के कई काव्यों और नाटकों को प्रेरणा दे सका है। उत्तरकालीन संस्कृत-साहित्य के अत्यन्त अलंकृत और अर्थगाम्भीर्य-पूर्ण महाकाव्य नैषध चरित का आधार यही उपाख्यान है। ऐसे उपाख्यानों को यूरोपियन पण्डितों ने 'महाकाव्य के भीतर महाकाव्य' (एपिक विदिन एपिक) नाम दिया है। सहृदय के चित्त को भाव-मथित कर डालने में ये उपाख्यान अत्यन्त प्रभावशाली हैं। श्री एफ. वप्प जैसे मर्मज्ञ विद्वान् ने आज से लगभग डेढ़ सौ वर्ष पहले नल-दमयन्ती के उपाख्यान की इस महिमा को अनुभव किया था। उन्होंने लिखा था, "मैं सिर्फ इतना ही कहूँगा कि मेरी समझ में करुणा तथा आवेगों की दृष्टि से और भावों की कोमलता तथा विमोहक शक्ति के खयाल से नल-दमयन्ती का उपाख्यान अद्वितीय है। इसकी रचना इस ढंग से की गयी है कि वह सबको आकर्षित करती है – चाहे वह बूढ़ा हो या जवान, उच्च जातीय हो या नीच जातीय, रसज्ञ आलोचक हो या सहज बुद्धि द्वारा चालित साधारण पाठक।" इस प्रकार नल के उपाख्यान का प्रभाव विश्वजनीन है; वह मनुष्य के उस

मर्मस्थल को स्पर्श करता है जो जाति और वय तथा लिंग और धर्म के सभी आवरणों के नीचे अत्यन्त गहराई में है और जहाँ सभी मनुष्य एक हैं, 'साधारण' हैं। कोई आश्चर्य नहीं कि इस उपाख्यान ने देश-विदेश के सहृदयों के चित्त को इस प्रकार आलोड़ित किया है और यह अनेक काव्यों और नाटकों का मूल प्रेरणादाता रहा है।

ऐसी कहानियाँ महाभारत में बहुत हैं। सावित्री-सत्यवान् के आख्यान के सम्बन्ध मे सुप्रसिद्ध जर्मन पण्डित श्री विंटरनित्स ने लिखा था कि "चाहे जिस किसी ने सावित्री के काव्य की रचना की हो, चाहे वह कोई सूत रहा हो या ब्राह्मण, वह अवश्यमेव सब कालों का सर्वोच्च कवि था। कोई महान् कवि ही इस उत्कृष्ट महिला-चरित्र को इतने मनोमोहक एवं आकर्षक ढंग से चित्रित कर सकता था, और शुष्क उपदेश की मनोवृत्ति में पड़े बिना भाग्य और मृत्यु पर प्रेम तथा पातिव्रत्य की विजय दिखला सकता था और प्रतिभाशाली कलाकार ही जादू की तरह ऐसे आश्चर्यजनक चित्र हमारे सम्मुख उपस्थित कर सकता था।" ऐसी कहानियों का सीधा सम्बन्ध मूल कहानी से नहीं है, पर मूल कहानी भी भारतवर्ष के और बाहर के सहृदयों और कवियों को शताब्दियों से प्रभावित करती रही है।

महाभारत एक हाथ की रचना नहीं है। मूल ग्रन्थ से ही इस बात के प्रमाण खोजे गये हैं कि इस ग्रन्थ का सम्पादन एकाधिक बार किया गया है। परन्तु एक हाथ की रचना न होने पर भी महाभारत एक सम्पूर्ण युग की रचना है। इसमे किसी एक व्यक्ति का तो नहीं, पर एक सम्पूर्ण युग का व्यक्तित्व बहुत स्पष्ट रूप में अभिव्यक्त हुआ है। इस युग में भारतीय जनता शहर और गाँव में इतनी अधिक नहीं बँट गयी थी, यदि बँटी भी थी तो अन्तर बहुत थोड़ा था। अभिजात वंश के लोगों के साथ उसका अन्तर बहुत अधिक नहीं था। इस युग के राजा और सरदार लोगों ने हथियार नहीं छोड़ा था, वे साधारण जनता के साथ-साथ युद्ध में लड़ते थे और यदि राजवंशीय व्यक्ति साधारण व्यक्ति से प्रत्यक्ष वीरत्व में किसी प्रकार कम सिद्ध हुआ तो उसकी हेठी मानी जाती थी। महाभारत उज्ज्वल चरित्रों का विशाल वन है। इस ग्रन्थ में ऐसे पात्र बहुत कम हैं—नहीं हैं, कहना अधिक ठीक है—जो महलों में पलकर चमके हों। सबके सब एक तूफान के भीतर से गुजरे हैं, संघर्षों के

भीतर से ही महाभारत के सर्वोत्तम चरित्र विकसित हुए हैं। उनका विकास कवि की सुनियन्त्रित योजना के इशारे पर नहीं हुआ है, बल्कि अपने-आपकी भीतरी शक्ति के द्वारा हुआ है; जैसे महावन का विशाल वनस्पति हो जो तूफानों और शिलावृष्टियों की चोट सहकर, और पार्श्ववर्ती वनराज की भयंकर प्रतिद्वन्द्विता को पछाड़कर आकाश में सिर उठाता है। इन पात्रों ने अपना रास्ता स्वयं निकाला है, अपनी ही रची हुई विपत्ति की चिन्ता में ये हँसते-हँसते कूद गये हैं। महाभारत का अदना से अदना चरित्र भी डरना नहीं जानता, आत्मविश्वास की ऐसी उच्छल धारा सर्वत्र नहीं मिल सकती। सबके चेहरे पर अकुतोभय भाव हैं, अविश्वास की छाया कहीं नहीं पड़ी, भीति की शिकन से कोई भी विकृत नहीं हुआ—निर्भीक, साहसी, तेजस्वी। पाठक महाभारत पढ़ते समय एक जादू-भरे वीरत्व के अरण्य में प्रवेश करता है, जहाँ विपत्ति तो है, पर भय नहीं है; असफलता तो है, पर निराशा नहीं है; जीवन की गलतियाँ तो हैं, पर उनके लिए अनुताप नहीं है। सरल तेज, अकृत्रिम दर्प, निर्भीक वीरत्व, विवेकयुक्त कर्तव्य और अकपट आचरण महाभारतीय वीरों के चरित्र के मूल स्वर हैं।

और फिर भी महाभारत में एक जटिल समाज-व्यवस्था के आरम्भ का आभास पाया जाता है जिसमें कूटनीति सदाचार पर, सामयिक सुविधा पुरानी रूढ़ियों पर, युक्ति-तर्क सहज-बोध पर विजयी होते दीख जाते हैं। महाभारत में लड़ाकू सभ्यता चरम बिन्दु पर पहुँची है और प्रत्यक्ष युद्ध के स्थान पर कूटनीतिक युद्ध का बीजारोप हो चुका है। हिन्दू-विश्वास के अनुसार इस महायुद्ध के बाद एक नवीन युग का जन्म हुआ था। और धर्म के चार में से किसी प्रकार बचे-बचाये दो चरणों में से भी एक टूट गया था और धर्म का केवल एक चरण बच रहा था। यहीं से उस परवर्ती सामाजिक व्यवस्था का जन्म होता है जिसमें राजसत्ता क्रमशः साधारण जनता से अलग होती गयी और आगे चलकर प्रबल पराक्रमी साम्राज्यों के रूप में प्रकट हुई। क्रमशः राजा और राज-राजेश्वर साधारण जनता से बहुत दूर पड़ते गये और जन-रक्षा का भार वेतन-भोगी सैनिकों और सेनाध्यक्षों पर आ गया। महा-भारतीय वीरत्व म्लान हो गया, अकृत्रिम ऐश्वर्य को ग्रहण लग गया और 'धर्म' की बची-बचाई टाँगें भी निःशक्त हो गयीं।

महाभारत के कथानकों को परवर्ती महाकाव्यों की भाँति अलंकृत करने का प्रयत्न नहीं किया गया है। चरित्रों की भीतरी प्राण-शक्ति ने ही कथानक को सहज प्रवाह दिया है और सहृदय-हृदय में प्रविष्ट होने की क्षमता दी है। महाभारत में तत्कालीन ज्ञान-विज्ञान की विशद व्याख्या है। कर्तव्य-अकर्तव्य के निर्णय का ऐसा विवेकयुक्त प्रयत्न भारतीय साहित्य में फिर कभी नहीं हुआ। परन्तु इन सभी व्याख्याओं और प्रयत्नों में एक अद्भुत सहज भाव है, जिसकी तुलना और किसी चीज से नहीं की जा सकती। प्राण-शक्ति के सहज प्रवाह और विवेक-बुद्धि को निरन्तर उद्‌बुद्ध करने के प्रयत्नों ने इस महाग्रन्थ को अपूर्व महिमा से मण्डित किया है। महाभारत अपने प्रतिपाद्य युग को उसके समस्त दोष-गुणों के साथ अत्यन्त जीवन्त रूप में प्रकाशित करता है। इस सहज गौरव ने ही इस ग्रन्थ को सर्वकाल के 'कवि-बुद्धियों' के उत्पादनक की महिमा दी है। संसार के साहित्य में शायद ही कोई ऐसा दूसरा ग्रन्थ हो जो महाभारत की तुलना में रखा जा सके। वह अपने युग के शक्तिशाली व्यक्तित्व को प्रकाशित करता है और आगे आनेवाले काल को प्रेरणा देता है।

(2)

महाभारत कई हाथों की रचनाओं की 'संहिता' है, किन्तु उसकी अपेक्षा रामायण एक हाथ की रचना अधिक है। प्रक्षेप इसमें भी है, पर ऐसा जान पड़ता है कि इसका मुख्य अंश एक ही कवि की कुशल लेखनी का चमत्कार है। इस कवि को छन्दों पर पूरा अधिकार था, वर्ण्य विषय के सभी पहलू उसके लिए हस्तामलक की भाँति स्पष्ट थे और मनुष्य के चित्त को मथित कर देनेवाली घटनाओं का उसे पूर्ण ज्ञान था। ग्रन्थ के आरम्भ की कहानी बड़ी संकेतपूर्ण है। वाल्मीकि मुनि ने क्रौञ्च-पक्षियों के एक प्रेम-परायण जोड़े में से एक को व्याध के वाण से मारे जाते देखा था और ऋषि के कोमल हृदय में इस घटना से ऐसी व्यथा पहुँची थी कि उन्होंने व्याध को कठिन शाप दिया और इस शाप के वाक्य ने ही अद्भुत छन्द का रूप धारण किया। इस घटना का उल्लेख करते हुए महाकवि कालिदास ने कहा था कि मुनि-चित्त का शोक ही श्लोक बन गया था :—'निषादबिद्धाण्डजदर्शनोत्थः श्लोकत्वमापद्यत

यस्य शोकः !' रामायण की यह अत्यन्त संक्षिप्त और अत्यन्त मार्मिक आलोचना है। ऋषि-कवि के हृदय का पुञ्जीभूत शोक ही रामायण काव्य है। करुणा का ऐसा विलास और महान् काव्य संसार में सम्भवतः दूसरा नहीं है। संसार तो बहुत बड़ा है, उसके विषय में कुछ निश्चित रूप से कहना कठिन है; पर भारतवर्ष में तो ऐसा मोहक, ऐसा महान् और ऐसा प्रभावशाली काव्य दूसरा नहीं लिखा गया। शताब्दियों से इसने भारतवर्ष के साधारणजन से लेकर सुसंस्कृत सहृदयों के चित्त को मुग्ध कर रखा है, शताब्दियों से भारतीय साहित्यकारों ने इसे आदर्श और अनुकरणीय ग्रन्थ समझा है, शताब्दियों तक इस ग्रन्थ को पवित्र और निर्दोष माना जायेगा। भारतीय साहित्य के आधे से अधिक हिस्से को इसी पवित्र महाकाव्य ने प्रेरित किया है।

तीन प्रकार के प्रेम-परायण जोड़ों का बिछोह इस ग्रन्थ का मूल प्रतिपादन है जिनमें दो तो कवि की अपनी ही योजना से स्पष्ट हैं और एक सहृदय समालोचकों की मनीषा से। इन तीनों में ही उसी क्रीड़ा-परायण क्रौञ्च-मिथुन में से एक के बिछोह—अप्रत्याशित दुर्भाग्य के अकारण प्रहार से उत्पन्न बिछोह—का स्वर मुखर हुआ है। इनमें से एक है राम का अयोध्या से वियोग। अयोध्या जब सर्वप्रिय नवीन कान्त राम को पति रूप में पाने की तैयारी कर रही है—जैसे नव-परिणीता वधू व्याकुल उत्सुकता के साथ प्रिय-मिलन की तैयारी कर रही हो—ठीक उसी समय दुर्भाग्य-व्याध अपने अप्रत्याशित बाण का सन्धान करता है और जोड़ा बिछुड़ जाता है। अयोध्या अनाथ हो जाती है—'चन्द्रहीनमिवाकाशं तोयहीनमिवार्णवम्।' एक ही झटके में अयोध्या की सारी समृद्धि फक हो गयी। कहाँ का नाच और गान, सारी नगरी एक सिरे से दूसरे सिरे तक उदास और श्री-हीन हो गयी, बाजार बन्द हो गये, जन-चित्त से हर्ष के चिह्न पुंछ गये, जैसे महा-समुद्र का जल एकाएक सूख गया हो—

> प्रशान्तगीतोत्सवनृत्तवादना
> व्यपास्तहर्षा पिहितापणोदया।
> तदा ह्ययोध्या नगरी बभूव सा
> महार्णवः संक्षपितोदको यथा॥ (1-48-37)

यह घटना क्रौञ्च-मिथुन के बिछोह से मिलती है। फिर दूसरा बिछोह होता है राम का सीता से। यहाँ रावण इस दुर्भाग्य का वाहक है। इस प्रसंग में राम की व्यथा से रामायण पूर्ण है। एक बार दुःख-कातर राम कह उठते हैं कि मैं सोचता हूँ कि मेरे जीवन में बिछोह-ही-बिछोह हुआ है— सारा जीवन शोक-वेग से परिपूर्ण है—

राज्यप्रणाशः स्वजनैर्वियोगः
पितुर्विनाशो जननीवियोगः।
सर्वाणि मे लक्ष्मण शोकवेगम्
आपूरयन्ति प्रविचिन्तितानि॥

राम के इस शोक का वर्णन करना कठिन है। यहाँ भी वही क्रौञ्च-मिथुन के वियोग की घटना दुहराई गयी है।

तीसरा और सर्वाधिक मर्मभेदी बिछोह है सीता का राम से। समस्त विपत्तियों और आपदाओं के समुद्र को पार करने के बाद सीता शान्ति की साँस लेती हैं—भविष्य के सुख की जरा-सी कल्पना उनके चित्त में आवेग का कम्पन उत्पन्न करती है। ठीक उसी समय दुर्भाग्य फिर बाण का सन्धान करता है और पक्षियों के किलकते जोड़े की-सी दशा होती है। इस प्रकार समूची रामायण ऋषि के करुण-चित्त का विगलित मूर्त रूप है। कालिदास ने ठीक ही कहा था, 'श्लोकत्वमापद्यत यस्य शोकः !'

रामायण के कवि का प्रकृति-निरीक्षण अपूर्व है, और यदि यह कहा जाय कि बाद के कवियों को भी ऐसी दृष्टि-सम्पत्ति नहीं मिली तो कोई अतिरंजन नहीं होगा। केवल बाह्य प्रकृति ही नहीं, मानवीय प्रकृति का भी जैसा सूक्ष्म निरीक्षण कवि को प्राप्त है, वैसा अन्यत्र दुर्लभ है। रामायण में महाभारत के समान पात्रों की प्रचुरता नहीं है, पर जितने भी हैं उनके भीतर और बाहर का ऐसा अद्भुत चित्रण किया गया है कि दीर्घकाल से सहृदय केवल आश्चर्य से देखता रह गया है। श्लिगल ने शायद ठीक ही कहा था कि 'रामायण के जीवन्त पात्रों की तुलना में यूरोप के क्लासिकल साहित्य के पात्र फीके पड़ जाते हैं, और जब कभी वाल्मीकि प्रकृति की ओर दृष्टि डालते हैं तो न केवल वे प्रकृति को जीवन्त रूप में उपस्थित कर देते हैं, बल्कि उनके हृदय के सहज उल्लास से प्रकृति अपूर्व भावरस में स्नान करके नवीन हो

और श्रीहर्ष की अपनी व्यक्तिगत विशेषताएँ क्या हैं। हमारे आलंकारिकों ने अपूर्व धैर्य और अध्यवसाय से काव्य के तत्त्वों को समझने का एक सामान्य प्रतिमान तो तैयार कर दिया, पर कवि की विशेषताओं को समझने की मार्मिक दृष्टि की उतनी विवेचना नहीं की। काव्यों के व्याख्याताओं ने भी श्लोकों के उक्ति-वैचित्र्य, अलंकार-सौन्दर्य और रसोत्कर्ष को खण्ड भाव से समझाया है। सब मिलकर यही बातें काव्यकर्ताओं को चालित करने लगी थीं। आचार्यों की निपुण विवेचना ने उस वस्तु को परिस्फुट करने की चेष्टा नहीं की जिसे आजकल 'एस्थेटिक सेन्स' या सौन्दर्य भावना का नाम दिया गया है। कर्म-फल-प्राप्ति की अवश्यम्भाविता ने संसार की विसदृशताओं को उपेक्षणीय समझने की दृष्टि का विकास किया। परवर्ती काल के महाकाव्य अधिकाधिक रूढ़ि-समर्थक और उक्ति-वैचित्र्य को प्रश्रय देनेवाली मनोवृत्ति के शिकार होते गये। कवि-समयों, रूढ़ उपमानों, आरोपित कल्पित मूल्यों के विश्लेषण से स्पष्ट हो जाता है कि वे परवर्ती काव्य सामान्य जीवन की अपेक्षा रूढ़ परम्पराओं और घिसे-घिसाये कलात्मक आदर्शों से अधिक प्रेरणा ले रहे थे।

और फिर भी संस्कृत का काव्य पाठक को आकृष्ट करता है। छन्दों की ऐसी परिमार्जित योजना, ध्वनियों का ऐसा सामंजस्यपूर्ण संस्थापन, मानवीय मनोभावों का ऐसा स्पष्ट और ठोस चित्रण और साथ ही मानवीय आदर्शों का ऐसा सम्मिश्रण संसार के साहित्य में दुर्लभ है। काम-सूत्र की प्रेरणा इन काव्यों को बराबर चालित करती रही, इसलिए उसमें शरीर-आकर्षण का बड़ा जोर है। कोई प्रसंग ऐसा नहीं आता जहाँ कवि को इस शरीर-आकर्षण को परिस्फुट करने का मौका न मिल जाता हो। वसन्त और वर्षा-जैसी ऋतुएँ प्रेम की हूक को जगाया ही करती हैं; तपता ग्रीष्म भी इसको उकसा जाता है। और नहीं तो 'प्रपापालिका'—प्याऊ के सेवा-परायण कर्तव्य में नियुक्त सुन्दरी ही उस आकर्षण को जगा देगी। हेमन्त की ठिठुरन में भी कवि हार माननेवाला नहीं। और कुछ नहीं तो सुभ्रुवों की कन्दुक-क्रीड़ा के झणज्झणित मेखला से ही, वलयों और नूपुरों की वाचालता से ही यह कार्य हो सकता है। स्त्री-सौन्दर्य का बहुत ही सुन्दर और आकर्षक चित्रण इन कवियों ने किया है। मौका मिलने पर वे सुन्दरियों की चर्चा करने का प्रसंग नहीं छोड़

सकते। कामदेव नामक फूलों का अस्त्र धारण करनेवाला देवता इस साहित्य में बहुत प्रमुख स्थान प्राप्त कर लेता है। आधुनिक समझे जानेवाले लोग बार-बार इस देवता के अनधिकार प्रवेश से बिदकते हैं, पर संस्कृत काव्य का प्रेमी इसको उतना नापसन्द नहीं कर सकता। संस्कृत के काव्य इन गुणों से बहुत ही मोहक और आकर्षक हुए हैं।

महाभारत-रामायण से लेकर नैषधचरित तक के काल में सहस्त्राब्दकों का अन्तर है। विभिन्न सामाजिक परिस्थितियों में इन काव्यों की जड़ें घुसी हैं और वे अपनी खुराक संग्रह कर रही हैं। इनमें अन्तर होना स्वाभाविक है। रामायण और महाभारत की जड़ें जिस गहराई में गयी हैं उसमें परवर्ती काव्यों की जड़ें नहीं जा सकीं। इसलिए वे उतनी दीर्घस्थायी भी नहीं हुईं और उतना प्राण-रस भी नहीं संचित कर सकीं। किन्तु फिर भी उनमें प्राण है। भारवि और माघ की रचनाओं में बहुत उत्तम ढंग से विकसित जीवन्त मानव-आदर्श पाठक को मुग्ध करते हैं। भारवि की अपूर्व अर्थगाम्भीर्यमयी रचना में वाक्पाटव के साथ-ही-साथ समृद्ध राज व्यवस्था के लिए अत्यन्त आवश्यक कूटबुद्धि का कौशल अभिव्यक्त हुआ है। इन काव्यों में मनुष्य के महान् आदर्शों की उपेक्षा नहीं हुई : परन्तु मनुष्य की पुरुषोचित सहज आदिम वृत्तियाँ स्वस्थ रूप में प्रकट हुई हैं और स्थान-स्थान पर उनका स्वर बहुत प्रबल हो गया है। वैसे तो लोकभाषा के काव्य बराबर ही संस्कृत के महाकवियों को किसी-न-किसी रूप में ज्ञात रहे ही होंगे, शायद कुछ प्रेरणा भी देते रहे होंगे, पर ग्यारहवीं-बारहवीं शताब्दी में लौकिक संस्कृत के महाकाव्यों का वातावरण साधारण जीवन से बहुत दूर हट गया था। प्राण-शक्ति की उद्वेल धारा अब लौकिक जीवन में ही रह गयी थी। इसी ने आगे चलकर तुलसीदास के काव्य के रूप में अपने को प्रकट किया, जिस प्रकार किसी समय नवीन प्राण-धारा ने विकसित होकर कालिदास के काव्यों में आत्म-प्रकाश किया था।

वर्षा : घनपति से घनश्याम तक

वसन्त के समान ही वर्षा भी भारतीय साहित्य में सम्मान और गौरव का स्थान पाती आ रही है। वैदिक ऋषियों ने मेघों के शक्तिशाली और औढरदानी रूप का यशोगान उल्लसित कण्ठ से किया है। पर्जन्य देवता के वज्र-निनाद, विद्युदालोक और धारासार वर्षा में शक्तिशाली महारथी का रूप स्पष्ट हो उठता है। वैदिक ऋषि ने इस वीरत्वपूर्ण पक्ष को सदा ध्यान में रखा है। ऋग्वेद ने पाँचवें मण्डल के 83वें सूक्त में उस वैदिक महाशक्तिशाली, महादाता और भीम गर्जनकारी पर्जन्य देवता की स्तुति की गयी है जो वृषभ के समान निर्भीक हैं और पृथ्वीतल की औषधियों में बीजारोपण करके नवीन जीवन की सूचना ला देते हैं। वे वृक्षों का ताड़न करते हैं, राक्षसों का वध करते हैं और अपने महान् अस्त्र से समूचे जगत् को त्रस्त-विकम्पित कर देते हैं। जब पर्जन्य देवता अपने भयंकर गर्जन के साथ असुरों पर वज्र-प्रहार करते हैं तो अनागस या निरपराध लोग भी भय से काँप उठते हैं और सामने से भाग खड़े होते हैं। (मेघाडम्बर के भीतर जब विद्युत् की रेखा आसमान के एक सिरे से दूसरे सिरे तक नाचती रहती है तो वस्तुतः उस समय) पर्जन्य देवता अपने शक्तिशाली घोड़ों पर कशाघात करते हुए उन्हें और भी तेजी से चलने को बाध्य करते हैं। इस प्रकार महारथी की भाँति वे अपने घोड़ों पर बिजली का कोड़ा मारते हुए असुरयूथ पर आक्रमण करते हैं। जब वे मेघाच्छन्न आकाश में गरजते होते हैं तो ऐसा जान पड़ता है कि दूरस्थ अरण्य-गुहा से सिंह दहाड़ रहा हो।* अद्भुत शक्तिशाली हैं ये मेघ-मण्डल के

---

* अच्छावद तवसंगीर्भिराभिः स्तुहि पर्जन्यं नमसा विवास ।
कनिक्रद वृषभो जीरदानू रेतो दधात्योषधीषु गर्भम् ॥1॥ →

अन्तराल में शयान पर्जन्य देवता। इनके इंगितमात्र से बिजली कड़कती है, आँधी उमड़ती है, मेघ घुमड़ते हैं। एक ओर तो इनमें महारुद्र का भीम निःस्वन (आवाज) है और दूसरी ओर पृथ्वी-तल की औषधियों में रेतः-संचार करते रहने के कारण ये जगत् को अशेष कल्याण से मण्डित करते रहते हैं। वैदिक ऋषि ने सदा भय और आतंक के अन्धकार में कल्याण की ज्योति देखी है। पर्जन्य देवता के भीम गर्जन में इसी कल्याण का सन्देश है—रुद्र के दक्षिण मुख का प्रसाद है! ऐसा नहीं होता तो धरती इस प्रकार तृणशाद्वलों से शोभित नहीं हो उठती, औषधियाँ नया जीवन पाकर मनुष्य को कल्याणदान करने में समर्थ न होतीं। पर्जन्य देवता वीर हैं, भयंकर हैं, कल्याणदाता हैं!

वैदिक साहित्य का यही प्रधान स्वर है। इन्द्र मेघों के अधिपति हैं, वे पर्जन्य देवता हैं। मेघ-निःस्वन में इस वज्रधर देवता का दर्शन पाकर वैदिक ऋषि गद्‌गद हो उठता है।

कहते हैं, संसार की सभी जातियों की आदिम कृषि-जीवी अवस्था में इसी प्रकार का एक सश्रद्ध भीत-भीत भाव मिल जाता है। इसीलिए यह भी कहा जाता है कि वैदिक ऋषि कुछ इसी प्रकार के भाव से चालित होकर अपनी स्तुति गाता है, परन्तु बहुत पहले मैक्समूलर ने इस बात के एक विशिष्ट पक्ष की ओर ध्यान दिलाया था। वैदिक ऋषि प्राकृतिक व्यापारों के भीतर जिस महादेवता को देखता है, वह एक महान् व्यापक परम सत्ता है, भिन्न-भिन्न छोटे-बड़े, परस्पर स्वतन्त्र या अवलम्बित बहुदेवता नहीं। आजकल मैक्समूलर की उस बात को याद रखने की आवश्यकता नहीं समझी

→ विवृक्षान् हन्त्युत हन्ति रक्षसो विश्वं विभाय भुवनं महावधात्।
उतानागा ईषते वृष्ण्यावतो यत् पर्जन्यः स्तनयन् हन्ति दुष्कृतः ॥2॥
रथीव कशयाश्वां अभिक्षिपन्नाविर्दूतान् कृणुते वर्ष्यां अह।
दूरात् सिंहस्य स्तनथा उदीरते यत् पर्जन्यः कृणुते वर्ष्यं नभः ॥3॥
प्रचाता वान्ति पतयन्ति विद्यु त् उदोषधीर्जिहते पिन्वते स्वः।
इरा विश्वस्मै भुवनाय जायते यत् पर्जन्यः पृथिवीं रेतसावति ॥4॥
—ऋग्वेद, 5। 83। 1-4

जाती। जो हो, इसमें कोई सन्देह नहीं कि वैदिक ऋषि मेघों के अधीश्वर इन्द्र को पौरुष और औदार्य का पूर्ण रूप मानता है। उनके अधीनस्थ मेघों की कड़क, बिजली की तड़क और काली घटाओं में सूर्य जैसे महातेजस्वी को भी आच्छादित कर देने का महान् सामर्थ्य श्रद्धा और भय दोनों को जाग्रत करते हैं। दीर्घकाल तक इन्द्र देवता अपने शक्तिशाली वज्र और विद्युत् के कारण तथा औषधियों का सेवन करनेवाले महान् गुण के कारण श्रद्धा और भक्ति पाते रहे हैं। परन्तु भारतवर्ष की बहुधा-विचित्र संस्कृति के इतिहास में एक दिन ऐसा भी आया जब इन्द्र देवता अपने शक्तिशाली मेघों के घोड़ों और बिजली के कोड़ों का प्रयोग करके भी जीत नहीं सके। जिस दिन उनका आतंक असफल हुआ, उसी दिन वे जनता की श्रद्धा भी खोने लगे। 'इन्द्र' देवता के इस ह्रास के बाद 'उपेन्द्र' देवता ने भारतवर्ष के धर्म, साहित्य, शिल्प-संगीत और कला के क्षेत्र को छा लिया। घनों के राजा रंगमंच से चुपचाप हट गये और घनश्याम वहाँ मजबूती से डट गये।

हिन्दू पुराणों के अनुसार यह घटना द्वापर में घटी थी। 'भागवत' पुराण में विस्तारपूर्वक बताया गया है कि किस प्रकार श्रीकृष्णचन्द्र ने इन्द्र की पूजा रोकवाकर गोवर्धन की पूजा करवायी थी, इन्द्रदेवता चुप नहीं बैठे। अपनी स्थिति सम्हालने के लिए उन्होंने भरपूर कोशिश की। अपने सबसे भयंकर मेघों के संवर्त्तक नामक गण को बुलाकर आज्ञा दी कि "इन धनोन्मत्त और श्रीकृष्ण द्वारा भुलाये हुए गोपालों को ऐश्वर्यमद धूल में मिला दो और उनके पशुओं को नष्ट कर डालो। मैं नन्द के व्रज का नाश करने के लिए ऐरावत हाथी पर चढ़कर और मरुद्गणों को साथ लेकर तुम्हारे पीछे आता हूँ।" मेघों ने प्रलयकाण्ड मचा दिया। भयंकर गर्जन के साथ बारम्बार उन्होंने विद्युत् का प्रयोग किया, आँधी और बवण्डर आये, धरती कलमला उठी। निरन्तर मूसलाधार वर्षा से द्युलोक से भूलोक तक जल-ही-जल दिखायी देने लगा, गोप-गोपीगण त्राहि-त्राहि कर उठे, गायें काँप उठीं, हाहाकार मच गया, पर इन्द्रदेवता श्रीकृष्ण को नहीं जीत सके। एक ही अंगुली पर श्रीकृष्ण ने गोवर्धन को धारण किया। मेघ बरसते रहे, बिजली कौंधती रही, जलधारा झरती रही।

सूरदासजी ने अपनी शक्तिशाली भाषा में इस घटना का वर्णन इस

प्रकार किया है :

मेघदल प्रबल व्रज लोग देखैं।
चकित जहँ तहँ भये निरखि बादर नये
ग्वाल-गोपाल डरि गगन पेखैं॥
ऐसे बादर सजल करत अति महाबल,
चलत घहरात करि अन्धकाला।
चकित भये नन्द सब महर चकित भये,
चकित नर नारि हरि करत ख्याला॥
घटा घन घोर हहरात, अररात,
दररात, थररात व्रज लोग डरपे।
तड़ित आघात तररात उतपात सुनि,
नारि नर सकुचि तन प्रान अरपे॥
कहा चह होन, भई कबहुँ नहिं जौन,
कबहुँ आँगन कबहुँ भौन विकल डोलैं।
मेटि पूजा इन्द्र, नन्दसुत गोविन्द,
सूर प्रभु आनन्द सह करि कलोलैं॥

और,

बादर बहु उमड़ि घुमड़ि, बरषत व्रज आये बढ़ि,
कारे धौरे धूमरे धारे अति हीं जल।
चपला अति चमचमाति, व्रज जन मन अति डराति,
टेरत सिसु पिता मात, व्रज में भयो गलबल,
गरजत धुनि प्रलयकाल, गोकुल भयो अन्धजाल,
चकित भये ग्वाल-बाल घहरत नभ हलचल।
पूजा मेटी गुपाल, इन्द्र करत चहै हाल,
सूर श्याम राखो व्रज हरबर अब गिरिवर बल॥

इस प्रकार समूचा व्रज कम्पित हो उठा। मेघों के प्रचण्ड दल दिन और रात झकोर-झकोरकर बरसते रहे, आकाश और धरती का अन्तर मिट गया। पेड़-पौधे भी त्राहि-त्राहि कर उठे। नन्दबाबा घबरा गये। जसोदा मैया डर गयीं, गोप-बालकों और गोपियों के हृदय में शंका और भीति के भाव घुमड़

आये. लेकिन एक ही बालक उसमें अटल बना रहा। क्रुद्ध देवराज के क्रुद्धतर सैनिक गरजते रह गये, अशनिपात से वायुमण्डल फटता रह गया, प्रचण्ड वायु के वेग से धरित्री कलमलाकर रह गयी, पर पर्जन्य सेना के अधिपति इन्द्रदेवता का उद्देश्य सिद्ध नहीं हुआ। प्रलयपूर का दृश्य उपस्थित हो गया, नीचे से ऊपर तक वारिधारा का अखण्डधार व्याप्त हो रहा, समूचा व्रज-मण्डल विपत्ति के पहाड़ के नीचे दब गया। निस्सन्देह इन्द्रदेवता का पूर्ण प्रताप प्रकट हुआ। निस्सन्देह व्रजभूमि के निवासी त्राहि-त्राहि कर उठे।

सब हुआ, पर, इन्द्रदेवता नन्दलाल के चेहरे पर चिन्ता की हल्की-सी भी रेखा नहीं प्रकट करा सके। उस सदाप्रसन्न, सदासरस गोपाललाल के अधरों की मुस्कान नहीं हटा सके - 'न पादपोन्मूलनशक्तिरहः शिलोच्चये मूर्छत मारुतस्य', आँधी पेड़ को उखाड़ सकती है, पहाड़ का वह क्या बिगाड़ लेगी !

मध्यकाल के साहित्य में श्रीकृष्ण ने सम्पूर्ण रूप से कवियों और शिल्पियों के चित्त को अभिभूत किया है। इन्द्र इस साहित्य में उपेक्षित हैं। क्वचित् कदाचित् याद भी किये जाते हैं तो बहुत बड़े गौरव के साथ नहीं। सारे भारतवर्ष के अभिजात और लोक-साहित्य में इन्द्र की पराजय और श्रीकृष्ण की विजय विनोद के साथ सरस शैली में लिखी गयी है। मध्यकाल के चित्र-शिल्प में तो घटना को बहुत ही मनोरम भंगिमा में व्यक्त किया गया है। हिमालय के पाद देश में नेपाल और तिब्बत की तराइयों में इन्द्र-नृत्य और कृष्ण-नृत्य, दोनों का ही प्रचलन है। जब श्रीकृष्ण-नृत्य शुरू होता है तो इन्द्र-नृत्य समाप्त हो जाता है, इस प्रकार इन्द्र की पराजय को और भी मूर्त्तिमान कर दिया जाता है।

भारतीय साहित्य और संस्कृति के इतिहास में इस घटना के बाद एक और भी महत्त्वपूर्ण नया अध्याय आ जुड़ा था। इन्द्र के एक मामूली मुसाहिब एक समय समृद्ध नागरिक जीवन के प्रधान आकर्षण-केन्द्र बन गये थे। पुराने वैदिक साहित्य में इनकी कोई चर्चा नहीं मिलती। इनका नाम कामदेव या कन्दर्प देवता है। भारतीय साहित्य के रंगमंच पर कब इनका प्रादुर्भाव हुआ यह कहना कठिन है, पर ईसवी सन् के आरम्भ होने के बहुत पहले इनके फूलों की मृदु-कठोर अस्त्रावली काफी परिचित हो चुकी थी। भाषा-विज्ञान

के पण्डित 'गन्धर्व' और 'कन्दर्प' इन दो शब्दों को किसी एक ही मूल शब्द के संस्कृत रूप मानते हैं। इससे अनुमान किया जा सकता है कि यह शब्द किसी संस्कृत न बोलनेवाले लोगों की संस्कृतेतर भाषा से आया है और सम्भवतः उस भाषा के बोलनेवाले संस्कृत बोलनेवाले लोगों से भिन्न श्रेणी के थे। इस प्रकार अनुमान किया गया है कि गन्धर्व और अप्सरस्, जो परवर्ती हिन्दू-देवता-मण्डली में इन्द्र के अनुचर बन गये हैं, किसी भिन्न संस्कृति के मूल देवता हैं। जो भी हो, उत्तर वैदिक साहित्य में गन्धर्व और अप्सराएँ अपरिचित नहीं हैं। इन्हीं गन्धर्वों के एक नायक कन्दर्प या कामदेवता हैं जो परवर्ती हिन्दू साहित्य में मुनियों का व्रत तोड़ने के लिए अप्सराओं की अनीकिनी के साथ प्रायः इन्द्र द्वारा नियुक्त होते रहते थे। इन्द्र के इशारे पर ये एक बार महादेवजी से भिड़ पड़े थे और बुरी तरह पिट गये थे। परन्तु इनकी पत्नी रतिदेवी की कातर प्रार्थना से महादेवजी ने प्रसन्न होकर इन्हें 'अनंग' रूप में प्रभावित करने की शक्ति दी। तब से यह अनंग देवता इतने प्रभावशाली हुए कि संस्कृत और प्राकृत के समूचे साहित्य को अभिभूत कर बैठे।

वर्षा का सबसे सुन्दर काव्यात्मक वर्णन आदिकवि (वाल्मीकि) ने किया है। सत्य तो यह है कि आदिकवि ने प्रकृति का जैसा वर्णन किया है वैसा अन्य भारतीय कवि नहीं कर सके। वह प्रकृति का सजीव तथा यथार्थ चित्रण है। वैदिक ऋषि के समान वाल्मीकि ने भी वर्षा में लोककल्याणकर रूप को देखा है, परन्तु उन्होंने प्राकृतिक दृश्यों का ऐसा मनोरम चित्र खींचा है कि अनायास वह दृश्य अपनी शोभा और गरिमा के साथ प्रत्यक्ष हो उठता है। नीचे से ऊपर तक एक-पर-एक सोपान-श्रेणी की भाँति लजी हुई मेघमाल को देखकर आदिकवि ने कहा है कि मेघमाल की सीढ़ियों के सहारे आसमान पर चढ़कर कुटज और अर्जुन की माला से सूर्य-अभिनन्दन किया जा सकता है!

शक्यमम्बरमारुह्य मेघसोपानपंक्तिभिः।
कुटजार्जुनमालाभिरलंकर्त्तुं दिवाकरः॥

ठण्डी हवा के लिए वाल्मीकि का यह कहना उसे कितना सहजग्राह्य और प्रत्यक्ष बना देता है कि मेघ के पेट से निकली हुई, कमल कह्लार के स्पर्श से शीतल बनी हुई और केतकी पुष्पों की सुगन्धि से आमोदित वायु

अंजुलि से पी ली जा सकती है :

मेघोदर-विनिर्मुक्ताः कह्लार-सुख-शीतलाः ।
शक्यमञ्जलिभिः पातुं वाताः केतकगन्धिनः ॥

इस वर्षाकाल का वर्णन आदिकवि ने विरही राम के मुख से कराया है, इसलिए कभी-कभी राम के विरह-व्याकुल चित्त की प्रतिध्वनि के रूप में मेघ में कामार्त्त पुरुष और वाष्पवती विरहिणी की चर्चा अवश्य आ जाती है। नहीं तो समूचा वर्षाकाल अपने अनासक्त दृष्ट यथार्थ और गौरव-गाम्भीर्य के साथ ही चित्रित हुआ है। वैदिक ऋषि की भाँति आदिकवि ने भी बिजली को सुनहले कोड़े के रूप में देखा है। इस सुनहले कोड़े के कशाघात से ताड़ित मेघावृत आकाश, भीतर-ही-भीतर, मानो घोड़े की भाँति गुर्राता हुआ चित्रित किया गया है :

कशाभिरिव हैमीभिर्विद्युद्भिरभिताड़ितम् ।
अन्तःस्तनितनिर्घोष सवेदनमिवाम्बरम् ॥

आदिकवि ने मेघों को कई बार मत्त गजराज के समान कहा है और एक जगह तो बिजली की पताकाओं से शोभित घोर चिंघाड़ के समान गर्जन करनेवाले ये मेघ युद्धोद्यत मत्त गजराजों के समान बताये गये हैं :

तड़ित्पताकाभिरलंकृतायाम्
उदीर्णगम्भीरमहारवाणाम्
विभान्ति रूपाणि बलाहकानां
रणोद्यतानामिव वारणानाम् ।

निस्सन्देह वाल्मीकि ने इस वर्षा के मानव-चित्त पर अभिभूत कर देने-वाले प्रभाव का उल्लेख बड़ी ही सजीव भाषा में किया है। राम सीता-वियोग से व्याकुल हो उठते हैं और क्षण-भर के लिए प्रबल शत्रु की बात सोचकर चिन्तित भी हो उठते हैं, परन्तु फिर भी इस वर्षाकाल में कहीं भी मनोजन्मा देवता अनधिकृत रूप में प्रवेश नहीं करता। उत्तरकाल के संस्कृत सुभाषितों में इस देवता का प्रवेश अबाध है। वह कहीं भी, किसी समय उपस्थित हो सकता है। परन्तु आदिकवि के अत्यन्त आकर्षक, अत्यन्त सुरुचिपूर्ण, और शोभा और महिमा से अतिशय गौरवपूर्ण वर्णन में ऐसा नहीं होता। प्रकृति का यह नयनाभिराम चित्र पाठक के चित्त में निरन्तर औत्सुक्य

का संचार करता है, वह और भी गाढ़ भाव से प्रकृति की अपार सौन्दर्यराशि को हृदयंगम करने के लिए आतुर हो उठता है। यह आश्चर्य की बात है कि आदिकवि की ऊँचाई को परवर्ती कवि बहुत कम छू सके हैं। अलंकरण और मण्डन की प्रवृत्ति निरन्तर बढ़ती गयी है और सहज शोभा के सहज गौरव को प्रायः ही भुला दिया गया है।

धीरे-धीरे भारतीय साहित्य में ऐहिक रसपरक दृष्टि प्रतिष्ठित हो गयी। आज से दो-ढाई हजार वर्ष पहले निश्चित रूप से यह परिवर्तन आ गया था। प्राकृतिक व्यापारों के अन्तराल में विराजमान देवतागण अपने दीर्घकालीन इतिहास के कारण थोड़ी-बहुत श्रद्धा अवश्य पाते रहे, परन्तु काव्य में साधारणतः प्रकृति मनुष्य के सुख-दुख में सहायिका, उसके राग-विराग की उद्दीपिका और उसके प्रत्येक विचार से सहानुभूति रखनेवाली सखी या प्रतिस्पर्द्धा करनेवाली प्रतिद्वन्द्विनी के रूप में अधिक दिखायी देने लगी। कारण बताना बड़ा कठिन है। एक कारण यह बताया जाता है कि सन् ईसवी के कुछ सौ वर्ष पूर्व से लेकर कुछ सौ वर्ष बाद तक इस देश में अनेक विदेशी मानव-मण्डलियाँ आती रहीं और आकर यहीं की हो रहीं। इन जातियों के विश्वासों और विचार-परम्पराओं ने भारतीय महाजाति को प्रभावित किया था। हाल कवि की लिखी 'गाथासप्तशती' नामक प्रसिद्ध प्राकृत रचना में ऐसी ऐहिक रस-परक श्रृंगारी रचनाओं का संग्रह मिलता है जिनमें आमुष्मिकता का कहीं नाम भी नहीं है। इस रचनासंग्रह में मनुष्य के भावावेग उद्दाम रूप में प्रकट हुए हैं। प्रकृति के प्रत्येक व्यापार से यहाँ मनुष्य की रागवृत्ति उत्तेजित होती है। मनुष्य के भीतर की वह शक्ति, जो काम-रूप में अभिव्यक्त होती है, यहाँ मनुष्य के सभी आचरणों की नियामिका बन गयी है। इससे पुरुष और स्त्री एक-दूसरे की ओर आकृष्ट होते हैं और मनुष्य द्वारा स्वयंनिर्मित विधि-निषेध की मर्यादाओं की प्रायः उपेक्षा कर जाते हैं। 'गाथासप्तशती' प्रकृति के उद्दाम आवेगों को अत्यन्त सहज और प्रकृत तथा निरंकुश रूप में उपस्थित करती है। शास्त्रज्ञान-समुद्भूत गर्वभाव या दुराव-छिपाव का आभास इसमें नहीं है। बाद में इस भावना में पुस्तकी विद्या की जटिलता का समावेश हो जाता है। किन्तु परवर्ती साहित्य में इसकी सबसे विचित्र परिणति यह होती है कि गोपी और गोपालों के आदिमोपम आवेग

नन्द के कुमार और व्रज की गोपियों की प्रेम-लीला के रूप में प्रकट होते हैं। श्रीकृष्ण और गोपियों (जिनमें मुख्य श्रीराधा हैं) का प्रेम शाश्वत पुरुष-प्रकृति आकर्षण का प्रतीक बन जाता है। इस प्रकार आमुष्मिकता के विकल्पों से एकदम मुक्त और मनुष्य की भीतरी प्रकृति द्वारा चालित सहज और उद्दाम आवेग मध्यकाल के साहित्य में ऐसी भक्तिभावना में परिणत हो जाते हैं जिसकी तुलना संसार की किसी साहित्यिक विचार-परिणति से नहीं की जा सकती। उत्तर-मध्यकाल में यह और भी गाढ़ हो उठी है।

मध्यकाल के साहित्य की यह परिणति सब प्रकार से अपूर्व है। इसने लोकमानस को पूर्णरूप से अभिभूत कर लिया है। काव्य में, चित्र में, मूर्ति में, संगीत में, नाट्य में, धर्म-कर्म में—संक्षेप में, मनुष्य के समस्त रचनात्मक क्रियाकलाप में—इस महत्त्वपूर्ण परिणति के अमिट चिह्न मिलते हैं। उत्तर-मध्यकाल के साहित्य में महान् गर्जनकारी, औढरदानी और साँड़ की तरह अखाड़नेवाले शक्तिशाली पर्जन्य देवता का दर्शन नहीं मिलता। लेकिन लहराती हुई लताओं, वर्षा की बूँदों, भीजती हुई प्रेमिकाओं, चातक और दादुर की रट से व्याकुल बनी हुई विरहिणियों और अभिसार का मार्ग प्रदर्शित करनेवाली विद्यु त्-सहेलियों का बार-बार वर्णन मिलता है।

उत्तर-मध्यकाल के चित्रों में जहाँ वर्षा के फुहारों से भीजते हुए प्रेमी-जनों, पवन के झकोरों से विलुलितवसना अभिसारिकाओं, मयूरनृत्य रो आत्म-विह्वल वियोगिनियों, घनघटा से घबरायी हुई पथिकवधुओं और दोला-विलास में सुध-बुध भूली संयोगिनियों का बारम्बार चित्रण मिलता है, वहाँ उस महत्त्वपूर्ण घटना को चित्रित करने का बार-बार प्रयास किया गया है जिसमें इन्द्रदेवता को गोपाललाल के हाथों हार खानी पड़ी थी। काव्य में भी इस घटना को सदा स्मरण किया गया है और लोकनृत्यों और लोकाभिनयों में भी इसकी स्मृति बनाये रखने का प्रयास किया गया है। श्रीकृष्ण के उस अद्भुत पराक्रम को उत्तर-मध्यकाल के कवियों ने इस प्रकार चित्रित किया है मानो वह अत्यन्त मामूली-सी बात थी, क्योंकि उनके चित्त में यह भाव जमकर बैठ गया था कि श्रीकृष्ण के भृकुटि-विलासमात्र से कोटि-कोटि प्रलयपूर उभड़ और दब सकते हैं, इन्द्र का यह बाल-हठ केवल क्षुद्रतामात्र थी। इससे श्रीकृष्ण के प्रसन्न चेहरे पर चिन्ता की रेखा प्रकट

होने का प्रसंग ही क्या है ? कम्प अवश्य उन्हें हुआ था, पर वह भय के कारण नहीं, प्रेम के कारण। इस प्रेम का उद्रेक राधाजी ने कराया था। इन्द्र गरज-तड़पकर हार गये, श्रीकृष्ण में भय का कम्पन नहीं उत्पन्न कर सके, किन्तु किशोरीजी के एक लीला-कटाक्ष से वे विचलित हो गये :

डिगत पानि ढिगुलात गिरि, लखि सब ब्रज बेहाल।
कम्प किसोरी दरसि कैं, खरै लजाने लाल॥

'नाट्यशास्त्र' के 26वें अध्याय में वर्षाऋतु के अभिनय की प्रक्रिया बताते समय शास्त्रकार ने कदम्ब, निम्ब, कुटज, तृणशाद्वल, बीरबहूटी और मयूरसमूह के उल्लेख और अभिनय द्वारा वर्षा ऋतु का निर्देश करने का विधान बनाया है। वर्षा-रात्रि के लिए उन्होंने मेघों की काली घटा, उनका निनाद, धारासार वर्षा, बिजली की कौंध और उसके गिरने की विकट आवाजों की चर्चा की है।* दीर्घकाल तक वर्षा-वर्णन के रूप में इन बातों का उल्लेख कविगण करते आये हैं। पुराने कवियों ने वर्षा के विभिन्न अवयवों की बार-बार चर्चा की है, परन्तु सर्वत्र ये मेघ मनुष्य के भावोद्दीपन में सहायक माने गये हैं। भास, शूद्रक और कालिदास निश्चित रूप से मेघों के राजा इन्द्रदेव का स्मरण करते हैं। यद्यपि उन्हें यह कहने में कोई झिझक नहीं है कि इन्द्र के अनुचर होने पर भी ये मदनदेवता के अनुचर का काम करते हैं। शूद्रक का 'मृच्छकटिक' विशुद्ध शृंगारी प्रेम का प्रकरण है और उसमें वर्षा-रात्रि का बड़ा ही आकर्षक और मोहक चित्रण है। यद्यपि वसन्तसेना के अभिसार के समय वह प्रेम को निरन्तर प्रदीप्त करते रहने के उद्देश्य से ही उक्त प्रकरण में सन्निवेशित है तथापि परवर्ती कवियों की भाँति उसमें पद-पद पर कामदेवता के सहचारी या सहायक के रूप में मेघों का उल्लेख नहीं है। यहाँ मेघों की घुमड़न और बिजली की कड़क के साथ कदम्ब और कुटज कुसुमों की भीनी-भीनी गन्ध, चातक-मयूर और बलाकाओं की हृदय-विदारी ध्वनि तथा जलधरों के मणिमय वाणों से बेधी जाती हुई धरती की विवश पुलक-व्याकुलता स्वतन्त्र रूप में चित्रित है। वह अपने-आप में हृदय को बेधने में समर्थ है, कामदेवता के सुकुमार धनुष पर से

* 'नाट्यशास्त्र', 23, 34-35

छूटते हुए कुसुममय वाणों के रूप में नहीं। यहाँ यह बात एकदम भुला नहीं दी गयी कि शक्रदेवता ही वस्तुतः गरजता है और बरसता है। वसन्तसेना एक बार शक्रदेवता को फटकारती हुई कहती है—'इन्द्र, गरजो या बरसो या सौ-सौ वज्र गिराओ, प्रिय के प्रति अभिसरण करनेवाली प्रेमिकाओं को तुम नहीं रोक सकते' :

गर्ज वा वर्ष वा शक्र मुंच वा शतशोऽशनिम्।
न शक्या हि स्त्रियो रोद्धुं प्रस्थिता दयितं प्रति ॥[1]

आगे वह बिजली को सम्बोधन करके कहती है कि हे 'विद्युत्, अगर मेघ गरजता है तो गरजे, पुरुष तो निष्ठुर होते ही हैं, किन्तु तू तो स्त्री है, तू भी क्या प्रमदाओं के दुःख को नहीं जानती ?'—

यदि गर्जति वारिधरो गर्जतु तन्नाम निष्ठुराः पुरुषा।
अयि विद्युत् प्रमदानां त्वमपि न दुखं विजानासि ?[2]

बहुत दिनों तक इन्द्रदेवता का धनुष मेघमाला के प्रसंग में याद रखा गया। कालिदास ने 'मेघदूत' में 'धनुःखण्डमाखण्डलस्य' अर्थात् इन्द्रदेवता के धनुषखण्ड का स्मरण किया है। इतना तो बहुत पहले ही जान लिया गया था कि इन्द्र का यह मनोहर धनुष वस्तुतः सूर्य की किरणों के कारण बादल पर फैल जाता है। श्रीपति ने लिखा है कि जब सूर्य की विविध वर्णोंवाली किरणें वायु द्वारा विघटित होकर बादलों पर फैल जाती हैं तो आकाश में धनुषाकार वस्तु दिखायी देती है जो लोक में 'इन्द्रधनु' कही जाती है :

सूर्यस्य बिविधवर्णाः पवनेन विघटिताः करा साभ्रे।
वियति धनुःसंस्थाना ये दृश्यन्ते तदिन्द्रधनुः ॥

तथापि कवियों की दुनिया में वह प्रकृति की शोभा और रागप्रदीपक सुकुमार अस्त्र के रूप में ही परिचित बना रहा। रात्रि में सूर्य-किरणों के विघटित होने की सम्भावना नहीं होती, इसलिए इन्द्रधनुष का दीखना भी सम्भव नहीं है, पर जिस बात को कवियों की दुनिया में उपयोगी मान लिया जाता है उसे मान ही लिया जाता है। इस बात की परवा नहीं की जाती

1. 'मृच्छकटिक', 5 । 31
2. वही. 5 । 32

कि यह सम्भव है या नहीं। इस प्रकार के विश्वासों को 'कविप्रसिद्धि' कहते हैं। आलोचकों ने कविप्रसिद्धियों की गिनती करके सूचीबद्ध कर लेना चाहा है, पर सबकी सूची बनाना क्या सम्भव है? कभी-कभी रात को इन्द्रधनुष का वर्णन कवि लोग कर बैठते हैं। जब अभिलषित काव्य-प्रयोजन सिद्ध होता हो तो जरा इधर-उधर का व्यत्यय कोई विशेष दोष का कारण नहीं हो सकता। बहुत पुराने कवि शूद्रक ने 'मृच्छकटिक' में ऐसा ही किया है। वसन्तसेना प्रदोषकाल में चारुदत्त के उद्यानगृह में अभिसार करती है। घोर वर्षा में भीजती हुई वह अभीष्ट स्थान पर पहुँचती है। रास्ते में थोड़ी-सी चाँदनी छिटकी थी, परन्तु मेघों ने उसे इस प्रकार हर लिया जैसे कमजोर शौहर की औरत को मनचले रसिक भगा ले जाते हैं—'ज्योत्स्ना दुर्बलभर्तृकेव वनिता प्रोत्सार्य मेघैर्हृता।' तारे भी आसमान में उग आये थे, परन्तु वे भी असज्जन के प्रति किये गये उपकार के समान नष्ट हो गये; दिशाएँ अन्धकाराच्छन्न होकर शोभाहीन और काली पड़ गयी थीं, मानो प्रिय-वियोग-सन्तप्ता विरहिणियाँ हों :

गता नाशं तारा उपकृतमसाधाविव जने
वियुक्ताः कान्तेन स्त्रिय इव न राजन्ति ककुभः !

फिर थोड़ी देर चारुदत्त से प्रेमालाप में भी अवश्य हुई होगी। सब मिलाकर रात काफी आगे बढ़ चुकी थी, किन्तु अचानक चारुदत्त ने आकाश में इन्द्रधनुष देख लिया—'अये इन्द्रधनुः ! प्रिये पश्य पश्य—

विद्युज्जिह्वेनेदं महेन्द्रचापोच्छ्रितभुजेन।
जलधरविवृद्धहनुना विजृम्भितमिवान्तरीक्षेण।

शायद कवि के मत से रात अभी ज्यादा नहीं बीती थी और आरम्भिक क्षणों में इन्द्रधनुष का दिख जाना असम्भव नहीं है। जो प्रसंग है उसमें घटनाएँ यदि तेजी से दौड़ पड़ी हों तो अस्वाभाविक नहीं कहा जा सकता। जो हो, रात में इन्द्रधनुष का वर्णन बहुत अधिक नहीं मिलता। अस्तु।

कालिदास ने 'मेघदूत' में मेघ को इन्द्रदेवता या प्रकृति-पुरुष या प्रजावर्ग से सम्पर्क स्थापित करानेवाला 'राजपुरुष' कहा है। वहाँ मेघ गम्भीर विश्वासपरायण मित्र के रूप में आया है। उसमें सहानुभूति है, समझ है, हितकांक्षा है। शायद किसी स्थान पर 'मेघदूत' में फूलों के बाण धारण

करनेवाले देवता का उल्लेख नहीं है। एक जगह है भी तो मल्लिनाथ ने उस श्लोक को प्रक्षिप्त मान लिया है! यह कुछ विचित्र बात है। कालिदास ने 'मेघदूत' में महादेव की महिमा का ही बार-बार गान किया है, समूचे काव्य में इस महिमा की गुरुगम्भीर ध्वनि व्याप्त है। ऐसा नहीं है कि कालिदास को फूलों के बाणवाले देवता का पता न हो, पर 'मेघदूत' की शृंगारमयी कविता में इस अपदेवता को उन्होंने प्रयत्नपूर्वक अलग रखा है। 'ऋतुसंहार' में वे इतने सावधान नहीं हैं। 'मेघदूत' में मेघ के सजीव दैवत रूप का ही प्राधान्य है। वहाँ देवताओं के राजा को बहुत आदर के साथ स्मरण किया गया है। 'कुमार सम्भव' में भी देवराज की महिमा के प्रति कवि असावधान नहीं है। पर 'ऋतुसंहार' में कामदेव अधिक मुखर हैं। यहाँ वर्षाकाल का उन्होंने बहुत ही मनोहर चित्रण किया है। मेघ वहाँ कामीजनों के चित्त में कुतूहल और औत्सुक्य का भाव जगा देता है, मानिनीजन के मन में क्षोभ उत्पन्न करता है, पथिकजनबन्धुओं का चित्त अपहरण करता है और स्वभाव-मृदुल सुन्दरियों में और भी सौन्दर्य-दीप्ति से उद्भासित होने की आकांक्षा उत्पन्न करता है। 'ऋतुसंहार' के अन्तिम श्लोक में वर्षाकाल की महिमा को इस प्रकार समेटकर चित्रित किया है :

बहुगुणरमणीयः कामिनीचित्तहारी,
तरुविटपलतानां बान्धवो निर्विकारः।
जलदसमय एष प्राणिनां प्राणभूतो।
दिशतु तव हितानि प्रायशो वाञ्छितानि ।।

धीरे-धीरे संस्कृत काव्य में मेघ काम-नृपति का अनुचर बन गया है और उसके हर अवयव से काम-नृपति की जय-जयकार होती है। कभी वे काम-नृपति के हाथी के समान तडिदंकुश से ताड्यमान होकर आकाश मण्डल में आते हैं* और उस पुराने युग का स्मरण करा देते हैं जब पर्जन्य देवता बिजली का कोड़ा मारकर उनका उपयोग घोड़ों के रूप में करते थे और कभी सारी मेघमाला उस महाशक्तिशाली कामदेवता के ढक्का के रूप में

---

* चलद्बलाका दशनाभिरामः परिस्रवद्वारिमदाम्बुधारः।
आहन्यमानस्तडिदंकुशेन स्मरस्य दध्वान घनद्विपेन्द्रः ।।

उपयोग में लायी जाती है जो मानते हैं कि कामिनियों को मानिनी नहीं होना चाहिए क्योंकि ऐसा करके वे कामदेवता के राज्य के नियमानुसार अपराधिनी हो जाती हैं ![1] संस्कृत-कवियों ने कदम्ब और कुटज पुष्पों का, इन्द्रगोप और खद्योतों का, मयूरों और दादुरों का, कोकिलों और चातकों का तथा अन्य लता-वृक्ष-पुष्पों का ऐसा वर्णन किया है कि देखकर आश्चर्य होता है। परन्तु परवर्ती संस्कृत काव्यों में प्रधान रूप से इनका उपयोग विरह और मिलन के उद्दीपन के रूप में किया गया है। पथिकों और पथिक-वधुओं के साथ संस्कृत कवि की अपार सहानुभूति है।

वर्षा-वर्णन करते समय संस्कृत-कवियों ने दोला-केलि का वर्णन अवश्य किया है। दोला-केलि या दोला-विलास अति प्राचीन काल से भारतवर्ष में वर्षा की अत्यन्त आकर्षक और उल्लासकर क्रीड़ा है। दीर्घकाल से उसने भारतवर्ष के चित्त को अभिभूत कर रखा है। उत्तर-मध्यकाल के काव्यों और चित्र तथा मूर्त्तिशिल्प में भी उसका गौरव बना रहा है। इसका पुराना नाम है 'प्रेंखा-विलास'।'

वात्स्यायन से पता चलता है[2] कि अन्तःपुर से लगी हुई वाटिका में सघन छाया में प्रेंखा-दोला या झूला लगाया जाता था और छायादार स्थानों में विश्राम के लिए स्थण्डिल-पीठिकाएँ या बैठने के आसन बनाये जाते थे, जिन पर सुकुमार कुसुमदल बिछा दिये जाते थे। प्रेंखा-दोला की प्रथा वर्षा ऋतु में ही अधिक थी। आज भी सावन में झूले लगाये जाते हैं। वात्स्यायन ने जो छायादार वृक्षों की घनी छाया में झूला लगाने को कहा है सो इस वर्षा से बचने के लिए ही। वस्तुतः वर्षाकाल ही प्रेंखा-विलास का उत्तम समय है। द्यु लोक और भूलोक में समानान्तर क्रियाओं के चलने की कल्पना कवियों ने इस प्रेंखा-विलास से की है, और कौन कह सकता है कि जब कमलनयनाओं की आँखें दिशाओं को कमल-फूल की आरती से नीराजित कर देती होंगी, आनन्दोल्लास के हास से जब चन्द्रिका की वृष्टि करती होंगी और विद्यु्दगौर

1. या कामिनी सा यदि मानिनी स्यात् स्मरस्य राज्ञो ह्यपराधिनी स्यात्।
दूतीव दण्डैः किमु ताड्यतेऽसौ कादम्बिनी कामनृपस्य ढक्का॥
2. का सू., पृ. 45

कान्तिवाली तरुणियाँ तेजी से झूलती रहती होंगी तो आकाश में अचानक विद्यु त् चमकने का भान नहीं होता होगा ?—

दृशाविदधिरे दिशः कमलराजिनीराजिताः
कृता हसितरोचिषा हरित चन्द्रिकावृष्टयः।
अकारि हरिणीदृशः प्रबलदण्डकप्रस्फुरद्
वपुर्विपुलरोचिषा वियति विद्यु तो विभ्रमः॥

इसी काल में रागिनी-चित्र भी बने। इनमें वर्षा का वातावरण झाँक-झाँक उठता है। गौड़ मलार रागिनी के 18वीं शतीवाले एक चित्र में वर्षा का कितना सुन्दर वातावरण उपस्थित है।

किन्तु, जैसा कि हमने ऊपर देखा है, उत्तर-मध्यकाल में इस स्थिति में भारी परिवर्तन हुआ है। परवर्ती काल के साहित्य में इस समूचे ऐहिकता-परक काव्य में एक नया स्वर आ गया है। मेघालोक में अभिसरण करनेवाले प्रेमिक-युगल यहाँ साधारण मनुष्य न रहकर राधारानी और गोपाललाल के रूप में चित्रित किये जाते हैं। पथिक-वधू के रूप में पायी जानेवाली पुराने काव्य की मदन-व्याकुल प्रेमिका साधारण प्रेमी के लिए नहीं, बल्कि मदन को भी मोहन करनेवाले किसी घनश्याम के लिए व्याकुल हो उठती है और दोला-विलास के लिए किन्हीं प्राकृत प्रेमिकों का स्मरण न करके चिर-किशोर-युगल का स्मरण किया जाता है। इस काल के संगीत में राधा और कृष्ण सम्पूर्ण केलिलीला और माधुर्य-वैभव के साथ उतर आते हैं, और चित्र-शिल्प में उनकी ही शोभा सर्वत्र चित्रित होने लगती है। कामदेवता के अपूर्व शक्तिशाली कुसुम के सायक भुला नहीं दिये जाते, परन्तु उनका उपयोग चिरकिशोर दम्पति के लीला-विलास में किया जाता है। घोर-शृंगार-परक स्वर में इस नवीन भक्ति-रस के पुट से विचित्र शोभा आ गयी है। नयी घटा को उनई देखकर नवीन कवि भी मदनदेवता के भभूकों से लहराते मानस को नहीं भूलता, पर वह 'लाल' अर्थात् श्रीकृष्ण को ही शाश्वत नायक के रूप में देखने का अभ्यस्त हो गया है, और दुलही को लाल के साथ ही झूला झूलने की सलाह देने लगता है :

कवि बेनि नई उनई है घटा मोरवा बन बोलत कूकन री।
छहरैं बिजुली छिति मण्डल छ्वै लहरै मन मैन भभूकन री।

पहिरो चुनरी चुनि कै दुलही सँग लाल के झूलिए झूलन री।
रितु पावस यों ही बितावति हौ मरिहौ फिर बावरी हूकन री।

संसार के साहित्य के इतिहास में इस प्रकार की परिणति शायद ही कहीं हुई हो। अत्यन्त लौकिक शृंगार ने यहाँ शाश्वत प्रेमिक-किशोरों की अपूर्व भाव-विह्वलता के लिए स्थान छोड़ दिया है। यहाँ परमात्मा मधुर प्रेम के लिए उतना ही व्याकुल है, जितना साधारण जीव उस अनन्त माधुर्य भाण्डार को पाने के लिए व्यग्र है। दोनों दोनों के लिए व्याकुल। भक्ति की ऐसी मोहक कल्पना संसार में अन्यत्र कहीं नहीं हुई :

अपने अपने सुठि गेहन में चढ़े दोऊ सनेह की नाव पै री।
अँगनान में भीजत प्रेम भरे समयौ लखि मैं बलि जाँव पै री।
कहै ठाकुर दोउन की रुचिसों रँग हैं उमड़े दोउ ठाँव पै री।
सखी कारी घटा बरसै बरसाने पै गौरी घटा नँदगाँव पै री।

भारतीय साहित्य की प्राण-शक्ति

भारतीय साहित्य का अध्ययन करनेवाले जिस किसी को एक बात लगेगी वह यह कि इस समूचे साहित्य में 'अकस्मात्' घट जानेवाली कोई बात नहीं पायी जाती। जो बात ग्रीक ट्रेजेडी की जान है, वही भारतीय साहित्य में सावधानी के साथ दूर रखी गयी है। यहाँ के काव्यों और नाटकों के लेखकों में से अधिकांश की प्रवृत्ति यह रही है कि उसकी कथा लोक-विश्रुत हो और उसका नायक और उसकी नायिका प्रसिद्ध वंश-जात और इतिहास समर्थित पुरुष-स्त्री हों। विदेशी साहित्य में पाठक की कुतूहली वृत्ति को सदा जागरूक रखने की जो चेष्टा है, भारतीय साहित्य में उसका एकान्त अभाव कभी-कभी विदेशी पाठक को खटक जाता है और कभी आधुनिक-शिक्षाप्राप्त भारतीय विद्वान को भी सदोष जान पड़ता है। इसीलिए भारतीय साहित्य के अध्येता के लिए इस प्रवृत्ति का कारण जान लेना बहुत आवश्यक है। अगर वह इस प्रवृत्ति को नहीं जानता तो भारतीय साहित्य के आधे गुण-दोष को वह नहीं पहचान सकता। उसकी प्रशंसा और उसकी निन्दा दोनों ही समान भाव से उपेक्षणीय होंगी। सारे संसार की अपेक्षा भारतवर्ष के साहित्य की एक निश्चित विशेषता है और उस विशेषता का कारण एक भारतीय विश्वास है। यह है पुनर्जन्म और कर्मफल का सिद्धान्त। प्रत्येक पुरुष को अपने किये का फल भोगना ही पड़ेगा। प्रलय भी हो जाय तो भी वह अपनी करनी के फल से मुक्त नहीं हो सकता। महाभारत में कहा गया है कि पूर्व सृष्टि में प्रत्येक प्राणी ने जो कुछ कर्म किया हो, वह कर्म पुनः-पुनः सृज्यमान होता हुआ उसे परिवर्तीकाल में भी मिलेगा ही (महाभारत-

शान्ति., 231-48-49) फिर वह उसे भोगने को तैयार हो या नहीं। समस्त भारतीय साहित्य में पुनः-पुनः कर्मबन्ध से मुक्त होने का उपाय बताया गया है। समस्त शास्त्र अपना अन्तिम लक्ष्य जन्म-कर्म के बन्धन से छुटकारा पाने को कहते हैं। इस सिद्धान्त का जितना व्यापक और जबर्दस्त प्रभाव हिन्दू संस्कृति, हिन्दू साहित्य और हिन्दू जीवन पर पड़ा है, उतना किसी भी और दार्शनिक सिद्धान्त का किसी भी और जाति पर पड़ा है या नहीं, नहीं मालूम।

पुनर्जन्म का सिद्धान्त वैसे तो खोजने पर अन्यान्य देशों में भी किसी न किसी रूप में मिल जा सकता है, परन्तु कर्मफल-प्राप्ति का सिद्धान्त कहीं भी नहीं मिलता। यह बात इतनी सच है कि पिछली शताब्दी में पण्डितों में यह साधारण विश्वास-सा हो गया था कि जहाँ कहीं पुनर्जन्म का सिद्धान्त है, वहीं वह भारतीय मनीषा की देन है। सुप्रसिद्ध ग्रीक दार्शनिक पाइथागोरस ने पुनर्जन्म के सिद्धान्त को माना है और उसे लेकर प्राच्य विद्या विशारदों में एक समय में काफी मनोरंजक वाग्युद्ध हो गया है। विलियम जोंस, कोलब्रुक, गार्बे, होपकिंस प्रभृति विदेशी विद्वानों ने स्वीकार किया है कि उक्त सिद्धान्त को पाइथागोरस ने किसी भारतीय पण्डित से ही सीखा था। कुछ यूरोपियन पण्डितों को यह भारतीय गौरव पसन्द नहीं। इन लोगों ने यह सिद्ध करने का भरपूर प्रयत्न किया है कि हिन्दुओं ने ही उक्त बात ग्रीक पण्डित से सीखी होगी[1]। प्रो. बर्नेट ऐसे ही विद्वानों में प्रमुख हैं। सुप्रसिद्ध प्राच्य-विद्या-विशारद डा. बी. ए. कीथ ने इस विषय पर एक बहुत ही अध्ययनपूर्ण प्रबन्ध लिखा था, जिसमें वे इस नतीजे पर पहुँचे थे कि पाइथागोरस के ऊपर किसी भारतीय मत का प्रभाव तो नहीं है, पर निस्सन्देह कर्मबन्ध का भारतीय सिद्धान्त अद्वितीय है[2]। जो कोई भी भारतीय धर्ममत और साहित्य को जानना चाहता है, वह इस सिद्धान्त को जाने बिना अग्रसर नहीं हो सकता। देखा जाय, यह सिद्धान्त क्या है।

साधारणतः समस्त भारतीय मनीषियों ने इस गुणमय जगत् पर विचार

---

1. Early Greek Philosophy (1908) p. 21.
2. Journal of Royal Asiatic Society. p. 569.

करके यह निष्कर्ष निकाला है कि इसमें दो अत्यन्त स्पष्ट तत्त्व हैं। एक शाश्वत है, दूसरा परिवर्तनशील; एक सदा एक-रस है, दूसरा नाशमान; एक चेतन है, दूसरा जड़। मतभेद तब शुरू होता है, जब उनके सम्बन्धों पर विचार किया जाता है। एक तरह के पण्डित हैं, जो इन दोनों तत्त्वों को स्वतन्त्र मानते हैं, इन दोनों का सम्बन्ध केवल योग्यता का सम्बन्ध है, परन्तु दूसरे आचार्य हैं, जो मानते हैं कि वस्तुतः इन दोनों की सत्ता नहीं है, दूसरा पहले की ही शक्ति है। पहले को आत्मा कहते हैं, सांख्यवादी उसे 'पुरुष' कहते हैं और दूसरे तत्त्व को प्रकृति या माया कहते हैं। गीता में भगवान् ने प्रकृति को अपने ही अधीन बताया है और कहा है कि मेरे द्वारा नियोजित होकर ही प्रकृति इस सचराचर सृष्टि को प्रसव करती है (गीता —9, 10)। वेद-बाह्य बौद्धादि सम्प्रदाय के लोग यह मानते हैं कि यह चेतन सत्ता साधना के द्वारा जब प्रकृति के बन्धनों से मुक्त होती है तो उसी प्रकार लुप्त हो जाती है, जिस प्रकार दीपक की लौ; परन्तु इस बात में वे भी विश्वास करते हैं कि शरीर और इन्द्रियादि की अपेक्षा वह वस्तु अधिक स्थायी है। वह सैकड़ों जन्म ग्रहण करने के बाद, सैकड़ों शरीरों, इन्द्रियों से युवत हो लेने के बाद निर्वाण की अवस्था को अर्थात् बुझ जाने की अवस्था को प्राप्त होती है।

सांख्यशास्त्रियों के मत से पुरुष अनेक हैं और प्रकृति उन्हें अपने माया-जाल में बाँधती है। पुरुष विशुद्ध चेतन स्वरूप, उदासीन और ज्ञाता है। जब तक उसे अपने इस स्वरूप का ज्ञान नहीं हो जाता, तभी तक वह उसके जाल में फँसा रहता है। यह दृश्यमान जगत् वस्तुतः प्रकृति का ही विकास है।

जो हो, इस विषय में भारतीय दार्शनिकों में प्रायः कोई मतभेद नहीं कि आत्मा नामक एक स्थायी वस्तु है, जो बाहरी दृश्यमान जगत् के विविध परिवर्तनों के भीतर से गुजरता हुआ सदा एक-रस रहता है। ये पण्डित स्वीकार करते हैं कि जब तक ज्ञान नहीं हो जाता, तब तक यह आत्मा जन्म-कर्म के बन्धन से मुक्त नहीं हो सकती। अब प्रश्न यह है कि यदि यह पुरुष या आत्मा उदासीन है, या दुःख-सुख से परे है और चित्स्वरूप है तो जन्म और कर्म के बन्धन में पड़ता कैसे है और मृत्यु के बाद एक जन्म का कर्मफल

दूसरे जन्म में ढोकर क्यों ले जाता है? जो निर्गुण है, उसे आधार बनाकर पाप और पुण्य के फल कैसे दूसरे जन्म में पहुँच जाते हैं? क्योंकि यह तो सभी मानते हैं कि कर्मफल जड़ हैं, अतः उनमें इच्छा नहीं होती, इसलिए यह तो साफ प्रकट है कि वे इच्छापूर्वक आत्मा का पीछा नहीं कर सकते, फिर यह कैसे सम्भव है कि इस जन्म का कर्मफल दूसरे जन्म में मिलता ही है? सीधा जवाब यह है कि ईश्वर इस व्यवस्था को इस ढंग से चला रहा है, परन्तु यह उत्तर युक्तिवादी दार्शनिकों को पसन्द नहीं है। वे उसका और कोई कारण बताते हैं।

इस प्रश्न का उत्तर देने के लिए शास्त्रकारों ने लिंग-शरीर की बात बतायी है। यह तो निश्चित है कि आत्मा एक शरीर से दूसरे में संक्रमित होता है। गीता में भगवान् ने कहा है कि जिस प्रकार मनुष्य पुराने वस्त्र को छोड़कर नया धारण करता है, उसी प्रकार आत्मा जीर्ण शरीर को परित्याग कर नवीन शरीर धारण करता है, (गीता—2.22)। इसी प्रकार बृहदारण्यक उपनिषद् में बताया गया है कि जोंक जिस प्रकार एक तृण से दूसरे पर जाते समय पहले अपने शरीर का अगला हिस्सा रखता है और फिर बाकी हिस्से को खींच लेता है, उसी प्रकार आत्मा पुराने शरीर को छोड़कर नये शरीर में प्रवेश करता है। आत्मा को जब अपनी और प्रकृति या माया की वास्तविक सत्ता का ज्ञान हो जाता है, तभी कर्मबन्ध से मुक्त हो जाता है। भगवान् ने गीता में कहा है कि ज्ञान की अग्नि समस्त कर्मों को भस्मसात् कर देती है और ज्ञान से बढ़कर कोई वस्तु पवित्र नहीं है (गीता— 4. 37-38)। उपनिषदों में ब्रह्म को सत्य-स्वरूप, ज्ञान-स्वरूप और आनन्द-स्वरूप कहा गया है (तैत्तिरीय—2-1; बृहदारण्यक— 3।6।22)। ऐसा मानने के कारण समूचा हिन्दू साहित्य ज्ञान को एक विशेष दृष्टिकोण से देखता है। वह यह नहीं मानता कि ज्ञान की प्राप्ति में मनुष्य नित्य अग्रसर होता जा रहा है, उसकी दृष्टि में चरम ज्ञान अपने आप में ही है। यद्यपि ज्ञान अनन्त है, पर उसका अपना वास्तविक रूप भी वैसा ही है इसलिए चरम और अनन्त ज्ञान को पाना असम्भव तो है ही नहीं, उसके साध्य के भीतर ही है। हिन्दू साहित्य में इसीलिए नित्य नवीन ज्ञान के अनुसन्धान के प्रति एक प्रकार की उदासीनता का भाव है। वह उस विद्या को विद्या ही

नहीं मानता, जो मुक्ति का कारण न हो, जो मनुष्य को कर्म-बन्धन से छुटकारा न दिला दे। इस बात ने भी सारे हिन्दू-साहित्य को प्रभावित किया है।

शास्त्रकारों ने कर्म को समझाने के लिए कई प्रकार के भेद किये हैं। मनुस्मृति में कहा गया है कि कायिक, वाचिक और मानसिक, ये तीन प्रकार के कर्म हैं और उनकी गति भी उत्तम, मध्यम और अधम भेद से तीन प्रकार की होती है (मनु --123)। शातातप ने सैकड़ों प्रकार के पापों, उनके फलस्वरूप प्राप्त होनेवाले रोगों का उल्लेख किया है और उनके प्रायश्चित्त का भी विधान किया है। पुराणों में कर्मविपाक के विषय में बहुत कुछ कहा गया है। गरुड़ पुराण में विस्तृत रूप से अनेक कर्म और तज्जन्य प्राप्य फलों का उल्लेख है। शास्त्रों में साधारणतः तीन प्रकार के कर्म बताये गये हैं-- संचित, प्रारब्ध और क्रियमाण। मनुष्य ने जो कुछ कर्म किया है, उसे संचित कर्म कहते हैं। जिस पुराने कर्म के फल को वह भोग रहा है उसे प्रारब्ध कर्म कहते हैं। जो कुछ वह नये सिरे से करने जा रहा है, उसे क्रियमाण कर्म कहते हैं। ज्ञान होने पर संचित कर्म तो नष्ट हो जाते हैं, पर प्रारब्ध कर्म को भोगना ही पड़ता है। ज्ञान की अग्नि से संचित कर्म जलकर दग्ध बीज की तरह निष्फल हो जाते हैं और ज्ञानी प्रारब्ध कर्मों के संस्कारवश उसी प्रकार शरीर धारण किये रहता है, जैसा कुम्हार का चलाया हुआ चक्र दण्ड उठा लेने पर भी वेग-वश कुछ देर चलता रहता है। इन बातों में स्वर्ग और नरक के विचार भी सम्मिलित हैं। कर्मबन्ध के दार्शनिक रूप के साथ स्वर्ग-नरक के पौराणिक विचारों का सामंजस्य भी किया गया है। साधारणतः पुण्य कर्म के लिए आत्मा का कुछ दिन तक स्वर्ग में रहना और फिर पुण्य क्षीण होने पर मर्त्यलोक में आ जाना (गीता— 9, 20-21) और इसी तरह पाप भोग के लिए कुछ दिन नरक में जाना और भोग लेने के बाद फिर मर्त्यलोक में आ जाने की बात भी कही गयी है। सांख्यकारिका में बताया गया है (सां. का.—41) कि धर्म (पुण्य) के द्वारा ऊर्ध्वगमन, अधर्म (पाप) के द्वारा अधोगमन होता है। ज्ञान से मोक्ष और अज्ञान से बन्धन होता है। महाभारत में यह एक और विचित्र बात बतायी गयी है। (स्वर्गारोहण पर्व—3. 14) कि जो आदमी अधिक पुण्यशाली होता है, वह पहले अपने स्वल्प पापों को

भोगने के लिए नरक में जाता है और जो आदमी अधिक पापी होता है, वह उसी प्रकार अपने स्वल्प पुण्यों को भोगने के लिए पहले स्वर्ग में जाता है और फिर नरक में। कुछ विद्वानों का विचार है कि स्वर्ग-नरक विचार और मोक्ष-विचार दोनों दो जाति के भारतीय मनीषियों की चिन्ता के परिचायक हैं। पहले विचार वैदिक ऋषियों के हैं और दूसरे वेदबाह्य आर्येतर मुनियों के। उपनिषद् काल में ये दोनों विचार मिलना शुरू हुए थे और काव्यकाल में पूर्ण रूप से मिलकर एक जटिल परलोक-व्यवस्था में परिणत हो गये। जो हो, ऊपर की आलोचना का निष्कर्ष यह है कि—

(1) आत्मा अविनश्वर है।

(2) चरम ज्ञान प्राप्त किया जा सकता है।

(3) ज्ञान प्राप्त किये बिना जीव का छुटकारा नहीं होता।

(4) ज्ञान वही है, जो जीवात्मा को कर्मबन्ध से मुक्त कर सके।

(5) ज्ञान प्राप्त किये बिना शरीर त्याग करने पर जीवात्मा अपने साथ लिंग-शरीर और कर्मफल-जन्य संस्कारों को ले जाता है।

(6) जो करता है, वही भोगता है।

(7) ज्ञान प्राप्ति के लिए 'बुद्धि का शोधन' आवश्यक है। शुभ बुद्धि से ही ज्ञान सम्भव है।

इस शास्त्रीय चर्चा को थोड़ा और भी आगे बढ़ाकर इसके प्रभावों की उत्थापना की जाय। हिन्दू विश्वास के अनुसार मनुष्य पैदा होते ही तीन प्रकार के ऋणों को अपने साथ लेकर उत्पन्न होता है (मनु. 4, 257; विष्णुसंहिता —37)। ये तीन ऋण हैं—देव-ऋण, ऋषि-ऋण और पितृ-ऋण। पैदा होते ही मनुष्य को कुछ सुविधाएँ प्राप्त हो जाती हैं। वह अपने शरीर और इन्द्रियों को पाता है, जो उसके समस्त आनन्दोपभोग के लिए आवश्यक साधन हैं। यह अपने माता-पिता से पाता है। इस ऋण को वह और किसी भी तरह नहीं चुका सकता, केवल एक उपाय है और वह यह कि इस धारा को आगे बढ़ा दिया जाय। इसी तरह वह समूचे ज्ञान-विज्ञान को, जिसे प्रत्यक्ष और सुलभ करने के लिए अनेकानेक मनीषियों ने अपने जीवन दे दिये हैं, अनायास ही पा जाता है। इस बात के लिए वह अपने पूर्वतन आचार्यों का अवश्य ऋणी है। इस ऋण को भी वह चुका नहीं सकता।

चुकाने का एक उपाय यही है कि ज्ञान-विज्ञान की धारा को वह सुरक्षित रखे और यथासम्भव आगे बढ़ा जाय। अध्ययन-अध्यापन से ही यह कार्य हो सकता है। फिर एक तरह की सुविधा भी मनुष्य को जन्म के साथ ही मिल जाती है। समस्त जगत् की प्राकृतिक शक्तियाँ, जिन्हें प्राचीन आर्य देवता कहते थे, न होतीं तो मनुष्य कुछ भी करने में असमर्थ था। प्राचीनों का विश्वास था कि यज्ञ के द्वारा इन शक्तियों को तृप्त किया जा सकता है। मनु ने इसीलिए कहा है कि गृहस्थ को तीन प्रकार के ऋणों से मुक्त होने के बाद ही मोक्ष में मनोनिवेश करना चाहिए। विधिवत् वेदों का अध्ययन करके, पुत्रों का उत्पादन करके और यथाशक्ति यज्ञों का यजन करके ही मोक्ष की चिन्ता में मनोनिवेश करना चाहिए। इन कार्यों को किये बिना ही मोक्ष की इच्छा रखनेवाला द्विज अधःपतित होता है (मनु— 6. 35-37)। महाभारत में भी इन ऋणों की चर्चा है। इन्हें चुकाये बिना मनुष्य के समस्त कार्य अधूरे हैं। इस ऋण सम्बन्धी विश्वास का बहुत बड़ा प्रभाव समग्र भारतीय साहित्य पर पड़ा है। हिन्दू आदर्श के लिए पितृत्व या मातृत्व रुचि का प्रश्न नहीं है, बल्कि आवश्यक कर्तव्य है। इसका पालन न करने से पाप होता है, परन्तु पालन करने से कोई पुण्य नहीं होता। हिन्दू शास्त्रों में पुरुष के लिए तो ब्रह्मचर्य का आदर्श स्वीकृत है और मनु कहते हैं कि विधवाएँ भी पुत्र उत्पन्न किये बिना ही सद्गति पा सकती हैं, उसी प्रकार जैसे ब्रह्मचारी लोग पाते हैं (मनु—5.160)। परन्तु यह वचन ही इस बात का सबूत है कि पुत्रोत्पादन किये बिना सद्गति नहीं होती। जिनकी सद्गति ऐसी अवस्था में हो जाती है, वे अपवाद ही हैं। वस्तुतः हिन्दू विश्वास के अनुसार मातृत्व स्त्री-जीवन की चरम साधना नहीं है, यद्यपि आजकल के कुछ पण्डित हिन्दू विश्वासों की ऐसी ही व्याख्या करने लगे हैं। मातृत्व और पितृत्व भी चरम साधना का अधिकारी होने की आवश्यक शर्त है। चरम लक्ष्य मोक्ष-प्राप्ति है, या और भी सही अर्थों में आत्मज्ञान है। इसी प्रकार अब तक संसार के मनीषियों ने जो कुछ भी ज्ञान अर्जन किया है, उसका अध्ययन-अध्यापन उक्त बात का अधिकारी होने के लिए आवश्यक शर्त है। यही कारण है कि हिन्दुओं के निकट कोई भी ज्ञान उपेक्षणीय नहीं है। इतिहास इस बात का साक्षी है कि हिन्दुओं ने अपने साहित्य में नाना

जाति के ज्ञान-विज्ञान को इस अपनेपन के साथ ग्रहण किया है कि पण्डितों को यह निर्णय करने में प्रायः ही अड़चनों का सामना करना पड़ता है कि कौन-सा ज्ञान किस देश से ग्रहण किया गया है। बाहरी विद्वानों के ज्ञान को अपना बनाकर प्रकट करने की कला में कोई भी भारतीयों का मुकाबला नहीं कर सकता। सीरियनों की राशिगणना, ग्रीकों का होरा शास्त्र, अरबों का ताजक शास्त्र, यक्षों की कवि-प्रसिद्धियाँ, आर्येतर जातियों की आध्यात्मिक चिन्ताएँ और देव-कल्पनाएँ इस प्रकार आर्य मनीषियों की चिन्ता-राशि में मिल गयी हैं और ऐसी प्राण-शक्ति पाकर जीवन्त हो उठी हैं कि उनको अलग कर सकना आज साहस का कार्य हो गया है। बाहरी ज्ञान को हिन्दू आचार्यों ने इतने दर्द के साथ अपनाया है, ऐसा समादर दिया है, इतना मार्जित कर लिया है कि देखनेवालों को आश्चर्य होता है। इसी प्रकार देव-ऋण को चुकाने में भी हिन्दुओं ने कमाल किया है। उनके साहित्य में प्रकृति की प्रत्येक शक्ति इतनी जीवित और सम्पन्न रूप में चित्रित हुई है कि संस्कृत के किसी काव्य में से उसे अलग नहीं किया जा सकता। यह स्पष्ट ही है कि ऐसा करके हिन्दू कुछ धनात्मक कार्य नहीं करता, वह महज ऋणात्मक कर्तव्यों का पालन करता है, केवल ऋण चुकाता है।

ऊपर की बातों को संक्षेप में इस प्रकार रखा जा सकता है—

(1) पुत्रोत्पादन आवश्यक कर्तव्य है। इसके किये बिना पुरुष या स्त्री—ब्रह्मचारी और विधवा के अपवादों को छोड़कर—आत्मज्ञान के अधिकारी नहीं हैं।

(2) इसीलिए पुत्रोत्पादन अर्थात् पितृत्व या मातृत्व की प्राप्ति केवल साधन है, साध्य नहीं।

(3) ज्ञान—अर्थात् मोक्ष प्राप्ति के लिए सहायक मानी जानेवाली विद्या—कहीं से भी ग्रहण करना, उसकी रक्षा करना और वृद्धि करना केवल उचित ही नहीं आवश्यक कर्तव्य है। यह भी मोक्ष का साधन है।

(4) देवताओं या प्राकृतिक शक्तियों को सम्पन्न बनाना आवश्यक कर्तव्य है।

यह कहना अनावश्यक जान पड़ता है कि न तो पूर्वार्जित कर्मों के भोग में मनुष्य स्वाधीन है और न ऋण चुकाने के ऊपर कहे हुए कर्तव्य-पालन

में। एक को उसे भोगना ही पड़ेगा और दूसरे को उसे करना ही पड़ेगा। ऐसी अवस्था में यह सन्देह हो सकता है कि हिन्दू विश्वास मनुष्य को सम्पूर्ण निराशावादी और भाग्यवादी बना देता है। ऊपर से देखने पर यह बात गलत भी नहीं मालूम पड़ती और साहित्य में भी इन विश्वासों का सुदूर प्रसारी फल साफ प्रकट होता है। इसने कवियों और शास्त्राध्यापकों की मनोवृत्ति इस प्रकार मोड़ दी है, जिसकी तुलना सारे संसार में नहीं मिलती। हजारों वर्ष के भारतीय इतिहास में जो नीच समझी जानेवाली जातियों ने कभी भी उत्कट विद्रोह नहीं किया, वह इन्हीं विश्वासों को स्वीकार करने के कारण। प्रत्येक व्यक्ति जानता है कि उसके द्वारा सम्पादित किसी का कर्म-फल दूर नहीं हो सकता। चाण्डाल अपनी दुर्गति के लिए कर्म-फल की दुहाई देता है और ब्राह्मण अपने उच्च पद के लिए भी कर्म की ही दुहाई देता है। जब प्रत्येक व्यक्ति अपने कर्म-फल के लिए आप ही जिम्मेदार है, तो न तो कोई उसे किसी दूसरे के बदले भोग ही सकता है और न उद्योग करके उसके संचित और प्रारब्ध कर्मों को बदल ही सकता है। इस सिद्धान्त ने कर्म के सामूहिक उद्योग के क्षेत्र में हिन्दुओं को बाधा पहुँचायी है और उनकी मनोवृत्ति को विच्छेदप्रवण बनाने में सहायता दी है। इतना ही नहीं, उन्हें जागतिक व्यवस्था के प्रति उदासीन भी बना दिया है। जब प्रत्येक कार्य का निश्चित और न्यायसंगत कारण है तो किसी अन्याय के विरुद्ध विद्रोह करने का सवाल ही नहीं उठता। और जब विद्रोह करने की भावना दब जाती है तो जाति स्थिर भाव से अधःपतन की ओर बढ़ती है। हिन्दू-साहित्य और समाज का यह पहलू सचमुच ही बहुत शोचनीय है। परन्तु इसके सिवा भी एक बात है, जो निश्चय ही महान् है।

वह बात है पुरुषार्थों की कल्पना। हिन्दू शास्त्र मनुष्य के लिए केवल कर्मफल-भोग और ऋण चुकाने की व्यवस्था नहीं करते, वे कुछ धनात्मक कार्य करने का भी विधान करते हैं। ये धनात्मक कार्य ही पुरुषार्थ हैं। पुरुषार्थ चार हैं—धर्म, अर्थ, काम और मोक्ष। इन्हीं पुरुषार्थों की प्राप्ति के उपाय बताने के लिए समूचा संस्कृत-साहित्य लिखा गया है। जो कुछ भी इस साहित्य में पुरुषार्थ की प्राप्ति के लिए लिखा गया है, वह दुनिया के साहित्य में बेजोड़ है। जो कुछ कर्मफल का और ऋणों के चुकाने का निर्देश

देने के लिए लिखा गया है, वह केवल समाजशास्त्री के कुतूहल का विषय है। पुरुषार्थों में सबसे श्रेष्ठ पुरुषार्थ—परम पुरुषार्थ—मोक्ष है। मोक्ष के विधायक वेद, उपनिषद्, आरण्यक, दर्शन-शास्त्र आदि विषय केवल भारतीय साहित्य ही नहीं, संसार के साहित्य के गर्व और गौरव की वस्तु हैं। बहुत बाद में वैष्णव आचार्यों ने इन चारों के अतिरिक्त एक पाँचवें पुरुषार्थ की कल्पना की है। यह है भक्ति या भगवद्‌विषयक प्रेम—'प्रेमा पुमर्थो महान्।' और निस्सन्देह इस पुरुषार्थ की प्राप्ति के लिए जो कुछ लिखा गया है, वह अद्वितीय है।

हमारा आलोच्य विषय काव्य क्या है? क्या वह कर्मफल का निर्देशक है, या ऋण चुकाने का व्यवस्थापक, या पुरुषार्थ-निर्देशक? मम्मट कहते हैं कि काव्य यश के लिए लिखे जाते हैं, व्यवहार-ज्ञान के लिए लिखे जाते हैं, अशुभ फल से निवृत्त होने के लिए लिखे जाते हैं, कान्तासम्मित उपदेश के लिए लिखे जाते हैं और आसानी से मोक्ष प्राप्त करने के लिए लिखे जाते हैं। अर्थात् काव्य सब पुरुषार्थों का दाता है। यदि व्यवहार ज्ञान के प्रसंग में मम्मट ने मन-ही-मन काम नामक पुरुषार्थ को भी याद न कर लिया हो तो कहा जा सकता है कि एक यही पुरुषार्थ काव्य के उद्देश्य से छूट जाता है। काव्य के उद्देश्य से काम नामक पुरुषार्थ का छूटना कुछ आश्चर्यजनक जरूर है।

ऊपर की विवेचना से हम भारतीय साहित्य को अच्छी तरह समझ सकते हैं। भारतीय नाटकों में जो कहीं भी धर्मात्मा व्यक्ति पराजित नहीं होता, कभी भी सद्विचार से अनुप्राणित होकर कठिनाइयों से जूझता हुआ हार नहीं जाता, वह इसी कर्मफल की व्यवस्था को मानने से। भारतीय काव्य में जो कवि अपने मनोभावों को अभिव्यक्त करने की अपेक्षा दूसरे के मनोभावों को व्यक्त करने का प्रयत्न करता है, यह अपने आपकी आनन्दिनी वृत्ति को पहचानने के लिए। यहाँ कभी यूरोपियन नाटकों की भाँति पापात्मा अपनी कूटबुद्धि से धर्मात्मा को अन्त तक पछाड़ने में सफल नहीं होता। हिन्दू कवि का उद्देश्य रस को व्यक्त करना है, वक्तव्य को अभिव्यक्त करना नहीं। अत्यन्त आधुनिक दृष्टि से देखा जाये तो संस्कृत के सर्वश्रेष्ठ नाटककार कालिदास में कितने ऐसे गुण खोजकर नहीं निकाले जा सकते हैं,

जिनके द्वारा नाटक की सफलता मानी जाती है। श्री कीथ कहते हैं कि "मानव-जीवन के गम्भीरतर प्रश्नों के लिए कालिदास ने हमारे लिए कोई भी सन्देश नहीं दिया है, जहाँ तक हम देख सकते हैं, ऐसे गम्भीर प्रश्नों ने उनके भी मस्तिष्क में कोई सवाल नहीं पैदा किया। ऐसा जान पड़ता है कि गुप्त सम्राटों ने जिस ब्राह्मणधर्मानुमोदित व्यवस्था की महिमा की प्रतिष्ठा की थी, उससे कालिदास पूर्णतया सन्तुष्ट थे और विश्व की समस्याओं ने उन्हें उद्विग्न नहीं किया। शकुन्तला नाटक यद्यपि मोहक और उत्कृष्ट है, तथापि यह एक ऐसी संकीर्ण दुनिया में चलता-फिरता है, जो वास्तविक-जीवन की क्रूरताओं से बहुत दूर है। वह न तो जीवन की समस्याओं का उत्तर देने का ही प्रयत्न करता है और न उनका समाधान ही खोज निकालने का। यह सत्य है कि भवभूति ने दो कर्तव्यों के विरोध के अस्तित्व की जटिलता और कठिनता के भाव दिखाये हैं और उस विरोध से उत्पन्न दुःख को भी दिखाया है। पर उनके ग्रन्थों में भी इस नियम का ही प्राबल्य दिखायी देता है कि सब कुछ का अन्त सामंजस्य में ही होना चाहिए। ···ब्राह्मण्य धर्मानुमोदित जीवन-सम्बन्धी सिद्धान्तों ने नाटकीय दृष्टिकोण में कितनी संकीर्णता ला दी है, इस बात को संस्कृत नाटकों का समूचा इतिहास प्रमाणित करता है। यही नहीं, ब्राह्मण-धर्मानुमोदित परम्परा को स्वीकार करने के कारण ही 'चण्डकौशिक' जैसे नाटक लिखे जा सके हैं, जहाँ एक अभागे राजा की दानशीलता से उत्पन्न, ऋषि विश्वामित्र की विक्षिप्त-जनोचित बदला लेने की भावना से तर्क और मनुष्यता के प्रति बेहद विद्रोहाचरण हुआ है।" ऐसी बातें केवल एक पण्डित ने नहीं लिखी हैं। आये दिन यूरोपियन समालोचक बहुत-सी ऊल-जलूल बातें कहते ही रहते हैं। ऊपर के उद्धरण के लेखक भारतीय साहित्य के एक माने हुए पण्डित हैं और ऊल-जलूल टिप्पणी करनेवाले ईसाई लेखकों की बातों का अनेक बार सप्रमाण खण्डन भी कर चुके हैं। यह नहीं कहा जा सकता कि उन्होंने जान-बूझकर भारतीय साहित्य को छोटा करके दिखाने का प्रयास किया है और न हम यही कहना चाहते हैं कि उनकी बातों में सचाई नहीं है। सचाई भी अगर गलत ढंग से देखी जाती है तो अवहेलनीय लगने लगती है। हमने ऊपर जिन सिद्धान्तों को देखा है, उन्हें माननेवाला मनुष्य कभी भी 'जीवन

के गम्भीरतर' प्रश्नों का उत्तर देने की जरूरत नहीं समझेगा; क्योंकि उसकी दृष्टि में 'जीवन के गम्भीरतर' प्रश्नों का समाधान हो चुका रहता है। बाकी प्रश्न केवल ऊपरी और भ्रमजन्य हैं। वस्तुतः ईमानदारी के होते हुए भी यूरोपियन पण्डित और उनके आधुनिक भारतीय शिष्य भारतीय साहित्य के प्रति न्याय नहीं कर पाते। क्योंकि, जैसा कि कलकत्ता हाईकोर्ट के भूतपूर्व जज प्रसिद्ध अंग्रेज साधक सर जॉन उडरफ ने कहा है—"साधारण यूरोपियन प्राच्य-विद्या-विशारद तथा वे लोग जो इस देश में (हिन्दुस्तान में) उनकी उँगली पकड़कर चला करते हैं कुछ ऐसे अवहेलामूलक विश्वासों का पोषण करते हैं कि भारतीय विचार केवल 'ऐतिहासिक' कुतूहल के विषय हैं और इस प्रकार के विचार किसी बौद्धिक प्रदर्शनी के लिए ही स्वागत-योग्य वस्तु हैं। इसके सिवा उनका और कोई मूल्य नहीं है, न कोई उनकी वास्तविक सत्ता ही है। यही कारण है कि प्राचीन पूर्वीय ज्ञान और आधुनिक आविष्कारों में जो आश्चर्यजनक साम्य है, इस तथ्य को वे स्वीकार नहीं कर सकते।" केवल यही नहीं, यूरोपियन पण्डित यह अनुभव नहीं कर सकते कि भारतीय साहित्य एक जीवित जाति की साधना है। मनुष्य प्रायः अपने संस्कारों से ऊपर उठकर देखने में असमर्थ होता है। बरट्रेण्ड रसेल ने लिखा है, कि आधुनिक यूरोपियन सभ्यता तीन उत्सों से आयी है. ग्रीक विचार, बाइबिल और आधुनिक विज्ञान। इन्हीं तीनों से आधुनिक यूरोपियन पण्डित की दृष्टि प्रभावित होती है। इन दोनों के घात-प्रतिघात से उसके मानस-पट पर एक विशेष प्रकार का जीवन-सम्बन्धी सत्य अंकित होता है। उसी सत्य के माप से वह वस्तुओं को मापता है। जहाँ तक साहित्य का सम्बन्ध है, वह ग्रीक मनीषियों से अधिक प्रभावित होता है। उसकी एकद्विषयक चिन्ता पर बाइबिल का प्रभाव नहीं के बराबर है। और आधुनिक विज्ञान ने साहित्य के बाह्य रूप को ही अधिक प्रभावित किया है। यहाँ प्रश्न है कि ग्रीक विचार, बाइबिल और आधुनिक विज्ञान के मिश्रण से जो संस्कार बने हैं, वही क्या एकमात्र सत्य सिद्धान्त हैं? यदि वे सत्य हों तो आर्य-चिन्तन, द्रविड़ विश्वास और आधुनिक विज्ञान के मिश्रण से जो भारतीय संस्कार बना है और बनने जा रहा है, वही क्यों सत्य नहीं होगा? इस दृष्टि से देखा जाय तो ग्रीस की बड़ी-से-बड़ी ट्रैजेडी के लेखक के बारे में

श्री कीथ की ही शैली में कहा जा सकता है कि "ग्रीक साहित्य के श्रेष्ठ नाटककार भी मायाजन्य भ्रममूलक बातों को ही जीवन के गम्भीरतर प्रश्न समझते रहे। इस परिवर्तमान जगत् के भीतर एक शाश्वत सत्ता है, एक चिन्मय पुरुष है, जो जड़ प्रकृति के कर्मप्रवाह से एकदम निर्लिप्त है, यह सहज बात उनके मस्तिष्क में कभी आयी ही नहीं। ट्रैजोन की पौराणिक कल्पनाओं के आधार पर जो नाटक लिखे गये हैं, वे कभी जीवन के वास्तविक गाम्भीर्य तक पहुँचे ही नहीं। वे एक उद्देश्यहीन मायाजाल में पड़े छटपटाते रहे, जहाँ पद-पद पर उन्हें परस्पर-विरोधी कर्तव्यों की उलझन सताती रही और अन्त तक वे किसी सामंजस्य-मूलक व्यवस्था का पता न लगा सके। ग्रीक पौराणिक कल्पना ने नाटकीय दृष्टि को कितना विशृंखल बना दिया है उस बात को ग्रीक नाटकों का समूचा इतिहास प्रमाणित करता है।" इत्यादि। कहना व्यर्थ है कि इस प्रकार भारतीय संस्कारों से देखने पर हम ग्रीक साहित्य का अधिकांश सौन्दर्य खो देंगे और फिर भी अपने विश्वासों के प्रति ईमानदार बने रहेंगे! वस्तुतः यह उचित मार्ग नहीं है। ग्रीक संस्कारों के चश्मे से भारतीय संस्कारों को देखना उतना ही अनुचित है, जितना भारतीय संस्कारों के चश्मे से ग्रीक साहित्य को देखना। दुर्भाग्यवश भारतीय साहित्य को यूरोपियन पण्डितों ने ऐसे ही देखा है और आधुनिक शिक्षाप्राप्त भारतवासी भी वैसे ही देखने के अभ्यस्त हो गये हैं। आधुनिक भारतीय शिक्षा में भारतीय संस्कारों की अपेक्षा पश्चिमी संस्कार ही अधिक हैं। यह ध्यान में रखने की बात है कि ग्रीक काव्य और ट्रैजेडी पर उसी प्रकार ग्रीक पौराणिक कथाओं का प्रभाव है, जिस प्रकार भारतीय नाटकों और काव्यों पर भारतीय पुराणों का। ग्रीक पौराणिक कथाएँ ही 'ट्रैजेडी' जैसी चीज को जन्म दे सकती हैं, जहाँ किसी मर्त्यलोक-वासी की सुन्दरता, कर्तव्य-परायणता या कोई और सद्गुण अकारण ही स्वर्ग के देवता के कोप का कारण हो जाता है। भारतीय पुराणों में एक भी ऐसी कहानी नहीं मिलेगी। यहाँ प्रत्येक सुख-दुःख का कारण अपना ही कर्म है। इस विश्वास को जो लोग संकीर्णता कहते हैं, वे उस विश्वास को मात्स्य न्याय कहना भूल जाते हैं।

वस्तुतः काव्य जैसे सुकुमार वस्तु की आलोचना के लिए अपने संस्कारों

के बहुत ऊपर उठने की जरूरत है, फिर वे संस्कार चाहे देशगत हों या कालगत। भारतीय साहित्यिक समाज-व्यवस्था में कोई असामंजस्य नहीं देख सकता था और न ऐसी बातों का उसके निकट कोई विशेष मूल्य ही था, जिन्हें हम जीवन के गम्भीरतर प्रश्न कहा करते हैं। वह गलती पर हो सकता है, नहीं भी हो सकता है—प्रधान प्रश्न उसके सिद्धान्तों की सचाई जाँच करने की नहीं है (क्योंकि वह अन्य क्षेत्र का प्रश्न है), प्रधान प्रश्न यह है कि अपने विश्वासों से आबद्ध रहकर उसने जो सृष्टि की है, उसका सौन्दर्य कहाँ है ? उसके सौन्दर्य का आदर्श क्या है ? और वह उसकी सृष्टि करने में कहाँ तक समर्थ हुआ है ?

बीजक की दो व्याख्याएँ

बीजक कबीरदास के सभी सम्प्रदायों में मान्य है। अपनी-अपनी विशेष दृष्टि के समर्थन के लिए सभी उपसम्प्रदायवालों ने इसकी व्याख्या अपने-अपने ढंग से करने का प्रयत्न किया है। इनमें दो टीकाएँ बहुत प्रसिद्ध हैं और ये दो प्रधान दृष्टियों का प्रतिनिधित्व करती हैं। संक्षेप में इनका परिचय दिया जा रहा है।

(1) रीवाँ के महाराज विश्वनाथ सिंह जू देव की टीका बहुत प्रसिद्ध है। आप सन् 1833 से लेकर सन् 1854 ई. तक रीवाँ के राजा रहे और बहुत अच्छे कवि थे। इनकी टीका रामचन्द्र की सगुणोपासना की प्रतिपादिका कही जाती है। परन्तु सही बात यह है कि इन्होंने साकेतबासी राम को निर्गुण और सगुण से परे माना है। सच्चे वैष्णव की भाँति इन्होंने किसी को कठोर भाव से अस्वीकार नहीं किया। समस्त श्रुति, भागवत और स्मृति के प्रमाणों को शिरसा स्वीकार कर कबीरदास के प्रतिपादित मत से उनकी संगति बैठाई है और शास्त्र वाक्यों का प्रत्याख्यान करते समय भी उन्हें हल्के ढंग से स्मरण नहीं किया। यह टीका अत्यन्त विद्वत्तापूर्ण और सुलझी हुई है। भाषा बघेलखण्डी है। परन्तु कबीर सम्प्रदाय में इसका विशेष मान नहीं है। परवर्ती कबीरपंथी 'राम' शब्द को यथासम्भव छोड़ते गये हैं और बदले में 'सत्यपुरुष' का नाम लेते गये हैं। इस टीका में ऐसा न करके रामचन्द्र को ही सगुण निर्गुण से परे माना गया है और प्रमाणस्वरूप भागवत, वशिष्ठसंहिता, योगवाशिष्ठ आदि का बार-बार उपयोग किया गया है।

बीजक की टीका के आरम्भ में ही टीकाकार ने बीजक का तात्पर्य-निर्णय किया है। इससे उनके मत का और प्रतिपादन शैली दोनों का पता लग जाता है। उस तात्पर्य-निर्णय को संक्षेप में, आधुनिक भाषा में लिखा जा रहा है।

"यहाँ कबीरजी के बीजक प्रकरण के आदि में और आदि मंगल में कहा है कि शुद्ध जीव साहेब के लोक के प्रकाश में पूर्ण रहता है। जब साहेब सुरति देते हैं तब जीव उत्पन्न होता है। यह जीव शुद्ध है, साहेब का है, मन माया आदि इसमें नहीं है (थे), ये बीच ही में हुए हैं। मन मायादिक का कारण इसमें बना रहा है, इसलिए साहेब में नहीं लगा बल्कि संसार मुख हो गया। जब श्री रामचन्द्रजी की प्राप्ति होगी तभी शुद्ध जीव होगा सो साहेब ने इसे रोका पर यह माना नहीं; मन माया और ब्रह्म में लगकर संसारी हो गया।

जीव रूप यक अन्तर बासा। अन्तर जोति कीन परकासा ॥1॥
इच्छा रूप नारि अवतरी। तासु नाम गायत्री धरी ॥2॥

यह उपक्रम वाक्य है और पदों के अन्त में विरहुली है—

विषहर मन्त्र न मान विरहुली। जन्म जन्म अवतरे विरहुली।
फल यक कनइल डाल विरहुली। कहैं कबीर सचुपाय विरहुली।
जो फल चाखहु मोर विरहुली ॥1॥

सो, विरहुली में यह लिखा है कि तुम तो प्रथम शुद्ध रहे हो, तुम्हीं मन मायादिकों को बनाकर फँस गये हो— यह उपसंहार हुआ।

और प्रकरण में यह है कि श्रीरामचन्द्रजी को जब जीव जाने तब छूटे। ग्रन्थ भर में बार-बार यही उपदेश दिया गया है। 'लखि चौरासी जीव योनि में भटकि-भटकि दुख पावै। कहैं कबीर जो रामहिं जानै सो मोहिं नीके भावै।'— इत्यादि बहुत वाक्य हैं। यही 'अभ्यास' है।

और, ईश्वर, परमेश्वर, अवतार, अवतारी आदि जो सगुण हैं, तथा मन और वचन के परे जो निर्गुण ब्रह्म हैं इन दोनों से परे हैं नित्य साकेत लोक-बिहारी रामचन्द्र; यह अपूर्वता है :—

अवधू छोड़हु मन विस्तारा
जो पद गहो जाहि ते सद्गति पारब्रह्म ते न्यारा···इत्यादि

यह पद बीजक का ही है और यथास्थान इसका अर्थ लिखा गया है।

और, रामनाम के जपने से और श्रीरामचन्द्र को जानने से ही मन वचन से परे श्रीरामचन्द्र रूप फल की प्राप्ति होती है, यह फल है। 'अच्छा आहि छत्रपति पासा। मैं तोहीं छन-छन समुझाया। खसम छोंड़ि कस आनु बधाया'—इत्यादि बहुत वाक्य हैं—यह फल है।

और, कबीरजी तो साहेब के पास हैं, उनको संसार का कौन डर है, फिर भी वे प्रशंसा में कहते हैं—'कह कबीर सुनु गोपाल विनती शरण हरि तुव पाय' इत्यादि। यह अर्थवाद है। और प्रकरण में प्रतिपाद्य जो है कि रामनाम को जाननेवाला ही छूटता है, न जाननेवाला नहीं, तथा अन्यान्य मतों में मन लगाता है वह संसारी होता है इस बात को दृष्टान्त दे-देकर रामनाम को ही दृढ़ किया है। जैसे—

राम नाम बिन मिथ्या जन्म गँवाई हो।
सेमर सेइ सुवा जँहड़े ऊन परे पछिताई हो।...

—इत्यादिक कहरा में लिखा है, यह उपपत्ति हुई। ये षट्लिंग हैं। जो लोग इनको देख करके अर्थ करते हैं, वह ठीक अर्थ करते हैं। पर इन्हें जाने बिना जो लोग अर्थ करते हैं, वे अनर्थ करते हैं क्योंकि ग्रन्थ का तात्पर्य कुछ और है और उनका अर्थ कुछ और। उदाहरणार्थ बीजक को कोई निराकार ब्रह्म में लगाते हैं, कोई जीवात्मा में और कोई नये-नये खामिन्द बना के अर्थ लगाते हैं। ये मनमुखी लोग अपने-अपने मन से नाना अर्थ लगाते हैं। ये सब अर्थ नहीं, अनर्थ हैं। वे गुरुओं के भी गुरु परमपुरुष श्रीरामचन्द्र के द्रोही हैं। इसका प्रमाण यह है :—

गुरु द्रोही औ मनमुखी, नारि पुरुष अविचार।
ते नर चौरासी भ्रमहिं, जब लग शशि दिनकार॥

मैं जो बीजक का अर्थ लिख रहा हूँ उसमें छहों लिंग श्रीरामचन्द्र में घटित हैं, इसलिए मैं जो अनिर्वचनीय श्रीरामचन्द्र का प्रतिपादनपरक अर्थ लिख रहा हूँ, वही ठीक है। क्योंकि वे (श्री रामचन्द्र) जितने प्रभु हैं उनके भी प्रभु हैं। इसमें वाल्मीकि रामायण का प्रमाण है कि—

सूर्यस्यापि भवेत् सूर्यो ह्यग्नोरग्निः प्रभोः प्रभुः

अब यदि इसका अर्थ सूर्य और अग्नि में लगाया जाय तो पुनरुक्ति दोष

होगा। क्योंकि जब बड़े प्रकाशमान सूर्य का नाम ले ही लिया तब अग्नि की बात करने की क्या जरूरत थी। सो, अर्थ यों होगा। जो लोक में कर्म की प्रेरणा करता है उसे सूर्य कहते हैं अर्थात् अन्तर्यामी, जो सबके आगे रहे, वह अग्नि कहाता है अर्थात् ब्रह्म। सो, रामचन्द्र को अन्तर्यामियों का अन्तर्यामी और ब्रह्म का भी ब्रह्म कहा गया। जो सर्वत्र पूर्ण और परिच्छिन्न है; सबका प्रभु परब्रह्म उसका भी प्रभु है, वे ही उस लोक के मालिक श्रीरामचन्द्र हैं। जब वह ब्रह्म ही तन वचन के परे है तो फिर वह जिसका प्रकाश है वह लोक मन वचन में कैसे आ सकता है। साहेब तो दोनों (लोक और ब्रह्म) का मालिक है। मगर शंका हो सकती है कि तुम तो कहते ही जा रहे हो कि वह सबका मालिक है और फिर भी कहते हो कि मन-वचन के परे है, यह कैसे होगा। यह सत्य है कबीरजू ने भी कहा है कि 'रामो नहीं खुदाई।' क्योंकि 'रामै नाम अहै निज सारू। औ सब झूठ सकल संसारू।' इत्यादि नाना प्रमाणों से बीजक भर में रामनाम का ही सिद्धान्त किया है। इसी में इसका समाधान है और इसी में (रामनाम में) बीजक का अर्थ लगता है। बात यह है कि जो साहेब का रामनाम है उसका साधन करने से मन-वचन के परे वाला रामनाम साहेब की कृपा से प्राप्त होता है। जब ऐसे जीव का संसार छूटता है तो साहेब उसे हंस रूप देते हैं, उस हंस स्वरूप में टिककर वह साहेब को देखता है और नाम लेता है वैसे, साहेब, उनका नाम— लोक और उनका दिया हुआ हंस रूप सभी प्राकृत-अप्राकृत और मन-वचन से परे हैं। इसीलिए कहा है कि—

यतो वाचो विवर्तन्ते यत् परब्रह्मणः परम्।
अतः श्रीरामनामादि न भवेद् ग्राह्यमिन्द्रियैः॥

और इस रामनाम के जपने की विधि जैसी-जैसी कबीरजी ने अपने शब्दों में कही है उस रीति से यदि कोई जप करे तो रामनाम मन-वचन के परे जो अपना स्वरूप है उसे इसके चित्त में स्फुरित कर देता है और साहेब के स्वरूप को भी स्फुरित कर देता है— अर्थात् आप ही स्फुरित हो जाता है। शास्त्र में कहा है कि :—

नाम चिन्तामणी रामश्चैतन्यपरविग्रहः।
नित्य शुद्धो नित्य युक्तो भिन्नं नाम नामितः।

अतः श्री रामनामादि न भवेद् ग्राह्यमिन्द्रियैः।
स्फुरति स्वयमेवैतज्जिह्वादौश्रवणे मुखे।

सो, यही रामनाम जो मन-वचन के परे है, उसी को कबीर जानते हैं।···

जीव को मन-माया-ब्रह्म से छुड़ाकर श्री रघुनाथजू को प्राप्त करने की घात कबीरजी ने बीजक में बतायी है। यह बात उन्होंने अपनी उक्ति से भी कही है। (इन चार प्रकार की वाणियों से उन्होंने) अपना उपदेश दिया है और उत्पत्ति का प्रकरण अपने ग्रन्थ में उन्होंने नाना प्रकार से बताया है। प्रथम रमैनी में उन्होंने आदि की उत्पत्ति कही है। जब कुछ भी नहीं था तब वही साहेब का लोक था जिसे 'परम अयोध्या' कहते हैं। और सत्यलोक, सान्तानक लोक, नापैद लोक आदि नाना नाम हैं। उसमें जो हंस-हंसिनी हैं, तृण-लता, गुल्म आदि हैं वे सब चिन्मय हैं और परमपुरुष श्रीरामचन्द्र सबके मालिक हैं। इसमें प्रमाण यह श्रुति है—'राजाधिराजः सर्वेषां राम एव न संशयः।' वशिष्ठ संहिता में भी लिखा है कि—

यत्र वृक्षलतागुल्मपत्रपुष्पफलादिकम्।
यत् किंचित् पक्षिभृंगादि तत् सर्वं भाति चिन्मयम्।

कबीरजी ने कहा है—

सदा बसन्त जहाँ फूलहिं कुंज सोहावहीं।
अक्षय वृक्ष तर सेज सो हंस विछावहीं।
धरती अकास जहाँ नहीं जगमगै।
वहियाँ दीनदयाल हंसके संग लगै।

सो, उस अयोध्याजी का जो प्रकाश है उसमें शुद्ध जीव भरे हैं। उन्हें साहेब का और साहेब के लोक का ज्ञान नहीं है। जो वे साहेब को और साहेब के लोक को जानते तो लौटकर संसार में न आते, पर वे चूंकि साहेब को और उनके लोक को नहीं जानते इसीलिए माया उनको पकड़ लाती है। सो, प्रथम साहेब दयाल ने दया करके उनको सुरति दी कि मुझे जानो तो मेरे पास आओगे और माया से बच जाओगे। आदि मंगल में कह आये हैं कि जब उनके सुरति हुई तो वे (साहेब में न लगकर) धोखा ब्रह्म और माया में लग गये और संसारी हो गये। साहेब ने तो उन्हें बहुत मना किया, पर वे माने नहीं। आगे यह बात बेलि में (कबीरदास) कहेंगे कि—

तू हंसा मन मानिक हो रमैया राम।
हटल न मान्यो मोर हो रमैया राम।
जस कीन्हों तस पायो हो रमैया राम।
हमर दोष जनि देहु हो रमैया राम।

और साहेब के लोक में मन आदि का कोई कारण नहीं है क्योंकि वशिष्ठ संहिता में कहा है कि—

न यत्र शोको न जरा मृत्युर्नकालमायाप्रलयादिविभ्रमः।
रमेत रामे तु स तत्र गत्वा स्वरूपतां प्राप्य चिरं निरन्तरम्।

कबीरजी ने भी कहा है :

तत्त्व भिन्न निहतत्व निरक्षर मनौ प्रेम से न्यारा।
नाद विन्दु अनहद निरगोचर सत्य शब्द निरधारा॥

और साहेब का लोक सबके परे है, यह बात आदि मंगल में कह आया हूँ। सो, जो साहेब को जानै और साहेब के लोक में जाय तो फिर संसार में न आवे। इस उत्पत्ति को कबीरजी ने प्रथम रमैनी में संक्षेप में कहा है। सबकी उत्पत्ति साहेब लोक के प्रकाश के बाहर ही होती है, इस बात का प्रमाण ज्ञान सागर में भी है—

"जाने भेद न दूसर कोई। उतपति, सबकी बाहर होई।"

सारी टीका इसी प्रकार नाना प्रमाणों के साथ अत्यन्त श्रद्धापूर्वक लिखी गयी। टीकाकार का पाण्डित्य अपूर्व है, परन्तु उसकी श्रद्धा-भक्ति उससे भी बढ़कर है। इसलिए पाण्डित्य कहीं भी आक्रामक नहीं हुआ है। विश्वनाथसिंहजू की टीका बीजक-साहित्य का महत्त्वपूर्ण ग्रन्थ है।

(2) बीजक की दूसरी महत्त्वपूर्ण टीका पूर्णदास साहेब की लिखी हुई त्रिज्या है। इसके लेखक श्री पूर्णदास साहब हैं जो बुरहानपुर जिले के नागझरी स्थान में रहते थे। टीका का रचना-काल संवत् 1894 (सन् 1837 ई०) है। इस टीका का सम्प्रदाय में बहुत मान है। इसकी भाषा खड़ी बोली ही है, पर ढंग पुराना होने से आधुनिक पाठकों को उलझनदार लगती है। रमैनियों की टीका पद्य में लिखी गयी है, बाकी गद्य में। टीकाकार केवल पदों का अर्थ समझकर ही चुप नहीं हो जाते। व्याख्येय पद के पीछे का तत्त्ववाद, उस पर शंकाएँ, उनका समाधान सब बताते जाते हैं।

विश्वनाथसिंहजू की टीका की भाँति संस्कृत ग्रन्थों को प्रमाण रूप में उद्धृत करने की प्रवृत्ति नहीं है फिर भी वेदान्त-विचारों का प्रभाव स्पष्ट मालूम होता है। शब्दों की व्युत्पत्ति सिद्धान्त के अनुकूल करने की प्रवृत्ति अधिक है, इससे यदि व्याकरण या भाषा शास्त्र का विरोध हो जाय तो भी टीकाकार को इसकी कोई परवाह नहीं रहती। शब्द 115 पर उनकी टीका का कुछ अंश आधुनिक भाषा में उदाहरणार्थ, उद्धृत किया जा रहा है। टीकाकार का सिद्धान्त और शैली दोनों का आभास मिल जायेगा--

'सन्तो ऐसी भूल जगमाहीं जाते जीव मिथ्या में जाहीं'

"गुरु कहते हैं कि हे सन्तो, जैसी भूल जगत् में हुई, उसका भावार्थ सुनो। प्रथमारम्भ में जीव पक्के रूप में था—पक्के तत्त्व की भूमिका। तब अपने रूप को देखा और बहुत प्रसन्न हुआ। उस प्रसन्नता में आनन्द उठा और हंस को आनन्द में अपनी देह की विस्मृति हो गयी। वहाँ पर आनन्द होकर आनन्दी आनन्दरूप हो गया। उस आनन्द को (ही) सबने ब्रह्म-अधिष्ठान कहा। भला उस आनन्द में जब हंसा मिला (तो उसकी पक्की प्रकृति कैसे रहती ?)। सो, उसकी तत्त्व और प्रकृति सभी पलट गयी। तब पक्के का कच्चा हुआ। परन्तु हंस को कुछ खबर नहीं कि मैं पहले पक्का था और अब कच्चा हो गया। ऐसी फहम उसकी न रही। जैसा आकार था, वैसा आकार हुआ, तब कच्चे तत्त्वों के स्वभाव से इच्छा अनेक प्रकार हुई। इससे अनेक प्रकार के रूप धारण करके आप ही खड़ा हो गया, जिस बात को वेद ने कहा है—'एकोऽहं बहुस्याम।' यहाँ शंका हो सकती है कि हंस जीव जब पक्के से कच्चा हुआ तो खुद तो खबर ही न थी, फिर दूसरे किसने जाना। उत्तर है, पारख ने। फिर पूछा जा सकता है कि पारख निरुपाधि है या सोपाधि ? क्योंकि उपाधि के बिना तो जाना ही नहीं जा सकता। सो, इसके उत्तर में कहा जायेगा कि पारख निरुपाधि है, परन्तु वह जड़ नहीं है और जानना भी कोई उपाधि नहीं है। जो कोई जीव उस (पारख) पर आया उसे सम्पूर्ण कल्पना आदि 'आकिली' अनुमान को वह परखा देता है। यह उस भूमि का स्वभाव ही है। इसलिए जो कोई जीव पारख पर आया उसने सब जाना और सब बताया। क्योंकि पारख असल में वही है जिससे सब बातें परखने में आ जायें।

'···पहले भूले ब्रह्म अखण्डित झाँई आपुहि मानी'—

जो हंस ने अपने रूप को देखा और खुश हुआ, यही उसका भूलना था। और झाँई खड़ी हुई आनन्द खड़ा हुआ, उस आनन्द में हंस गरकाब हुआ। फिर वह स्फूर्ति हुई जिससे उसका रूप कच्चा हो गया था जो इच्छा खड़ी हुई उस इच्छा से सारा जगत् निर्माण हुआ। जैसी-जैसी इच्छा हुई तैसी-तैसी खानी और बानी पैदा हुई। इससे आप जगत् का अभिमानी हुआ और नाना प्रकार की कल्पना करके बहुत-से बानी-ग्रन्थ बनाये, वेदशास्त्र बनाये। वही भूल झाँई है, जिसमें सब जगत् भूला है। सो, कोई जीव कहाया, कोई ब्रह्म कहाया और कोई आत्मा कहाया। परन्तु भूल का मर्म किसी ने नहीं समझा। जो विन्द कहाते हैं सो भी भूल और कोई देह कहाते हैं सो भी भूल और कोई तत्त्व कहाते हैं सो भी भूल। इसी भूल से चौरासी लाख योनियाँ खड़ी हुई हैं। इस भूल से ही सारे जगत् की विडम्बना हुई है। अरे, जो सनातन जीव था, वही भूला और अब वही भूल सबको खा रही है।

ऐसी भूल कैसे मिटेगी? 'भूल मिटे गुरु मिलें पारखी।' जो पारखी गुरु मिल जाय तो सब भूल मिट जाय। जिससे सब भूल मिट जाय वही पारख कहलाता है। सो, यदि पारखी गुरु मिलें तो पारख भूमिका बता दें। तब जीव भी पारख रूप हो जाय और गुरु भी पारख रूप। फिर तो जगत् ब्रह्म और कल्पना अनुमान सब कुछ जाते रहेंगे। इसलिए समस्त भूलों की औषधि 'पारख' है। जिस भूमिका को लेकर गुरु सब कुछ परखते हैं, उसी भूमिका को लेकर शिष्य सब कुछ परखता है। तब जाकर दो भाव एक होकर शुद्ध पारख रहता है। यह अर्थ है।

इसी प्रकार तर्कपूर्ण सीधी भाषा में पूरी टीका लिखी गयी है। सिद्धान्तों को बार-बार दुहराया गया है। उसके हर पहलू की शंकाओं का अपने ढंग से समाधान बताया गया है। टीकाकार को कोई जल्दी नहीं मालूम पड़ती। एक ही बात को वे नाना भाव से नाना प्रसंग में समझाने का मौका ढूँढ़ लाते हैं। निस्सन्देह यह टीका कबीरपन्थी सिद्धान्तों को समझाने का अत्यन्त महत्त्वपूर्ण प्रयास है।

सूफी साधना

मेरे मित्र प्रो. रामपूजन तिवारी ने 'सूफी साधना और साहित्य' के विषय में यह महत्त्वपूर्ण पुस्तक लिखी है। उन्होंने सूफीमत की साधना और साहित्य के मूल रूप को समझने के लिए इस्लाम धर्म के साथ उसके सम्बन्ध को स्पष्ट किया है, इस्लाम के आविर्भाव के समय अरब देशों की, जो सामाजिक और राजनीतिक अवस्था थी, उसे समझाने का प्रयास किया है, ईरान की तत्कालीन परिस्थिति पर उसकी जो प्रतिक्रिया हुई उसका विश्लेषण किया है और इस पृष्ठभूमि में इस्लाम के अन्तर्गत उत्पन्न होने-वाले विभिन्न सम्प्रदायों का विवरण भी प्रस्तुत किया है। यद्यपि भारतवर्ष में इस्लाम के अनुयायियों की संख्या बहुत अधिक है और उनके साथ हमारा रात-दिन का सम्बन्ध है, तथापि यह दुःख की ही बात है कि इस शक्तिशाली धर्म-मत के आविर्भाव और प्रसार की कहानी हिन्दी पाठकों को उचित रूप में मालूम नहीं। तिवारीजी ने अनेक प्रामाणिक इतिहासकारों की रचनाओं के आधार पर इस्लाम के उद्‌भव और प्रसार का लेखा-जोखा प्रस्तुत किया है। यह विवरण सूफीमत की जानकारी के लिए तो आवश्यक है ही, और वस्तुतः इसी उद्देश्य से यह लिखा भी गया है, परन्तु साधारण हिन्दी पाठकों के लिए स्वतन्त्र रूप में भी इसका महत्त्व है क्योंकि इस पुस्तक के इस अंश से हम भारतवर्ष में प्रचलित एक अत्यन्त शक्तिशाली धर्म-मत के स्वरूप को समझने में सहायता पाते हैं। विद्वान् लेखक ने इस्लाम के प्रादुर्भाव और उसके प्रभाव में प्रथम आनेवाले देशों की राजनीतिक तथा सामाजिक अवस्था की पृष्ठभूमि प्रस्तुत करके मूल सूफी भावना के आविर्भाव और

प्रसार की कहानी को सहज और मनोरंजक बना दिया है और फिर एक-एक करके सूफी साधकों, उनके सिद्धान्तों और उनके सम्प्रदायों का विस्तार-पूर्वक परिचय दिया है। उन्होंने दिखाया है कि किस प्रकार सूफी साधकों ने प्रेम और ज्ञान को साधना को मानव-ग्राह्य बनाया है। भारतवर्ष में भी यह सम्प्रदाय व्यापक रूप से प्रतिष्ठित हुआ है। तिवारीजी ने उसका भी विस्तारपूर्वक परिचय दिया है। साधकों ने भारतीय-काव्य को नवीन समृद्धि दान की है। भारतीय काव्य की इस नवीन और प्रभावशाली शाखा का परिचय दिये बिना यह अध्ययन अपूर्ण रह जाता। तिवारीजी ने उसका भी संक्षिप्त परिचय दे दिया है। इस प्रकार यह पुस्तक इस्लाम-धर्म के आविर्भाव से लेकर सूफी सम्प्रदायों के प्रादुर्भाव, प्रसार और प्रतिष्ठा तक की कहानी बड़े सुन्दर ढंग से प्रस्तुत करती है। हम भाव-जगत् के अलबेले मस्त साधकों की दुनिया में विश्वासपूर्वक विचरण करने लगते हैं; जहाँ प्रेम दिव्य और अलौकिक रूप में प्रकट होता है और स्वार्थों और संघर्षों से भरी हुई दुनिया-दारी तुच्छ और नगण्य प्रतीत होती है। यह मस्ती की दुनिया धन्य है जहाँ आसक्ति और लगन अपनी चरम ऊँचाई पर जाकर मनुष्य जीवन को चरितार्थ करती रहती है। तिवारीजी ने इस पुस्तक की रचना करके निस्सन्देह सहृदयों का उपकार किया है।

न जाने कब से मनुष्य के मन में यह प्रश्न उठता रहा है कि मनुष्य-जीवन की चरितार्थता किस बात में है? अन्यान्य प्राणियों की अपेक्षा मनुष्य श्रेष्ठ है, यह बात निर्विवाद रूप में मान ली गयी है। कम-से-कम मनुष्य ने अपने को अन्यान्य प्राणियों से विशिष्ट समझने में कभी दुबिधा या संकोच नहीं किया। जहाँ तक मनुष्य के सोचने-समझने का प्रश्न है, यह बात सन्देह से परे है भी। अन्यान्य प्राणी बहुत दूर तक नहीं देख पाते, उनमें सोचने और समझने की शक्ति मनुष्य की अपेक्षा कम है; उनका मानसिक या बौद्धिक विकास मनुष्य के समान नहीं हुआ है। वे आहार-निद्रा आदि सहजात चेष्टाओं और काम-क्रोध आदि आदिम मनोवृत्तियों के वशवर्ती हैं और इन्द्रिय-निग्रह और आत्म-संयम करने में असमर्थ हैं। संक्षेप में वे भोग-योनि के प्राणी हैं; वे केवल पूर्व-योनियों के संस्कारों से चालित होते हैं। मनुष्य इससे कुछ अधिक है। वह अपनी सहजात प्रचेष्टाओं और आदिम मनोवृत्तियों

को समझ सकता है और केवल शब्द, स्पर्श, रूप, रस, गन्ध आदि इन्द्रियार्थों के स्तर पर ही नहीं सोचता। इन्द्रियों का निग्रह कर सकता है, और इन्द्रिय-निग्रह कितनी दूर तक उचित और कहाँ से अनुचित हो जाता है, इस बात को भी समझ सकता है। यह ठीक है कि प्रत्येक 'व्यक्ति'-मानव इन बातों में समान रूप से सफल नहीं होता; परन्तु 'समष्टि'-मानव की दृष्टि से विचार किया जाय, तो स्पष्ट हो जायेगा कि यह शक्ति उसमें है अवश्य। परन्तु केवल इन्द्रियार्थों की सतह से और गहराई में सोचने-समझने के भी कई स्तर हैं। मनुष्य ज्यों-ज्यों विकसित होता गया है और होता जा रहा है त्यों-त्यों अधिक गहराई में सोचता गया है। उपरले स्तर पर यथार्थता का जो स्वरूप है, मानसिक स्तर पर वह बहुत बार बदल जाता है, और मानसिक स्तर पर यथार्थता जिस रूप में दिखायी देती है वह बौद्धिक स्तर पर बिलकुल बदल जाती है। इस तरह मनुष्य ने अनुभव किया है कि मन की अपेक्षा बुद्धि श्रेष्ठ है। परन्तु क्या बुद्धि ही अन्तिम तत्त्व है? मनुष्य का अनुभव बतलाता है कि केवल बौद्धिक विवेचन में ही मनुष्य-जीवन की चरितार्थता नहीं है, और भी गहराई में कदाचित् कुछ और है, जो उपरले स्तर के आवरणों से भिन्न है। वह न तो इन्द्रियार्थों की प्राप्ति से सन्तुष्ट होता है, न मानसिक स्तर की तृप्ति से आश्वस्त होता है और न बौद्धिक विश्लेषण से परितृप्त होता है। उसकी प्यास कुछ और ही तरह की है। साधारण मनुष्य जब इन्द्रिय-लौल्य से थक जाता है, तो उसे जीवन सारहीन लगने लगता है; परन्तु जब उसे सबसे अधिक गहराई में बैठे हुए "गुहाहितं गह्वरेष्ठम्" का सन्धान मिलता है, तो वह शान्ति पा जाता है। जब तक उपरले स्तर के इन्द्रियार्थों की कामना है, मन में उठनेवाली अभिलाषाओं की व्याकुलता है, स्पृहा है, ममता है, अपने को जगत् प्रवाह से अलग समझने की बुद्धि है, तब तक मनुष्य को शान्ति नहीं मिलती। जिस दिन वह निष्काम हो जाता है, निःस्पृह हो जाता है, ममता और अहंकार से छुटकारा पा जाता है, उसी दिन उसे शान्ति मिल जाती है। जिन लोगों ने मनुष्य-जीवन को गहराई में देखा है वे इसी नतीजे पर पहुँचे हैं। भगवान् श्रीकृष्ण ने गीता में कहा है :

विहाय कामान् यः सर्वान् पुमांश्चरति निःस्पृह।
निर्ममो निरहंकारः स शान्तिमधिगच्छति ॥

योग-शास्त्र में जिन साधनाओं का उपयोग बताया गया है, जिनके निरन्तर अभ्यास से मनुष्य में विवेक और वैराग्य उदित होते हैं, विवेक के द्वारा वह अच्छे से बुरे को अलग करके देख सकता है और वैराग्य के द्वारा बुरे को छोड़ने में समर्थ होता है। जब वह समझ जाता है कि अनेक प्रकार की कामनाओं और अभिलाषाओं की तरंगें अनित्य और क्षण-भंगुर हैं, ममता और अहंकार बन्धनमात्र हैं, तब वह अपने उस शुद्ध रूप को जान लेता है जो इन्द्रिय, मन और बुद्धि से भिन्न प्रकृति का है, नित्य चेतन है और निर्विकार है। इसी निर्विकार केवल रूप को पहचाननेवाला 'कैवल्य' पद को प्राप्त होता है। यह ज्ञान-मार्ग की साधना है। निरन्तर मनन और निदिध्यासन के द्वारा मनुष्य इस मार्ग में अग्रसर होता रहता है। निरन्तर बौद्धिक आलोचना, मनोनिग्रह और इन्द्रियनिग्रह के द्वारा इस मार्ग में अग्रसर हुआ जाता है। इसमें पद-पद पर भय और आशंका होती है; कब मनुष्य मन के साथ अपने-आपको एक समझ ले, कुछ कहा नहीं जा सकता। विवेक सोलह आने विवेक है कि नहीं, यह कोई पारखी गुरु ही बता सकता है। और वैराग्य सचमुच वैराग्य है कि नहीं, यह तो कदाचित् गुरु भी नहीं बता पाता। जरा भी कचाई रह जाय, तो मनुष्य का 'अस्मिता' दोष उसे धर दबोचता है। बड़े-बड़े मुनि अपनी समस्त तपस्याओं का गर्व लेकर इस मार्ग में अग्रसर हुए हैं और प्रलोभन के एक ही धक्के में धराशायी हो गये हैं। विवेक की तीसरी आँख भी अकाल-वसन्तोद्गम को समझने में गलती कर जाती है। गोसाईंजी ने बहुत सोच-समझकर कहा था कि—"ज्ञान मार्ग कृपाण कै धारा, परत खगेश लाग नहिं बारा"—यह ज्ञान-मार्ग कृपाण की धारा है। अपने 'केवल' रूप को समझने में निरन्तर गलती होने की सम्भावना है। इस मार्ग से सैकड़ों साधकों ने आत्म-स्वरूप को पहचानने का प्रयास किया है। बहुतेरे सफल भी हुए हैं, असफल भी कम नहीं हुए। वस्तुतः कृच्छ्र-तप और समाधि के द्वारा अपने आपको पहचान लेने में सब समय सहज भाव का रहना सम्भव नहीं।

आरम्भ के सूफी साधकों ने वैराग्य भावना और तपोमय जीवन की

ओर अधिक ध्यान दिया। वे ध्यान, सुमिरन और नाम-जाप के द्वारा अपने 'अहं' को भुलाने का प्रयत्न करते थे, परन्तु धीरे-धीरे उनमें प्रेमाभक्ति की ओर झुकाव अधिक होता गया। विवेक और वैराग्य की दृढ़ता केवल प्रेम से ही सम्भव है। प्रेम-तत्त्व के अभाव में वैराग्य और विवेक देर तक टिक नहीं पाते। इतिहास साक्षी है कि साधना पद्धति पर दृढ़ विश्वास भी किसी समय अहंकार और दम्भ का रूप धारण कर सकता है। अन्तरतर में बैठा हुआ जीवन-देवता इस मार्ग की साधना से असंपृक्त ही रह जाता है। वह देख लिया जा सकता है, पर प्राप्त नहीं किया जा सकता। यह जो मनुष्य के चित्त में निरन्तर उठनेवाली वासनाओं की तरंगें हैं, वे क्या अन्तरतर में वर्तमान महान् जीवन-देवता से बिलकुल ही असंपृक्त हैं? क्या ये मनुष्य-जीवन को चरितार्थ बनाने में केवल बाधक ही बाधक हैं? उपरले स्तर पर दिखनेवाली लहरें क्या अतल गाम्भीर्य में स्थिर जीवन-देवता को बिलकुल नहीं छू पातीं? क्या मनुष्य-जीवन के साथ-ही-साथ सचमुच ही परमात्मा ने काम, क्रोध इत्यादि दुश्मनों की बहुत बड़ी पल्टन खड़ी कर दी है? ये शत्रु किससे दुश्मनी करते हैं? क्या जीवन-देवता से? या मनुष्य के अपेक्षाकृत उपरले स्तर पर विद्यमान् बुद्धि, मन और शरीर से? व्याकुल भाव से मनुष्य जाति के उन साधकों और सन्तों से जिनमें भावावेग की अतुल सम्पत्ति है, कल्प-लोक निर्माण करने की अद्भुत शक्ति है और विभिन्न स्तरों पर खड़े 'व्यक्ति'-मानवों के अन्तरतर में समान भाव से स्फुरित होनेवाले अद्वैत तत्त्व को देखने की शक्ति है, पूछते रहे हैं कि यह जो मनुष्य का राग है, जो पिपासा है, जो अपने को दलित द्राक्षा की तरह निचोड़कर किसी के चरणों में ढरक जाने की अबाध आकांक्षा है, वह क्या मनुष्य जीवन की चरितार्थता को रोक रखने के लिए ही बनायी गयी है?

यह सारा अनुभूति-चक्र क्या केवल विकारमात्र है? सारे संवेदन और उद्वेल होती रहनेवाली भाव-राशि क्या अन्त तक मनुष्य को उच्छिन्न कर देने के लिए ही बनी हैं? क्यों मनुष्य अनजानी आकांक्षाओं से व्याकुल हो उठता है; अहैतुक अभिलाषाओं से चंचल हो उठता है और अदमनीय भावावेगों का शिकार बन जाता है? क्या यह खण्ड सत्य है? और क्या खण्ड सत्य अखण्ड सत्य का विरोधी होता है? ज्ञानी भृकुटि तरेरकर कहता है,

वासनाओं के शिकार मत बनो ! फेन बुद्बुद् की भाँति निरन्तर उद्भूत और विलीन होनेवाली विभूतियाँ नश्वर हैं; परन्तु सब ओर से हारा और थका मनुष्य कहता है कि 'हे भगवान्' मैं विवश हूँ, अन्धकार के मार्ग में भटक रहा हूँ, मुझे ज्योति के मार्ग की ओर अग्रसर करो' और ज्ञानी और अज्ञानी का यह अन्तर बना ही रह जाता है। जिन साधकों ने इस समस्या को इस प्रकार सुलझाया है कि लोकग्राह्य हो सके और जिसे साधारण मनुष्य विश्वासपूर्वक पकड़ सके, उन्होंने इस मानवीय दुर्बलता को ही अपना परम अस्त्र बनाया है। यह जो मनुष्य के भीतर विरह की व्याकुलता और मिलन की आतुरता है, वही उसका वास्तविक सत्य है। कौन है जो मनुष्य की क्षुद्रता और खण्ड-बुद्धि को जाग्रत करनेवाले अहंकार से रक्षा करेगा ? कौन है जो आसक्ति की कारा में रुद्ध मानवात्मा को विराट् 'एक' की ज्योति के सम्मुख खड़ा करेगा ? सूफी साधक द्विधाहीन भाषा में कहते हैं—वह प्रेम है ! बाहर से भीतर को जानेवाला और भीतर से बाहर को आनेवाला एक रस अखण्ड प्रेम। जामी ने कहा था—"इस संसार में तुम सैकड़ों उपाय कर सकते हो पर एकमात्र प्रेम ही ऐसा है जो 'अहं' से तुम्हारी रक्षा कर सकेगा !" ऊपर की सतह पर जो व्याकुलता और आतुरता के लक्षण दिखायी देते हैं, वे क्षण-भंगुर हैं। परमात्मा वस्तुतः हृदय के भीतर ही वर्तमान है, केवल ऊपर के जड़ आवरण को अपना वास्तविक स्वरूप मानने के कारण वह अलग दिखायी देता है। जिस दिन यह जड़त्व का अभिमान टूट जाता है उस दिन हृदय में से भेद की गाँठ भी टूट जाती है; उस समय साधक अनुभव करता है कि परमात्मा उसके भीतर ही है और वह परमात्मा के भीतर। जड़ आवरण के साथ अपने आपको एक समझने के कारण मनुष्य की आसक्ति भी जड़रूपा होती है। मनुष्य शरीर के भीतर जो 'गुहाहितं गह्वरेष्ठम्' चित् तत्त्व है उसका संयोग क्षणिक और अस्थायी होता है इसलिए वह आसक्ति, आतुरता और व्याकुलता क्षणिक और अस्थायी होती है। वे नाशवान् हैं इसलिए शाश्वत सुख को देने में असमर्थ हैं; परन्तु जब यह आसक्ति जड़ आवरण के अन्तराल में स्थित 'चित्' तत्त्व को गहराई से प्रभावित करती है तो वह सुख स्थायी और शाश्वत होता है। साधक अनुभव करता है कि परम प्रेयान् भगवान् संसार का सबसे बड़ा प्रेमी है। मनुष्य में जो त्रुटियाँ और कमियाँ हैं उनको भरने में वही एकमात्र

समर्थ है। साधक को जो चाहिए वही दे सकता है। वैष्णव भक्तों के पारिभाषिक शब्दों में कहें तो 'भगवान् भाव का भूखा होता है' आप उसे जिस भाव से चाहेंगे, उसी भाव से प्राप्त होगा। वस्तुतः वह हमारे समस्त अभावों को पूर्ण करता रहता है। यदि यह चित्-विषयक प्रीति मन में उत्पन्न हो गयी तो परमात्मा उसी रूप में हमारे चित्त में आविर्भूत होगा; जिस वस्तु को हम सर्वात्मना चाहते हैं। यदि हम उसे प्रेमिका के रूप में पाना चाहें तो वह प्रेमिका के रूप में प्राप्त होगा। प्रेमी रूप में पाना चाहें तो वह उसी रूप में मिल जायेगा। जामी नामक सूफी कवि ने कहा था, "मैं वही हूँ जिसे मैं प्यार करता हूँ और जिसे मैं प्यार करता हूँ वह मैं ही है। एक ही शरीर में वास करनेवाले हम दो प्राण हैं। अगर तुम मुझे देखते हो, तो तुम उसे देखते हो और अगर तुम उसे देखते हो, तो तुम हम दोनों को देख रहे हो !" ऐसा है उसके साथ अभेद सम्बन्ध। प्रिय, प्रेम और प्रेमिक में जो अन्तर है वह केवल बात की बात है !

सूफियों का विश्वास है कि परमात्मा प्रेमस्वरूप है और वह उन मनुष्यों को इसका रहस्य नहीं बतलाता जो इस प्रेम के पाने के अधिकारी नहीं। जिसने अपने समस्त कलुष को धो नहीं डाला है और जिसने सांसारिक वस्तुओं के प्रलोभन का त्याग नहीं किया है उसे इस प्रेम के पाने का अधिकार नहीं। जो भगवान् से प्रेम करते हैं उनसे भगवान् भी प्रेम करता है। विशुद्ध आत्मा परमात्मा की प्रतिच्छवि है, अतएव उसे प्रेम करने का अधिकार देकर परमात्मा मानो अपने आपको ही अधिकार देता है। परमात्मा के प्रति उसी के हृदय में प्रेम होता है जिससे परमात्मा स्वयं प्रेम करता है। अपने प्रेमियों के हृदय में वह प्रेम को धरोहर की तरह अपने ही आनन्द के लिए उत्पन्न करता है। अतएव सूफी साधना के प्रारम्भ में भी प्रेम रहता है और उसकी परिणति भी प्रेम में ही होती है। बायजीद बिस्तामी का कहना है कि—"मैं समझता था कि मैं परमात्मा से प्रेम करता हूँ लेकिन गौर करने पर मैंने देखा कि मेरे प्रेम करने के पहले से ही वह मुझसे ही प्रेम करता है।" इस प्रेम को पाकर प्रेमी और प्रेमपात्र दोनों सन्तुष्ट होते हैं। प्रेम के द्वारा जब प्रेमी के सारे अन्तर्द्वन्द्वों और सभी वासनाओं का अन्त हो जाता है तब वह आगे बढ़ता है और उसे परमात्मा के दर्शन होते हैं।

मनुष्य के जितने अन्तर्वैयक्तिक सम्बन्ध हो सकते हैं—माता-पिता, मित्र, भाई, पुत्र, पति-पत्नी, स्वामी-सेवक, दास-दासी इत्यादि — उन सभी सम्बन्धों के रूपों में उसकी कामना की जा सकती है, परन्तु सबसे शक्तिशाली और आकर्षक सम्बन्ध प्रिया-प्रिय सम्बन्ध है। व्यक्त जगत् में प्रकृति और पुरुष का या शिव और शक्ति का या प्रज्ञा और उपाय का मिश्रण ही दृष्टिगोचर हो रहा है। इसलिए व्यक्त जगत् में विशुद्ध स्त्री या विशुद्ध पुरुष हैं ही नहीं। प्रत्येक व्यक्ति में यह तत्त्व एकमेक होकर गुँथे हुए हैं। मात्रा की कमी और बेसी के कारण व्यक्त जगत् में स्त्री या पुरुष रूप में अभिव्यक्ति होती है। जिसमें शक्ति-तत्त्व अधिक होता है वह व्यक्त जगत् में स्त्री रूप में प्रकट होता है और जिसमें शिव-तत्त्व अधिक होता है वह पुरुष रूप में प्रकट होता है। जो बात व्यष्टि रूप में सत्य है वही समष्टि रूप में भी। समष्टि रूप में व्यक्त जगत् शिव और शक्ति का सम्मिलित रूप है, वही अर्द्धनारीश्वर का रूप है और उसे ही बौद्ध साधकों ने युगनद्ध के रूप में देखा है। यही कारण है कि 'व्यक्ति' मानव की गहराई में जो चित् स्वरूप है वह प्रेम परिपूर्णता की अवस्था में परमात्मा के इन दो रूपों--शिव और शक्ति-- की निरन्तर चलनेवाली लीला का आश्रय-स्थल है। मनुष्य में जब तक जड़ आवरण के साथ रंचमात्र भी आत्माभिमान का भाव रहता है जब तक यह द्वैत बुद्धि भी बनी रहती है और जब तक मनुष्य जीवित है तब तक इस स्पर्श से पूर्णतः मुक्त नहीं हो पाता है। इसीलिए यह नित्यलीला भी चलती रहती है। जो प्रेम सांसारिक है, शरीर के जड़ आवरण के आकर्षण से उत्पन्न होता है वह ऊपर से चलकर चैतन्य को स्पर्श करने का प्रयास करता है, परन्तु जो प्रेम गहराई में स्थित है वह नीचे से चलकर उपरले आवरण को भी प्रभावित करता है। इस प्रेम में जो व्याकुलता और आतुरता के लक्षण प्रकट हैं वह उसी प्रकार सबको शान्ति और मिठास देते हैं; जिस प्रकार परिपाकावस्था में बाहर की ओर रंगीन हो जानेवाले फल अपनी मिठास से संसार को तृप्ति देते हैं। इस प्रेम में विरोध, ईर्ष्या और असूया का स्थान नहीं है। मानसिक स्तर पर इस प्रेमलीला में जो ईर्ष्या या असूया हैं, वे भी केवल शाश्वत सुख को गाढ़ ही बनाते हैं। वस्तुतः उपरले स्तर की जितनी भी वृत्तियाँ हैं वे गहराई में जाकर शान्ति और आनन्द का ही हेतु बनती हैं।

हमारे देश के भक्तों और सन्तों की भाँति सूफी साधकों ने भी इसी अन्तरतर के प्रेम पर आश्रित भाव-जगत् की साधना को अपनाया है। यह साधना जितनी ही मनोरम है उतनी ही गम्भीर भी। हमारे देश के अनेक सूफी कवियों ने इस प्रेम-साधना को अपने काव्यों का प्रधान स्वर बनाया है। मलिक मुहम्मद जायसी का 'पदमावत' इस प्रेम-साधना का एक अनुपम काव्य है। साधक के हृदय में जब इस प्रेम का उदय होता है तब सांसारिक वस्तुएँ उनके लिए तुच्छ हो जाती हैं, लेकिन संसार के जीवों के लिए उसका हृदय दया और प्रेम से परिपूर्ण रहता है। दूसरों के कष्ट का निवारण करने के लिए वह सब प्रकार से प्रयत्नशील रहता है और उसके लिए सभी प्रकार के कष्टों का वह स्वागत करता है। छोटे-छोटे से लेकर बड़े-से-बड़े प्राणी तक उसकी दृष्टि में अपना महत्त्व रखते हैं। चूँकि सर्वत्र सभी प्राणियों में वे परमात्मा के दर्शन करते हैं अतः उन्हें सुख पहुँचाकर वे परम सुखी होते हैं। उनके लिए सब प्रकार का त्याग करने के लिए वे प्रस्तुत रहते हैं। बायजीद ने कहा है कि "परमात्मा जिससे प्रेम करता है उसे तीन गुणों से विभूषित करता है—उसमें समुद्र जैसी उदारता, सूर्य की तरह परदुःख-कातरता और पृथ्वी की तरह विनम्रता पायी जाती है।"

सूफी साधना नाना रूप में भारतीय साधना से सम्बद्ध है। उसने भारतीय-साधना से लिया भी है और उसे दिया भी है। इस्लाम के साथ उसका बहुत गम्भीर और घनिष्ठ सम्बन्ध है। वस्तुतः सूफी-साधना का इतिहास इस्लाम धर्म के इतिहास से अविच्छेद्य भाव से जुड़ा हुआ है। प्रो. रामपूजन तिवारी की यह पुस्तक विस्तार के साथ उस सम्बन्ध का विश्लेषण करती है। जहाँ तक मेरा जाना हुआ है, हिन्दी-साहित्य में इस विषय पर इतना सांगोपांग विवेचन अब तक नहीं हुआ है। मुझे विश्वास है साधना-साहित्य के प्रति प्रेमियों के लिए यह पुस्तक बहुत ही उपयोगी सिद्ध होगी। तिवारीजी ने इस पुस्तक की रचना करके बहुत ही महत्त्वपूर्ण कार्य किया है। भगवान् से मेरी प्रार्थना है कि उन्हें और भी महत्त्वपूर्ण ग्रन्थों के लिखने का अवसर और प्रेरणा दें। तथास्तु।

हक़ाएके हिन्दी अर्थात् भारतीय काव्य और संगीत के प्रतीकों की सूफी व्याख्या

मेरे मित्र डा. सैयद अतहर अब्बास रिजवी ने फारसी के बहुमूल्य आकर-ग्रन्थों का हिन्दी भाषान्तर प्रकाशित करने का बड़ा स्तुत्य प्रयास आरम्भ किया है। अब तक 'खिलजी कालीन भारत', 'आदि तुर्क कालीन भारत', 'तुगलक कालीन भारत'—जैसे महत्त्वपूर्ण अनुवाद प्रकाशित हो चुके हैं। जिस लगन और उत्साह के साथ डा. रिजवी ने इस काम को हाथ में लिया है उसे देखते हुए यह आशा होती है कि बहुत शीघ्र ही फारसी भाषा में लिखा हुआ वह पूरा साहित्य, जो हमारे मध्यकालीन भारतीय इतिहास का प्रधान स्रोत माना जाता रहा है, प्रामाणिक रूप में हिन्दी पाठकों के सामने आ जायेगा। इन ऐतिहासिक ग्रन्थों के अतिरिक्त अन्य अनेक फारसी ग्रन्थों का भी अनुवाद आपने प्रस्तुत किया है। मीर अब्दुल वाहिद की 'हक़ाएके हिन्दी' उन्हीं महत्त्वपूर्ण पुस्तकों में एक है। मीर अब्दुल वाहिद का जन्म सन् 1509 ई. के आसपास हुआ था, अर्थात् ये सूरदास के समकालीन थे। ये हरदोई जिले के प्रसिद्ध बिलग्राम नामक स्थान के निवासी थे जिसके बारे में आचार्य रामचन्द्र शुक्ल ने लिखा है कि 'यहाँ अच्छे-अच्छे विद्वान् मुसलमान होते आये हैं।' अपने नाम के आगे 'बिलग्रामी' लगाना एक बड़े सम्मान की बात यहाँ के लोग समझते थे। सन् ईस्वी की 18वीं शताब्दी के मध्य भाग में मीरगुलाम अली आजाद बिलग्रामी ने 'मआसिरल केराम' नाम की एक पुस्तक लिखी थी जिसमें बिलग्राम के सूफियों और कवियों का इतिहास है। हिन्दी के रसवर्षी कवि सैयद मुबारक अली बिलग्रामी (जन्म सन् 1583 ई.) इसी बिलग्राम के निवासी थे, जिनकी 'अलक शतक' और 'तिलक शतक'

नामक पुस्तकें काफी प्रसिद्ध हैं। फिर सैयद गुलाम अली 'रसलीन' (रचना-काल सन् 1734 ई.) भी यहीं के निवासी थे जिनका 'अंग-दर्पण' और 'रस-प्रबोध' सहृदयों में बहुत समादृत हैं।

'हक़ाएके हिन्दी' बहुत महत्त्वपूर्ण रचना है। मीर अब्दुल वाहिद ने इस पुस्तक में हिन्दी ध्रुपद और विष्णुपद गानों में लौकिक श्रृंगार के वर्ण्य विषयों को आध्यात्मिक रूप में समझने की कुञ्जी दी है। रिजवी साहब ने लिखा है कि "इन हिन्दी कविताओं में भारतीय तथा हिन्दू संस्कार मूल रूप से विद्यमान रहते थे। 'हक़ाएके हिन्दी' के अध्ययन से पता चलता है कि ध्रुपद तथा विष्णुपद को सबसे अधिक प्रसिद्धि प्राप्त थी। श्रीकृष्ण तथा राधा की प्रेम-कथाएँ सूफियों को भी अलौकिक रहस्य से परिपूर्ण ज्ञात होती थीं। इन कविताओं का 'सभा' में गाया जाना आलिमों को तो अच्छा लगता ही न होगा, कदाचित् कुछ सूफी भी इन हिन्दी गानों की कटु आलोचना करते होंगे, अतः इन कविताओं का आध्यात्मिक रहस्य बताना भी परम आवश्यक-सा हो गया। अब्दुल वाहिद सूफी ने 'हक़ाएके हिन्दी' में उन्हीं शब्दों के रहस्य की बड़ी गूढ़ व्याख्या की है जो उस समय हिन्दी गानों में प्रयोग में आते थे।

वैसे तो लौकिक प्रतीकों की आध्यात्मिक रूप में व्याख्या करना संसार के सभी धर्मग्रन्थों में मिल जाता है, परन्तु मध्यकाल में लौकिक प्रतीकों से आध्यात्मिक तत्त्वों की ओर इंगित करना विशिष्ट रूप में प्रकट होता है। भारतवर्ष के धार्मिक साहित्य में सन् ईसवी की पाँचवीं-छठी शताब्दी में तन्त्र प्रभाव व्यापक रूप से दिखायी देने लगता है, और ऐसी साधनाओं का प्रवेश होता है जो धर्मशास्त्रीय दृष्टि से बहुत अच्छी नहीं समझी जातीं। धीरे-धीरे उनकी आध्यात्मिक व्याख्या शुरू होती है और लौकिक प्रतीकों का आध्यात्मिक अर्थ किया जाने लगता है। योगियों, सहजयानियों और शाक्त तान्त्रिकों के ग्रन्थों में साधना को गुह्य रखने की प्रवृत्ति बढ़ने लगती है। बौद्ध तान्त्रिकों में 'सन्ध्या भाषा' या 'सन्धा भाषा' के नाम से इस गूढ़ भाषा को स्मरण किया जाता है। परवर्ती काल में नाथ योगियों और कबीरदास आदि निर्गुणमार्गी योगियों में उलटबाँसियों का जो स्वरूप प्राप्त होता है वह इसी सन्ध्या भाषा का परवर्ती रूप है। मैंने अपनी 'कबीर' नामक पुस्तक में दिखाया है कि लौकिक प्रतीकों की आध्यात्मिक व्याख्या करने में टीकाकारों ने काफी

स्वतन्त्रता का परिचय दिया है। कुछ प्रतीक तो सम्प्रदायों में रूढ़ हो गये हैं, परन्तु अधिकांश के बारे में अर्थ करते समय मूल सिद्धान्त को दृष्टि में रखकर स्वाधीनतापूर्वक अर्थ कर लिया गया है। एक ही पद में आये हुए एक ही शब्द को भी कभी-कभी भिन्न-भिन्न टीकाकारों ने भिन्न-भिन्न अर्थों में ग्रहण किया है। सहजयानी सिद्धों, नाथपन्थी योगियों और निर्गुण सन्तों के सांकेतिक अर्थों का विचार करने पर हम इस परिणाम पर पहुँचते हैं कि जिन सांकेतिक अर्थों में प्रस्तुत अर्थ का अप्रस्तुत अर्थ द्वारा निगिरण हो गया होता है वहाँ धर्म ही संकेत का कारण होता है, धर्मी नहीं। दूसरे शब्दों में कहा जाय तो जब सिद्ध योगी लोग मन को मच्छ या हरिण कहते हैं तो चांचल्य धर्म की ही ओर संकेत होता है। यथा-प्रसंग कोई भी चांचल्यधर्मी अप्रस्तुत उसका लक्ष्य हो सकता है। इस प्रकार यही चांचल्यधर्मी हरिण या मच्छ अन्य साधर्म्यवश (जैसे भीरुत्व) किन्हीं अन्य वस्तुओं के द्योतक भी हो सकते हैं। 'हरिण' या 'मच्छ' शब्द के साधर्म्य के प्रसंगवश कई पदार्थ ग्रहण किये जा सकते हैं, इसीलिए प्रतीकों की व्याख्या करते समय मूल सिद्धान्त को ध्यान में रखना आवश्यक है।

सूफी साधना का केन्द्र-बिन्दु प्रेम है। वह प्रेम भी लौकिक नहीं, बल्कि लोकोत्तर प्रेम। वैष्णव साधकों में भी यह बात पायी जाती है। वस्तुतः जगत् के समस्त लौकिक क्रिया-कलाप का चिन्मुखीकरण ही वैष्णव साधकों का, और सूफी साधकों का भी, प्रधान लक्ष्य है। चिन्मुखीकरण वैष्णवों का पारिभाषिक शब्द है। संसार के जितने भी सम्बन्ध हैं वे सभी जड़ोन्मुख न होकर चिन्मुख हो जायँ तो मनुष्य के सर्वोत्तम पुरुषार्थ के साधक हो जाते हैं। जड़ोन्मुख प्रेम प्रेमी को समस्त बाह्य जगत् से अलग कर देता है और उसमें पृथक्त्व बुद्धि उत्पन्न कर देता है। अपने को समस्त जगत् से पृथक् समझने की बुद्धि अहंकार की देन है, जो वस्तुतः जड़ प्रकृति का चित्सम्पर्क मे उत्थित संक्षोभ मात्र का परिणाम है। इसीलिए जहाँ पृथक्त्व बुद्धि है वहाँ जड़िमा का प्राधान्य है। पुत्र, कलत्र, धन सम्पत्ति आदि के बारे में जो राग है वह भगवत् प्रेम से बहुत भिन्न नहीं, परन्तु फिर भी यदि वह पृथक्त्व बुद्धि उत्पन्न करता है तो जड़ोन्मुख हो जाता है, अर्थात् जड़ वस्तुओं की ओर उसकी प्रवृत्ति हो जाती है। जब वह चेतन की ओर उन्मुख होता है तो वह

विश्वजनीन प्रेम के रूप में प्रकट होता है और धन्य हो जाता है। भागवत में कहा है कि जो प्रेम पुत्र-कलत्र-धन इत्यादि में पृथक्त्व ब्रुद्धि से किया जाता वह असत् होता है किन्तु इसी प्रेम को अपृथक्त्व बुद्धि से किया जाय तो वह सत् हो जाता है, क्योंकि वह सबका मूल-निषेचन करता है—

> यद् युज्यतेऽसुवसुकर्ममनोवचोभि-
> र्देहात्मजादिषु नृभिस्तदसत् पृथक्त्वात्।
> तैरेव सद्भवति चेत् क्रियतेऽपृथक्त्वात्,
> सर्वस्य तद्भवति मूल-निषेचनं यत्॥ 8-9-29।

यह अपृथक्त्व बुद्धि जिस प्रक्रिया से उत्पन्न होती है उसी का नाम चिन्मुखीकरण है। तात्पर्य यह है कि मनुष्य अपनी समस्त रागात्मक वृत्तियों को जड़ शरीर-धर्मों की ओर नियोजित न करके चिन्मात्र पुरुष अर्थात् भगवान् की ओर नियोजित करे। इसके लिए वैष्णव साधकों ने अनेक प्रकार की साधनाओं की चर्चा की है। मनुष्य को एकान्त चिन्तन के द्वारा इस बात का पता लगाना पड़ता है कि उसका वास्तविक भाव क्या है, अर्थात् उसकी वास्तविक सत्ता किस बात में है। जड़-जगत् में सब समय अपनी वासनाओं की पूर्ति होना सम्भव नहीं है। जड़-जगत् में कोई चाहे कि उसे विलास की समस्त सामग्री प्राप्त हो और फिर भी किसी प्रकार की बाधा या विघ्न उपस्थित न हो, तो यह सम्भव नहीं, परन्तु भाव-जगत् में किसी प्रकार के संघर्ष की आशंका नहीं है और अनायास ही मनुष्य समस्त विलास-सामग्रियों की कल्पना कर सकता है। दीर्घ चिन्तन और एकान्त सेवन के बाद मनुष्य अपने सच्चे रूप की उपलब्धि करता है और ठीक-ठीक समझ पाता है कि उसका वास्तविक भाव क्या है। उसका मूल भाव दास्य हो सकता है, सख्य हो सकता है या फिर इन्हीं भावों के भिन्न-भिन्न रूप हो सकते हैं, उसे अपने आनन्द के लिए जिस दूसरे साथी की आवश्यकता होती है उसी रूप में उसे भगवान प्राप्त होते हैं। दीर्घकाल की साधना के बाद 'भाव' सान्द्र या गाढ़ होता है और सच्चे प्रेम के रूप में प्रकट होता है और उसमें किसी प्रकार की जड़ आकांक्षा या पृथक्त्व बुद्धि नहीं होती। प्रेम को भक्तजन 'परम पुरुषार्थ' मानते हैं। मोक्ष या निर्वाण का सुख इसके सामने तुच्छ है। लौकिक प्रेम से

भिन्न बताने के लिए इसे शास्त्रीय परिभाषा में 'प्रेमा' (प्रेमन् शब्द का पुंल्लिग रूप) कहते हैं।

सूफी साधकों में भी इस चिन्मुखीकरण की प्रवृत्ति है। जो कुछ भी लौकिक है, ऐहिक है, उसमें लोकोत्तर बुद्धि दीर्घकालीन अभ्यास से प्राप्त होती है। जो साधारण जगत् का जड़-विषयक राग है, वह चिन्मुख होकर श्लाघ्य हो जाता है। इसी बात को बताने के लिए लौकिक प्रतीकों की आध्यात्मिक व्याख्या की जाती है। सूफी कवियों को अपने पूर्ववर्ती कवियों की भाषा विरासत में मिली थी। इसलिए उन्होंने अपनी रचनाओं में 'साकी', 'शराब', 'प्याला', 'माशूक', 'जुल्फ', 'दीदार' आदि शब्दों का यथेच्छ प्रयोग किया है, परन्तु उनके आध्यात्मिक संकेत भी बता दिये हैं। सूफियों का 'हाल' वस्तुतः भावावेश की अवस्था है। बहुत पहले से ही अनेक सूफी साधकों ने इन शब्दों के आध्यात्मिक संकेत की ओर इंगित किया है। मुहसिन फैज काशानी ने इस प्रकार के कुछ शब्दों के आध्यात्मिक संकेत दिये हैं। पं. रामपूजन तिवारी की 'सूफीमत—साधना और साहित्य' नामक पुस्तक से उनके बताये हुए कुछ संकेत दिये जा रहे हैं—

रुख—चेहरा, कपोल (परम-सौन्दर्य के ऐश्वर्य अर्थात् दयालुता, प्रकाश, परम-सत्य आदि की अभिव्यक्ति)।

जुल्फ—परम ऐश्वर्य के सर्वशक्तिमान् स्वरूप की अभिव्यक्ति अर्थात् सर्व-ग्रासी, महाकाल, अन्धकार, परम-सत्य को छिपानेवाले दृश्यमान जगत्-स्वरूप पर्दा।

खाल—तिल, वास्तविक 'एकत्व' का केन्द्र-बिन्दु जो ओट में है अतएव काले रंग द्वारा प्रकट किया जाता है।

खत—कपोल में बननेवाला गड्ढा (आध्यात्मिक स्वरूपों में परम-सत्य की अभिव्यक्ति)।

चश्म—आँखें (परमात्मा का अपने दासों और उनकी रुझाव को देखना)।

अबरू—भौंह (परमात्मा के सिफत जो उसके जात को छिपाये हुए हैं)।

लब – होंठ (जिलानेवाली परमात्मा की शक्ति)।

शराब—प्रियतम के दर्शन से भावाविष्टावस्था का उत्पन्न होना, जब तर्क आदि करने की शक्ति का अवसान हो जाता है।

साकी—सत्य जो अपने को सभी व्यक्त रूप में अभिव्यक्त करना पसन्द करता है।

खुम—परमात्मा के नामों और गुणों का प्रकट होना।

खुमखाना—समस्त दृश्य और अदृश्य जगत् जो परमात्मा के प्रेम और सत्ता की शराब को अपने में लिये हुए है।

पैमाना—जगत् का प्रत्येक अणु जो अपनी शक्ति के मुताबिक उस प्रेम की शराब को ग्रहण कर पाता है।

बुत—कभी परम सौन्दर्य (परमात्मा) के लिए, कभी कामिल (पूर्णमानव) के लिए, कभी मुर्शिद (गुरु) तथा कभी कुत्ब के लिए इसका प्रयोग किया गया है; कभी परमात्मा के सिवा अन्य उपास्य के लिए भी इसका प्रयोग हुआ है।

'हक़ाएके हिन्दी' के लेखक मीर अब्दुल वाहिद ने हिन्दवी कविता में आये हुए प्रतीकों के आध्यात्मिक संकेतों का विस्तारपूर्वक विवरण दिया है। मुहसिन फैज काशानी के प्रतीकों से तुलना करने पर इनमें कहीं-कहीं अन्तर दिखायी देगा। जैसे नेत्र के लिए मीर अब्दुल वाहिद ने तीन आध्यात्मिक अर्थ बताये हैं, प्रथम (1) तो उस नाम की ओर संकेत होता है जो दो-रूपी संसार को प्रकट करता है तथा ऐसे विशेषज्ञों का योग है जो एक-दूसरे के विरुद्ध हैं, फिर (2) कभी बसीर (द्रष्टा, ईश्वर) के नाम के अर्थ की ओर संकेत होता है और कभी-कभी (3) मोमिन (धर्मनिष्ठ) की बुद्धि और ज्ञान तथा उससे शिक्षा ग्रहण करनेवाले नेत्रों की ओर संकेत होता है। किन्तु काशानी ने इसी शब्द का संकेत परमात्मा का अपने दासों और उनकी रुझाव की ओर देखने को बताया है। इसी प्रकार और शब्दों के अर्थ में थोड़ा-बहुत अन्तर खोजा जा सकता है। इसका मतलब यह हुआ कि प्रसंगवश एक ही शब्द को भिन्न-भिन्न अर्थ में लिखा जा सकता है। जो आध्यात्मिक संकेत बताये गये हैं वे साधर्म्यवश किसी अन्य प्रसंग में अन्य अर्थ को भी ध्वनित कर सकते हैं।

मीर अब्दुल वाहिद की यह पुस्तक कई दृष्टियों से बहुत ही महत्त्वपूर्ण है। उससे सोलहवीं शताब्दी के पूर्व की ब्रजभाषा और उसके साहित्य का आभास तो मिलता ही है, सूफी साधकों की उस उदार दृष्टि का भी पता चलता है जिससे उन्होंने हिन्दू और मुसलमान धर्म की मूलभूत एकता को

खोज निकाला था। मीर अब्दुल वाहिद ने कुरआन और हदीस से प्रमाण देकर अपने आध्यात्मिक संकेतों की प्रामाणिकता सिद्ध की है। उनका यह प्रयास बहुत ही उत्तम और श्लाघ्य हुआ है। इससे उनकी गम्भीर निष्ठा, अद्भुत भक्ति और अत्यन्त उदार दृष्टि का सन्धान मिलता है। उन्होंने केवल शब्दों के आध्यात्मिक संकेत बताकर ही विश्राम नहीं लिया बल्कि इन शब्दों को आश्रय करके जो विचार बन सकते हैं और बनते हैं उनको भी समझाने का प्रयत्न किया है। हिन्दी के सूफी साहित्य के अध्ययन के लिए यह पुस्तक महत्त्वपूर्ण सिद्ध होगी और साथ ही उस उदार भावधारा को प्रत्यक्ष करायेगी जिसके अभाव में हमारा देश खण्डित और विच्छिन्न होता जा रहा है।

इस पुस्तक को पढ़ते समय मुझे ऐसा लगा कि ब्रजभाषा के कई शब्द फारसी प्रतिलिपिकारों ने ठीक न समझने के कारण अशुद्ध लिख दिये हैं, या यह भी सम्भव है कि वे ठीक-ठीक पढ़े न जा सके हों। कई शब्दों के बारे में तो निश्चित रूप से कहा जा सकता है कि उनके स्थान पर मूल शब्द क्या रहा होगा, किन्तु कई के बारे में कुछ साफ समझ में नहीं आया। पृष्ठ 38 पर 'भुवनायक' शब्द है जो वस्तुतः 'बहुनायक' रहा होगा। तानसेन के भजनों में 'तानसेन के प्रभु बहुनायक' कई बार आया है। इसी तरह उसी पृष्ठ पर 'बेसी' शब्द है जो संस्कृत के वैशिक का रूप जान पड़ता है। मिर्जा खान ने अपने 'तुहफातुल हिन्द' में 'बेसिक' लिखा है जो संस्कृत 'वैसिक' शब्द का ब्रजभाषा रूप है (मौलाना जियाउद्दीन सम्पादित 'ए ग्रामर आफ दि ब्रजभाषा', पृष्ठ 22)। पृष्ठ 40 पर 'बारगह' शब्द आया है जो लिलार और माथा के प्रसंग में है। इसके पहले जूड़े का उल्लेख आया है और बाद में टीका और तिलक का। 'बारगह' शब्द का अर्थ दरबार इस प्रसंग में ठीक नहीं जँचता। सम्भवतः यह बारगुहे या भालगुही (लट) जैसा कोई शब्द होगा। ब्रजभाषा कविता में शिरोभूषण के प्रसंग में 'गुहेबार' या 'भालगुही लट' का प्रयोग मिल जाता है। 'कविप्रिया' में 'बेनी पिकबैनी की बनायी गुही कंचन कुसुम रुचि लोचननि पोहिये' (15/82) में गुही बेनी का उल्लेख है। इसी तरह ब्रजभाषा के अन्य कवियों ने भालगुही लट का वर्णन किया है। मीर अब्दुल वाहिद के समकालीन कवि ब्रह्म ने ललाट की बेदी का वर्णन

करने के प्रसंग में गुहे केशों का उल्लेख इस प्रकार किया है—

"बेंदी जराव ललाट दिये, गुहि डोरी दोऊ पटिया पहिनाई।
ब्रह्म भनै रिपु जाति मनौं रवि की मुसुकें जन राहु चढ़ाई॥"

ऐसा जान पड़ता है कि इसी प्रकार के किसी शब्द से यहाँ अभिप्राय है। पृष्ठ 45 पर अंगुरी या उँगलियों की चर्चा करने के बाद तटस्थ का उल्लेख है जो 'तलहथ' जान पड़ता है। पृष्ठ 52 पर आँचर और पल्लू का उल्लेख करने के बाद 'मृगाजिन बाँकी' की चर्चा है और यह बताया गया है कि इससे पाप से मिश्रित खिरके की ओर संकेत किया जाता है, क्योंकि वही हिजाब (आवरण) का अस्तित्व है। फिर यह भी बताया गया है कि कभी-कभी इससे 'व्रजूदे मुतलक' अर्थात् परमेश्वर के अनुचित वस्त्रों में प्रकट होने का संकेत होता है। इस बात को और भी स्पष्ट करने के लिए एक पद्य दिया गया है जिसका भावार्थ यह है—

कामाग्नि मनुष्य का हृदय नहीं जला सकती। कारण कि हक (सत्य, ईश्वर) कभी-कभी बातिल (असत्य) की जबान में प्रकट हुआ करता है।

'मृगाजिन' संस्कृत का शब्द है। इस शब्द का ब्रजभाषा में प्रयोग असम्भव तो नहीं है, पर बहुत अधिक नहीं होता। और यदि हो भी तो इस पुल्लिग शब्द का विशेषण 'बाँकी' नही बन सकता। ऐसा जान पड़ता है कि यहाँ 'मृगाजिन' पाठ ठीक नहीं है, 'मरगजनि बाँकी' होना चाहिए। 'मरगज' या 'मरगजा' मसले हुए के अर्थ में ब्रजभाषा में प्रयुक्त होता है। बिहारी सतसई में आया है,

तुम सौतन देखत दई, अपने हिय के लाल।
फिरति सबन में डहडही, वही मरगजी माल॥

यहाँ 'मरगजी माल' मसली हुई माला के अर्थ में प्रयुक्त हुआ है। इसी प्रकार जायसी ने रत्नसेन और पद्मावती के सम्भोग वर्णन के प्रसंग में कहा है—

पुहुप सिगारि सँवारि जौ, जोवन नवल बसंत।
अरगज ज्यों हिय लाइकै, मरगज कीन्हे कंत॥

अर्थात् उस बाला ने यौवन के नवल वसंत में पुष्पों का जो शृंगार किया था, उसे पति ने हृदय में अरगजे की भाँति लगाकर मसल डाला।

'हक़ाएके हिन्दी' में आँचर और पल्लू के बाद जो 'मरगजनि बाँकी' है, वह सम्भोगकालीन दली-गली साड़ी का ही वाचक होगा। प्रसंग भी वैसा ही है और इसके आध्यात्मिक संकेत के साक्ष्य के लिए जो पद्य लिखा गया है वह इसी ओर संकेत करता है। 'शृंगारशतिका' में मरगजी का अर्थ 'रतिमृदिता' दिया है। इसलिए 'मरगज' का अर्थ हुआ सम्भोगकालीन मर्दन जिससे साड़ी में सँरोट या सिलवट पड़ जाती है। बाँकपन से इन्हीं सँरोटों की ओर इंगित जाना पड़ता है जिसे बिहारी ने इस प्रकार कहा है :—

नट न सीस साबित भई, लुटी सुखन की मोट।
चुप करि ए चारी करति, सारी परी सरोंट॥

इसी पृष्ठ पर 'मृगाजिन' के बाद 'पुष्टिवाक्' की चर्चा है जो विचारों की आकुलता और मस्तिष्क की उद्विग्नता की ओर संकेत करनेवाला बताया गया है। न तो संस्कृत के शृंगारी साहित्य में इस प्रकार के किसी शब्द का पता लगता है और न ब्रजभाषा के। परन्तु प्रसंग वही 'मरगजनि' का है। इसलिए यहाँ भी 'सिलवट-बाँक' अर्थात् मसली हुई वस्तु की टेढ़ी-मेढ़ी सिलवटों की चर्चा असम्भव नहीं है। फारसी लिपि में इसे प्रतिलिपिकारों ने जरा विकृत करके लिख दिया होगा। पृष्ठ 61 पर बताया गया है कि यदि एक सखी को मध्यस्थ बनाकर किसी को सन्मार्ग पर लाने के लिए भेजे कि वह उस मानमती को प्रियतम के मिलन की ओर बुलाये और सजाये और इस प्रकार की रचनाएँ मध्य में रखे और कहे 'उठ चल बेग करन लाई व्यास ही चतुर्दस विद्यानिधान' और कहे 'तुम मान छाड़ दई कत हेत हे मानमती' तथा इसी प्रकार की अन्य कोई रचना हो तो इससे सन्मार्ग पर लानेवाला एवं बुलानेवाला समझा जाता है तथा रसूलिल्लाह (मुहम्मद साहब) तथा उनके अनुयायी जो तत्सम्बन्धी 'खिलअत' पहने हैं, समझे जाते हैं। यहाँ 'उठ चल बेग' वाला पद कुछ विकृत रूप में प्राप्त हुआ है, ऐसा जान पड़ता है। लगता है कि यह पद कुछ इस प्रकार का रहा होगा —'उठ चल देर कर न, लाई बेसाहि चतुर्दश विद्यानिधान'। भाव यह है कि ऐ मानवती! उठ चल, देर न कर। तू तो ऐसी बातें करती है जैसे चौदहों विद्या का निधान खरीदकर ले आयी हो। 'व्यास ही', "बेसाहि' का विकृत रूप जान पड़ता है। इसका अर्थ मोल लेना या खरीदना होता है। आगे मानमती की

व्याख्या में बताया गया है कि बुद्धि का पर्दा वास्तविकता पर रुक जाता है। 'चतुर्दस विद्या बिसाहने' में उसी बुद्धि के पर्दे की ओर संकेत जान पड़ता है।

पृष्ठ 62 पर दो बार 'रैन मानुस' का उल्लेख है। एक जगह बताया गया है कि इससे असावधानी की अवधि अथवा युवावस्था की अवधि की ओर संकेत होता है। फिर कभी मनुष्य की अवस्था और कभी भौतिक संसार की ओर संकेत होता है। दूसरे स्थान पर बताया गया है कि सम्भव है कि 'रैन मानुस' से उस समय की ओर संकेत करें जब सृष्टि की रचना न हुई थी और 'बासर' 'भोर' से सृष्टि-रचना की ओर संकेत करें। दोनों प्रसंगों से यह जान पड़ता है कि 'रैन मानुस' मूलतः (रैन माँवस) अर्थात् अमावस्या की रात्रि, रहा होगा। 'माँवस' फारसी लिपि में लिखे जाने पर 'मानुस' की भ्रान्ति पैदा कर सकता है।

पृष्ठ 81 पर 'लार जबान कोंही' है जिसे अनुवादक डा. रिजवी ने भी सन्देहास्पद समझा है। यह अस्पष्ट वाक्य है। इसके बाद 'काहू की बाँह मरोरी, काहू के कर चूरी फोरी, काहू की मटकिया ढारी, काहू की कंचुकी फारी' है, जिससे अनुमान किया जा सकता है कि इसी भाव से मिलता हुआ कोई वाक्य रहा होगा। मूल शब्द क्या था, यह मैं ठीक नहीं समझ सका किन्तु समकालीन या ईषत् पूर्ववर्ती प्रसिद्ध गवैयों के भजनों में 'रार जब रच्यो कन्हाई' जैसे वाक्य मिल जाते हैं, सम्भवतः ऐसे ही किसी वाक्य का यह विकार है।

पृष्ठ 87 पर है, "यदि हिन्दवी में सयाला (?) व 'माँह व पाला' अथवा उनसे सम्बन्धित शब्दों का प्रयोग हो तो उनसे इस विषय की ओर संकेत होता है···।" यहाँ 'सयाला' और 'माँह', (सं. माघ) जैसा कुछ होना चाहिए। हिन्दी में 'सियरा', 'सीयरा', और 'सियाला' शब्द शीतकाल के अर्थ में प्रयुक्त होते हैं और माघ का महीना शीतकाल है ही। जायसी ने 'रितु हेवन्त सँग पीउ न पाला। माघ फागुन सूख सीउ सियाला' (340) कहकर इन शब्दों का प्रयोग किया है।

पृष्ठ 88 पर 'पौन झनमका सीव जनाया' मैं 'सीव' शब्द शीत का ही प्राकृत रूप है। 'झनमका', 'झोंका' है।

पृष्ठ 96 पर 'अष्टुनहार वनस्पति' भी सन्देहास्पद है। इसका मूल रूप

क्या रहा होगा यह मैं ठीक नही समझ सका। इसी प्रकार पृष्ठ 97 का 'लेकवाह' शब्द भी सन्देहास्पद है। यदि यह शब्द 'लौकाह' हो तो उसका अर्थ बिजली का कौंधना हो सकता है, जो 'झकोर' शब्द के साथ प्रयोग किया जा सकता है।

डा. रिजवी ने इस बहुमूल्य ग्रन्थ का हिन्दी में रूपान्तर करके हिन्दी साहित्य की बहुत बड़ी सेवा की है। इस पुस्तक से केवल सूफी साधकों के आध्यात्मिक संकेतों का ही ज्ञान नहीं होता, सूरदास के पूर्ववर्ती ब्रजभाषा-साहित्य की एक समृद्ध परम्परा का भी आभास मिलता है। मुझे पूर्ण विश्वास है कि हिन्दी के सहृदय पाठक इस पुस्तक का हार्दिक स्वागत करेंगे। डा. रिजवी ने बड़े परिश्रम से इस पुस्तक का पाठोद्धार और अनुवाद किया है। वे सहृदय साहित्य-प्रेमियों के हार्दिक धन्यवाद के उचित पात्र हैं। परमात्मा उन्हें उत्तम स्वास्थ्य और दीर्घायु प्रदान करें, ताकि वे दीर्घकाल तक अमूल्य ग्रन्थों का उद्धार करके साहित्य को समृद्ध करते रहें।

'हक़ाएके हिन्दी' के प्राक्कथन रूप में लिखित

मध्यकालीन साहित्यिकों की परस्पर सापेक्षिता

वर्तमान देशी भाषाओं में साहित्य लिखा जाना आरम्भ होने के पूर्व इस देश का प्राचीन साहित्य बहुत विपुल और समृद्ध था। वैदिक साहित्य स्वयं इतना विशाल और व्यापक था कि आज बहुत खो जाने के बाद भी वह अध्येताओं को चकित कर देता है। महाभारत हमारे देश के आस्तिक कहे जानेवाले साहित्य का महान् आकर-ग्रन्थ है। इसमें कुरुपाण्डव-युद्ध का बहाना लेकर बौद्ध और जैन परम्परा के पहले का (और कुछ बाद का भी) भारतीय जीवन-दर्शन बहुत ही उज्ज्वल रूप में व्यक्त हुआ है। वैदिक धर्म और भागवत तथा प्राचीन पाशुपत धर्म के साथ समस्त औपनिषदिक और वेदान्ती परम्परा के आलोड़न-विलोड़न और आघात-प्रत्याघात के फलस्वरूप और धर्मसूत्रों के आचार-परम्परा के अद्भुत मिश्रण से महाभारत की शतसाहस्री संहिता में विशुद्ध भारतीय जीवन की प्रतिष्ठा और अभिव्यक्ति हुई थी। महाभारत स्वयं अपने आपके बारे में कहता है कि "यदिहास्ति तदन्यत्र यन्नेहास्ति न तत् क्वचित्।" जो यहाँ है वही अन्यत्र मिल सकता है और जो इसमें नहीं है वह कहीं भी नहीं है (आदि पर्व)। वस्तुतः ही महाभारत को भारतीय जीवन-दर्शन का सर्वाधिक महत्त्वपूर्ण ग्रन्थ कहना चाहिए। इस ग्रन्थ में नाना कथान्तरों की अवतारणा करके कर्तव्य-द्वन्द्व में उचित मार्ग बताकर विचार और अधिकार के क्षेत्र में परिपक्व भारतीय जीवन-दर्शन को स्पष्ट किया गया है। श्रीमद्भगवद्गीता महाभारत का नवनीत है। गीता-माहात्म्य में बताया गया है कि सभी उपनिषद गायें थीं, गोपाल-नन्दन श्रीकृष्ण दोग्धा थे, पार्थ (अर्जुन) बछड़ा थे। इस प्रकार

गीतामृतरूप दुग्ध दुहा गया, जिसे समस्त सुधी जन आस्वादन करते हैं—

> सर्वोपनिषदो गावः दोग्धा गोपालनन्दनः ॥
> पार्थो वत्सः सुधीर्भोक्ता दुग्धं गीतामृतं महत् ॥

वस्तुतः परवर्ती काल में समस्त भारतीय चिन्तन और आचरण के निर्णायक के रूप में गीता, ब्रह्मसूत्र और उपनिषदों को ही प्रमाण माना गया है। इन्हीं को 'प्रस्थानत्रयी' कहते हैं। दर्शन के क्षेत्र में अर्थात् जीव और ब्रह्म का स्वरूप, उनका सम्बन्ध, माया या ब्रह्म-शक्ति के व्यापार आदि बातों में मतभेद बराबर बने रहे, परन्तु सम्पूर्ण जीवन के प्रति जो व्यापक दृष्टि है वह बराबर एक-सी बनी रही। बौद्ध और जैन परम्परा के अभ्युदय से भी उस जीवन-दृष्टि में कोई खास फर्क नहीं पड़ा। केवल दीर्घ अनुभव और तदनुकूल परिष्कृत धर्माचार के इस पक्ष या उस पक्ष पर बल देने के कारण इनके स्वरूप में कुछ अन्तर दिखायी देता है। महाभारत के समान रामायण भी हमारे जीवन-दर्शन और आचार-मार्ग का प्रेरक ग्रन्थ रहा है। भारतवर्ष में जो कुछ भी काव्य, नाटक तथा अन्य रचनात्मक साहित्य लिखे गये हैं उनका अधिकांश इन दो ग्रन्थों पर आधारित है। शब्द-योजना, पद-संघटना, चमत्कृति और चारुता के पोषक अलंकरण और हृदयद्रावी इस योजना के अन्तराल में सर्वत्र इन ग्रन्थों के कथानक और जीवन-दर्शन हमारे प्रेरक तत्त्व रहे हैं। ईसवी सन् के आरम्भ में यह जीवन-दर्शन पूर्ण रूप से प्रतिष्ठित हो चुका था। मैक्समूलर ने बड़े सुन्दर शब्दों में इस जीवन-दर्शन को इस प्रकार अभिव्यक्त किया था। उन्होंने एक शब्द में उस दृष्टि को 'अतीत या परे' (trancendent, beyond) कहा था—"उससे उस सांत जगत् की बात कहो, वह कहेगा, अनन्त बिना सांत जगत् निरर्थक है, असम्भव है। उससे मृत्यु की बात कहो, वह इसे जन्म कह देगा। उससे काल की बात कहो, वह इसे सनातन तत्त्व की छाया बता देगा। हमारे (यूरोपियनों के) निकट इन्द्रिय-साधन हैं, ज्ञान-प्राप्ति के शक्तिशाली इंजन हैं, किन्तु उनके लिए अगर सचमुच धोखा देनेवाले नहीं तो कम-से-कम सदा ही जबर्दस्त बन्धन हैं, आत्मा के स्वरूपोपलब्धि में बाधक हैं। हमारे लिए पृथ्वी, यह आकाश, यह जीवन, यह जो हम देख सकते हैं और हम छू सकते हैं और जो हम सुन सकते हैं, निश्चित हैं, ध्रुव हैं। हम समझते हैं, यहीं हमारा घर है,

नवीन मानव-सम्पर्क बराबर इतिहास में नवीन-रक्त का संचार करते रहते हैं। पिछले दो हजार वर्षों में अनेक नवीन-जातियों का आगमन इस देश में हुआ है, अनेक पुरानी जातियों का (जिनमें बहुत नवीन रूप में आर्य भाषा-भाषी बनी थीं, पहले कभी किरात, द्रविड़ या कोल जातीय भाषाएँ बोलती थीं) अभ्युत्थान हुआ है और अनेक प्रतिभा-सम्पन्न विचारकों का प्रादुर्भाव हुआ है। उनके आगमन से हमारी भाषाओं में, अभिव्यक्ति-शैली में, उपासना-विधियों में महत्त्वपूर्ण बाह्य परिवर्तन हुए हैं। उन्हें भुलाया नहीं जा सकता। मूल जीवन-दृष्टि को इन प्रेरक-उपादानों में नये-नये रूप में सजाने का प्रयत्न किया है। भागवत जैसे महत्त्वपूर्ण पुराण ने पुरानी भारतीय जीवन-दृष्टि को ज्यों-का-त्यों स्वीकार करके भी समूचे देश में नयी प्राण-शक्ति का स्पन्दन कराया है। इस महाग्रन्थ को 'प्रस्थान-त्रयी' के समान मर्यादा भी प्राप्त हुई है। हठयोग और कुण्डलिनी योग पर अधिक जोर देने के कारण नवीन साधना-मार्गों का प्रवर्तन हुआ है। अनेक वेद-विरोधी वाम-पन्थों के अभ्युदय से जीवन-दर्शन और आचार-परम्परा में आपात दृष्टि से एकदम भिन्न और उल्लेखयोग्य परिवर्तन हुए हैं। पर सब मिलाकर ये मार्ग सर्व-भारतीय-जीवन-दृष्टि में बहुत अधिक विकार नहीं ला सके हैं। कभी इस प्रदेश में, कभी उस प्रदेश में, एक-एक अंगों पर अधिक बल देने के कारण ऐसा लग सकता है कि बहुत-कुछ परिवर्तन हो गया है, पर विश्लेषण और विवेचन के ऊपरी आवरण का विमोचन होते ही मूल भारतीय जीवन-दर्शन स्पष्ट हो सकता है। वस्तुतः बंगाल में मध्यकाल में जो साहित्य लिखा गया और उन क्षेत्रों में, जिन्हें हिन्दी भाषा-भाषी कहा जाता है, दोनों का परस्पर इतना साम्य है कि उनकी विशेषताओं का अध्ययन दोनों को एक साथ पढ़े बिना हो ही नहीं सकता। मैंने बहुत पहले जोर देकर कहना चाहा था, कि हमारी भाषा का पुराना साहित्य प्रान्तीय सीमाओं में बँधा नहीं है। आपको यदि हिन्दी साहित्य का अध्ययन करना है तो उसके पड़ोसी साहित्यों—बँगला, उड़िया, मराठी, गुजराती, नेपाली आदि के पुराने साहित्य—लिखित और अलिखित—को जाने बिना आप घाटे में रहेंगे। यही बात बँगला, उड़िया, मराठी आदि के पुराने साहित्य के बारे में भी ठीक है। हमारे देश का सांस्कृतिक इतिहास इस मजबूती के साथ अदृश्य काल-विधाता के हाथों

सीं दिया गया है कि उसे प्रान्तीय सीमाओं में बाँधकर सोचा ही नहीं जा सकता। उसका एक टाँका काशी में मिल गया, तो दूसरा बंगाल में, तीसरा उड़ीसा में, और चौथा महाराष्ट्र में मिलेगा, और पाँचवाँ मलाबार या सीलोन में मिल जाय तो आश्चर्य करने की कोई बात नहीं है। जैन पुरातन-प्रबन्ध में 'नीलपट' नामक दार्शनिकों की कहानी है। बताया गया है कि स्त्री-पुरुष के नग्न जोड़े एक नील वस्त्र में आवृत्त रहते थे और भोग-परक धर्म का उपदेश देते थे। राजा भोज ने इनका उच्छेद करा दिया था। बहुत दिनों तक इन नीलपटों के विषय में कुछ जाना नहीं जा सका। जैन प्रबन्ध के लेखक ने इनका जो घृणित रूप खींचा है उससे इनके वास्तविक रूप का विचार नहीं किया जा सकता। यदि हिन्दू आचार्यों के विरोधी विचारों के आधार पर ही बौद्ध मत का रूप देखने का प्रयत्न किया जाता तो वह चित्र कितना विकृत होता! विरोधियों के मत से किसी के मत का वास्तविक रूप नहीं समझा जा सकता। हिन्दी में चर्पटीनाथ का यह पद पाया जाता है—

एक श्वेत जटा एक पीत पटा
एक तिलक जनऊ लम्ब जटा
एक नील पटा मत अट्ट पटा
भ्रम जाल जटा भव हट्ट अटा।।

यह पद मैंने तरन-तारन से प्रकाशित प्राण-साँकली नामक ग्रन्थ से उद्धृत किया है जो सिक्खों के एक सम्प्रदाय में गुरु नानक की वाणी के रूप में समादृत है। इस पद में नीलपटों को संसार के बाजार में भरमनेवाले भ्रम-जाल से जकड़े हुए, अटपटे मत को माननेवाले कहकर स्मरण किया गया है। इस प्रकार के एक नील वस्त्रधारी सम्प्रदाय का पता पं. राहुल सांकृत्यायन ने सिंहल के निकाय-संग्रह से उद्धृत किया है और उस विवरण से पता चलता है कि ये नीलपट वज्रयानियों से या तो अभिन्न हैं, या मिलते-जुलते हैं। सिंहल का विवरण न मिलता तो इसके बारे में हम अन्धकार में ही रहते। श्री क्षितिमोहन सेन ने गोरखनाथ और माया के संवाद-रूप में प्रचलित एक पद पूर्वी बंगाल में सुना था, उससे मिलता-जुलता पद राजस्थान में दादू के नाम से प्रचलित देखकर उन्हें आश्चर्य हुआ था पर वह पद

गोरखबानी में गोरखनाथ के नाम पर प्राप्त है और बिहार में जोगीड़ा के रूप में गाया जाता है। उदाहरण और भी बढ़ाये जा सकते हैं।

मुसलमानों के आने के पहले इस देश में कई ब्राह्मण-विरोधी सम्प्रदाय थे। बौद्ध और जैन तो प्रसिद्ध ही हैं। कापालिकों, लाकुल पाशुपतों, वामाचारियों आदि का बड़ा जोर था। नाथों और निरंजनियों की अत्यधिक प्रबलता थी। बाद के साहित्य में इन मतों का बहुत थोड़ा उल्लेख मिलता है। दक्षिण से भक्ति की जो प्रचण्ड आँधी आयी, उसमें ये सब मत बह गये। पर क्या एकदम मिट गये? लोक-चित्त पर से क्या वे एकदम झड़ गये? हिन्दी, बँगला, मराठी, उड़िया आदि साहित्यों के आरम्भिक काल के अध्ययन से इनके बारे में बहुत-कुछ जाना जा सकता है।

मध्यकालीन बंगला और हिन्दी साहित्य को परस्पर स्वतन्त्र मानकर चलनेवाले विद्यार्थी को कितने घाटे में रहना पड़ता है, यह बात एक उदाहरण से स्पष्ट हो जायेगी। परन्तु यह उदाहरण केवल बंगला और हिन्दी साहित्यों के पारस्परिक सम्बन्ध और अन्तरावलम्बन का ही साक्षी नहीं है, यह स्पष्ट रूप से बताया है कि मध्यकाल में बने हुए समूचे भारतीय साहित्य को एक और अविच्छेद्य मानकर चलना ही उचित है। अस्तु।

मुसलमानी आक्रमण तीर-फलक की भाँति उत्तर भारत में तेजी से घुस गया था। इस अप्रत्याशित घटना से दसवीं शताब्दी के बाद का धार्मिक-सांस्कृतिक वातावरण एकदम विक्षुब्ध हो गया। यद्यपि इन दिनों ब्राह्मण-धर्म का प्राधान्य पूर्ण रूप से स्थापित हो चुका था तथापि अनेक वेद और ब्राह्मण-विरोधी साधनाएँ उन दिनों वर्तमान थीं। नाथों और निरंजनियों का मत उन दिनों काफी प्रबल था। इस तीर-फलक के चारों ओर ये साधनाएँ छितरा गयीं, कुछ समय के लिए ये एकदम विच्छिन्न हो गयीं और नाना-स्थानों में अपने इर्द-गिर्द के वातावरण के अनुकूल होकर प्रगट हुईं। राजस्थान में उन्होंने वैष्णव रूप धारण कर लिया, पंजाब में सिख धर्म का आश्रय लिया, बंगाल में धर्म-पूजा या निरंजन-ठाकुर-पूजा के रूप में आत्म-प्रकाश किया। उड़ीसा में पञ्चसखाओं की साधना में अपने को छिपा लिया और दक्षिणी बिहार तथा मध्यप्रदेश, छोटा नागपुर में कबीरपन्थियों के झण्डे के नीचे आत्म-रक्षा की। इस ऐतिहासिक विकास को संस्कृत पोथियों

के सहारे नहीं जाना जा सकता। इसके समझने का एकमात्र उत्तम मार्ग है, वर्तमान देशी भाषाओं के प्राचीनतर साहित्य का अध्ययन। इस बात को न जानने के कारण कभी-कभी बड़े-बड़े पण्डितों को भी चक्कर में पड़ना पड़ा है। धर्म-पूजा को शुरू-शुरू में बौद्ध धर्म का अवशेष समझा गया था। सबसे पहले महामहोपाध्याय पण्डित हरप्रसाद शास्त्री ने 'जर्नल आफ एशियाटिक सोसाइटी' में एक लेख लिखकर इस बात की ओर विद्वानों का ध्यान आकृष्ट किया था। सन् 1917 ई. में उनकी महत्त्वपूर्ण पुस्तक 'डिस्कवरी ऑफ लिविंग बुद्धिज़्म' प्रकाशित हुई। तब से इस विषय की खूब चर्चा होती रही है। धीरे-धीरे यह विश्वास किया जाने लगा है कि धर्म-पूजा-विधान वस्तुतः बौद्ध धर्म का अवशेष नहीं कहा जा सकता, उससे प्रभावित भले ही हो। सन् 1911 ई. में श्री नगेन्द्रनाथ वसु ने 'मयूरभंज आरक्योलॉजिकल सर्वे' की रिपोर्ट में यह प्रमाणित करने का प्रयत्न किया है कि उड़ीसा के पंच-सखाओं के साहित्य में बौद्ध धर्म प्रच्छन्न रूप से जीवित है। बिहार में बौद्ध धर्म चौदहवीं-पन्द्रहवीं शताब्दी में जीवित था और उसका विलयन कबीर-पन्थ में हो गया था, यह बात मैंने अन्यत्र दिखायी है। वस्तुतः केवल एक प्रान्त के साहित्यिक अध्ययन से इस इतिहास के सिर्फ एक ही अध्याय का पता चलेगा। सम्पूर्ण चित्र के लिए अन्यान्य देशी भाषाओं के साहित्य की भी जानकारी आवश्यक है। दसवीं शताब्दी के आस-पास योगमत बहुत प्रबल हो गया था। उन दिनों के जैन, बौद्ध, शाक्त, शैव आदि विभिन्न सम्प्रदाय के साधकों की भाषा में एक ही प्रकार के विचार घूम-फिरकर आ जाते हैं। बाह्याचार का विरोध करना, चित्तशुद्धि पर ध्यान देना, शरीर को समस्त साधनाओं का आधार समझना और समरस-भाव प्राप्त करके स्वसंवेदन आनन्द के उपभोग को ही चरम लक्ष्य बताना उस युग के समस्त वेदबाह्य साधनाओं की विशेषता है। कभी-कभी तो 'जैन', 'बौद्ध' आदि विशेषण पहिले से ही न मालूम हों तो रचना देखकर यह बताना कठिन हो जाता है कि रचयिता किस सम्प्रदाय का है। उदाहरणार्थ, जैन साधक 'जोइन्दु' कहते हैं कि देवता न तो देवालय में हैं, न शिला में हैं, न चन्दन प्रभृति लेप्य पदार्थों में हैं, वह अक्षय-निरंजन ज्ञानमय शिव तो समचित्त में (समरसीभूत चित्त में) वर्तमान है—

देउ ण देवले ण वि सिलए
ण वि लिम्पइ ण वि चित्ति।
अखउ णिरंजणु णाणमउ,
सिउ संठिउ समचित्ति ॥

तो उनकी यह भाषा वस्तुतः उस युग के अन्यान्य साधकों की भाषा से बहुत भिन्न नहीं है। यह शून्य, सहज, निरंजन आदि शब्द बाद में कबीर, नानक, दादू आदि सन्तों की भाषा में भी परम उपास्य के लिए प्रयुक्त होते रहते हैं। दादू ने "ब्रह्म सुन्नि तहँ ब्रह्म है, निरंजन निराकार" कहकर अपने परम उपास्य को स्मरण किया है। कबीर ने "एक निरंजन-सों मन लागा" और "उलटे पवन चक्र षट् वेधा सुन्नि सुरति लै लागी" कहकर शून्य को बहुमान दिया है और नानक ने "सुन्ने सुन्न कहे सब कोय, सुन्न रूप बैठा प्रभु सोय" कहकर प्रभु को सुन्न रूप कहा है। स्पष्ट है कि केवल शून्य शब्द का या निरंजन या निरालम्ब शब्द का व्यवहार देखकर ही किसी मत को प्रच्छन्न बौद्ध मत नहीं कहा जा सकता। इसमें कोई सन्देह नहीं कि 'शून्य' शब्द बौद्ध साधना में कभी बहुसम्मानित था, परन्तु परवर्ती साधकों की पुस्तकों से इस बात में सन्देह नहीं रह जाता, कि ये शब्द अर्थ बदलकर साधना की अन्य धाराओं में भी अबाध गति से बहते हैं। यदि 'शून्य' शब्द को देखकर किसी साधना को प्रच्छन्न बौद्ध कह दिया जाये तो शून्य को ध्यान करते 'देव सुणउँ गउ झपताहँ बलि बलि जोइय जाहँ' कहकर अत्यन्त उल्लसित होनेवाले जोइन्दु को भी प्रच्छन्न बौद्ध कहा जा सकता है।

पर ऐसा कहना ठीक नहीं है। लेकिन कुछ बातें सचमुच ही इस प्रकार की कही गयी हैं। उड़ीसा के पंचसखा भक्तों को प्रच्छन्न बौद्ध कहा गया है।

अपनी 'गणेशविभूति टीका' नामक पुस्तक में भी बलरामदास ने शून्य रूप में स्थित ज्योतिःस्वरूप भगवान् का ध्यान इस प्रकार किया है—

अनाकार रूप शून्य शून्य-मध्ये निरंजनः।
निराकार मध्ये ज्योतिः सज्ज्योतिर्भगवान स्वयं ॥

इसी प्रकार चैतन्यदास ने उस पुरुष को अपने विष्णु गर्भ नामक ग्रन्थ में "शून्य रे थाई से शून्ये करइ बिहार" कहकर शून्य में स्थित शून्य रूप ही कहा है।

महादेवदास नामक वैष्णव उड़िया कवि ने धर्मगीता में बताया है कि किस प्रकार महाशून्य ने सृष्टि करने की इच्छा से निरंजन, निर्गुण, गुण और स्थूल रूप में अपने पुत्रों को पैदा किया था, पर ये सभी जब सृष्टि-कार्य में असमर्थ हो गये तो अन्त में उस महाशून्य प्रभु ने अपने को धर्म रूप में प्रकट किया। इस धर्म की सहायता से महामाया ने सृष्टि उत्पन्न की।

यहाँ विस्तार-भय से मैं कबीरपन्थी, निरंजन या धर्मराय की कहानी नहीं कह रहा हूँ। परन्तु इतना स्मरण करा देने की आवश्यकता है कि कबीरपन्थी पुस्तकों में निरंजन की प्राप्ति के लिए 'शून्य' के ध्यान का विधान है। ऐसा जान पड़ता है कि उड़ीसा के उत्तरी भाग और छोटा नागपुर के इलाकों को घेरकर वीरभूमि में से रीवाँ तक के भूमि-भाग में धर्मदेवता या निरंजन की पूजा प्रचलित थी। ऐसा कहना ठीक नहीं लगता कि वह बौद्ध धर्म का प्रच्छन्न रूप था। यहाँ स्पष्ट रूप से समझ लेना चाहिए कि बौद्ध धर्म के किसी पारिभाषिक शब्द का परिवर्तित अर्थ में व्यवहार होने को हम बौद्ध धर्म का अवशेष नहीं कह सकते। केवल अधिक-मे-अधिक इतना ही कहा जा सकता है कि इन शब्दों का बौद्ध-साधना से सुदूर सम्बन्ध था। इस बात को प्रच्छन्न बौद्ध तो बहुत सोच-विचारकर ही कहना चाहिए। बिहार, मानभूमि और बाँकुड़ा आदि जिलों में एक प्रकार के धर्म सम्प्रदाय का पता हाल ही में लगा है। यह धर्म-मत अब भी जी रहा है।

इधर यह भी दिखाने का प्रयत्न किया गया है कि 'धर्म' शब्द वस्तुतः आस्ट्रो-एशियाटिक श्रेणी की जातियों की भाषा के एक शब्द का संस्कृती-कृत रूप है। यह कूर्म या कछुए का वाचक है। डा. सुनीतिकुमार चाटुर्ज्या ने बताया है कि दुल या दुली शब्द, जो अशोक के शिलालेखों में भी मिलता है और उत्तरकालीन संस्कृत भाषा में भी गृहीत हुआ है और जो कछुए का वाचक है, आस्ट्रो-एशियाटिक श्रेणी का शब्द है। सन्थाल आदि जातियों की भाषा में यह नाना रूपों में प्रचलित है। इन भाषाओं में 'ओम्' स्वार्थक प्रत्यय हुआ करता है और दुरोम, दुलोम दरोम का अर्थ भी कछुआ होता है। इसी शब्द का संस्कृत रूप धर्म है जो संस्कृत के इसी अर्थ के साथ गड़बड़ा दिया गया है। इस प्रकार धर्म-पूजा में कछुए का मुख्य स्थान-सम्भवतः सन्थाल, मुण्डा आदि जातियों के विश्वास का रूप है। कबीरपन्थ में अब भी

कूर्मजी का स्थान बना हुआ है, यद्यपि उसके दूसरे नाम 'धर्म' की इज्जत बहुत घट गयी है। यहाँ यह कह रखना बहुत उचित है कि मुण्डा लोगों में रमाई पण्डित का स्थान बहुत महत्त्वपूर्ण है। रमाई पण्डित शून्य पुराण के रचयिता माने जाते हैं।

निरंजन मत का तीसरा रूप कबीरपन्थी पुस्तकों में मिलता है। यहाँ पर यह बताने का प्रयत्न है कि निरंजन ही ब्रह्मा, विष्णु, शिव और उनकी शक्ति का जनक है, परन्तु है वह अत्यन्त धूर्त और मक्कार। उसी ने सृष्टि का जाल फैलाया है और भोले-भाले जीव उसकी माया में फँस जाते हैं। वेदमार्गी, वैष्णव, शैव, शाक्त आदि उसी चक्कर में पड़े हुए हैं। मैंने इस कथा का विस्तृत कबीरपन्थी रूप अन्यत्र दिया है। कबीरदास को बार-बार इस धराधाम पर भक्तों को इस धोखेबाज निरंजन से बचाने के लिए अवतीर्ण होना पड़ता है। ऐसा जान पड़ता है कि पूर्वी प्रदेशों में जिन जातियों में कबीरपन्थ को प्रचार करना पड़ा था उनमें निरंजन मत का प्रचार था। कबीरपन्थी आचार्यों ने उनकी सारी परम्परा को इस प्रकार मोड़ दिया है कि निरंजन अपने महत्त्वपूर्ण जगन्नियन्तृपद पर बैठा हुआ भी शैतान बन गया है। मैंने अन्यत्र दिखाया है कि इन साम्प्रदायिक पुस्तकों से ही इस मूल निरंजन मत का पता चलता है।

वस्तुतः निरंजन मत के ये तीनों ही रूप—उड़ीसावाला, बंगालवाला, और कबीर सम्प्रदायवाला —ओरावों और गोंड़ों में प्रचलित सृष्टि-प्रक्रिया से बहुत मिलते-जुलते हैं। ओरावों में तो रमाई पण्डित भी सम्मानित हैं और मेरा तो अनुमान है कि बीजक में जो 'रमैयाराम' कहकर 'धोखा ब्रह्म' को बार-बार स्मरण किया गया है उसमें रमाई पण्डित की स्मृति का अवशेष अवश्य खोजा जा सकता है। ऐसा जान पड़ता है कि मुस्लिम आक्रमण के बाद निरंजन मत का जो रूप छोटा नागपुर में रह गया उसने वहाँ की आदिम जातियों के सम्पर्क में एक दूसरा रूप ग्रहण किया, बंगाल में तीसरा रूप ग्रहण किया और कबीर सम्प्रदाय में चौथा रूप ग्रहण किया। पूर्वी रूप के इन चार ही रूपान्तरों का मुझे पता है और अनुसन्धान करने पर और रूपों का भी पता चल सकता है। इस सम्बन्ध में पौराणिक कथाएँ सम्भवतः आदिम जातियों की सृष्टि-प्रक्रिया विषयक कथाओं के साहचर्य से बनी हैं,

क्योंकि पश्चिम में निरंजन मत के जो रूप प्राप्त हैं उनमें इस प्रकार की कथाएँ नहीं हैं। राजपूताने में निरंजन मत वैष्णव मत के रूप में जीवित है। सिख मत में निरंजन का रूप पाया जाता है। स्वयं गुरु नानक ने अकल निरंजन को इस अद्‌भुत कला-विद्या का प्रवर्तक कहकर स्मरण किया है, जो शून्य से रंग बनाकर इस अद्‌भुत पृथ्वी और आकाश को बनाकर इसमें मगन हो रहा है।

अगम निगम की कथा को, मोहि सुनावे आय।
ज्यों कीआ प्रकाश सुन्नते नाना रंग बनाय॥
अकल निरंजन भला करि, कीना धरनि गगन।
नानक रंग बनाइके, रहिया होय मगन॥

किस प्रकार यह शून्य और निरंजन की साधना उत्तर भारत के निर्गुण सन्तों का आश्रय करके प्रकट हुई यह कहानी बड़ी मनोरंजक है। मेरा अनुमान है कि महाराष्ट्र में भी इस मत ने वैष्णव रूप धारण किया है। सन्त ज्ञानेश्वर का सम्बन्ध सीधे नाथ-गुरुओं से स्थापित किया जाता है, परन्तु मैं इस विषय में विशेष नहीं जानता। पण्डित-मण्डली का ध्यान इस तथ्य की ओर आकृष्ट करना चाहता हूँ कि यदि देशी भाषाओं के साहित्य का अध्ययन उपेक्षित रहेगा, तो यह सम्भव नहीं है कि इस महान् धार्मिक उथल-पुथल का सामान्य आभास भी अन्य किसी साधन से प्राप्त हो सके। इस धार्मिक आन्दोलन ने समूचे उत्तर भारत के लोक-चित्त को शताब्दियों तक प्रभावित किया है और आज भी बहुत दूर तक कर रहा है।

ये एक-दो उदाहरण हैं। पण्डित-मण्डली को सोचने की उत्तेजना देने-वाली अनेक सामग्रियों का पता इस क्षेत्र में मिल सकता है। किस प्रकार बाप्पा रावल का समादृत 'पाशुपत मत रावल' अर्थात् लाकुल पाशुपत-मत 'रावल' और 'गल' दो सम्प्रदायों में विभक्त होकर बाद में 'रावलगल्ला' हो गया और धीरे-धीरे मुसलमान होने को बाध्य हुआ, किस प्रकार कृष्णा-चार्य के कापालिक मतावलम्बी कहीं मुसलमान हो गये और कहीं हिन्दुओं की अलग जाति के रूप में जी रहे हैं, किस प्रकार विमला देवी के शक्ति-सम्प्रदाय को गोरखनाथी झण्डे के नीचे आत्मरक्षा करनी पड़ी और किस प्रकार राजा रसालू और पूरन भगत का सम्प्रदाय—बारहपन्थी योगियों में अन्तर्भुक्त हुआ—ये और ऐसी ही अनेक बातें केवल धार्मिक साधना के

साहित्य में महत्त्वपूर्ण सूचना ही नहीं देतीं, वे हमारी सम्पूर्ण जनता के भाग्य-विपर्यय की दुःखपूर्ण कहानी को समझने में मदद भी पहुँचाती हैं। यह साहित्य उस बीज की कहानी आपको बतायेगा, जो हजार वर्ष के बाद इस महादेश को दो परस्पर-विरोधी टुकड़ों में बाँटनेवाले विषवृक्ष के रूप में पनपा है। हमारी देशी-भाषाओं का आदिकाल का साहित्य एक-दूसरे से बुरी तरह उलझा हुआ है और एक-दूसरे का पूरक है। समय आ गया है कि सम्पूर्ण रूप को स्पष्ट भाव से समझने का प्रयत्न किया जाये। कोई ऐसी व्यापक दृष्टि-वाली विद्वत्सभा स्थापित होनी चाहिए जो इस काल की सम्पूर्ण साहित्यिक सामग्री---लिखित और अलिखित—का संकलन और अध्ययन करे।

भारतवर्ष का सुषुप्त मध्ययुग जिसके पेट से यह हमारा आधुनिक युग उत्पन्न हुआ है, बहुत महत्त्वपूर्ण है। इस देश की जनता को उसके विश्वासों को, धर्म-परिवर्तनों के कारणों को समझने की सामग्री, इस काल के साहित्य में प्रचुरमात्रा में उपलब्ध होगी। इसे समझे बिना हम भारतवर्ष को ही ठीक-ठीक नहीं समझ सकेंगे।

मध्यकाल के बंगला और हिन्दी के साहित्यों में ही नहीं, बंगला और हिन्दी-भाषी प्रदेशों में बने हुए संस्कृत और अपभ्रंश-साहित्य में भी अद्भुत समानता और परस्परावलम्बन है। मैं तो जोर देकर कहना चाहता हूँ कि जो लोग तत्तत् प्रान्तीय सीमाओं में बँधकर मध्यकालीन साहित्य के अध्ययन का प्रयत्न करते हैं वे बिसमिल्ला ही गलत बोल देते हैं। पूर्वी प्रदेशों में रचित और पूर्वी भाषा में अभिव्यंजित बौद्ध गानों और दोहों को छोड़ देने से हिन्दी साहित्य के आदिकालीन काव्यरूपों, छन्दों और समूचे सन्त साहित्य का अध्ययन अधूरा रह जायेगा। प्राकृत पैंगलम् में प्राकृत या अवहट्ठ भाषा के छन्दों के जो नमूने हैं वे समूचे उत्तर भारत के विभिन्न प्रादेशिक साहित्यों से लिये गये हैं। उनमें बंगला, अवधी, ब्रज, गुजराती और खड़ी हिन्दी के बीज पण्डितों ने खोज निकाले हैं। जयदेव, चण्डीदास और विद्यापति की पदावली के अध्ययन के बिना परवर्ती ब्रजभाषा के पद-साहित्य का अध्ययन पूर्णांग नहीं हो सकता। 'ब्रजबुलि' कहे जानेवाले बंगाली वैष्णव साहित्य और 'अंकिया नाट' के रूप में सुरक्षित असमिया काव्य-परम्परा का अध्ययन भी अपने-आप में स्वतन्त्र साहित्य के रूप में नहीं किया जा सकता। अवधी

के सूफी कवियों की रचनाएँ बहुत शीघ्र बंगला में अनूदित हो गयी थीं। मलिक मुहम्मद जायसी के पद्मावत का आलाओल द्वारा किया हुआ बंगला अनुवाद तो अत्यन्त ख्याति प्राप्त कर ही चुका है, इधर हाल में लोरिकचन्दा नामक अवधी काव्य के बंगला अनुवाद का भी सन्धान मिलने का समाचार मिला है। नाभादास के भक्तमाल का बंगाली कवि लालदास (कृष्णदास)? का किया हुआ बंगला अनुवाद कई दृष्टियों से अत्यन्त महत्त्वपूर्ण है। इस अनुवाद ने आज के युग के सर्वश्रेष्ठ भारतीय मनीषी कवि गुरु रवीन्द्रनाथ को कबीर, सूरदास, तुलसीदास आदि महान् हिन्दी कवि-भक्तों पर सुन्दर काव्य लिखने की प्रेरणा दी है। महाप्रभु चैतन्यदेव द्वारा आचरित मधुर रस की साधना ने ब्रजभाषा और अवधी के अनेक काव्यों को प्रेरणा दी है जो इस रस की साधना से प्रेरित और प्रभावित है। सत्तरहवीं-अट्ठारहवीं शताब्दी में, या सम्भवतः कुछ और पूर्व, रामभक्ति शाखा में भी मधुर रस की साधना का प्रवेश हुआ था। प्रियादास, जिन्होंने भक्तमाल की टीका लिखी थी महाप्रभु चैतन्य देव से प्रभावित थे। किन्तु इस प्रसंग में यह उल्लेख-योग्य है कि भक्तमाल के मूल लेखक श्री नाभादासजी के गुरु अग्रदास की छठी पीढ़ी में गलता (जयपुर का गालवाश्रम जो उत्तर का तोताद्रिमठ माना जाता रहा है) गद्दी पर मधुराचार्य आसीन थे जिन्होंने जीव गोस्वामि-पाद के अनुकरण पर षट् सन्दर्भों की रचना की थी। जीव गोस्वामिपाद ने भागवत को प्रमाण-ग्रन्थ स्वीकार कर श्रीकृष्ण को 'स्वयं भगवान्' मानकर अपना मत स्थापित किया था और मधुराचार्य ने वालमीकि रामायण को प्रमाण मानकर श्रीरामचन्द्र को 'स्वयं रूप भगवान' स्वीकार कर मधुर रस की स्थापना की थी। इन सन्दर्भ ग्रन्थों से एक 'सुन्दरमणि-सन्दर्भ' मेरे देखने में आया है जो अयोध्या से प्रकाशित हुआ है। मधुसूदन सरस्वतीपाद की जन्मभूमि बंगाल में थी। काशी में जब संकीर्ण चित्त के विद्वेशियों ने गोस्वामी तुलसीदास को लांछित और अपमानित करने का प्रयत्न किया था तो मधुसूदन सरस्वतीपाद ने ही उनका पक्ष लिया था। कहते हैं कि विरोधियों को मुँहतोड़ उत्तर देते हुए उन्होंने घोषणा की थी कि—

आनन्दकानने ह्यस्मिन् तुलसीजंगमस्तरुः।
कवितामंजरी यस्य रामभ्रमरभूषिता॥

इस आनन्द-कानन (काशी) में तुलसी नाम का एक चलता-फिरता वृक्ष है जिसकी कविता रूपी मंजरी रामरूपी भ्रमर से भूषित है। परवर्ती राम सम्प्रदाय में मधुर रस की जो साधना बहुत व्यापक रूप में प्रकट हुई उसके सिद्धान्त ग्रन्थ (जो दुर्भाग्यवश अभी प्रकाश में नहीं आ सके हैं) उज्ज्वल नीलमणि और भक्तिरसामृत सिन्धु आदि ग्रन्थों से प्रभावित हैं। उदाहरण और भी बढ़ाये जा सकते हैं लेकिन हमारा उद्देश्य यहाँ मध्यकालीन साहित्य के जंगल में आपको भटकाते रहने का नहीं है। मैं केवल दोनों साहित्यों के अन्तरावलम्बन की ओर आपका ध्यान आकृष्ट करना चाहता हूँ। सच पूछिए तो हिन्दी और बंगला का मध्यकालीन साहित्य एक ही जीवन-दृष्टि, एक ही विचार और एक ही भावोद्वेलन से अभिव्यक्त, अतएव एक, हैं। विभक्ति रूपों, क्रिया और सर्वनाम पदों के अन्तर से भाषा थोड़ी अलग अवश्य है, पर अन्तरात्मा एक है।

आधुनिक युग के अभ्युत्थान में हिन्दी गद्य और पत्रकारिता के विकास में कलकत्ता नगरी और बंगला भाषा तथा बंगाली मनीषियों का कितना महत्त्वपूर्ण योगदान रहा है यह बात सर्वविदित है। आरम्भ में आधुनिक हिन्दी गद्य पर बंगला भाषा का महत्त्वपूर्ण प्रभाव रहा है। बंगाल के सभी बड़े लेखक और मनीषिवृन्द हिन्दी-भाषी जनता के अपने होकर रह गये हैं। बंकिमचन्द्र, रवीन्द्रनाथ, विवेकान्द, शरत्चन्द्र आदि के ग्रन्थों के मूलरूप और हिन्दी भाषान्तर ने हिन्दी साहित्यकारों को नवीन प्रेरणा दी है। इस काल में अंग्रेजी बहुत पढ़ाई गयी, बंगला बिलकुल नहीं। फिर भी बंगला के साहित्यकारों और मनीषियों ने हिन्दी जनता को जितना प्रभावित किया उतना अंग्रेज साहित्यकार नहीं कर सके। क्यों ? क्योंकि क्या भाषा, क्या भाव, क्या जीवन-दर्शन, क्या प्रकाशन-भंगिमा, सर्वत्र बंगला और हिन्दी "गिरा अर्थ जल बीचि सम, कहियत भिन्न-न-भिन्न" हैं। प्राचीनकाल से लेकर मध्यकाल के अन्त तक इन दोनों भाषाओं के मूल में इतनी दृढ़ और व्यापक जीवन-दृष्टि प्रतिष्ठित है कि दोनों को एकदम अलग करके सोचा ही नहीं जा सकता। जो लोग भिन्न करके सोचते हैं, वे इन भाषाओं के साहित्य में अभिव्यक्त रस को आधे से अधिक खो देते हैं। केवल बंगला और हिन्दी भाषाओं की यह कहानी नहीं है। उड़िया, असमिया, गुजराती, पंजाबी.

मराठी आदि भारत की अन्यान्य भाषाओं में भी इसी प्रकार का अन्तरावलम्बन पाया जाता है। मैंने एक बार प्राच्य विद्वत्परिषद् के विद्वानों से यह प्रस्ताव करने का भी साहस किया था कि उन्नीसवीं शताब्दी के पूर्व का समूचा मध्यकालीन साहित्य एक और अविच्छिन्न समझा जाय और विश्वविद्यालयों में उसे पढ़ाने की व्यवस्था की जाय। दुर्भाग्यवश उन लोगों ने ध्यान नहीं दिया, लेकिन इस सम्बन्ध में यही मत मेरा अब भी है।

आजकल सन्देह का ऐसा भयंकर वातावरण है कि सोचकर मन व्याकुल हो जाता है। मेरी इस बात को कहीं गलत न समझ लिया जाय, इसलिए मैं जरा स्पष्ट करने के उद्देश्य से यह कहना चाहता हूँ कि अपने मध्यकालीन साहित्य को एक और अविच्छेद्य समझनेवाला मेरा प्रस्ताव केवल बात-की-बात नहीं है। वस्तुतः ही तत्तत् प्रान्तीय भाषाओं में लिखित बताया जानेवाला साहित्य किसी प्रकार दूसरे प्रदेशों में रचित साहित्य से एकदम स्वतन्त्र नहीं है। साहित्य का विद्यार्थी-मात्र मानता है कि किस प्रकार हिन्दी के काव्य-रूपों और भाव-योजनाओं की तह तक पहुँचने के लिए उसे कभी बंगला, कभी गुजराती, कभी मराठी, कभी पंजाबी का सहारा लेना पड़ता है। हमें अपने पुराने साहित्य को एक और अविच्छेद्य समझने की महिमा को स्वीकार करना पड़ेगा। विभेदों और वैशिष्ट्यों की जानकारी आवश्यक है पर प्रधान रूप से दृष्टि साम्य की ओर ही केन्द्रित होनी चाहिए। तभी हम यह अनुभव कर सकेंगे कि पंजाब या गुजरात या बंगाल में लिखे जाने मात्र से कोई साहित्यिक कृति सर्वभारतीय रूप से च्युत नहीं हो गयी है। जब तक हम इस यथार्थ तत्त्व को पूर्णतः हृदयंगम नहीं कर लेते कि भारतवर्ष की विभिन्न भाषाएँ सभी भारतवासियों की अपनी भाषाएँ हैं और समूचा साहित्य भारतवर्ष का अपना साहित्य है, तब तक हम राष्ट्रीय व्यवहार के लिए एक भाषा स्वीकार करने के प्रश्न पर दुविधा और हिचक अनुभव करते रहेंगे और यदि किसी प्रकार स्वीकार कर लिया तो समान गौरव-बोध के अभाव के कारण यथोचित उत्साह और प्रेरणा नहीं प्राप्त कर सकेंगे।

'प्रवासी बंग साहित्य सम्मेलन' के सत्ताईसवें अधिवेशन में पटना में निखिल भारत साहित्य शाखा के सभापतित्व पद से मैंने जो कहा था उसे

एक बार फिर दुहराकर मैं अपना वक्तव्य समाप्त करना चाहता हूँ। वह भाषण बंगला में था। उसके अन्तिम अनुच्छेद का हिन्दी रूप इस प्रकार होगा—"प्रादेशिक साहित्यों का सम्बन्ध जब मध्ययुग में इतना घनिष्ठ हो सका था तो इस वर्तमान युग में जब कि यातायात की व्यवस्था इतनी उन्नत हो गयी है, इस सम्बन्ध का और भी निविड़ घनिष्ठ न होने का कोई कारण नहीं है। किसी खास कोशिश के बिना भी यह योग कुछ-न-कुछ बना ही हुआ है। हिन्दी, गुजराती आदि भाषाओं में बंगला से अनुवाद हुए हैं। बंगला के प्रायः सभी बड़े साहित्यकारों की रचनाएँ हिन्दी साहित्य में अनूदित हो गयी हैं। वरन् इस विषय में बंगला के साहित्यिक उतने यत्नशील नहीं हैं। श्रद्धेय आचार्य क्षितिमोहन सेन महाशय ने दादू, कबीर आदि हिन्दी सन्तों की वाणियों को बँगला में अनुवाद करके मूल्यवान् और अनुकरणीय कार्य किया है, किन्तु आधुनिक हिन्दी साहित्य बंगला में विशेष नहीं आ सका है। हिन्दी में बंगला के अतिरिक्त गुजराती, मराठी, उर्दू से और थोड़ा-बहुत तमिल, तेलगु, मलयालम और कन्नड़ साहित्य से भी अनुवाद हुआ है। और भी अधिक होना चाहिए। अन्यान्य भाषाओं में भी समवेत भाव से ऐसा उद्योग होना चाहिए जिससे प्रत्येक प्रादेशिक भाषा की अच्छी पुस्तकें अन्यान्य प्रादेशिक भाषाओं मे अनुवाद हो जाय। यह एक अत्यन्त गुरुत्वपूर्ण राष्ट्रीय कर्तव्य है। इस विषय में केन्द्रीय साहित्य के प्रयत्नशील होने के कारण पर्याप्त हैं। मुझे यहाँ यह कहने में प्रसन्नता हो रही है कि अब केन्द्रीय सरकार इस विषय में प्रयत्नशील है। साहित्य अकादमी के माध्यम से इस प्रयत्न का श्रीगणेश हो गया है। प्रादेशिक भाषाओं के साहित्य, लोकगीत और लोक-कथानक यत्नपूर्वक सुरक्षित रखने योग्य हैं। यह केवल मुट्ठी भर साहित्यिकों की शौकिया बौद्धिक विलासिता नहीं है, यह हमारी राष्ट्रीय सरकार का सबसे बड़ा उत्तरदायित्व है। इसके लिए सुनिश्चित योजना के अनुसार काम होना चाहिए। भारतवर्ष को एक और अविच्छिन्न करने के जितने उपाय हैं उनमें सबसे बड़ा उपाय यही है और उसे खण्ड-विच्छिन्न करने के जितने उपाय हैं उनमें सबसे बड़ा उपाय इसकी उपेक्षा ही है। किन्तु मैं यह नहीं चाहता कि इस कार्य का सारा उत्तरदायित्व सरकार पर छोड़ दिया जाय। जहाँ तक सम्भव हो इस कार्य का दायित्व प्रादेशिक भाषाओं की

साहित्यिक संस्थाओं और विश्वविद्यालयों को लेना चाहिए। आप लोगों का यह उद्योग उसी ओर बढ़ने का प्रयास है। भगवान् से मेरी प्रार्थना है कि आपका यह शुभ संकल्प चरितार्थ हो और समस्त साहित्य मनीषियों के सामने एक महान् आदर्श उपस्थित करे। ऐसा हो कि साहित्य के भीतर से हम एक-दूसरे के साथ रक्त का योग और नाड़ी का खिंचाव अनुभव कर सकें। हर संकल्प एक हो, आचरण एक हो, शुभ बुद्धि एक हो। प्राचीन ऋषि यह आशीर्वाद-वाणी हमारे प्रत्येक कर्म को मंगलमय बनाये—

सभानो मन्त्रः समितिः समानी समानं मनः सहचित्रमेषां।
सभानेन वो हविजा जुहोमि समानचेतो अभिसंवदध्वम्॥
समानीव आकूतिः समाना हृदयानि वः।
समानमस्तु वो मनो यथा वः सुसहासति॥
ओं शान्तिः शान्तिः शान्तिः।

—भारतीय संस्कृति संसद, कलकत्ता, 1956 के भाषण से

का प्रयत्न करता रहा है। रोमन काल में लैटिन में लिखे हुए ग्रन्थों में अनेक कौशलों के द्वारा लेखक इस बात का प्रयत्न करते थे कि उनका नाम प्रच्छन्न रूप में ग्रन्थ में रहे और कोई दूसरा लेखक उसे चुरा न सके। ठीक उन्हीं दिनों भारतवर्ष में प्राचीन आचार्यों, महर्षियों और देवताओं के नाम पर ग्रन्थ रचे जाते थे और लेखक का पूरा प्रयत्न होता था कि किसी को पता न लगने पाये कि वह पुराने ऋषि की रचना न होकर नये मनुष्य की बुद्धि का चमत्कार है। जब कोई लेखक किसी सर्वज्ञ या देवता के नाम पर ग्रन्थ की रचना करता है तो उसमें दो बातें प्रधान रूप से काम करती हैं। प्रथम तो यह कि उसके नस-नस में ऐसा विश्वास व्याप्त होता है कि उसने जो कुछ सोचा या समझा है वह नया नहीं है, बल्कि पुराकाल के पूर्वजों के ज्ञान का ही उसके चित्त में प्रतिफलित रूप है। दूसरे, वह अधिक-से-अधिक सावधानी बरतता है और पूर्ण समाहित होकर ज्ञान को पवित्र-से-पवित्र ज्योति के रूप में उपस्थित करने का प्रयत्न करता है। इन दो बातों के कारण उसके द्वारा लिखित साहित्य में हल्कापन नहीं आने पाता। डॉ. केर्न ने 'वृहद् संहिता' की भूमिका में भारतीय लेखकों की इस विचित्र वृत्ति और इससे उत्पन्न संयम पर आश्चर्य प्रकट किया है। उन्हीं दिनों लैटिन ग्रन्थकारों से तुलना करने पर यह तथ्य और भी उज्ज्वल रूप में प्रकट होता है। और भी आगे बढ़ने पर भारतवर्ष में ज्ञान के साधकों की टीका का युग आरम्भ होता है। इस काल में पूर्ववर्ती ग्रन्थों की टीकाएँ या भाष्य लिखे जाते रहे हैं। यद्यपि इन भाष्यों, टीकाओं आदि में प्रचुर मौलिक चिन्तन और बौद्धिक सूक्ष्मता प्राप्त होती है तथापि टीका करनेवाला उसे पूर्ववर्ती ज्ञान का ही साधारण रूप मानता है। उसका अपना कृतित्व पूर्ववर्ती ज्ञान को ठीक-ठीक समझने और उसे अधिक-से-अधिक अर्थप्रसू भाषा में व्यक्त करने में होता है। साहित्य के क्षेत्र में भी प्रख्यात चरित्र और प्रसिद्ध घटनाओं का विन्यास नये सिरे से किया जाता है। मौलिकता विषय के विन्यास और उसकी सीमित परिधि में नवीन कल्पनाओं और नवीन अर्थ योजनाओं में निहित मानी जाती है। हिन्दी के रीतिकाल में तो संस्कृत के साहित्य-शास्त्र में गृहीत सिद्धान्तों को मोटे रूप में स्वीकार करके उन्हें लोक-गम्य भाषा में प्रकट करना ही कवि का कृतित्व माना जाने लगा।

साहित्य में मौलिकता का प्रश्न

मौलिकता यद्यपि संस्कृत के 'मूल' शब्द से बनाये हुए विशेषण का भाववाचक रूप है, तथापि हिन्दी साहित्य में इसका प्रयोग नया ही है। वस्तुतः यह अंग्रेजी के 'ओरिजनेलिटी' शब्द के तौल पर गढ़ा हुआ नया शब्द है। अंग्रेजी के साहित्य में 'ओरिजनेलिटी' शब्द का प्रयोग दीर्घकाल से होता आ रहा है। लैटिन में 'औरिरि' धातु है जो उदय होने के अर्थ में प्रयुक्त होती है, उसी से 'ओरिगो' और 'ओरिजिन' शब्द बने हैं, 'ओरिएन्स' और 'औएन्स' शब्द भी उसी से आये हैं। लैटिन के 'ओरिगो' शब्द का अर्थ है आरम्भ। 'ओरिजनल' शब्द का अभिधेयार्थ आरम्भिक है और लक्ष्यार्थ वह रूप है जो पहले न रहा हो, नवीन हो। साहित्य में 'ओरिजनल' शब्द ऐसे साहित्य, रूप, शैली, भाव और विषय-वस्तु के अर्थ में प्रयुक्त होता है जो नवीन उद्भावित हों और पूर्ववर्ती लेखकों में पाये न जाते हों। अंग्रेजी के साहित्यिक ग्रन्थों में इस बात को लेकर बड़ी चर्चा है कि मौलिकता है क्या वस्तु। कापीराइट एक्ट के सारे संसार में प्रचलित होने के कारण इस शब्द का व्यावसायिक क्षेत्र में भी प्रवेश हुआ है और इसे कानूनी पण्डितों के विचार-विमर्श का भी विषय बनना पड़ा है।

आधुनिक युग में मौलिकता की इच्छा अर्थात् कुछ नया देने की लालसा बड़े प्रबल रूप में दृष्टिगोचर हुई है। परन्तु आधुनिक हिन्दी साहित्य के आरम्भ होने के पहले बात ऐसी नहीं थी। मध्यकाल में बहुत उच्चकोटि के ग्रन्थ प्राचीन ऋषियों और देवताओं के नाम से लिखे गये हैं। उनमें संस्कार भी हुए हैं, परिवर्त्तन भी हुए हैं, लेकिन लेखक सदा अपने-आपको छिपा लेने

हमारे देश की नवीन शिक्षा-प्रणाली उन्नीसवीं शताब्दी के मानवतावादी उदारमना यूरोपीय आदर्शों के अनुकरण पर चलायी गयी है। इंग्लैण्ड में व्यावसायिक क्रान्ति होने के बाद मनुष्य का मूल्यांकन पुरानी मर्यादाओं या शास्त्रविहित नियमों के आधार पर न होकर स्वतन्त्र रूप में किया जाने लगा। पहले के धार्मिक वृत्ति के शास्त्रवादी विचारकों ने स्वर्ग या मुक्ति पाने के उद्देश्य से जो व्यवस्था प्रवर्त्तित की थी, उसे सन्देह की दृष्टि से देखा जाने लगा, और मनुष्य को इसी मर्त्यकाया में सुख और सुविधा प्राप्त हो, उसका चित्त सुसंस्कृत हो, उसे आर्थिक और सामाजिक बन्धनों से मुक्ति मिले, इन बातों पर ज्यादा जोर दिया जाने लगा। भारतवर्ष की नवीन शिक्षा-प्रणाली इसी आधार पर गठित हुई और नये शिक्षित लोगों में यही विचार जड़ जमाने लगा। यह माना जाने लगा कि प्रत्येक व्यक्ति अपना विकास अपने ढंग से कर सकता है और उसका अपना व्यक्तित्व है। साहित्य में इस विचार ने अपने को नाना रूपों में प्रकट किया और नवीनता की माँग नित्य नवीन रूप में प्रकट होने लगी। प्रत्येक प्रकार के बन्धन और रूढ़ियों से विद्रोह किया गया और बहुत दिनों तक इस विद्रोह को ही मौलिकता समझा जाता रहा। कभी-कभी तो छापने की प्रक्रिया में नवीनता लाने को भी मौलिकता का नाम दिया गया। छापे की मशीन ने साहित्य को जहाँ सुलभ बनाया, वहीं साहित्यकारों के नये-नये प्रयोगों और नयी-नयी कला-बाजियों को भी मुखर बनाया।

परन्तु साहित्य की मौलिकता केवल बाह्य आकारों की सजावट में नहीं है। नये युग में मनुष्य की वैयक्तिकता को बहुत महत्त्व दिया गया है और समझा जाने लगा है कि प्रत्येक मनुष्य का व्यक्तित्व अलग है और साहित्य में उसके व्यक्तित्व के विशिष्ट अंश का प्रतिबिम्बित होना उसकी मौलिकता है। इस बात को अस्वीकार नहीं किया जा सकता कि साहित्य की मौलिकता लेखक के व्यक्तित्व के साथ घनिष्ठ भाव से सम्बद्ध है, परन्तु इसे भी नहीं अस्वीकार किया जा सकता कि अनियन्त्रित व्यक्तित्व जो सामाजिक और परम्परागत सामूहिक व्यक्तित्व से असम्बद्ध और प्रतिकूलगामी होता है, वह दुनिया के किसी काम नहीं आ सकता (जिस प्रकार प्रत्येक व्यक्ति का एक व्यक्तित्व है, उसी प्रकार सम्पूर्ण समाज

का भी एक व्यक्तित्व है)। जो व्यक्तित्व इस सामाजिक व्यक्तित्व के प्रतिकूल जाता है, वह असामाजिक है और हानिकर है। इसी भाव को व्यक्त करने के लिए अंग्रेजी में 'अनसोशल' शब्द चला। और समाज का व्यक्तित्व क्या है ? वह कुछ परम्परागत विचारों का निरन्तर विकसित होते रहनेवाला स्वरूप है। आधुनिक साहित्य के पूर्व उस सामाजिक व्यक्तित्व को जड़ और अचल मान लिया गया था। नवीन वैज्ञानिक युग के संचारकों ने उसे चेतन वस्तु स्वीकार किया, और इस विश्वास को बद्धमूल बनाया कि जिस प्रकार जीवन्त प्राणी परिस्थितियों के अनुसार अपने को मोड़ता है, पसारता है, उन्हें अनुकूल बनाने का प्रयत्न करता है और धीरे-धीरे अपने भीतर स्वतन्त्र व्यक्तित्व का विकास करता है, उसी प्रकार की प्रक्रिया सम्पूर्ण समाज में भी होती है। यह सामाजिक व्यक्तित्व नवीन परिस्थितियों के सामने झुकता है, पीछे हटता है, मुड़ता है और उस पर विजय पाने की चेष्टा करता है। इसीलिए वह निरन्तर विकासमान है। जिस प्रकार व्यक्ति-मनुष्य के मन, बुद्धि, हृदय और अन्य इन्द्रिय उसके विकसित होने में सहायक होते हैं उसी प्रकार समाज के कारीगर, दार्शनिक, कवि और मजदूर इत्यादि उसके व्यक्तित्व को अग्रसर करने में सहायक होते हैं। जिस प्रकार व्यक्ति-मानव को पितृ-पितामहों से प्राप्त गुण-दोष उसे सबल या निर्बल बनाते हैं, उसी प्रकार सामाजिक व्यक्तित्व भी अपने पूर्ववर्ती आचार्यों, कवियों, दार्शनिकों और विचारकों से प्राप्त रीति के अनुसार सबल या निर्बल होता है। जिस प्रकार व्यक्ति-मानव बाह्य उपकरणों के सहारे अपने को आंशिक रूप में सबल या दुर्बल बना सकता है, उसी प्रकार समाज-मानव भी अन्य संस्कृतियों, साहित्य और धर्म-परम्पराओं को उचित मात्रा में ग्रहण करके अपनी दुर्बलताओं को दूर कर सकता है या अनुचित मात्रा में ग्रहण करके रोगी बन सकता है। इस प्रकार मनुष्य का व्यक्तित्व कई तत्त्वों से गठित है और वह समाज के परम्परा-प्राप्त और निरन्तर विकसित होते रहनेवाले रूप का अविरोधी रहकर ही सामाजिक मंगल का विधान कर सकता है। पिछले खेवे के व्यक्तित्ववादी साहित्यकारों में कितने ही इस तथ्य को ठीक-ठीक हृदयंगम नहीं कर सके हैं और व्यक्तित्व की अभिव्यक्ति के जोश में असामाजिक मौलिकता का प्रदर्शन करने लगे हैं। ऐसी ही दशा में मौलिकता

घासलेटी साहित्य के नाम से कुख्याति प्राप्त करती है। वस्तुतः सच्ची मौलिकता सामाजिक मौलिकता की अविरोधिनी होती है, इसलिए सामाजिक मंगल के अनुकूल व्यक्तित्व की उज्ज्वल अभिव्यक्ति वास्तविक मौलिकता है।

ऊपर के विवेचन से स्पष्ट है कि परम्परा के प्रति या समाज के विकासमान व्यक्तित्व के प्रति विद्रोह ही मौलिकता नहीं है और परम्परागत विषय-वस्तु का विन्यास मौलिकता का विरोधी भी नहीं है। लेखक का वही व्यक्तित्व सच्ची मौलिकता का अधिकारी हो सकता है जो सामाजिक मंगल के प्रतिकूल न हो। अनेक प्राचीन और अर्वाचीन शास्त्रों के अनुशीलन से सामाजिक विकास की प्रक्रिया को समझनेवाला लेखक ही साहित्य में ऐसा कुछ दे सकता है जिसे मौलिक कहा जा सकता है। यह मौलिकता उसके व्यक्तिगत चिन्तन का और उसकी अपनी समंजस दृष्टि का परिचय साहित्य के माध्यम से देती है। मौलिकता परम्परा-प्राप्त विचारों की इस प्रकार की सजावट में है जो साधारण पाठक के लिए सामाजिक मंगल के स्वरूप को अधिक स्पष्ट और ग्रहणीय बना सके। इन्हीं बातों को ध्यान में रखकर कविवर रवीन्द्रनाथ ठाकुर ने बंगला में 'ओरिजनेलिटी' के तौल पर चलनेवाले मौलिकता के लिए 'स्वकीयता' शब्द चलाया था। मौलिकता समंजस-विधायिनी दृष्टि की स्वकीयता है। उसमें विद्रोह उन असामाजिक तत्त्वों के प्रति होता है जो मानव-समाज के विकास के प्रतिकूल जाते हैं। विद्रोह होना ही बड़ी बात नहीं है। विद्रोह का स्वरूप क्या है और वह सामाजिक अग्रगति में कितना सहायक है, यही बड़ी बात है। इसलिए सामाजिक मंगल के अनुकूल परम्परा-प्राप्त चिन्तन और विचार-धारा से परिष्कृत तथा नवीन परिस्थिति पर विजय की आकांक्षा से समृद्ध व्यक्तित्व को रसमय और ग्राह्य बनाकर अभिव्यक्त करने में भी साहित्यिक मौलिकता या साहित्यिकता हो सकती है। यह प्राचीन लेखकों से इस अर्थ में भिन्न होती है कि यह नवीन परिस्थिति के ऊपर मनुष्य की अग्रगति से विजय पाने की लालसा से समन्वित और विशिष्ट होती है और प्राचीन शक्तिशाली लेखकों के साथ एक पंक्ति में इसलिए बैठायी जा सकती है कि यह उन्हीं लेखकों के समान मंगल-बुद्धि से प्रेरित होती है और उनके विचारों को आत्मसात् करने के कारण उनसे

एकदम विच्छिन्न नहीं है।

मेरी दृष्टि में साहित्य की मौलिकता का प्रतिमान यही समाज की मंगल-दृष्टि से अनुप्राणित, परम्परा-प्राप्त शास्त्र-दृष्टि से सुसंस्कृत और लोक-चित्त में सहज ही सुचिन्तित तत्त्वों को सरस रूप में प्रतिफलित करने में समर्थ व्यक्तित्व की अभिव्यक्ति है। यह व्यक्तित्व जितना उज्ज्वल और शक्तिशाली होगा, साहित्य की मौलिकता उतनी उज्ज्वल और दृप्त होगी।

मौलिकता अन्य शास्त्रों में भी है, रहती ही है। साहित्य का मुख्य उद्देश्य सहज भाषा में ऊँचे विचारों और श्रेष्ठ जीवनमूल्यों को अनायास ग्राह्य बनाना है। प्रेषण-धर्मिता उसका मुख्य गुण है। इसलिए जो व्यक्तित्व सहज होता है, अर्थात् जिसमें जटिल मानस-ग्रन्थियों और बाह्य आडम्बरों का प्राधान्य न होकर स्वाभाविक मनोरमता होती है, वही ऊँचे जीवन-मूल्यों को लोक-चित्त में अनायास संचारित कर सकता है। इसीलिए साहित्य में सहज होना (मैं सरल नहीं कहता) भी मौलिकता का श्रेष्ठ प्रतिमान है।

साहित्य-विचार में प्राचीन ग्रन्थों का महत्त्व

साहित्य के मर्मार्थ पर विचार करना सचमुच कठिन कार्य हो गया है। एक ही लेखक के बारे में इतनी परस्पर-विरुद्ध रायें सुनने को मिलती हैं कि कभी-कभी यह आशंका होती है कि साहित्य का मूल्यांकन करना कोई शास्त्रीय विषय है भी या नहीं। कभी-कभी ऐसे आचार्यों और सहृदयों से मतभेद हो जाता है जिनके ज्ञान और अनुभव के विषय में हृदय में अपार श्रद्धा रहती है, फिर ऐसे मित्रों से भी मतभेद हो जाता है, जिनकी बहुज्ञता से पूरी तरह परिचित रहता हूँ। ऐसे समय मन में बड़ी दुविधा का भाव पैदा होता है। क्या मेरी भ्रान्त धारणा ही इसका कारण है या परपक्ष की कोई कमी इसका हेतु है?

मुझे लगता है कि इस प्रकार की दुविधा सभी सहृदयों के मन में उठती होगी। कुछ इसी प्रकार के मनोभाव से खिन्न होकर फ्रेंच समालोचक एण्ड्रिऊ लैंग ने कहा था कि आलोचक वस्तुत: अपनी नवनवोन्मेषशालिनी प्रतिभा और शिक्षित चित्त के साहसिक अभियान की ही कहानी सुनाता है। उसे जब किसी कवि या नाटककार के बारे में कुछ कहना पड़े तो इस प्रकार नहीं शुरू करना चाहिए कि 'सज्जनो, मैं अमुक साहित्यिक के विषय में अपने विचार सुनाने जा रहा हूँ।' बल्कि इस प्रकार शुरू करना चाहिए कि 'सज्जनो, अमुक कवि या साहित्यकार के ग्रन्थों को पढ़ने से मेरे चित्त में जो प्रतिक्रिया हुई है, उस अपनी मानसिक प्रतिक्रिया के विषय में आपको अपने विचार सुनाने जा रहा हूँ।' साहित्य का अध्यापक इस वाक्य की अन्तर्निहित वेदना को समझ सकता है। उसे एक ही कवि पर इतनी भिन्न-भिन्न रायें

सुनानी पड़ती हैं और सब परस्पर भिन्न मतों का औचित्य विभिन्न दृष्टिकोणों से स्थापित करना पड़ता है कि यदि वह संवेदनशील हुआ—जिसकी सौभाग्यवश, बहुत कम अध्यापकों से आशा की जा सकती है—तो व्यथित हुए बिना रह नहीं सकता। क्या यह जो आलोचना के नित्य नये मान निर्धारित होते आ रहे हैं, उनका एक ही भविष्य है—धकिया दिया जाना? ये समालोचक कहे जानेवाले बुद्धिजीवियों के उठाये हुए महल क्या ताश के मकानों से अधिक मूल्य नहीं रखते? और यह साहित्यिक आलोचना का इतिहास 'नवनवोन्मेषशाली' शिक्षित चित्तों के साहसिक मनोविकारों के ढूहों से क्या भर नहीं गया है? कहा जाता है कि समालोचना की दुनिया निराली होती है, उसकी तुलना अन्य विज्ञानों से नहीं की जा सकती। अन्य वैज्ञानिक ठोस और इन्द्रिय-ग्राह्य वस्तुओं का निरीक्षण-परीक्षण किया करते हैं, जबकि समालोचक अनिन्द्रियग्राह्य—मैं 'अतीन्द्रिय' नहीं कहता—अलौकिक रस-वस्तु की जाँच करता है, वह अपने मनोभावों को छोड़कर इसकी विवेचना नहीं कर सकता। इसका अर्थ यह भी हो सकता है कि पढ़ते ही जो काव्यादि उसे अभिभूत कर डालें—'पद-झंकारमात्रेण' उसका मन हरण कर लें—उन्हें ही वह श्रेष्ठ घोषित कर दे और यह भी हो सकता है कि काव्यपाठ करके उसे दीन-दुनिया के बारे में सोच-समझकर यह स्थिर करना चाहिए कि किस काव्य को उसे श्रेष्ठ घोषित करना चाहिए, और जब एक बार 'उचित' की मीमांसा हो जाय तो उसे बौद्धिक विवेचना के रूप में सहृदय समाज के सामने उपस्थित कर देना चाहिए। समालोचकों ने दोनों प्रकार के मत दिये हैं। परन्तु मैं सोचता हूँ कि सब लोग अपने-अपने मन का बाँट लेकर बाजार में खड़े हो जायँ तो क्या सामाजिक सम्बन्ध कायम रह सकता है? काव्य और काव्य की आलोचना जंगल में गाये हुए बुलबुल के गान नहीं हैं। उनका एक सामाजिक मूल्य है। साहित्यालोचना को इस प्रकार के भावावेगी आलोचकों से बचाने का प्रयत्न होना चाहिए। इस प्रकार के प्रयत्न करनेवालों में अग्रणी समालोचक श्री आई. ए. रिचार्ड्स ने अपनी 'प्रैक्टिकल क्रिटिसिज्म' नामक पुस्तक में खेदपूर्वक कहा है कि काव्य समझने के लिए सर्वमान्य लक्षणशास्त्र बनाने का प्रयत्न उतनी भी गम्भीरता के साथ नहीं किया गया जितनी गम्भीरता के साथ पोल-जम्पिंग के नियम बनाये

गये हैं।

मेरा अनुमान है कि यदि रिचार्ड्स को भारतीय अलंकारशास्त्रों का परिचय होता तो उन्हें इतना खेद न होता। सर्वमान्य लक्षणशास्त्र बनाने का प्रयत्न भी हुआ है और गम्भीरता भी कम नहीं बरती गयी और थोड़ी-सी हिचक के साथ यह भी कहा जा सकता है कि उन्हें सफलता भी थोड़ी-बहुत मिली ही है। परन्तु मुझे लगता है कि दो कारणों से यह गम्भीर साहित्य आज की आवश्यकताओं की पूर्ति करने में समर्थ नहीं हो सका। ये दोनों कारण बहुत महत्त्वपूर्ण हैं। प्रथम तो यह कि यह शास्त्र जिन दिनों अपने चरम उत्कर्ष पर पहुँचा, उस समय भारतीय मनीषा नवीन अनुसन्धान की ओर से शिथिल-प्रयास बन गयी थी। यह मान लिया गया था कि प्राचीनों ने सब श्रेष्ठ विचार कह रखे हैं, अब नये सिरे से कुछ कहने को नहीं रह गया है, यदि कुछ नया कहना भी हुआ तो टीका या व्याख्या के बहाने ही कहा जा सकता है। यह बात हर क्षेत्र में सत्य है। इससे एक प्रकार की स्तब्ध और जबदी हुई मनोवृत्ति का आभास मिलता है जो मध्ययुग का एक प्रधान लक्षण कही जाती है। दूसरी बात यह है कि जब नये विज्ञानयुग का आविर्भाव इस देश में हुआ तो दुर्भाग्यवश हमारी शिक्षा-पद्धति एकदम अभारतीय हो गयी और नवीन शिक्षितों के सामने हमारे देश की इस सुचिन्तित विचारधारा -- फिर यह कितनी भी स्तब्ध मनोवृत्ति की उपज क्यों न हो -- का उत्तराधिकार नहीं मिला। यह शास्त्र जहाँ-का-तहाँ थमा रह गया। काव्य-विचार के एकदम नये और अस्थिर मानों ने हमारी विचारशील जनता के मस्तिष्क को अभिभूत कर लिया।

वाहर की विचारधारा से हमारा यह जो सम्पर्क हुआ उसे शुरू में विजातीय संघर्ष ही समझा गया। उसकी जबर्दस्त प्रतिक्रिया भी हुई और उस प्रतिक्रिया ने भी हमारी साहित्यिक आलोचना-पद्धति में अपना अच्छा-बुरा प्रभाव डाला है। यथावसर हम उसकी चर्चा आगे करेंगे। यहाँ हम इस बात की ओर आपका ध्यान आकृष्ट करना चाहते हैं कि यह विजातीय संस्कृति से सम्पर्क या संघर्षमात्र नहीं था, उससे बड़ा और व्यापक था। यह एकदम नवीन युग का आविर्भाव था। जड़ विज्ञान के अभ्युदय ने मनुष्य के पुराने संस्कारों और बद्धमूल विचारों पर कसके कठोर आघात किये थे। उन

आघातों से पश्चिम की मनीषा तिलमिला गयी थी। जिन लोगों से हमारा परिचय हुआ, वे भी बहुत-कुछ अपने पुराने विचारों को छोड़ रहे थे और नये आधार खोज रहे थे। थोड़ा परिचय गाढ़ होते ही हमारे देश के नये शिक्षितों ने अनुभव किया कि सभी नये विचार ईसाइयत या अंग्रेजियत की ही देन नहीं हैं, बहुत-कुछ नये विज्ञान की, और उस नये विज्ञान से उत्पन्न नयी परिस्थिति की देन हैं। परन्तु मनुष्य एकदम प्राचीन को छोड़कर खड़ा नहीं हो सकता। पश्चिम के विचारकों को भी अपने देश के पुराने विचारों के आधार नीचे से प्रभावित करते रहे हैं। विचारों की विकास-परम्परा की जानकारी के द्वारा जो ऐतिहासिक दृष्टि इस देश में प्रतिष्ठित हुई, वह यद्यपि नवीन युग की देन थी, परन्तु वह सम्पूर्ण रूप से विदेशी थी, क्योंकि उसका प्रवाह पश्चिमी मनीषियों की विचार-शृंखला के भीतर से स्थिर किया गया था और इस देश के विचारकों का उसमें कोई स्थान नहीं था। इस प्रकार हमारी विचार-परम्परा का स्रोत पहले तो अज्ञान के कारण सूख गया और बाद में उपेक्षा के कारण भुला दिया गया। भारतीय सहृदय एकदम विचित्र परिस्थिति में पड़ गया। संस्कृत की पढ़ाई अब भी पुराने ढंग से चल रही थी, परन्तु उसकी स्तब्ध मनोवृत्ति और भी स्तब्ध हो गयी। किसी ने नवीनतम समस्याओं के बारे में पुराने पण्डित की राय पूछी भी नहीं, पूछने की जरूरत भी नहीं समझी और पुराना पण्डित सब ओर से उपेक्षित होकर अपनी पोथियों की संकुचित सीमा में अधिकाधिक सिमटता गया। नयी शिक्षा की शानदार सवारी एकदम विदेशी सज्जा में सजकर निकली। उसकी चमक-दमक ने वृद्ध देश की आँखों में चकाचौंध पैदा कर दी।

देश के विचारशील लोगों को वह अवस्था कष्टदायक लगी। नाना भाव से अपने देश को समझने-समझाने की आवश्यकता पर जोर दिया गया। विशेषज्ञों का एक दल—जिनमें विदेशी पण्डितों का महत्त्वपूर्ण स्थान था—अपने देश की विद्या का अध्ययन करके लुप्त होती हुई सामग्री का उद्धार करने में लग गया। बहुत-कुछ बचाया जा सका, बहुत-कुछ उबारा जा सका, परन्तु इन विषयों का उस प्रकार उपयोग नहीं किया जा सका जिस प्रकार जीवन-रस देनेवाले साहित्य का होना चाहिए। प्रधान प्रेरणास्रोत विदेशी विचारक बने रहे और इस देश के शिक्षितों ने अपने पुराने साहित्य

के प्रति एक ऐसा मनोभाव पैदा कर लिया जिसे अंग्रेजी में 'म्यूजियम इन्टरेस्ट' कहते हैं। यह एक दृष्टि से बहुत बुरा हुआ। इनको यदि सम्पूर्ण समाज की वृहत्तर पटभूमिका पर रखकर और प्रधान प्रेरणास्रोत मानकर अपना आलोचना-मान निर्धारित किया गया होता तो कुछ और ही फल होता। सामाजिक पटभूमि से विच्छिन्न होकर हमारे प्राचीन ग्रन्थ केवल प्रदर्शिनी की वस्तु रह गये। उनका अधिक-से-अधिक उपयोग केवल इतना ही समझा गया कि उनसे प्राचीन भारतीय साहित्य के अध्ययन में सहायता मिलती है।

इधर जब से विश्वविद्यालयों ने मातृभाषाओं को भी उच्चतर अध्ययन के योग्य विषय मान लिया है, तब से प्राचीन साहित्य और प्राचीन अलंकार-ग्रन्थों के पठन-पाठन की ओर अधिकाधिक रुचि उत्पन्न हुई है। ऐसा भी प्रयत्न होने लगा है कि पुराने अलंकारशास्त्रों की बतायी विधियों से नयी काव्यसामग्री का मूल्यांकन किया जाय। यद्यपि यह प्रयास भारतीय शास्त्रों के अध्ययन की दृष्टि से अच्छा ही है, परन्तु यह भी भारतीय तरुण विद्यार्थी के मन में एक उलझन ही पैदा करता है। नाना कारणों से नयी कविता में ऐसी अनेक नयी बातें आ गयी हैं जो पुराने आलंकारिकों के सामने नहीं थीं और नये कवियों के सामने ऐसी समस्याएँ अब नहीं हैं जो पुराने कवि के सामने थीं। सहृदय भी अब पुराना दरबारी या विलासी नागरिक नहीं है। मशीनों ने दुनिया में नयी क्रान्ति ला दी है। छापे की मशीन ने साहित्य को जनसाधारण तक सहज ही पहुँचाने के साधन सुलभ कर दिये हैं, कविता अब कान से सुनने की चीज न रहकर आँख से पढ़ने की चीज बन गयी है। काव्यगत झंकार से पाठक अब भुलावे में नहीं आता, वह आँख से पढ़ने के बाद कविता में सार खोजता है। वह आवेगकम्पित कम होता है, बुद्धिचालित अधिक। राजशेखर ने जिस 'अभिप्रायवान् पाठधर्म' यानी 'काकु' को इतना बहुमान दिया था, वह अब काव्य की बड़ी शक्ति एकदम नहीं है। ग्राहक इन्द्रिय के परिवर्त्तन के साथ ही आस्वाद्य वस्तु में भी परिवर्त्तन हुआ है। यह ठीक है कि संस्कृत के साहित्य के निपुण पारखी पुराने ढंग के प्रवीण अलंकारशास्त्रियों ने अपने ढंग से शब्द और अर्थ की परस्परस्पर्द्धि-चारुता के साहचर्य (=साहित्य) का जैसा विवेचन किया है, वैसा संसार के

साहित्य में दुष्प्राप्य ही है। वस्तुतः 'साहित्य' शब्द का प्रथम प्रयोग कुन्तक (कुन्तल) नामक आचार्य ने शब्द और अर्थ के ऐसे विशिष्ट साहचर्य के अर्थ में ही किया था, जिसमें वक्रता के कारण विचित्र गुणों और अलंकारों की शोभा एक-दूसरे से स्पर्धा करती हुई आगे बढ़ रही हो।[1] लेकिन शब्द और अर्थ सामाजिक सम्बन्धों के प्रतीक हैं। जिस प्रकार नोट या सिक्का बाजार के व्यवहार में मूल्य का प्रतीक है, उसी तरह शब्द मनुष्य के सामाजिक सम्बन्धों के प्रतीक हैं। शब्द और अर्थ के 'साहित्य' को लेकर कारबार करने-वाली विद्या निश्चित रूप से मनुष्य के सामाजिक रूप की व्याख्या करती है। इसलिए साहित्य के अध्ययन के लिए केवल पोथी में लिखे हुए लक्षण ही नहीं बल्कि बृहत्तर मानव समाज का भी परिचय आवश्यक है। पुराने अलंकार-ग्रन्थों के काव्यविषयक विचार समझने के लिए भी इसकी जान-कारी आवश्यक है।

ध्वनि-सम्प्रदाय की प्रतिष्ठा के बाद इस देश के आलंकारिक प्रायः अनेक विषयों पर एक हो सके थे और मोटे तौर पर यह मान लिया जा सकता है कि शब्दार्थ-साहित्य की चारुता और रस-बोध के सम्बन्ध में उन्होंने एक सामान्य मान (स्टैण्डर्ड) उद्भावित कर लिया था।[2] 'रस-गंगाधर' आदि अलंकार-ग्रन्थों और उनकी परवर्ती टीकाओं में काव्य की परिभाषा की व्याख्या करने के बाद टीकाकार लोग प्रायः एक ही प्रकार का तर्क

1. शब्दार्थौद्वौ सम्मिलितौ काव्यमिति स्थितम्। एवमस्थापिते द्वयोः काव्यत्वे कदाचिदेकस्यमकाङ् मात्र शून्यतयां सत्यां काव्य व्यवहारः प्रवर्तत इत्याह – सहिताविति। सहभावेन साहित्येन अवस्थितौ। ननु वाच्यवाचकसम्बन्धस्य विद्यमानत्वादेतयोर्न कथंचिदपि साहित्या-विरहः। सत्यमेतत्। किन्तु विशिष्टमेवेह साहित्यमभिप्रेतम्। कीदृशम्? वक्रता विचित्र गुणालंकार संपदां परस्पर स्पर्धाधिरोहः। ('व्यक्ति-विवेक')
2. यत्तु रसादेव काव्यमिति साहित्यदर्पणे निरणीतं तन्न। वस्त्वलंकार प्रधानानाम् काव्यानाम कत्वापत्तेः। न चेष्टापत्तिः महाकविसंप्रदाय विरोधात्। ('रसगंगाधर')

उठाते हैं : "यदि यह परिभाषा स्वीकार कर ली गयी तो बहुत-सी प्राचीन कविताओं को हम कविता नहीं कह सकते।" उत्तर में कहलाया जाता है : "यह तो हम चाहते ही हैं (इष्टापत्ति) कि जो रचनाएँ इस परिभाषा के बाहर पड़ जायँ उन्हें कविता नहीं कहें।" फिर इसके उत्तर में कहलाया जाता है : "नहीं, आप ऐसा नहीं कह सकते; क्योंकि आप जिस बात को मानना चाहते हैं उसके मानने से शिष्ट-सम्प्रदाय का विरोध होगा।" ('शिष्ट-सम्प्रदाय विरोधात्) इत्यादि। यहाँ हम इस तर्क के विस्तार में नहीं जायेंगे। परन्तु इससे इतना तो स्पष्ट ही है कि पुराना भारतीय सहृदय शिष्ट-परम्परा के विरोध को नहीं बर्दाश्त कर सकता। यही कारण है कि पुराने संस्कृत साहित्य का एक महत्त्वपूर्ण भाग आलोचनाशास्त्र के बहु-विघोषित मर्यादा से थोड़ा विच्छिन्न हो जाता है। इसलिए मेरा प्रस्ताव है कि पुराने साहित्य के अध्ययन के लिए हमें अलंकारशास्त्र से बाहर भी आना चाहिए। आखिर शिष्ट-सम्प्रदाय का विकास कुछ सामाजिक परिस्थितियों के भीतर से ही तो होता है।

यह तो पुराने पण्डितों ने भी देखा था कि केवल लक्ष्य—लक्षण की जानकारी काफी नहीं है। तर्क करने की क्षमता भी होनी चाहिए, अवाप-उद्वाप द्वारा वस्तु के याथार्थ्य तक पहुँचाने का सामर्थ्य भी होना चाहिए। अलंकारशास्त्र की भी अपनी मर्यादा है, उस मर्यादा का रहस्य समझने की क्षमता भी आवश्यक है और काव्यज्ञ शिक्षा का अभ्यास भी होना चाहिए, अर्थात् काव्य की निरन्तर प्रवहमान परम्परा का ज्ञान भी जरूरी है। इन गुणों के बिना यदि काव्य का रसास्वादन किया जा सके तो फिर कौए की कालिमा से राजाओं के महलों की सफेदी भी हो सकती है :

> यः स्यात् केवललक्ष्यलक्षणपरो नोतर्कसंपर्कभृ-
> न्नालंकार विचार सारधिषणः काव्यज्ञशिक्षोज्झितः।
> तस्मिश्चे द्रसशालि काव्यमुदयेदेकान्ततः सुन्दरम्
> प्रासादो धवलस्तदा क्षितिपतेः काकस्य काष्टार्याद्भवेत।।

चित्र, प्रहेलिका आदि को नये परवर्ती आलंकारिकों ने अलंकार तक नहीं माना है; क्योंकि ये रस के परिपन्थी हैं। फिर भी संस्कृत साहित्य का एक महत्त्वपूर्ण भाग चित्र और प्रहेलिका से भरा है। संस्कृत के सभी काव्य-

सुभाषितों के संग्रह में इनको स्थान मिला है। सिद्धों और सन्तों की सन्धा-भाषा के पद और उलटबाँसियाँ प्रहेलिका की सीमा तक पहुँची हैं। क्यों ऐसा हुआ ? दण्डी, माघ और भारवि जैसे कवियों ने इस निरर्थक-सी बात के लिए कम सिर नहीं खपाया है। संस्कृत में कितनी ही पोथियाँ समस्यापूर्ण आशु-कवित्व, प्रहेलिका और चित्र आदि सिखाने के उद्देश्य से ही लिखी गयी हैं। निश्चय ही समाज में इनका हेतु खोजना पड़ेगा। सामाजिक परिस्थितियों के अध्ययन बिना हम इसका रहस्य नहीं समझ सकते। हमें यह जानना होगा कि उस युग के नागरजन कैसे होते थे, काव्य का सम्मान करनेवाले सहृदय रईस कैसे होते थे, काव्य को क्या समझा जाता था, और यश और सम्मान पाने के साधन क्या-क्या थे। जब तक हम यह नहीं जानते कि सन् ईसवी के आरम्भ से लेकर सैकड़ों वर्ष बाद तक कवियों के सम्मान के लिए सरस्वती-भवन, कामदेवायतन में विदग्ध गोष्ठियाँ बैठा करती थीं, उनमें अक्षरच्युतक, विन्दुमती, समस्या-पूर्ति आदि में सम्मानित होनेवाले व्यक्ति को राजा लोग पद से सम्मानित ही नहीं करते थे, कभी-कभी उन्हें रथ में बैठाकर स्वयं खींचकर सम्मान भी दिया करते थे, तब तक इतने परिश्रम से इन बेकार-सी बातों के लिए कवियों का प्रयत्न पागलपन-सा लगेगा। उन दिनों नागरिक लोग विन्दुमती और अक्षरच्युतक से मनोविनोद किया करते थे, राजदरबार में चामत्कारिक उक्तियों से प्रतिद्वन्दी कवि को पछाड़ने का प्रयत्न करते थे, आशुकवित्व द्वारा सभा को चकित करके यशस्वी बनते थे। ये बातें हमारे इतिहास की सामग्री हैं। दण्डी ने कहा है कि प्रतिभा न होने पर भी अभ्यास से कवित्व की सिद्धि प्राप्त हो सकती है, इसीलिए कीर्ति चाहनेवाले लोगों को परिश्रम के साथ काव्यविद्या का अभ्यास करना चाहिए। यदि वे परिश्रम करें तो कवित्वशक्ति के दुर्बल होने पर भी विदग्ध गोष्ठियों में विहार तो कर ही सकते हैं :

> न विद्यते यद्यपि पूर्ववासना गुणानुवन्धि प्रतिभानमुत्तमम्
> श्रुतेन यत्नेन च वागुपासिता ध्रुवं करोत्येव कमप्यनुग्रहम्।
> तदस्ततन्द्रैरनिशं सरस्वती श्रमादुपास्या खलु कीर्तिमीप्सुभिः
> कृशे कवित्वेऽपि जनाः कृतश्रमा विदग्धगोष्ठीषु विहर्त्तुमीशते।
>
> —'काव्यादर्श' 1. 104-105

यह प्रश्न नितान्त अनुचित नहीं है कि वह काव्य जो राजसभाओं में या गोष्ठी-विहारों में कवि को कीर्त्तिशाली बना देता था, कैसा होता होगा ? 'कुमारसम्भव' जैसे बड़े-बड़े प्रबन्धकाव्यों के पढ़ने योग्य समय तो वहाँ नहीं रहता होगा, 'मेघदूत' जैसे खण्डकाव्य भी कम ही पढ़े जा सकते होंगे। वस्तुतः जो काव्य इन स्थानों पर पढ़े जाते होंगे, वे छोटे-छोटे मुक्तक ही होते होंगे और उक्ति-चमत्कार का उनमें प्राधान्य रहता होगा। राजशेखर ने उक्तिविशेष को जब काव्य कहा था, तो उनका मतलब कुछ इसी प्रकार के काव्य से था। मैं यह नहीं कहता कि रसपरक काव्य का उन दिनों कोई महत्त्व ही नहीं था, मैं केवल यह कहना चाहता हूँ कि राजसभाओं और गोष्ठी-विहारों में जो काव्य कीर्त्तिशाली बना सकते थे वे चामत्कारिक उक्तियोंवाली रचनाएँ ही होती थीं। पुरानी अनुश्रुतियों से इस बात का समर्थन होता है। रुद्रट ने स्पष्ट रूप से कहा है कि (5-24) मात्राच्युतक, विन्दुमती, प्रहेलिका आदि केवल क्रीड़ामात्र के लिए उपयोगी हैं,[1] और दण्डी ने 'काव्यादर्श' में (3.97) कहा है कि क्रीड़ा-गोष्ठियों के विनोद में, साहित्यरसिकों की बैठक में और दूसरों को मोहित करने के लिए ही प्रहेलिकाओं को उपयोगी बताया है।[2] सम्भवतः पुराने अलंकारशास्त्रों में रस की उतनी परवा न करके, उक्तिवैचित्र्य और गुण-दोष की ही चर्चा जो अधिक मिलती है, उसका भी यही कारण है। गुण-दोष का ज्ञान वादी को पराजित करने में सहायक होता था। काव्य के लिए केवल प्रतिभा को ही आवश्यक नहीं माना जाता था, अभ्यास की भी पूरी आवश्यकता अनुभव की जाती थी। यह तो स्वीकार किया गया है कि प्रतिभा नहीं होने से काव्य सिखाया नहीं जा सकता, विशेषकर उस आदमी को तो किसी प्रकार कवि

1, मात्राविंदुच्युतके प्रहेलिकाकारकक्रियागूढ़े।
प्रश्नोत्तरादि चान्यत् क्रीड़ामात्रोपयोगमिदम्॥

—रुद्रट, 5-24

2. क्रीड़ागोष्ठी विनोदेषु तज्ज्ञैराकीर्णमंत्रणे।
परकामोहनेचापिसोभयोगाः प्रहेलिका॥

—'काव्यादर्श', 3.97

नहीं बनाया जा सकता जो स्वभाव से ही पत्थर के समान जड़ है, जिसे आर्द्रता की लहरें थोड़ा भी अन्तःसिक्त नहीं कर पातीं। फिर ऐसे आदमी को भी काव्य का अभ्यास नहीं कराया जा सकता, जो तर्कशास्त्र या व्याकरण पढ़कर अपनी स्वाभाविक संवेदनशीलता खो चुका है। पहले प्रकार का व्यक्ति 'प्रकृत्या जड़' कहा जाता है और दूसरे प्रकार का 'नष्ट साधन'। क्षेमेन्द्र ने अपने 'कविकण्ठाभरण' में बताया है कि इनको काव्य किसी प्रकार नहीं सिखाया जा सकता।* परन्तु यदि थोड़ी भी शक्ति हो तो काव्य सिखाया जाना सम्भव है। प्राचीनों का विश्वास था कि पूर्वजन्म के पुण्य से, या मन्त्र-सिद्धि से, या देवता के वरदान से बीच में अचानक कवित्व प्राप्त हो जाता है। कवित्व सिखानेवाले ग्रन्थों का यह दावा तो नहीं है कि वे गधे को गाना सिखा देंगे या अन्धे को देखने की शक्ति दे देंगे, पर थोड़ी-सी शक्ति हो तो उसे सभाओं में सम्मान पाने योग्य बना देना उन्हें सम्भव जान पड़ता है और पुराने सामन्तयुग के मनुष्य के लिए यह कम महत्त्व की बात नहीं थी। क्योंकि यद्यपि शास्त्र के अनुसार काव्य यश के लिए, व्यवहार-ज्ञान के लिए, अमंगल-निरास के लिए, सहज मुक्ति के लिए या कान्तासम्मित उपदेश के लिए लिखे जाते थे अर्थात् जीवन की लगभग समस्त आवश्यकताओं की पूर्ति के लिए काव्य लिखे जाते थे, पर ज्यादा जोर कीर्त्ति पाने पर ही दिया गया है। कवियों की यह कहकर प्रशंसा की गयी है कि उनके यशःशरीर में जरा-मरण का भय नहीं होता :

जयन्ति ते सुकृतिनः रससिद्धाः कविश्वराः
नास्ति येषां यशःकाये जरामरणजं भयम् !!

मध्ययुग के अनेक प्रयत्नों के मूल में कीर्त्ति पाकर अमर होने की लालसा काम कर रही है। कीर्त्ति प्राप्त करने में राजा और उसकी राजसभा मुख्य

---

* यस्तु प्रकृत्याश्मसमानएव कष्टेन वा व्याकरणेन नष्टः
तर्केण दग्धोऽनलधूमिना वाऽप्यविद्धकर्णैः सुकवि प्रबंधैः।
न तस्य वक्तृत्वसमुद्भवः स्यात् शिक्षा विशेषैरपि सुप्रयुक्तैः
न गर्दभो गायति शिक्षितोऽपि संदर्शितं पश्यति नार्कमध्यः।

—'कविकण्ठाभरण', 1. 23-24

सहायक साधन थे। सुभाषितों में राजस्तुति को निर्विवाद रूप से काव्य मान लिया गया था। राजदरबार को कीर्त्ति प्राप्त करने का केन्द्र मान लेने के कारण एक विशेष प्रकार का दरबारी काव्य उन दिनों बहुत लोकप्रिय हुआ और दुर्जनों और चुगलखोरों की निन्दा और सज्जनों और सहृदयों की प्रशंसा को उसमें विशिष्ट स्थान प्राप्त हुआ। यह परम्परा बहुत दिनों तक किसी-न-किसी रूप में जीती चली आयी। अन्तिम हिन्दू सम्राटों और राजाओं के दरबार के कवि पूरे दरबारी हो गये थे। सामन्त-युग का पूरा प्रभाव हमारे अलंकारशास्त्रों पर पड़ा है। राजकीय ठाटबाट का जीवन कवि का भी आदर्श हो गया। राजशेखर ने कवि के जिस शानदार जीवन का चित्र खींचा है वह चौंधिया देनेवाला है। माघ पण्डित की समृद्धि का वर्णन 'प्रबन्ध चिन्तामणि' आदि ग्रन्थों में बड़ी मुखर भाषा में किया गया है, स्वयं राजा भोज को उस समृद्धि के सामने चकित और हतगर्व होना पड़ा था। ऐसा जान पड़ता है कि इस श्रेणी के कवियों के सामने वाल्मीकि और व्यास का आदर्श नहीं था, यद्यपि उनके प्रति भक्ति प्रचुर मात्रा में थी।

आज का कवि भी यह स्वीकार करने में संकोच करेगा कि वह धन के लिए या यश के लिए व्यवहार सिखाने के लिए लिख रहा है और पाठक भी उससे इन बातों की आशा नहीं करता। छापे की मशीन ने इन विषयों के लिए अनेक अन्य शास्त्रों को सुलभ कर दिया है। इस मशीन ने जो पाठक को भावावेश पर से धकेलकर बुद्धिप्रवाह में फेंक दिया है, वह मामूली बात नहीं है। कवि के हाथ से अनेक विभाग छिन गये हैं। कुछ कहानियों ने ले लिया है, कुछ उपन्यासों ने हथिया लिया है, कुछ निबन्धों ने छीन लिया है और इन साहित्यांगों ने 'कान्तासम्मित उपदेश देने के महान् मंच पर से कवि को उतार दिया है। पाठक उससे कुछ अधिक चाहता है। क्या चाहता है, यह कहना बड़ा कठिन हो गया है। शायद वह 'जीवन की व्याख्या' चाहता है, शायद वह 'आत्माभिव्यक्ति' चाहता है, शायद वह 'स्पांटेनियस आउटबर्स्ट आफ पर्सनल फीलिंग्स' (वैयक्तिक अनुभूतियों का स्वतः समुच्छित उच्छ्वास) चाहता है, या शायद वह 'मानवता के अन्तस्तल में निहित एकता की उपलब्धि' चाहता है—ऐसा ही कुछ आधुनिक आलोचकों ने उस रहस्यमय माँग को समझ रखा है। अब युगचेतना को स्वर देना कवि का कर्त्तव्य माना

जाने लगा है, मानव-संस्कृति का निर्माण करना उसका लक्ष्य समझा जाने लगा है। अब उसे दरबार को जीतकर कवियश पाने का अधिकारी नहीं माना जाता।

पुराना कवि इतनी माँगों का शिकार नहीं बना था, इसीलिए उसकी दुनिया काफी बड़ी थी। फिर भी विचित्र विरोधाभास यह है कि वह दुनिया के समस्त पदार्थों को अपने वर्ण्यविषय के अन्तर्गत मानने पर भी चुनता कुछ थोड़े ही विषयों को था। उसे वर्ण्यवस्तु को सरस बनाने की बड़ी चिन्ता थी और उसमें भी वह शृंगार को ही अधिक महत्त्व देता था। इस रस के बाहर यदि वह जाता था तो प्रायः ऐसी बातों में ही उलझता था जिसमें वक्तव्य वस्तु कुछ ऐसी वक्रभंगिमा में प्रकट हो कि सहृदयों की सभा वाह-वाह कर उठे।

उस काल के ग्रन्थों में राजसभाओं का जो वर्णन पाया जाता है, वह यद्यपि एक प्रकार के काव्यविनोदों से परिपूर्ण है; फिर भी उसमें उक्तिवैचित्र्य को या कौशलविशेष को ही विशेष सम्मान प्राप्त होता था। 'कादम्बरी' में कविवर बाणभट्ट ने इस सभा का बड़ा जीवन्त वर्णन किया है। जब राजा सभा में उपस्थित होता था तब तो बड़ी शान्ति रहती थी, पर राजा के न रहने पर लोग असंयत हो उठते थे। 'कादम्बरी' के वर्णन के अनुसार जब राजा सभा में उपस्थित नहीं थे, तब सामन्तों में से कुछ लोग पासा खेलने के लिए कोठे खींच रहे थे, कोई पासा फेंक रहे थे, कोई वीणा बजा रहे थे, कुछ लोग चित्रफलकों पर राजा की प्रतिमूर्त्ति आँक रहे थे, कुछ लोग काव्यालाप में मस्त थे, कुछ हँसी-दिल्लगी में मशगूल थे, कुछ लोग विन्दुमती नामक विनोद में उलझे हुए थे (अर्थात् बहुत-से विन्दुओं में आकार, उकार आदि मात्राएँ लगा दी गयी थीं और इस पर से वे पूरे श्लोक का उद्धार करने का प्रयत्न कर रहे थे), कुछ लोग प्रहेलिका नामक काव्यभेद का रस ले रहे थे, कुछ राजा के बनाये श्लोकों की चर्चा कर रहे थे, कुछ जो अधिक ढीठ थे वे दरबार के मनोविनोद के लिए आयी हुई स्त्रियों से रसालाप में लगे हुए थे और कुछ चतुर लोग बन्दीजनों से राजा के पूर्वपुरुषों की यशोगाथा सुन रहे थे। इस वर्णन से जान पड़ता है कि दरबार में काव्य-विनोद की रुचि थी, परन्तु वह काव्य-विनोद विन्दुमती, प्रहेलिका, चित्र आदि काव्यों की श्रेणी

का था। उन दिनों का दरबारी इन बातों में रस ले सकता था और कवि से इस प्रकार के विनोद में सहायक होने की आशा भी रखता था। वस्तुतः राज-सभा में सात अंगों की प्रधानता उन दिनों निर्विवाद रूप से स्वीकार कर ली गयी थी। वे सात अंग हैं : (1) विद्वान्, (2) कवि, (3) भाट, (4) गायक, (5) मसखरे, (6) इतिहासज्ञ, और (7) पुराणज्ञ।

विद्वांसः कवयो भट्टा गायकाः परिहासकाः
इतिहास-पुराणज्ञाः सभा सप्तांगसंयुता।

ऐसी ही रुचिवाली सभा का सामना कवि को करना पड़ता था। राजा लोग कविसभा का आयोजन भी करते थे और उनमें कवियों की परीक्षा भी हुआ करती थी। वासुदेव, सातवाहन, शूद्रक और साहसांक आदि राजाओं ने यह परम्परा चलायी थी और परवर्त्ती राजा लोग इस महत्त्वपूर्ण परम्परा को पोषण देते आये। कवियों की नाना भाव से परीक्षा होती थी। कोई कविता चुरा न ले, इसका भी डर बना रहता था और इसलिए भी यह आवश्यक था कि कवि अपनी रचना समाप्त करने के बाद राजसभा में सुनाकर उस पर अपनी मुहर लगवा दे। राजशेखर ने बताया है कि जब तक काव्य पूरा न हो तब तक दूसरों के सामने उसे नहीं पढ़ना चाहिए। इसमें यह डर रहता है कि सुननेवाला उस काव्य को अपने नाम से चला देगा, फिर कौन गवाही देगा कि किसकी रचना है! इतनी सावधानी बरतने पर भी कभी-कभी कवि को धोखा खाना पड़ता था। 'प्रबन्ध कोश' में हर्ष कवि के वंशधर हरिहर कवि की एक मनोरंजक कथा दी हुई है। ये जब गुजरात के राजा वीरधवल के यहाँ गये थे तो वहाँ स्वयं न उपस्थित होकर अपने एक विद्यार्थी के द्वारा राजा, मन्त्री और राजकवि सोमेश्वर को आशीर्वाद भिजवाया। राजकवि सोमेश्वर को यह बुरा लगा और उन्होंने विद्यार्थी से बात तक नहीं की। सोमेश्वर के इस व्यवहार को हरिहर ने गाँठ बाँध लिया। दूसरे दिन राजसभा में जब सोमेश्वर ने राजा के एक प्रासाद पर खुदवाने के लिए लिखे हुए 108 श्लोकों का पाठ किया तो हरिहर ने कहा कि ये श्लोक पुराने हैं और महाराजा भोज के प्रासाद पर खुदे हैं। ऐसा कहकर उन्होंने सारे श्लोक पढ़कर सुना दिये। सोमेश्वर तो इस अपवाद से पानी-पानी हो गये। उनका मुँह पीला पड़ गया। उनकी भद्द उड़ गयी। कवि के सम्मान को

इस प्रकार एक ही धक्के में गिराकर विजयी हरिहर चले आये। लेकिन श्लोक सचमुच ही सोमेश्वर के थे। जब वे फिर वीरधवल के शरणापन्न हुए तब हरिहर कवि ने रहस्य खोला। हरिहर बड़े मेधावी थे। एक बार सुनकर ही श्लोक याद कर लेते थे। राजा वीरधवल से उन्होंने अपनी चतुरता की बात बताकर सोमेश्वर की मानरक्षा की।

ऐसे ही दुर्दान्त हरिहर कवि का पाला एक दूसरे कवि मदन से पड़ा। ये दोनों ही प्रसिद्ध जैनमन्त्री वस्तुपाल के राजकवि थे। दोनों में ऐसी लाग-डाँट थी कि दोनों के साथ पहुँचने पर कलह निश्चित था। इसीलिए मन्त्री ने नियम बना दिया था कि एक के रहते दूसरा सभा में न आने पाये। द्वारपाल को इस विषय में सावधान कर दिया गया था। लेकिन एक दिन द्वारपाल की असावधानी से हरिहर की वर्तमानता में ही मदन पहुँच गये। हरिहर उस समय काव्य सुना रहे थे। मदन ने डाँटकर कहा, "हरिहर परिहर गर्वं कविराजगजांकुशो मदनः" (हरिहर घमण्ड छोड़, मदन कविराजरूपी हाथियों का अंकुश है!) (हरिहर ने तड़ाक से जवाब दिया, "मदन विमुद्रय वदनं हरिहर चरितं स्मरातीतम्") (मदन मुँह बन्द करो, हरिहर का चरित मदन की शक्ति के बाहर है!)। मन्त्री ने मामला बढ़ते देखा तो कहा, "देखिए, कवि महानुभावो, झगड़ा छोड़िए, इस नारियल पर कविता लिखिए, जो पहले सौ श्लोक बना देगा, वह विजयी होगा।" मदन ने पटापट पूरे कर दिये, हरिहर तब तक साठ तक ही पहुँचे थे। लेकिन हारनेवाले और होते हैं, हरिहर राजसभा के समझे हुए पक्के अखाड़िये थे। खट से इकसठवाँ श्लोक बनाकर सुना दिया—"अरे गँवई गाँव का मूर्ख जुलाहा, क्यों गँवार औरतों के पहनने लायक सैकड़ों घटिया किस्म के कपड़े बुनकर अपने-आपको हैरान कर रहा है? भलेमानस, एक भी तो ऐसी साड़ी बुन, जिसे बड़े-बड़े राजाओं की महिषियाँ क्षण-भर के लिए भी अपने हृदयस्थल से हटाना गवारा न कर सकें!"

रे रे ग्राम कुविन्द कन्दलतया वस्त्रण्यभूति त्वया।
गोणी विभ्रमभाजनाति बहुशोऽप्यात्मा किमायास्यते?
अप्येकं रुचिरं चिरादभिनवं वासस्तदासूत्र्यतां
यन्नोज्झन्ति कुचस्थलात् क्षणमपि क्षोणीभृतां वल्लभाः।

ऐसी विकट प्रतिद्वन्द्विता में ठहरना मामूली कला नहीं थी। चिन्तासक्त मन्त्रियों की गम्भीर मूर्त्ति, सबकुछ करने के लिए सदा तत्पर दूतों की कठोर मुद्रा, प्रान्तभाग में उपस्थित खुफिया विभाग के धूर्त्त अफसर, हाथी-घोड़ों का चकरा देनेवाला ठाटबाट, कायस्थों की कुटिल भृकुटियाँ और कूटनीति के दाँवपेंच में उस्ताद लोगों का जाल मामूली साहसवाले मनुष्य की तो अँतड़ी ही सुखा देते थे। एक कवि ने राजा के सामने ही इस राजसभा को हिंस्र-जन्तुओं से भरा समुद्र बताकर अपनी मानसिक हैरानी को किंचित् हल्का करने का प्रयत्न किया था :

चिन्तासक्त निमग्न मंत्रि सलिलं दूतोर्मिशंखाकुलम्।
पर्यन्तस्थित चार नक्रमकरं नागाश्वहिंस्राश्रयम्।
नानावासक कंक पक्षिरुचिरं कायस्थ सर्पाकुलम्
नीतिक्ष्क्षुण्ण तटं च राजकरणं हिंस्रैः समुद्रायते॥

ऐसी राजसभा में कवि को अपनी कविता पढ़कर कीर्ति कमानी होती थी। हम उस युग की कविता की चर्चा करते समय इस बाह्य परिस्थिति की उपेक्षा नहीं कर सकते।

इन बातों को ध्यान में रखने से उस युग के काव्य-प्रयत्नों को आसानी से समझा जा सकता है। काव्य को बहुत पहले से ही कला समझा गया था। श्री ए. वेंकटसुब्बैया ने भिन्न-भिन्न ग्रन्थों से संग्रह करके 'कलाज्ञ' नाम की एक छोटी-सी पुस्तिका प्रकाशित करायी है। उक्त पुस्तिका में संगृहीत सूचियों को देखने से जान पड़ता है कि कला उन सब प्रकार की जानकारियों को कहते हैं, जिसमें थोड़ी-सी चतुराई की आवश्यकता हो। सो व्याकरण, छन्द, न्याय, ज्योतिष आदि भी कला हैं; काव्य, नाटक, आख्यायिका, समस्यापूर्ति, विन्दुमती, प्रहेलिका आदि भी कला हैं; स्त्रियों का शृंगार करना, कपड़ा रँगना, चोली सीना और सेज बिछाना भी कला है; रत्न और मोतियों को पहचानना; घोड़ा, हाथी, पुरुष, स्त्री, छाग, मेष, कुक्कुट आदि का लक्षण जानना भी कला है; और तित्तर-बटेर लड़ाना, तोते पढ़ाना, जुआ खेलना भी कला है। प्राचीन ग्रन्थों से जान पड़ता है कि कई कलाएँ पुरुषों के योग्य समझी जाती थीं, यद्यपि कभी-कभी गणिकाएँ भी उनमें उतनी ही निपुण हो जाया करती थीं, जितने पुरुष। गणित, दर्शन, युद्ध, घुड़सवारी आदि ऐसी ही

कलाएँ हैं। कुछ कलाएँ विशुद्ध कामशास्त्रीय हैं। वात्स्यायन के 'कामसूत्र' में पंचाल की कलाएँ बतायी गयी हैं, वे ऐसी ही हैं। परन्तु स्वयं वात्स्यायन की अपनी सूची में जिन चौंसठ कलाओं की चर्चा है, उनमें लगभग एक-तिहाई ऐसी हैं, जिन्हें काव्यशास्त्रीय विनोद कह सकते हैं, बाकी में कुछ तरुण दम्पतियों की विलासक्रीड़ा में सहायक हैं, कुछ मनोविनोद के सहायक हैं और कुछ दैनिक प्रयोजनों के पूरक भी हैं। यदि पंचाल और यशोधर की बात छोड़ दी जाय तो प्राचीन ग्रन्थों में प्राप्त 64 या 72 कलाओं में काव्यशास्त्रीय विनोदों का स्थान बहुत प्रमुख है। बाद में तो कला का अर्थ केवल कौशल ही मान लिया गया। सुप्रसिद्ध कवि क्षेमेन्द्र ने अपने 'कलाविलास' में गणिकाओं के धनापहरण के कौशलों को, कायस्थों की कुटिलता को, सुनारों की चोरी करने के कौशलों को, गवैयों के हथकण्डों को, गणकों की धूर्त्तताओं को कला में ही गिना है। इसमें काव्यकला को कोई स्थान ही नहीं दिया गया। इस काल के कविजन अपने को कला-कोविद मानने में गर्व अनुभव करने लगे थे और सब प्रकार के कौशलों को जानना आवश्यक समझने लगे थे। काव्य का एक कौशल हो जाना काव्य के स्वरूप प्रदान करने में निश्चय ही विशेष महत्त्व की बात है। राजसभाओं में कवि को अपने वाक्कौशल का प्रदर्शन करना पड़ता था। वहाँ कविता यदि वचन की वक्रभंगिता का या अलंकार-विलास का रूप धारण कर ले तो कुछ आश्चर्य की बात नहीं है।

छन्द वचन-वक्रिमा का प्रधान सहायक है। ऐसा जान पड़ता है कि दीर्घकाल से केवल शब्दों को छन्द में गूँथ देने मात्र से बहुत-सी बातों को 'कविता' नाम दे दिया गया है। सुना है कि जीव-विज्ञान ने बताया है मनुष्य जाति सीधी रेखा की अपेक्षा वर्तुल-वक्रिम रेखा में चलने में ज्यादा सौन्दर्य अनुभव करती है। रेतस् और कलल के संयोग से ही यह वक्र गतिप्रियता आरम्भ हो जाती है और गर्भावस्था में ही पूर्ण परिणति लाभ करती है। मनुष्य की यह वक्रिमा-प्रीति छन्द के अनुसरण के रूप में प्रकट हुई है। संसार की पुरानी-से-पुरानी भाषा छन्दों में ही सुरक्षित है। आदिम जातियाँ अपने समस्त अनुभव छन्दों में ही संचित करती आयी हैं। गद्य मनुष्य की वैज्ञानिक मनोवृत्ति की उपज है और छन्द उसकी सहजात आनन्दिनी मनोवृत्ति की। कविवर रवीन्द्रनाथ ने लिखा है कि "वाक्य जब सीधा खड़ा रहता है तब

केवल अर्थ को प्रकट करता है, परन्तु जब वह तिरछी भंगिमा में खड़ा होकर गतिशील हो उठता है तो साधारण अर्थ के अतिरिक्त और भी अनेक बातें प्रकाश करता है। वह अतिरिक्त वस्तु क्या है यह कहना बड़ा कठिन है; क्योंकि वह वचन के अतीत है और इसीलिए अनिर्वचनीय है। हम जो कुछ देखते हैं, सुनते हैं, जानते हैं, उसके साथ जब अनिर्वचनीय का योग होता है तो हम उसे 'रस' कहते हैं, "अर्थात् वह वस्तु जिसे हम अनुभव करते हैं पर व्याख्या द्वारा समझा नहीं सकते।" यहाँ अनिर्वचनीय शब्द से भ्रम होने की आशंका है। अनिर्वचनीय का अर्थ अभावनीय नहीं। रवीन्द्रनाथ ने स्वयं अपने भाव को स्पष्ट करने के लिए बताया है कि अनिर्वचनीय का अर्थ केवल यही है कि इस वस्तु की व्याख्या करके इसे समझाया नहीं जा सकता; यह नहीं कि इसे अनुभव नहीं किया जा सकता। बल्कि वह एकमात्र अनुभव का ही विषय है। छन्द इसमें हमारी सहायता करता है; क्योंकि वाणी में आवेग की गति आ जाने से हम भाववेग को प्रकाशित करने का सुयोग पाते हैं।

छन्द वस्तुतः एक गति है। यह समझना ठीक नहीं कि वह मात्राओं और यतियों का बन्धन है। जिस प्रकार नदी अपने दोनों किनारों से बँधकर ही वेगवती होती है, यदि किनारे के बन्धन न हों तो प्रवाह का वेग भी न होगा, उसी प्रकार वाणी भी मात्राओं और यतियों के बँधे किनारों के भीतर से वेगवती हो उठती है। कोई आश्चर्य नहीं कि मनुष्य ने केवल छन्द को ही कविता नाम दे दिया था। छन्द के प्रकट करने से साधारण बात में भी एक ऐसी गति आती है जो मनुष्य के चित्त की अनुवर्तिनी हो उठती है। न जाने क्यों पुराने पण्डितों ने छन्द शब्द की व्युत्पत्ति छादन से बतायी है। निरुक्तकार ने कहा है छादन करने के कारण ही छन्द 'छन्दस' कहलाते हैं (7. 12)। 'दैवत ब्राह्मण' (3. 19) के भाष्य में सायण ने भी यही मत प्रकट किया है। उनका कहना है कि वर्णों के छादन करने के कारण ही छन्द, छन्द कहे जाते हैं। महामहोपाध्याय पं विधुशेखर भट्टाचार्य ने बताया है* कि इस प्रकार की व्याख्या का मूल कारण शायद 'छान्दोग्य उपनिषद्' (1. 4. 2) का वह मन्त्र

---

* 'विश्व भारती पत्रिका' (हिन्दी), खण्ड 3, पृ. 34-36।

है* जिसमें कहा गया है कि देवता लोग मृत्यु से डरते हुए त्रयी विद्या में प्रविष्ट हुए। उन्होंने अपने-आपको छन्दों से आच्छादित किया और इस प्रकार आच्छादन करने के कारण ही छन्द 'छन्द' कहे जाने लगे। यह कुछ विचित्र व्याख्या है। पर संस्कृत साहित्य में छन्द का अर्थ प्रसन्न होना भी पाया जाता है। 'छन्द' शब्द का मूल अर्थ आनन्द देनेवाला ही हो सकता है। पं. विधुशेखर भट्टाचार्य ने छान्दोग्य के मन्त्र की इस प्रकार व्याख्या करके इस अर्थ की संगति बैठायी है (जो उचित जान पड़ती है) : "देवता लोग मृत्यु से डरे हुए थे; उन्होंने वेदमन्त्रों का ऐसा मधुरगान किया कि मृत्यु मुग्ध हो गयी। मुग्ध होने के कारण वह उन्हें देख नहीं सकी, मानो वे इस प्रकार वेदमन्त्रों से आच्छादित हो गये और मृत्यु के पंजों से छुटकारा पा सके।" इस व्याख्या से छन्द की मुग्धकारिणी शक्ति का आभास मिलता है और आच्छादित शब्द इसी अर्थ में लाक्षणिक भाव से प्रयुक्त जान पड़ता है। जो हो, छन्द शब्द मुग्धकारी और प्रसन्न करनेवाले अर्थ में ही अधिक उपयुक्त जँचता है। छन्द के भीतर की गति ही उसे प्रसादक और मोहक बनाती है। कविवर रवीन्द्रनाथ ठाकुर ने कहा है कि "मनुष्य की सत्ता में अनुभूतिलोक ही वह रहस्यलोक है जहाँ बाहर के रूपजगत् का सम्पूर्ण वेग अन्तर का आवेग बन जाता है और यह अन्तर का आवेग बाहर रूप ग्रहण करने को उत्सुक हो उठता है। इसीलिए वाक्य जब हमारे अनुभूतिलोक के वाहन के काम में नियुक्त होता है तो उसमें गति का होना आवश्यक हो जाता है। वह अपने अर्थ से तो बाहरी घटनाओं को व्यक्त करता है किन्तु गति के द्वारा आन्तरिक वेग को प्रकाशित करता है।"

केवल इतना ही नहीं, छन्द सामाजिक बन्धनों का भी वाहन है। वह केवल छन्दोरचयिता के अन्तर के वेग को ही नहीं प्रकट करता, उस वेग को दूसरे के चित्त में संचारित भी करता है। भारतीय काव्यशास्त्रियों ने इस तथ्य को निपुण भाव से अनुभव किया था। संस्कृत के नाटकों में बहुत शुरू से ही छन्दोबद्ध रचना द्वारा वक्ता के भावों का आवेग श्रोता के अन्तर में संचारित

---

* देवा वै मृत्योर्बिभ्यतस्त्रयीं विद्यां प्राविशन्। ते छन्दोभिरच्छादयन् यदेभिरच्छादयंस्तच्छन्दसां छन्दस्त्वम्।

करने का प्रयास देखा जाता है। उचित ढंग से छन्दों का पाठ श्रोता को उसी आवेग में ले जाता है जिसे मूल रचयिता ने स्वयं अनुभव किया था। यही कारण है कि छन्द ने मनुष्य के सामाजिक सम्बन्धों को दृढ़ और स्थायी बनाने में बड़ा काम किया है। राजशेखर ने 'काव्य-मीमांसा' में काव्य करने की अपेक्षा भी काव्य पाठ करने को अधिक महत्त्वपूर्ण माना है; क्योंकि पाठ से उस सामाजिक उद्देश्य की सिद्धि होती है जो मनुष्य का सहज धर्म है। आदमी संस्कृतात्मा हो तो काव्य जैसे-तैसे बना ही लेता है, किन्तु काव्य पाठ करना तो उसी को आता है जिसको सरस्वती सिद्ध होती है :

करोति काव्यं प्रायेण संस्कृतात्मा यथा तथा।
पठितुं वेत्ति स परं यस्य सिद्धा सरस्वती॥

सभा में तो सुन्दर काव्य बनाने की अपेक्षा सुन्दर पाठ की अधिक आवश्यकता होती है। ऐसा जान पड़ता है कि उत्तरकालिक दरबारों में काव्य-पाठ का गौरव और भी बढ़ गया था। राजशेखर ने उस कवि को ही वाग्देवी का अत्यन्त प्रिय बताया है जो छन्दों को इस प्रकार पढ़ सके कि रस का आस्वादन गोपालों को और अनपढ़ स्त्रियों तक को मिल जाय :

आगोपालकमायोषि दास्तामेतस्य लेह्यता।
इत्थं कविः पठन् काव्यं वाग्देव्या अतिवल्लभः॥

—'काव्यमीमांसा', पृ. 33

यह तो हुई राजसभा की बात। निस्सन्देह कवि को कीर्ति प्राप्त करने का प्रधान साधन राज-सम्मान था। पर और भी साधन थे। काव्यकला साधारण सुसंस्कृत नागरिकों के मनोविनोद की वस्तु थी। राजशेखर ने 'काव्यमीमांसा' के आरम्भ में ही काव्यविद्या के अठारह अंगों* की चर्चा की

---

* काव्यमीमांसा के अठारह अंग ये हैं : 1. काव्यरहस्य के सहस्राक्ष, 2. औक्तिक के उक्तिगर्भ, 3. रीतिनिर्णय के सुवर्णनाम, 4. अनुप्रासिक के प्रचेतापन, 5. यमक के चित्रांगद, 6. चित्रकाव्य के भी चित्रांगद, 7. शब्दश्लेष के शेष, 8. वास्तव के पुलस्त्य, 9. औपम्य के औपकायन, 10. अतिशय के पराशर, 11. अर्थश्लेष के उतथ्य, 12. उभयालंकार →

है। उनमें एक अंक है वैनोदिक। बहुत दिनों तक पण्डित में जल्पना-कल्पना चलती रही है कि राजशेखर के गिनाये हुए अठारह अंग काल्पनिक हैं या किसी पुरानी परम्परा के अवशेष हैं। अब भी यह जल्पना-कल्पना समाप्त नहीं हुई है। मेरा विचार है कि इस सूची को काल्पनिक नहीं मानना चाहिए। मैंने अपने मत की पुष्टि अन्यत्र की है। यहाँ उस विवाद को उठाने की कोई आवश्यकता नहीं है। प्रकृत प्रसंग वैनोदिक नामक काव्यविद्या के अंग का है। यह नाम ही विनोदों से सम्बन्ध रखता है। कामशास्त्रीय ग्रन्थों में मदपान की विधियाँ, उद्यान और जलाशय आदि की क्रीड़ाएँ, मुर्गों और बटेरों—लाव तित्तिरों—की लड़ाइयाँ, द्यूतक्रीड़ाएँ, यक्षरात्रियाँ अर्थात् सुखरात्रियाँ, कौमुदी जागरण अर्थात् चाँदनी रात में जागकर क्रीड़ाएँ करना आदि को 'वैनोदिक' कहा है ('कामसूत्र', 1-4)। इस अंग के प्रवर्त्तक का नाम राजशेखर ने कामदेव बताया है। इस पर से पण्डितों ने यह अनुमान किया है कि काव्यशास्त्रीय विनोद और कामशास्त्रीय विनोद एक ही वस्तु होंगे। परन्तु कामदेव नामक पौराणिक देवता और काव्यविद्या के वैनोदिक अंग के प्रवर्त्तक कामदेव नामक आचार्य एक ही व्यक्ति होंगे, ऐसा मानने की कोई जरूरत नहीं है। राजा भोज के 'सरस्वती कण्ठाभरण' (5-93-96) से यह अनुमान और भी पुष्ट हुआ है कि कामशास्त्रीय उद्दीपक क्रियाकलाप ही वस्तुतः वैनोदिक समझे जाते थे। शारदातनय के 'भावप्रकाश' में नाना ऋतुओं के लिए जिस प्रकार की उद्दीपन-सामग्री का वर्णन है वह एक विशाल परम्परा का सूचक है, जो रीतिकालीन कवि ग्वाल और पद्माकर तक अविच्छिन्न रूप में बढ़ती चली आयी है। यहाँ तक कह रखना आवश्यक है कि मध्ययुग के काव्य को केवल काव्यशास्त्र ने ही नहीं, कामशास्त्र ने भी प्रभावित किया है। कारण की विवेचना हम अभी करेंगे। इसलिए काव्यशास्त्रीय ग्रन्थों में कामशास्त्रीय विनोदों की चर्चा कुछ आश्चर्य की बात नहीं है। 'कादम्बरी' (कथामुख) में बाणभट्ट ने शूद्रकवर्णना के प्रसंग में कुछ ऐसे काव्यविनोदों का उल्लेख

→ के कुबेर, 13. वैनोदिक के कामदेव, 14. रूपक-निरूपणीय के भरत, 15. रसाधिकारिक के नन्दिकेश्वर, 16. दोषाधिकरण के धिषण, 17. गुण्मेपादाग्निक के उपमन्यु, 18. औपाविषदिक के कुंचमार।

किया है जिनकी चर्चा करने से राजा 'सम्भोग पराङ्मुख' हो सका था अर्थात् कामशास्त्रीय विनोदों से चित्त को मुक्त कर सका था। बाणभट्ट के बताये हुए इन विनोदों में वीणा, मृदंग आदि का बजाना है, विद्वान्-मण्डली में काव्यादि का पाठ है, आख्यायिका है, कथा है, आलेख्य कर्म है, अक्षरच्युतक है, विन्दुमती है, मात्राच्युतक है, गूढ़ चतुर्थपाद प्रहेलिका है और ऐसे ही अनेक काव्यशास्त्रीय विनोद हैं।

इस प्रसंग में मनोरंजक बात यह है कि राजशेखर ने रसाधिकारिक के प्रवर्त्तक आचार्य का नाम नन्दिकेश्वर बताया है। काव्य-शास्त्र का प्रत्येक विद्यार्थी जानता है कि इस सूत्र के प्रवर्त्तक आचार्य भरत हैं और सभी आलंकारिकों ने 'रस' की व्याख्या भरत के सूत्र को ही केन्द्र मानकर की है। वस्तुतः यदि काव्य-शास्त्र की परम्परा को देखा जाय तो इसके प्रधान आचार्य भरत को ही माना जाना चाहिए। राजशेखर ने उन्हें 'रूपक-निरूपणीय' नामक काव्यांग का प्रवर्त्तक माना है। यह ठीक ही है। पर रूपक-निरूपण के सिलसिले में अब तक के जाने हुए आदि-आचार्य भरत ही हैं। इन्होंने (ना. शा., 6-10) रस, भाव, अभिनय, वृत्ति-प्रवृत्ति, सिद्धि, स्वर, आतोदय गान और रंग को लेकर अपना बृहत शास्त्र रचा था। फिर भी राजशेखर ने उन्हें रस का प्रवर्त्तक आचार्य नहीं माना। इसका कुछ-न-कुछ कारण होना चाहिए। भरत ने 'नाट्यशास्त्र' के षष्ठ अध्याय में (15-16) आठ नाट्य रसों का उल्लेख करते हुए कहा है कि इन आठ नाट्य रसों को (अर्थात् शृंगार, हास्य, करुण, वीर, रौद्र, भयानक, अद्भुत, वीभत्स को) महात्मा द्रुहिण ने पहिले-पहल बताया था। यहाँ द्रुहिण ब्रह्मा भी हो सकते हैं या फिर इसी नाम के कोई और भी आचार्य हो सकते हैं। उपलब्ध नाट्य-शास्त्र के अनुसार ये ब्रह्मा ही थे। परन्तु इतना निश्चित है कि भरत को रस-परम्परा अपने पूर्ववर्त्ती आचार्यों से ही प्राप्त हुई थी। भारतीय 'नाट्य-शास्त्र' के षष्ठ और सप्तम अध्यायों में रसों और भावों की व्याख्या है। इन दो अध्यायों में जितने आनुवंश्य या परम्परागत श्लोक उद्धृत हैं, उतने और किसी अध्याय में नहीं हैं। इससे इतना तो स्पष्ट ही है कि उन्होंने इन अध्यायों की सामग्री किसी पूर्ववर्त्ती आचार्य के ग्रन्थ से ली है।

वह आचार्य कौन थे ? राजशेखर के कहने से लगता है कि उनका नाम

नन्दिकेश्वर था। नन्दिकेश्वर का नाम नाना सूत्रों से हमारे सामने आया है। भिन्न-भिन्न ग्रन्थों में कभी उन्हें संगीत का, कभी काम-शास्त्र का, कभी तन्त्र का और कभी अभिनय का आचार्य माना गया है। वात्स्यायन के 'कामसूत्र' के आरम्भ में ही बताया गया है कि प्रजापति ने प्रजाओं की सृष्टि करके उनकी स्थिति के लिए धर्म, अर्थ और काम इन त्रिवर्गों के साधन के लिए एक लाख अध्यायों का एक ग्रन्थ रचा। उसके एक-एक वर्ग को अलग करके क्रमशः मनु, वृहस्पति और महादेवानुचर नन्दी ने धर्म, अर्थ और काम के विधायक ग्रन्थों की रचना की। नन्दी का ग्रन्थ हजार अध्यायों का था। उसे औद्दालकि श्वेतकेतु ने पाँच सौ अध्यायों में संक्षिप्त किया और उसे भी वाभ्रव्य पांचाल ने डेढ़ सौ अध्यायों में संक्षेप किया। इस प्रकार नन्दी या नन्दिकेश्वर कामशास्त्र के प्रवर्त्तक आचार्य हैं। 'पंचसायक' के नन्दीश्वर और 'रति-रहस्य' के नन्दिकेश्वर सम्भवतः यही हैं। 'कामसूत्र' की जयमंगला टीका में कहा गया है कि महादेव और पार्वती के सहस्रवर्षव्यापी आनन्दोपभोग को नन्दी ने द्वार पर से देखा था और इसीलिए वे कामशास्त्र के प्रवचन कर सके थे। इससे जान पड़ता है नन्दिकेश्वर या नन्दी महादेव के अनुचर देवता-विशेष का ही नाम है, किसी मानव आचार्य का नहीं। पर मध्ययुग में ऐसे अनेक आचार्यों को देवता के साथ अभिन्न समझ लिया गया है। ऐसा जान पड़ता है कि बहुत प्राचीन काल में नन्दी या नन्दिकेश्वर नाम के कोई शास्त्रकार आचार्य अवश्य हुए थे। नन्दिकेश्वर की लिखी एक अभिनय सम्बन्धी पुस्तिका भी प्राप्त हुई थी। यह पुस्तक 1894 ई. में पूना से प्रकाशित हुई थी, और इधर हाल में डॉ. मनोमोहन घोष ने नये सिरे से इसका उत्तम सम्पादित संस्करण प्रकाशित कराया है। पुस्तक का नाम 'अभिनय दर्पण' है, इसमें हाथ-पैर, मुख-दृष्टि आदि के अभिनयों की मुद्रा और उनका विनियोग बताया गया है। वेबर के 'संस्कृत साहित्य का इतिहास' में नन्दिकेश्वर की लिखी बतायी जानेवाली एक संगीत-विषयक पुस्तक का भी पता चलता है। इसका नाम है 'नन्दिकेश्वर मततालाध्याय'। इस प्रकार नन्दिकेश्वर का नाम तीन विषयों के साथ सम्बद्ध है: गान, नाच और कामशास्त्र। कुछ पण्डितों का विश्वास है कि कामशास्त्रीय आचार्य नन्दिकेश्वर ही राजशेखर द्वारा अभिप्रेत 'रसाधिकरण' के आचार्य हैं। इसका अर्थ यह हुआ कि

जब तक 'नाट्य-शास्त्र' में रसाधिकरण निपुण भाव से गूँथ नहीं दिया गया था तब तक 'रस' शब्द का अर्थ श्रृंगाररस ही था। भरत जब कहते हैं कि 'नाट्यशास्त्र' में आठ रस होते हैं तो साधारणतः इसका अर्थ यह समझा जाता है कि काव्य में आठ से अधिक रस होते हैं। परन्तु ऊपर की चर्चा को ध्यान में रखा जाय तो इस कथन का अर्थ यह भी हो सकता है कि और शास्त्रों में रस चाहे एक ही हो पर नाट्य में आठ होते हैं। ऐसा अर्थ समझने के पक्ष में प्रबल युक्ति यह है कि काव्य-विवेचना में बहुत बाद में चलकर रसों को अन्तर्भुक्त किया गया है। प्राचीन आचार्यों में दण्डी और भामह रस की चर्चा करते ही न हों ऐसा नहीं है, पर वे उसे स्वभावोक्ति या वक्रोक्ति से अधिक महत्त्व नहीं देते। फिर ऐसा एक भी काव्य का विवेचक आलंकारिक नहीं है जो भरत के पहले हुआ हो। सब पर भरत का ही प्रभाव है। ऐसी हालत में यह कैसे मान लिया जाता है कि भरत ने काव्य के रसों को दृष्टि में रखकर ही लिखा था कि "अष्टौ नाट्ये रसाः स्मृताः'। जब काव्य के नौ या दस रस उनके सामने थे ही नहीं तो निश्चय ही किसीऔर शास्त्र के 'रस' से नाट्य रस को अलग करने के लिए उन्होंने वह बात लिखी थी। वह रस क्या था ? सम्भवतः वही नन्दिकेश्वर द्वारा प्रचारित रसराज श्रृंगार था। ऐसा जान पड़ता है कि साधारण रूप में रस का अर्थ एकमात्र श्रृंगार ही समझने की परम्परा कभी लुप्त नहीं हुई। बाणभट्ट ने 'कादम्बरी' में 'रसेन शय्यां स्वयमभ्युपागता' में 'रस' का एक अर्थ श्रृंगार ही समझा था।

यद्यपि नाट्यशास्त्र के प्रभाववश रसों की संख्या नौ मान ली गयी थी, परन्तु समूचे मध्ययुगीन गीत-काव्य-साहित्य का यदि विश्लेषण किया जाये तो निस्सन्देह श्रृंगाररस की व्यापकता दिखायी देगी। धर्मशास्त्र में कहीं 'काव्यालापांश्च वर्जयेत्' कहकर काव्यालाप का निषेध किया गया है। मल्लिनाथ ने अपनी टीकाओं में बतलाया है कि इस वाक्य में 'काव्य' शब्द का अर्थ असत्काव्य है। ऐसा जान पड़ता है कि धर्मशास्त्रकार ने काव्यालाप में श्रृंगार का बाहुल्य और श्रृंगार में भी समाज-विरोधी प्रेम आदि पर अधिक झुकाव देखकर ही ऐसा निर्णय किया होगा। बहुत-से कवियों ने और रसशास्त्रियों ने निःसंकोच स्वीकार किया है कि श्रृंगार ही एकमात्र रस है। यद्यपि सरस्वती कण्ठाभरण' में भोजराज ने दस रस माने हैं, पर 'श्रृंगारप्रकाश'

में उन्होंने एकमात्र श्रृंगार को ही मुख्य रस माना है।*

श्रृंगार वीर करुणाद्भुत रौद्र हास्य वीभत्स वत्सल भयानक शान्त नाम्न:
आमासिषुर्दशस्मान् सुधितोवयं तु श्रृंगारमेव रसनाद्रसमामनाम: ॥
—'श्रृंगारप्रकाश', 6

यह परम्परा रीतिकाल में ग्वाल, पद्माकर आदि कावियों तक सटीक चली आयी है। मध्ययुग में कवि का अधिक ध्यान इस रस की ओर ही था।

काव्यालोचना के ग्रन्थों को पढ़ने से हमारी धारणा यह बनती है कि नाटक में ही पहले रस की आवश्यकता अनुभव की गयी थी। बाद में मुक्तकों में भी रस की विवेचना जरूरी समझी जाने लगी। मध्ययुग की इस सरस कविता को समझने के लिए वास्तविक या कल्पित नायक-नायिकाएँ मन में अवश्य होनी चाहिए, नहीं तो रसबोध सम्भव नहीं होगा। प्राय: ही टीकाकार लोग बता देते हैं कि यह श्लोक किस विशेष परिस्थिति में किस विशिष्ट बोधव्य को सामने रखकर किस विशिष्ट वक्ता ने बताया है। अगर ऐसा न किया जाय तो अनेक सुन्दर श्लोकों से श्रृंगाररस का अनुभव करना सम्भव नहीं। वाग्देवतावतार मम्मट भट्ट ने 'काव्य-प्रकाश' के आरम्भ में ही यह सुन्दर कविता उद्धृत की है :

---

* शारदातनय का भाव-प्रकाश, शिंगभूपाल का रसार्णव, भानुदत्त की रसमंजरी और रसतरंगिणी भी श्रृंगाररस की महिमा के प्रचारक ग्रन्थ हैं। हिन्दी काव्य में केशवदास की रसिक प्रिया, तोष की सुधानिधि, चिन्तामणि का कविकुल कल्पतरु, मतिराम का रसराज, रसलीन के रस प्रबोध और अंग-दर्पण, देव की प्रेमचन्द्रिका और रस-विलास, भिखारीदास के रसश्रृंगार और श्रृंगारनिर्णय और पद्माकर के जगद्विनोद में यही परम्परा चलती आयी है। देव ने कहा है :

भूलि कहत नव रस सुकवि सकल मूल श्रृंगार।
जो संपति दंपतिन की, जाको जग बिस्तार ॥
बिमल सुद्ध श्रृंगार रस देव अकास अनन्त।
उड़ि उड़ि खग ज्यों ओर रस, बिवस न पावत अन्त ॥

उअ णिचल-णिप्फन्दा भिसिणीपत्तंमि रेहइ बाचाआ।
निम्मल मरनअ भाऊण जी द्विआ संख सुत्तित्व॥

यदि व्याख्याकार यह न बता दे कि दो गाढ़ अनुरागी तरुणयुगल में से एक को यह मधुर वर्णन सुनाकर कुछ इशारा करना चाहता है तब तक यह व्यंग्यार्थ निकालना कठिन ही है कि इससे स्थान की निर्जनता और रमण-योग्यता ध्वनित होती है। निर्जनता ध्वनित अवश्य होती है। आज का सहृदय शायद इस मनोहर दृश्य और उससे ध्वनित निस्तब्ध शान्त वातावरण का समाचार पाकर ही गद्गद हो जाता। जापान में एक प्रकार की कविता होती है जो बहुत थोड़े शब्दों में कोई वस्तु ध्वनित करती है। उसमें की एक कविता कविवर रवीन्द्रनाथ ठाकुर ने अपने एक लेख में उद्धृत की है। कविता इस प्रकार है :

पुराना तालाब,
मेढ़क का उछलना
छप।

कविवर रवीन्द्रनाथ ठाकुर ने इसकी आलोचना करते हुए लिखा है, "बस, अधिक की जरूरत नहीं, जापानी पाठक का मन आँखों से भरा है। पुराना तालाब बहुत दिनों से परित्यक्त है, अतएव निस्तब्ध अन्धकार ! उसी में एक मेढ़क उछलता है। उसकी आवाज सुनायी दे जाती है। सुनायी दे गयी, इसी से समझा जा सकता है कि तालाब में कैसी निस्तब्ध नीरवता है। इस पुराने तालाब का चित्र किस प्रकार मन में खीच लेना होगा, इसी की ओर कवि ने इशारा कर दिया और बस ! इससे अधिक अनावश्यक है।"

इस कविता के साथ ऊपर की प्राकृत कविता की तुलना की जा सकती है। उसमें जिस निस्तब्धता और शान्ति का आभास मिलता है वह शब्दों की कमखर्ची के कौशल से सूना-सूना नहीं लग रहा। निश्चल निष्पन्द बलाका जो मरकत की थाली में रखी हुई शंखशुक्ति के समान पाठक को रूपसौन्दर्य से आकृष्ट करती है, वह शोभा, शालीनता और सरसता का विचित्र वातावरण प्रस्तुत करती है। पाठक केवल शोभा के निस्तब्ध सरोवर के किनारे से लौट नहीं आता और भी आगे बढ़ता है। कहना चाहिए कि

प्राचीन भारतीय सहृदय की आँखें मन से भरी होती थीं—ठीक जापानी पाठक से उलटा! ऐसा अगर न होता तो बिहारी के इस मनोरम दोहे के लिए यह सोचने की उसे आवश्यकता न होती कि किस सखी ने किस मनोभाववाली सखी से किस उद्देश्य से यह दोहा कहा था :

छकि रसाल-सौरभ सने, मधुर माधुरी-गंध।
ठौर ठौर झौंरत झपत, झौर-झौर मधु-अंध॥

जिस पाठक का मन आँखों से भरा है वह इसमें न जाने कितना सौन्दर्य देखेगा, परन्तु जिसकी आँखें मन से ही लबालब भरी हैं वह कुछ और ही कह उठेगा।

लेकिन आधुनिक पाठक न यह है, न वह है। उसका मन बुद्धि से भरा है और इसीलिए वह हर काव्यार्थ को बुद्धि की तराजू पर तौलता है। भावावेग को वह एकदम तो कैसे छोड़ सकता है, पर उससे चालित होने में वह आधुनिकता का तिरस्कार देखता है। वह रस की अनुभूति के लिए काल्पनिक नर-नारियों की सृष्टि नहीं करता, अपने संचित अनुभवों का ही प्रयोग करता है। नितान्त आधुनिक काल में इस अवस्था में भी परिवर्त्तन हुआ है। पाठक की आँख मन से नहीं, बुद्धि से नहीं और सूक्ष्मतर आँखों से भर गयी है। वह किसी भी सरस वस्तु की वर्णना देखकर उसके पीछे खड़े शोषक-सम्प्रदाय को देखता है, शोषकों के पीछे खड़ी तीव्र संघर्षमयी वर्ग-विषमता को देखता है और उसे भी भेदकर और भी न जाने क्या-क्या देखने लगता है। उसके लिए काव्य आनन्द नहीं देता, बेचैनी पैदा करता है। आँखों से जब आँख भर गयी हो तो बेचैनी के सिवा और क्या सम्भव है? पुराना हिन्दी कवि दूसरे रास्ते चलकर इस सत्य तक पहुँचा था :

नैक-सी कंकरी जाके परै सु तो पीर तैं नैकहुँ धीर धरै ना।
कैसे परे कल एरी भटू, जब आँखि में आँखि परै निकरै ना।

कम-से-कम समय में ज्यादा-से-ज्यादा पढ़ लेने की प्रवृत्ति आजकल बहुत प्रबल हो उठी है। इसीलिए काव्य को रस लेकर झूम-झूमकर पढ़ने की फुरसत किसी को नहीं है। अपनी जल्दबाजी को भी आधुनिक पाठक नाना युक्तितर्कों द्वारा उचित समझने का भाव करने लगा है। साहित्य में जीवन की इस दौड़-धूप के अनुकूल संवेदना-संचारक तत्त्व खोजना इसी औचित्य-

स्थापिनी मनोवृत्ति का सबूत है। 'इस मनोवृत्ति ने काव्यालोचना के क्षेत्र में नये-नये शब्दों की सृष्टि की है। जब-जब आलोचक प्रौढ़ और जबर्दस्त हुआ है तब-तब वह कवि को अपने इशारे पर नचा लेने में समर्थ हो गया है। काव्य की कारीगरी की विवेचना गौण हो गयी है, उसके मर्मार्थ का विचार ही प्रधान हो उठा है। यह तो भुला ही दिया गया है कि काव्य का मर्मार्थ काव्यों को बार-बार पढ़ने और काव्य की कारीगरी को समझने के अभ्यास से समझने में आता है। केवल काव्य ही नहीं, जीवन का अनुभव भी सहृदय को पर्याप्त मात्रा में होना चाहिए। परन्तु जो बात सबसे अधिक उपेक्षित हुई है वह यह है कि काव्य में साधारण मनुष्य को संकीर्णता से ऊपर उठाने की शक्ति होनी चाहिए और दुर्जन को सुजन बनाने की शक्ति होनी चाहिए। काव्य केवल कौशल नहीं है। वह मनुष्य को पशु-सामान्य धरातल से ऊपर उठाकर मनुष्य के उच्चासन पर बैठाने का साधन भी है।

प्राचीन काल में काव्य के गुण-दोष-विवेचक अनेक ग्रन्थ लिखे गये हैं,पर यह सर्वत्र स्वीकार किया गया है कि सहृदय ही काव्य के उत्कर्ष-अपकर्ष का निर्णय कर सकता है। अभिनवगुप्त ने बताया है कि सहृदय वह व्यक्ति होता है, जिसके मनरूपी मुकुर में—मनोमुकुर, जो काव्यानुशीलन से स्वच्छ हो गया होता है—वर्णनीय विषय के साथ तन्मय हो जाने की योग्यता होती है। ऐसे ही हृदय-संवाद के भाजन रसिकजन सहृदय कहलाते हैं। पर हृदय-संवाद का भाजन होना क्या मामूली तप का फल है ? केवल शब्द और अर्थ की निरुक्ति जानने मात्र से यह दुर्लभ गुण नहीं प्राप्त हो जाता। कवि का अभिप्राय सब समय शब्दों द्वारा प्रकट ही नहीं हो जाता। कभी-कभी वह एकदम शब्दगोचर होता ही नहीं। उसके शब्दों में जो आर्द्रता होती है, उसे सब नहीं समझ पाते। प्रसिद्ध कवयित्री विज्जका देवी ने उन सहृदयों को श्रद्धापूर्वक अपनी प्रणति निवेदन की थी जो उस अशब्दगोचर अभिप्राय को सरस पदों के भीतर से निकाल लेते हैं और रोमांच-पुलकित होकर गद्गद भाव से इस प्रकार काव्य पाठ करते हैं कि कण्ठरोध हो उठता है :

कवेरभिप्रायमशब्दगोचरं स्फुरन्तमार्द्रेषु पदेषु केवलम्।
वदद्भिरङ्गैः कृतरोमाविक्रियैर्जनस्य तूष्णींभवतोऽयमञ्जलिः॥

प्रसिद्ध आलंकारिक राजानक रूय्यक ने 'सहृदय-हृदय-लीला' नामक

अपनी पुस्तक में सहृदय के जो लक्षण दिये हैं, उनसे पता चलता है कि सहृदय केवल काव्य के गुणों का जानकार नहीं होता, वह प्रत्यक्ष मनुष्य के गुण को जानता है। उसे अपने काल के सुसंस्कृत मनुष्य के सौन्दर्य से परिचित होना चाहिए। वेश-सौन्दर्य से भी उसका परिचय होना चाहिए। सौन्दर्य भीतर का भी होना चाहिए और बाहर का भी। शोभा के विधायक दस गुण होते हैं जो पूर्वजन्म के पुण्य से प्राप्त होते हैं। सहृदय को ये गुण प्राप्त होते हैं। वह उनका आदर कर सकता है; क्योंकि शोभा के समुत्पादक को ही गुण कहते हैं, समुद्दीपक को ही अलंकार कहते हैं, अनुप्राणक को ही जीवित कहते हैं और व्यंजक को ही परिकर कहते हैं। गुण-अलंकार-जीवित और परिकर के ज्ञान से ही शोभा का आनन्द लिया जा सकता है। ये एक-दूसरे के उपकारक होते हैं और परस्पर के अनुग्राहक भी होते हैं। मैंने अपनी पुस्तक 'प्राचीन भारत का कला-विलास' (परवर्त्ती परिवर्धित संस्करण : 'प्राचीन भारत के कलात्मक विनोद') में इसकी चर्चा विस्तार के साथ की है। यहाँ उसकी विस्तारपूर्वक चर्चा आवश्यक नहीं है। ऐसा सहृदय ही काव्य को समझ सकता है। फिर भी सुभाषितों का पाठक इस बात को भूल नहीं सकता कि कवि लोग जहाँ सहृदय को अपने काव्य का प्रधान श्रोता मानते थे वहाँ दुर्जनों से बराबर डरते रहते थे, मत्सरियों और चुगलखोरों की चिन्ता उन्हें बराबर सताती रहती थी। कवियों ने इन मत्सरियों और दुर्जनों तथा निन्दकों की खूब खबर ली है। वल्लभदेव ने ऐसी कविताओं से चिढ़कर कहा था कि 'यही क्यों कहते हो कि सहृदय ही काव्य को समझ सकता है। काव्य में भी तो गुण होना चाहिए। ऐसा गुण जो चुगलखोर और दुर्जनों को भी सहृदय बना दे। जिस काव्य को सुनकर मात्सर्याहत चेता व्यक्ति रोमांचकण्टकित न हो उठे, उसका सिर अपने-आप न हिल उठे, उसके कपोलदेश पर लालिमा न दौड़ पड़े, उसकी आँखों में आँसू न आ जायँ और उसकी वाणी अध्यारोपित वस्तु के कीर्तन में तन्मय न हो उठे, तो वह काव्य भी भला कोई काव्य है ?'

तत् किं काव्यमनल्पपीतमधुवत्कुर्यान्त यद्धृद्गतं।
मात्सर्यावृतचेतसां रसवशादत्युगदर्ति रोमसु।
कम्पं मूर्ध्नि कपोलयुग्ममरुणं वाष्पाविले लोचने
अध्यारोपितवस्तुकीर्तनपर वाचः करालम्बनम्।

यह बहुत महत्त्व की बात है। जीवन के सम्पूर्ण साररसों से जो काव्य पुष्ट हुआ है वह जीवन की भाँति ही क्रियाशील, सर्जक और निरन्तर विकासमान वस्तु हो, यही वांछनीय है। काव्य से यह आशा करना अनुचित नहीं है कि वह क्षुद्र संकीर्ण स्वार्थों से बद्ध जीव में भी उत्तम भाव संचारित करे। जिससे केवल थोड़े-से सुसंस्कृत लोग ही आनन्द अनुभव कर सकें, उस काव्य में कोई ऐसी त्रुटि होगी जो गुण के नाम पर चल रही है। काव्य सर्जक है, वह मनुष्य की दुनिया में नये भावों की सृष्टि करके विधाता के भाव-जगत् में वृद्धि करता आ रहा है। नाना भाँति के ऊपरी और परिवर्त्तनधर्मी कल्पनाओं को मनुष्य का मौलिक सत्य मान लेने से सभी सच्चे काव्य सभी सच्चे सहृदयों को प्रेरणा नहीं दे पाते। लोक में इन कल्पनाओं को 'संस्कार' कहा जाता है। संस्कार देशगत हैं, जातिगत हैं, कालगत हैं। मनुष्य की सर्वश्रेष्ठ साधना साहित्य के रूप में प्रकट हुई है। उसको यथार्थ रूप से हृदयंगम करने के लिए इन संस्कारों से ऊपर उठने की शिक्षा मिलनी चाहिए। भारतीय अलंकारशास्त्रों की चरितार्थता इसी में है कि उन्होंने काव्यार्थ को समझने के लिए वैज्ञानिक मान निश्चय करने का मार्ग दिखाया है। यदि वे संस्कार बनकर पाठक को देश और काल के बाहर जाने में बाधा दें तो उनकी उपयोगिता नहीं रहेगी। पर मेरा निश्चित मत है कि हमारे अलंकार-शास्त्र रस-बोध में सहायक हैं, बाधक नहीं। हमें आज उन्हें प्रेरणास्रोत के रूप में स्वीकार कर आगे बढ़ना चाहिए। वे पाठक को आगे बढ़ने से रोककर यह नहीं कहते कि इसके आगे जाना मना है। वे काव्यार्थ में प्रवेश कराने का मार्ग दिखाते हैं। उन्हें इसी रूप में ग्रहण करना चाहिए। भारतीय मनीषा के सर्वोत्तम अंगों में से एक का प्रतिनिधित्व करनेवाले इन ग्रन्थों को यों ही नहीं छोड़ देना चाहिए। नयी भारतीय मनीषा इन्हें प्रेरणास्रोत मानकर चरितार्थ होगी। ज्ञान का मार्ग रुद्ध नहीं हो गया है, मनुष्य की जिज्ञासा शान्त नहीं हो गयी है, सहृदय की अन्तिम सीमा निश्चित नहीं हो चुकी है—अभी और भी है, बहुत-कुछ जानना है, बहुत-कुछ समझना है, बहुत-कुछ हृदयंगम करना है। हमारे शास्त्र मनुष्य की अपूर्व बुद्धि की विजयपताका हैं, वे और भी आगे बढ़ने का साहस देते हैं, निश्चित विजय का उत्साह संचारित करते हैं और मनुष्य की क्रियात्मक विकसन-परम्परा के प्रमाण देते हैं।

साहित्य में व्यक्ति और समष्टि

जब हम साहित्य में व्यक्ति और समूह के प्रश्न पर विचार करने के लिए प्रयत्नशील हैं, तो कुछ ऐसी भाषा तो अपने आप आ उपस्थित होगी, जो नित्य व्यवहार्य-भाषा से कुछ भिन्न श्रेणी की होगी। वस्तुतः ज्ञान दो-मुँहा पदार्थ है। उसके एक ओर तथ्य है, दूसरी ओर सत्य। सभी तथ्य सत्य नहीं होते। ऐसा कह सकते हैं कि तथ्यों के भीतर सत्य ओतप्रोत होकर वर्त्तमान रहता है।* प्रत्येक व्यक्ति अपने ज्ञानेन्द्रियों के सहारे कुछ तथ्यों की उपलब्धि करता है और कुछ बातों को उपलब्धियों के सहारे स्मरण करता है। इन्हीं उपलब्धियों और स्मृतियों के ताने-बाने से व्यक्ति की दुनिया बनती है। परन्तु यह दुनिया बदलती रहती है। वैयक्तिक तथ्य-जगत् निरन्तर दूसरे लोगों के उपलब्ध तथ्य-जगत् से टकराते हैं और सामान्य तत्त्व छँट-छँटकर हमारी ज्ञान-राशि के रूप में परिणत होते रहते हैं। इस प्रकार नित्य हमारे वैयक्तिक उपलब्ध ज्ञान में परिवर्त्तन और परिवर्धन होते रहते हैं। इससे दो बातें सिद्ध

---

* शास्त्र में कहा है कि सत्य का मुँह हिरण्मय पात्र से—सोने के ढक्कन से—ढका हुआ है ('हिरण्मयेन पात्रेण सत्यस्यापिहितं मुखम्')! सोने के ढक्कन को हड़बड़ाकर नहीं खोलना चाहिए। उसे सावधानी से, इत्मीनान के साथ, सम्हालकर खोलना चाहिए। एकाएक अनावृत सत्य का तेज असह्य होता है। गीता के अर्जुन उसे सह नहीं सके थे. 'राम-चरितमानस' की जगदम्बिका सती भवानी भी उससे अभिभूत हो गयी थीं। —लेखक

होती हैं—एक तो यह कि व्यक्ति के अन्तःकरण से गृहीत तथ्यात्मक ज्ञान-राशि सम्पूर्ण रूप से वैयक्तिक नहीं होती। वह दूसरों की उपलब्धि और स्मृति से बनी तथ्यात्मक ज्ञान-राशि से टकरा-टकराकर बना हुआ एक ऐसा पदार्थ है, जिसे हम 'अन्तर्वैयक्तिक तथ्य-जगत्' कह सकते हैं। यह कामचलाऊ नाम है। आगे हम इसका ठीक-ठीक नामकरण करने का प्रयत्न करेंगे। फिलहाल हमने इस कामचलाऊ नाम को इसलिए स्वीकार कर लिया है कि अधिक परिचित नाम से बिदककर हमारा चित्त मूल विचारधारा से बिदक न जाय। दूसरी बात यह मालूम होती है कि यह अन्तर्वैयक्तिक तथ्य-जगत् निरन्तर परिवर्धमान और परिवर्त्तमान पदार्थ है—वह गतिशील है। वह नाना वैयक्तिक तथ्य-जगतों के संघर्ष से स्थिरीकृत 'सामान्य जगत्' है। हमारी ज्ञान-राशि अधिकांश में वैयक्तिक न होकर अन्तर्वैयक्तिक है।

हमारी भाषा इन सामान्य तथ्यात्मक अनुभूतियों को एक व्यक्ति के चित्त से दूसरे के चित्त तक ढोने का साधन भी है और दीर्घकाल से अनेक अन्तर्वैयक्तिक तथ्य-जगत् के संघर्ष से विकसित होनेवाली और संचित होती रहनेवाली ज्ञान-राशि का वाहन भी है। यह भी गतिशील है। भाषा हमारी सामान्य अन्तर्वैयक्तिक उपलब्धियों के गाम्भीर्य और प्रसार का पता बताती है। जिस जाति का जितना ही अधिक विकास हुआ रहता है, वह उतना ही अधिक सूक्ष्म विचारों को प्रकट कर सकती है। अन्ध-विश्वास में निमग्न जाति की भाषा में वैज्ञानिक तथ्यों को प्रकट करने की शक्ति नहीं होती, और यह जानी हुई बात है कि वैज्ञानिक तथ्यों को प्रकट न कर सकनेवाली भाषा के बोलनेवालों का विकास अपेक्षाकृत कम हुआ रहता है। जहाँ विद्यालयों, सभा-मंचों और मुद्रण-यन्त्रों के द्वारा व्यक्ति की तथ्यात्मक अनुभूतियों की तरंगें दूसरों की विशाल ज्ञान-राशि से सदा टक्कर खाती रहती हैं, वहाँ विचार का स्रोत प्रबल वेग से बहता रहता है। जहाँ यह बात नहीं है, वहाँ के लोग स्तब्धवृत्तिक और आदिम भावापन्न बने रहते हैं। निरन्तर परिवर्त्तमान और परिवर्धमान इन उपलब्धियों के लिखित रूप को ही हम सामान्य रूप से 'साहित्य' कहते हैं। विशेष रूप में साहित्य उपलब्धियों के उस लिखित रूप को कहते हैं, जो हमारी सामान्य मनुष्यता को प्रभावित करती रहती हैं और भाव के आवेग से वेगवती होकर सामान्य

मनुष्य के सुख-दुःख को विशेष मनुष्य—श्रोता या पाठक—के चित्त में संचारित कर देती हैं। भाषा साहित्य का वाहन है।

भाषा : सामाजिक सम्बन्धों का प्रतीक

आदिम मनुष्य के अन्तर्वैयक्तिक सम्बन्ध बहुत सहज थे; परन्तु धीरे-धीरे इन सम्बन्धों ने नवीन भावनाओं को उत्पन्न किया है, जो आगे चलकर नवीन सम्बन्धों का कारण बनी हैं। नतीजा यह हुआ है कि मनुष्य की सामाजिक व्यवस्था नित्य जटिलतर बनती जा रही है। मनुष्य का जीवन स्लेट पर लगाया जानेवाला हिसाब नहीं है कि गलती हुई, तो उसे मिटाकर फिर से ठीक-ठीक हिसाब लगा लिया गया। यहाँ तो जो गलती एक बार हुई, वह निश्चित रूप से जीवन को मोड़ने की क्रिया में अपना प्रभाव छोड़ जाया करती है। नाना प्रकार की गलत-सही कार्यवाहियों ने मनुष्य-जीवन को अनन्य-साधारण बनाया है; उसमें की उलझनों में से प्रत्येक ने सुलझने के बजाय नयी उलझनों को पैदा किया है। जीवन की जटिलतर प्रवृत्तियों को समझना आसान काम नहीं रह गया है। यद्यपि समाज-व्यवस्था बहुत जटिल हो गयी है, तथापि अद्भुत विरोधाभास यह है कि उनको प्रतीक-रूप में उपस्थित करनेवाली बातें हमारे लिए अत्यन्त सहज हो गयी हैं। हम उनके जटिल रूप को एकदम भूल गये हैं। रुपये का नोट हमारे सामाजिक जटिल सम्बन्धों का प्रतिनिधित्व करता है। हमारे श्रम और तज्जन्य उत्पादन और इनके वितरण की व्यवस्था अत्यन्त जटिल हो गयी है। उसी को प्रतीक-रूप में यह रुपये का नोट उपस्थित करता है। प्रत्येक प्रकार के श्रम के लिए प्रत्येक प्रकार के उत्पादन को यदि श्रम-विनिमय का साधन माना जाता, तो हम इस अवस्था तक आये ही न होते। सभ्यता की यह शानदार सवारी निकल ही न पाती। सो, रुपये का यह कागजी नोट हमारी उलझी हुई सामाजिक व्यवस्था को प्रतीक रूप में उपस्थित करता है। अतिपरिचयवश उसके इस रूप की हम उपेक्षा करते हैं। जिस प्रकार बाजार में हमारे श्रम और उत्पादन के जटिल सम्बन्धों को रुपये का नोट प्रतीक रूप में सामने ले आ देता है, ठीक उसी प्रकार शब्द हमारी सामाजिक भावनाओं का प्रतिनिधित्व करते हैं। प्रत्येक शब्द किसी अर्थ का प्रतिनिधि होता है और इन विशेष अर्थों के लिए

विशेष शब्दों का चुनना हमारी उस अन्तर्वैयक्तिक सामान्य सत्ता के प्रति निष्ठा का सबूत है, जिसके बिना व्यक्ति या समाज का विकास सम्भव ही न होता। इस प्रकार शब्द हमारे अन्तर्वैयक्तिक सम्बन्धों के प्रतीक हैं। इन सम्बन्धों को अधिक स्पष्ट भाषा में सामाजिक कह सकते हैं। वे इस उद्देश्य से बनाये गये हैं कि एक व्यक्ति की भावना दूसरे के चित्त में असानी से उतार दी जा सके। व्यक्ति यदि अपने-आपमें ही परिपूर्ण होता, तो शब्द द्वारा अर्थ को प्रकट करनेवाली भाषा की आवश्यकता नहीं होती। यह अत्यन्त महत्त्वपूर्ण बात है। जो वन में समाधि लगाया करता है, उसे शब्द की जरूरत नहीं होती। योगी भी जब भाषा का प्रयोग करता है, तो उसका अभिप्राय यह होता है कि दूसरे के चित्त में कुछ भावनाओं को उतार सके, फिर वे भावनाएँ समाधिकालीन एकान्त के अनुभव की ही क्यों न हों। शब्द द्वारा व्यक्त भाषा मनुष्य के सामाजिक सम्बन्धों का प्रतीक है।

प्रतिभा का प्रादुर्भाव

व्यक्ति जब दूसरे व्यक्तियों के उपलब्ध तथ्यों से अपने ज्ञान-भण्डार को बढ़ाता है, तो धीरे-धीरे उसमें अधिकाधिक उपलब्धि की योग्यता भी बढ़ती रहती है। यह क्रिया वंश-परम्परा से भी चलती रहती है। कुछ व्यक्ति कुछ खास बातों को अधिक उपलब्ध कर लेते हैं, कुछ उपलब्ध ज्ञान को दूसरे के चित्त में ज्यादा आसानी से उतार सकते हैं। इस प्रकार उस वस्तु का प्रादुर्भाव होता है, जिसे हम प्रतिभा कहते हैं। यह सम्पूर्ण रूप से वैयक्तिक नहीं है। भूत-प्रेत और ग्रह-नक्षत्रों के अन्ध-संस्कार में पली जाति में आइन्स्टाइन नहीं पैदा हो सकते; वन्य कोल-किरातों के समाज में कालिदास नहीं उत्पन्न हो सकते। समाज की सामूहिक पहुँच को ही व्यक्ति-विशेष की प्रतिभा सूचित करती है। यह निश्चित समझिए कि इस स्थूल जगत् को छोड़कर मनुष्य रह नहीं सकता, और वह काव्य लिखे या नाटक, अपने इर्द-गिर्द के वातावरण से अस्पृष्ट नहीं रह सकता। प्रतिभावान कवि अपने इर्द-गिर्द के जगत् से ही अपने काव्य का मसाला संग्रह करता है।

शब्द और अर्थ

यह तो निश्चित बात है कि स्थूल जगत् को छोड़कर मनुष्य नहीं रह सकता और न अपने देश और काल की सीमाओं से अस्पृष्ट रहकर ही कोई शिल्प-सृष्टि कर सकता है। साहित्य भी स्थूल जगत् से विच्छिन्न होकर नहीं रह सकता; क्योंकि शब्द और अर्थ ही उसके शरीर हैं और अर्थ शब्दों द्वारा सूचित बाह्य सत्ता को प्रकट करते हैं। एक व्यक्ति के चित्त के उचित अर्थ को दूसरे के चित्त में प्रवेश कराके ही शब्द सार्थक होता है। भावावेग द्वारा कम्पित और आन्दोलित शब्दार्थ अपने सीमित अर्थ से अधिक को प्रकाशित करता है। शब्द के अभिधेय अर्थ से कहीं अधिक को प्रकाशित करनेवाली शक्ति को प्राचीनों ने नाना नाम देकर स्पष्ट करना चाहा है। सबसे अधिक प्रचलित और मान्य शब्द 'व्यंजना' है। अनुरणन के साथ उसकी तुलना करके उसी भावावेगजन्य कम्पन की ओर इशारा किया गया है। छन्द उस आवेग का वाहन है। छन्दोहीन भाषा में कल्पना और सम्मूर्त्तन तो हो सकते हैं, पर आवेग का कम्पन नहीं होता। प्राचीन कथाओं की गद्य समझी जाने-वाली भाषा में भी एक प्रकार का छन्द है, एक प्रकार की वक्र कम्पनशील नृत्य-भंगिमा है। वे कहानी की इस सीधी बात को कि 'एक था राजा' इतने सरल ढंग से नहीं कहेंगे। कहेंगे—'धनदर्प-कन्दर्प-सौन्दर्य-सोदर्य हृद्यनिरवद्य-रूपो भूपो बभूव।' यह भाषा ही छन्दोमयी है। इसमें छन्द है, झंकार है, लोच है, वक्रता है; जो अर्थ में आवेग भरने का प्रयत्न करते हैं। उपन्यास में यह आवेग कम होते हैं, क्योंकि उसकी भाषा में गद्यात्मकता होती है; परन्तु जहाँ कहीं भी उसमें आवेग का कम्पन आता है, वहीं प्रच्छन्न छन्द भी रहता है। इसका यह मतलब नहीं कि आवेगकम्पित भाषा न होने के कारण उपन्यास कम महत्त्वपूर्ण साहित्यांग है। उपन्यास भी साहित्य के मुख्य उद्देश्य का उसी प्रकार पूरक है, जिस प्रकार काव्य। अनुप्रास भावावेग के वेग में नृत्य का छन्द जोड़ता है। जब एक ही ध्वनि बार-बार दुहरायी जाती है, तो श्रोता आवेग की वक्रिमता से सहज ही प्रभावित हो जाता है। यदि काव्य में से अर्थ-प्रकाशक शब्द हटा दिये जायँ तो वह ध्वनि-प्रवाह संगीत बन जायेगा।

वस्तुतः अर्थहीन छन्द-प्रवाह संगीत ही है। संगीत में बाह्य जगत् की उस

सत्ता से, जो शब्द द्वारा प्रकाशित होती है, कम-से-कम योग होता है; ठीक उसी प्रकार जिस प्रकार गणित में उस आन्तर सत्ता से, जो आवेग-कम्पित स्वर से प्रकाशित होती है, कम-से-कम योग होता है। चेतना के एक प्रान्त पर संगीत है, दूसरे पर गणित। संगीत में जिसे स्वर कहते हैं, वह एक प्रकार का वेग ही है। बाह्य अर्थों से युक्त होने पर वह आवेग के रूप में प्रकट होता है। परन्तु काव्य जिस प्रकार शब्द-प्रकाश्य अर्थ के द्वारा बाह्य विषय-सत्ता से बँधा रहता है, उस प्रकार संगीत नहीं बँधा रहता। वह अपने-आप ही स्पन्दित होता है। ताल उसमें उसी प्रकार की अनुभूति-क्षमता भरता है, जिस प्रकार छन्द आवेग में। काव्य द्वारा और संगीत द्वारा स्पन्दित मानव-चित्त के आवेगों में थोड़ा अन्तर होता है। काव्य में आवेग द्वारा जो स्पन्दन उत्पन्न होता है, वह बाह्य सत्ता मे पूर्णतया सम्बद्ध होता है, हम बाह्य घटनाओं की अनुभूति से चालित होते रहते हैं। काव्य पाठक में सुख-दुःख का आवेग उत्पन्न करता है, दूसरों के सुख-दुःख के साथ मनुष्य की समवेदना होती है और अन्त तक वह उस सुख-दुःख को अनुभव करने लगता है। इस प्रकार काव्य मनुष्य-मनुष्य के भीतर वर्त्तमान एकत्व का प्रतिष्ठापक हो जाता है। काव्य प्रमाणित कर देता है कि व्यक्ति-मानव के ऊपरी विभेदों के नीचे एक अभेद है, एकता है।

आवेग और कम्पन

विभिन्न आवेगों से भिन्न-भिन्न जाति और आकृति के कम्पन उत्पन्न होते हैं। संगीत से भी उसी प्रकार के कम्पन उत्पन्न होते हैं, जिस प्रकार के कम्पन काव्य से उत्पन्न होते हैं; फिर भी संगीत से उत्पन्न कम्पनों का योग बाह्य सत्ता से कम होने के कारण श्रोता के चित्त में उतनी गाढ़ अनुभूति नहीं होती, जितनी काव्य-जनित आवेग के कम्पन से होती है। टोड़ी के आलाप से जो एक प्रकार की उदास और विरह-व्याकुल वेदना चित्त में घुमड़ आती है, वह विश्वजनीन तो होती है; पर अविच्छिन्न या 'एब्सट्रैक्ट' होने के कारण अनुभूति में वह सान्द्रता नहीं ले आ पाती, जो काव्य के करुण रस से उत्पन्न होती है; क्योंकि संगीत की अनुभूति अहेतुक होती है। मनुष्य का चित्त सर्वत्र कार्य-कारण की शृंखला खोजता रहता है—अनुभूति और वेदना के क्षेत्र में

भी। काव्यजन्य अनुभूति की सान्द्रता इस बात का पक्का प्रमाण है कि मनुष्य आवेग-चालित अवस्था में कार्य-कारण-शृंखला के प्रति आस्था बनाये ही रहता है। जहाँ वह उसे नहीं पाता, वहाँ देर तक जमना नहीं चाहता। यही कारण है कि भक्त कवि भगवान् के साथ व्यक्तिगत सम्बन्ध की कल्पना कर लेता है। जिस काव्य में केवल शब्दालंकार ही झंकार उत्पन्न करता है, अर्थ का भार कम होता है, वह बहुत-कुछ उसी प्रकार का असान्द्र अनुभूतिजनक आवेग-कम्पन उत्पन्न करता है, जो संगीत करता है; पर उसमें संगीत की अबाध गति भी नहीं होती और अर्थ-जगत् से सम्पूर्ण विच्छेद भी नहीं होता, क्योंकि उसके शब्द बराबर बाह्य सत्ता से श्रोता का सम्बन्ध जोड़ते रहते हैं और स्वर के स्वच्छन्द प्रवाह में बाधा उत्पन्न करते रहते हैं। अर्थ-भार-हीन शब्दालंकार न तो काव्य की गाढ़ अनुभूति ही पैदा करते हैं और न संगीत का प्रवाह ही। वे दोनों के केवल घटिया प्रभाव-भर उत्पन्न करते हैं। परन्तु जहाँ शब्दालंकार में अर्थ-भार बना रहता है, वहाँ वे काव्यगत प्रभाव में संगीत की सहज गति भर देते हैं। परन्तु अर्थालंकार शब्द के प्राणप्रद और विशेषाधान-हेतुक, दोनों ही धर्मों में गाढ़ अनुभूति का रस ले आते हैं। हम उनकी सहायता से वक्तव्य के व्यक्तित्व को, गुणों को और क्रियाओं को गाढ़ भाव से अनुभव करते हैं। पदार्थ के विशेषाधान-हेतुक धर्म—चाहे वे सिद्ध हों या साध्य सादृश्यमूलक अलंकारों से इस प्रकार सम्मूर्त्तित होते हैं कि पाठक के चित्त में अनुभूति सहज हो जाती है। वस्तुतः अर्थालंकार जब आवेग-सहचर होकर आते हैं, तो वाक्य में अधिक उर्जस्वल तेज भर देते हैं; पर जब आवेग-हीन होकर आते हैं, तो चमत्कारी उक्ति-भर रह जाते हैं। वे उस अवस्था में बिजली की कौंध के समान एक क्षणिक ज्योति विकीर्ण करके अन्तर्धान हो जाते हैं। यह क्षणिक ज्योति हमारे किसी बड़े काम की नहीं होनी, केवल अन्तर की चेतना पर मृदुल आघात करके विलीन हो जाती है। मध्यकालीन कवि की अज्ञातयौवना नायिका ने जब अपनी दासी को ईख की दँतुअन ले आने के अपराध पर झिड़का था, तो उसकी सरलता ने ऐसी ही एक क्षणिक ज्योति उत्पन्न की थी। अधर के माधुर्य से दँतुअन कहीं भी मीठी होकर ऊख-सी नहीं लगने लगती। इसीलिए इस दोहे में मृदु कम्पन उत्पन्न करने की शक्ति होते हुए भी वह उतना अनुभूति-प्रेरक नहीं हो पाया; क्योंकि

इस कम्पन का हेतु बाह्य सत्ता से असम्पृक्त होने के कारण स्थायी नहीं होता और न अनुभूति को गाढ़ रंग ही देता है। दोहा इस प्रकार है :

अधर परसि मीठी भई, दई हाथ सों डारि।
लावति दतुअनि ऊख की, नोखी खिजमति गारि॥

लेकिन प्रश्न यहीं समाप्त नहीं हो जाता। यह कविता भी एक श्रेणी के लोगों को आनन्द देती ही है, इसीलिए इसे उपेक्षा की दृष्टि से नहीं देखा जा सकता।

सामाजिक मंगल का विधायक साहित्य

यह सत्य है कि दूसरे के चित्त में प्रभाव उत्पन्न करना ही काव्य का सबसे बड़ा कार्य है, अर्थात् काव्य सामाजिक वस्तु है। इसीलिए राजशेखर ने कहा है, 'आदमी सुसंस्कृत हो, तो काव्य तो जैसे-तैसे बना ही लेता है; परन्तु पढ़ना तो वही जानता है, जिसको सरस्वती सिद्ध होती है' :

करोति काव्यं प्रायेण संस्कृतात्मा यथातथा।
पठितुं वेत्ति स परं यस्य सिद्धा सरस्वती॥

क्योंकि अच्छे पढ़ने के ढंग का अर्थ छन्दोजन्य आवेग-कम्पन का पूर्ण उपयोग है और इस उपयोग का अर्थ है सामाजिक को काव्यार्थ की पूर्ण उपलब्धि।

जो साहित्य हमारी वैयक्तिक क्षुद्र संकीर्णताओं से हमें ऊपर उठा ले जाय और सामान्य मनुष्यता के साथ एक कराके अनुभव कराये, वही उपादेय है। उसके भावपक्ष के लिए किसी देश-विशेष या काल-विशेष की नैतिक आचार-परम्परा का मुँह जोहना आवश्यक नहीं है। हमें दृढ़ता से केवल एक बात पर अटल रहना चाहिए, और वह यह कि जिसे काव्य, नाटक या उपन्यास साहित्य कहकर हमें दिया जा रहा है, वह हमें हमारी पशु-सामान्य मनोवृत्तियों से ऊपर उठाकर समस्त जगत् के सुख-दुःख को समझने की सहानुभूतिमय दृष्टि देता है या नहीं; हमें उस 'एक' की अनुभूति में सहायता पहुँचा रहा है या नहीं, जिसे व्यक्ति ने अपने अनेक स्वार्थों के बलिदान के बाद उपलब्धियोग्य बनाया है। जो भी साहित्य इसके बाहर पड़े—अर्थात् हमारी पशु-सामान्य वृत्तियों को बड़ी करके दिखाये—हमें स्वार्थी और खण्ड-विच्छिन्न बनाये, उसे हम साहित्य नहीं कह सकते—चाहे

जितने बड़े साहित्यिक दल या सम्प्रदाय का समर्थन उसे प्राप्त हो। साहित्य सामाजिक मंगल का विधायक है। यह सत्य है कि वह व्यक्ति-विशेष की प्रतिभा से ही रचित होता है; किन्तु और भी अधिक सत्य यह है कि प्रतिभा सामाजिक प्रगति की ही उपज है। एक ही मनोराग जब व्यक्तिगत सुख-दुःख के लिए नियोजित होता है, तो छोटा हो जाता है; परन्तु जब सामाजिक मंगल के लिए नियोजित होता है, तो महान् हो जाता है; क्योंकि वह सामाजिक कल्याण का जनक होता है। साहित्य में यदि व्यक्ति की अपनी पृथक् सत्ता, उसकी संकीर्ण लालसा और मोह ही प्रबल हो उठें, तो वह साहित्य बेकार हो जाता है। भागवत में मनोरागों के इस सामाजिक उपयोग को उत्तम बताया गया है; क्योंकि इससे सबका मूल निषेचन होता है, इससे मनुष्यता की जड़ की सिंचाई होती है :

यद्‌युज्यतेऽसुवक्षुकर्ममनोवचोभि-
देंहात्मजादिषु नृभिस्तदसत् पृथक्त्वात्
तैरेव सद्‌भवति चेत् क्रियतेऽपृथक्त्वात्
सर्वस्य तद्‌भवति मूलनिषेचनं यत्।

साहित्य का मर्म

'साहित्य विचार में प्राचीन ग्रन्थों का महत्त्व' नामक लेख में मैंने दिखाया है कि उत्तरकालीन संस्कृत लक्षणग्रन्थ किस विशेष परिस्थिति में बने थे और उस युग के काव्य में उक्ति-वैचित्र्य और वचन-वक्रिमा को क्यों इतना महत्त्वपूर्ण स्थान प्राप्त हो गया था। मैंने यह भी बताने का प्रयत्न किया था कि आधुनिक युग में पाठक भी बदल गया है और कवि भी बदला है। यन्त्र-युग की समस्याएँ और तरह की हैं, और उनके समाधान के रास्ते भी हू-ब-हू वही नहीं हैं जो पूर्ववर्त्ती युग के थे। जमाना बदल गया है, हमारी आवश्यकताएँ बवल गयी हैं, हमारी रहन-सहन बदल गयी है और इन सबके साथ-ही-साथ हमारा दृष्टिकोण भी बदल गया है। परन्तु संस्कृत के लक्षण-ग्रन्थों ने जिस आदर्श का प्रचार किया, वह परबर्त्ती स्तब्धवृत्तिक मध्ययुग में बराबर प्रेरणा देता रहा। हमारे विद्यार्थी के चित्त में ये लक्षणग्रन्थ और काव्य एक विशेष प्रकार का संस्कार पैदा करते हैं। आधुनिक युग के सब प्रयत्न उस संस्कार के द्वारा ठीक-ठीक समझे नहीं जा सकते। काव्य में वैयक्तिक स्वाधीनता का प्रवेश हुआ है, पुरानी कर्मव्यवस्था का निर्गमन हुआ है, गोप वधुओं की प्रेम-लीलाओं ने कवि की आन्तरिक निजी अनुभूतियों के लिए स्थान छोड़ दिया है, छन्दों में स्वच्छन्दता आयी है और सबसे बड़ी बात यह हुई है कि उपन्यास, कहानी आदि नये-नये साहित्यांग पैदा हुए हैं जो पाठक को काव्य से अधिक प्रिय हो गये हैं। छापे की मशीनों ने उनका उत्पादन बढ़ाया है और यातायात के विकसित साधनों ने उन्हें सर्वजन-सुलभ बनाया है। कवि के लिए कीर्ति पाने का रास्ता राजसभा में काव्य-पाठ करना और प्रतिद्वन्द्वी को पछाड़ना नहीं

रह गया है, छपे हुए अक्षरों को मौन पाठकों की आँखों तक पहुँचाकर उनके हृदय में घर बनाना हो गया है। काव्य का क्षेत्र संकुचित हो गया है, उपन्यासों और कहानियों का क्षेत्र विस्तृत हो गया है। काव्य को न तो अब वाक्पाटव की कला माना जाता है, न गोष्ठी-विहारों में मनोरंजन करने का साधन। भरत से भी पहले से शृंगार को मुख्य रस माना जाता था, वह आज भी कवि को स्वीकृत है, परन्तु रसध्वनि की अपेक्षा वस्तुध्वनि के आस्वादन में पाठक को कम आनन्द नहीं मिलता और इसीलिए वस्तुध्वनि का जोर बढ़ रहा है। उत्तरकाल का संस्कृत कवि राजदरबार की ओर अधिकाधिक झुकता गया और इसका फल यह हुआ कि कविता में वाक्पटुता को ही अधिक स्थान मिलने लगा और बृहत्तर सामाजिक चेतना की ओर ध्यान नहीं दिया गया। कविता की सहज और शक्तिशाली अन्तर्धारा सामन्त सभ्यता की बालुका के नीचे अविरल भाव से बहती गयी। अन्त में नतीजा यह हुआ कि वास्तविक जीवन्त रसधारा कबीर, सूरदास और तुलसीदास को आश्रय करके अत्यन्त स्वस्थ और मनोरम रूप में प्रकट हुई। संस्कृत के लक्षणग्रन्थों की प्रेरणा भी जीती रही, पर वह महत्त्वहीन हो गयी।

परन्तु मुझे खेद है कि मैंने अपने उस वक्तव्य में अपने साहित्य की दुर्बलता की ओर ही पाठकों का ध्यान अधिक आकृष्ट किया है। मेरा उद्देश्य अपने साहित्य के अत्यन्त महिमामय रूप की ओर से आँख मूँदना नहीं था, मैं केवल उस तथ्य की ओर उनकी दृष्टि फेरना चाहता था जिनकी यदि ठीक-ठीक जानकारी न हो और जिन्हें यदि विवेकपूर्वक ग्रहण न किया जाय तो वे हमारे विद्यार्थियों में काव्य के उपकरणों को ही काव्य समझने की आदत डाल देंगे और डाल देते हैं। फिर भी मुझे इस बात से दुःख हो रहा है कि हमने अपने देश के महाकवियों द्वारा निरन्तर उद्घाटित और प्रचारित पूर्ण सत्य की बात न करके, दरबारी कवियों द्वारा प्रचारित खण्ड-सत्य पर ही अब तक आपकी दृष्टि को उलझा रखा था। मैं भी जानता हूँ और आप भी जानते हैं कि हमारे पुराने साहित्य का चरम लक्ष्य खण्ड-सत्य कभी भी नहीं रहा है। वाल्मीकि या व्यास, या कालिदास मनुष्य की महिमा के प्रचारक थे; उसकी दुर्बलता के नहीं और न उसकी उस सहजात पशुसुलभ मनोवृत्ति के प्रचारक थे जो थोड़ी-सी उत्तेजना पाते ही झनझना उठती है। भारतीय

साहित्य ने 'जीवशास्त्रीय' समझी जानेवाली उस लालसा को प्राधान्य नहीं दिया जो समस्त जीवों की स्थिति के प्रयोजन की पूर्ति करती है। इस लालसा से अतिरिक्त, प्रयोजनातीत, सत्य को ही उन्होंने मनुष्य का अपना 'सत्य' समझा था। प्रेम संयम और तप से उत्पन्न होता है, भक्ति साधना से प्राप्त होती है, श्रद्धा के लिए अभ्यास और निष्ठा की जरूरत होती है, ये पशुसुलभ आदिम मनोवृत्तियों की उपज नहीं हैं। वाल्मीकि को जब छन्दःसरस्वती का साक्षात्कार हुआ तो उन्हें सबसे बड़ी चिन्ता यह हुई कि किस प्रकार इसमें महान् चरित्र की अवतारणा की जाय—ऐसा महान् चरित्र, जो विपत्ति में म्लान न हो, सम्पत्ति में उतरा न उठे, विजयदर्प के समय क्षमा करना न भूले, शक्ति पाने पर सदय होने में न चूके और जीवन के उपरले स्तर की सफलताओं से अभिभूत होकर जीवन के गम्भीर तल में बहनेवाली चरितार्थता की धारा को न भूल जाय। कालिदास ने मदन-वैभव और अकाल-वसन्त की समस्त आकर्षक मोहकता को वैराग्य के एक भ्रूभङ्ग में धूलिसात् करा दिया, और फिर तपस्या की आँच में तपाकर प्रेम के कुन्दन को चमकाया। सीता, पार्वती और राधिका भारतीय कवि की आदर्श कल्पना हैं। सबको तपस्या की आँच में तपना पड़ा है, सबको दुःख और वेदना के मरुकान्तार को पार करना पड़ा है और तब जाकर भारतवर्ष के सहृदय ने उन्हें देवता के आसन पर बैठाया है। संयम बड़ी वस्तु है, तपस्या बड़ी वस्तु है। क्षणिक आवेग, सामयिक उन्माद, अधीर विनिवेदन तब तक भारतीय कवि के चित्त को मुग्ध नहीं करते जब तक वे संयम, तप और भक्ति में स्नान करके पवित्र न हो गये हों। दुष्यन्त और शकुन्तला का प्रथम मिलन केवल खण्ड-सत्य था। कवि ने उस अभिशप्त प्रीति को विजयी नहीं होने दिया है। विजयी हुआ है वह प्रेम, जो जीवनरस में पूरी तरह परिपक्व होकर निकला है। पहले लेख में इस अपूर्व मोहक लोक में आपको न ले जाकर मैं जो खण्ड-सत्य के ढूहों में भटकाता रहा वह यद्यपि अकारण नहीं था तो भी मेरे मन में यह कचोट रह गयी है कि मैंने एकांगी परिचय देकर अपराध किया है। भारतवर्ष के कवि ने जिस सौन्दर्यलक्ष्मी की सृष्टि की है, वह अपूर्व है। जिन्होंने इस देश में जन्म लिया है वे यदि इस पर मुग्ध हों तो कोई आश्चर्य की बात नहीं है, पर जो लोग इस देश से हजारों कोस दूर रहते हैं और

संयोग से इस सौन्दर्यलक्ष्मी की एक हल्की झाँकी पा गये हैं वे भी इसे देखकर कृत-कृत्य हुए हैं; उन्हें भी अपनी आँखों की सफलता पर गर्व हुआ है और वे इसे अधिकाधिक पा सकने में प्रयत्नशील हुए हैं। कालिदास के 'विक्रमोर्वशीय' नाटक के पुरुरवा की भाँति इस महनीयरूपा सौन्दर्यलक्ष्मी को देखकर कहने की इच्छा होती है :

यदृच्छया त्वं सकृदप्यवन्ध्ययोः
पथि स्थिता सुन्दरि यस्य नेत्रयोः।
त्वया विना सोऽपि समुत्सको भवेत्
सखीजनस्ते किमुतार्द्र सौहृदः ॥

संस्कार बड़े प्रबल होते हैं, वे विवेक को प्रायः ही दबोचते रहते हैं। भारतीय सहृदय एक प्रकार के संस्कारों में पलता है और दूसरे देश के सहृदय दूसरे प्रकार के। जो काव्यलक्ष्मी इन संस्कारों को दबा सके, उसमें प्राणशक्ति का अपूर्व विलास मानना चाहिए। कभी-कभी अच्छे सहृदय भी अपने बद्धमूल संस्कारों से काव्य-सौन्दर्य को परखने का प्रयत्न करते हैं और दृष्टव्य को छोटा करके देखने में रस पाते हैं। एक उदाहरण दूँ। आप सभी जानते हैं कि दीर्घकाल से भारतवर्ष इस बात में विश्वास करता रहा है कि किये का फल जरूर भोगना पड़ता है। इस जन्म में नहीं तो अगले जन्म में उसे अपने कर्म का फल भोगना ही पड़ेगा। इससे बच सकना सम्भव नहीं है। इस जन्म में जो कुछ भी मनुष्य ने पाया है वह पूर्वजन्म के पुण्य या पाप का परिणाम है और इस जन्म में जो पुण्य या पाप करेगा उसे भी उसको भोगना ही पड़ेगा। इस विश्वास का प्रभाव भारतवर्ष के साहित्य पर पड़ा है। इस साहित्य में वह वस्तु एकदम नहीं मिलेगी जिसे पश्चिम के साहित्य में 'समाज के प्रति विद्रोह भावना' कहकर बहुत बड़ा नाम दिया गया है। वस्तुतः प्राचीन हिन्दू कवि इस जगत् के समस्त विधान को सामंजस्यपूर्ण और उचित मानता था। धनी या निर्धन होना पुराने पुण्य या पाप का परिणाम है, अच्छे या बुरे कुल में जन्म लेना सुकृत या दुष्कृत का फल है, इसमें कहीं विरोध या विद्रोह की जरूरत ही नहीं है। साहित्य में इसीलिए 'रिवोल्ट' नामक वस्तु का यहाँ एकदम अभाव है। मैं यहाँ यह नहीं कह रहा हूँ कि प्राचीन भारतीयों का ऐसा विश्वास ठीक था या

गलत था। मैं यह भी नहीं कहने जा रहा हूँ कि 'रिवोल्ट' का होना वांछनीय है या अवांछनीय। यह सब अवान्तर प्रसंग हैं। यथा अवसर मैं इसकी चर्चा करूँगा। यहाँ मैं केवल संस्कारों की प्रबलता और तज्जन्य सांस्कृतिक मनोद्वन्द्व का एक उदाहरण आपके सामने रख रहा हूँ। यह समझना आसान है कि कर्मफल की अवश्य-प्राप्यता में विश्वास करनेवाला नाटककार जगत् की समंजस-व्यवस्था को चुनौती नहीं दे सकता। भारतीय नाटकों में यह प्रथा रूढ़ हो गयी है कि धर्मात्मा को पापात्मा से कभी पराजित होते न दिखाया जाये और सद्विचारशील व्यक्ति कठिनाइयों से जूझता हुआ हार न जाने पाये।

यह विश्वास भारतीय नीतिशास्त्र के मूल में है और भारतवर्ष के समस्त प्रयत्नों को इस नैतिक आदर्श के अनुसार रूप देने का प्रयत्न किया गया है। इसीलिए भारतवर्ष में उस श्रेणी के नाटक या आख्यायिका या काव्य नहीं लिखे गये जिन्हें 'ट्रैजेडी' कहते हैं। परन्तु यदि एक बार मनुष्य के मानसिक आवेगों और संवेगों को दृष्टि में रखकर विचार करें तो एक दूसरी सचाई भी सामने आती है। मनुष्य के अनेक मानसिक संवेग (इम्पल्स) जो एक-दूसरे के विरुद्ध जाते हैं, या एक-दूसरे को क्षीणबल करते रहते हैं, कलाकार के संवेदनशील चित्त में युगपत् उत्थित होते हैं। हमारे देश के अलकारशास्त्रियों ने स्वीकार किया है कि दो विरुद्ध भाव एक ही आश्रय के मन में आ सकते हैं, रस की अनुभूति में ये सब समय बाधक ही होते हैं। इसीलिए इनमें किसी एक को या तो अंग बनकर गौण हो जाना चाहिए या आश्रय का भेद दिखाकर रसबोध के मार्ग को निष्कण्टक कर देना चाहिए। लेकिन यह तो इस पर से अनुमान कर ही लिया जा सकता है कि आश्रय के चित्त में न सही, कवि के चित्त में ऐसे-ऐसे विरुद्ध भाव एक साथ आ जाते हैं। कवि या कलाकार के चित्त में ये विरुद्ध-अविरुद्ध भाव अपने विरोधी स्वभाव को छोड़कर बने रहते हैं और अवसर पाकर जब कला के माध्यम से प्रकट होते हैं तो श्रोता के चित्त में विचित्र सामंजस्य उत्पन्न करते हैं। तरस खाना और करुणार्द्र होना विषय के प्रति अभिमुखीकरण के संवेग हैं, इनके द्वारा चित्त उस वस्तु की ओर अभिमुख होता है जिसे देखकर ये भाव उदित हुए थे। विभीषिका और त्रास प्रतिमुखीकरण के संवेग हैं,

इनके द्वारा मनुष्य विषय की ओर जाना नहीं चाहता, उसे दूर छोड़कर मुँह फिरा लेना चाहता है। दुःखान्त नाटकों में ये दोनों भाव एक साथ काम करते रहते हैं। हमारे देश का आलंकारिक निश्चित रूप से कहेगा कि इनमें दोनों समान शक्तिशाली नहीं हो सकते, एक अंगी होकर रहेगा व दूसरा अंग, या फिर दोनों तुल्यबल हुए तो रसबोध को ही मार डालेंगे। परन्तु ट्रैजेडी के आलोचक मानते हैं कि ये दोनों संवेग श्रोता के चित्त में एक साथ वर्त्तमान रहते हैं और एक ऐसे अलौकिक आस्वाद को उत्पन्न करते हैं जो साधारण जीवन के अनुभवों से हू-ब-हू नहीं मिलते। आधुनिक मनोविज्ञान ने बताया है कि हम दो कौशलों से उन मनोवेगों को तरह दे जाते हैं जिनसे हैरान होने की आशंका होती है—दमन से और उन्नयन से। ट्रैजेडी की महिमा इस बात में है कि वह इन दोनों से हमें मुक्त रखती है। कठिनाई या तो मनोभावों के दमन से पैदा होती है या उनके उन्नयन से। सफलता मिलने के समय मनुष्य न तो किसी मनोभाव का दमन करता है न उन्नयन। सफलताजन्य सन्तोष इस विश्वास का फल है कि स्नायुमण्डल ठीक है, कहीं कोई आयास नहीं करना पड़ा है। आधुनिक सौन्दर्यशास्त्री ट्रैजेडी को सर्वप्रेरक और सर्वग्राह्य वस्तु मानते हैं क्योंकि वह दो परस्पर-विरुद्ध मनोभावों का सन्तुलन ठीक रखकर आश्चर्यजनक सामंजस्य उत्पन्न करती है।

ये दो दृष्टियाँ हैं। एक समाज की समंजय-व्यवस्था को अनालोड़ित रखने के उद्देश्य से सामाजिक मंगल के रास्ते चलकर प्राप्त की गयी है और दूसरी व्यक्ति-मानव के मनोवेगों का निरीक्षण करके उपलब्ध की गयी है। किसी की महिमा अस्वीकार नहीं की जा सकती। अस्वीकार करने के लिए अधिक-से-अधिक धीर विवेचना और मानसिक संयम की आवश्यकता है। भारतीय कवि ने अपने विश्वासों के अनुसार जगत् के समंजस विधान में सन्देह करना उचित नहीं समझा। अपने लिए उसने आत्मनिर्मित अनेक बन्धन स्वीकार कर लिये। इन बन्धनों के भीतर उसने जो रससृष्टि की, उसे अन्य देश और अन्य काल के संस्कारों के चश्मे से देखने से हम उसका सौन्दर्य नहीं उपलब्ध कर सकेंगे।

समूचे भारतीय काव्य में—नितान्त आधुनिक काल को छोड़कर—कवि ने अपने को सदा निर्लिप्त द्रष्टा बनाये रखा है। वह चीज जिसे वैयक्तिक

स्वाधीनता कहते हैं, जिसमें कवि हर द्रष्टव्य को अपने अनुराग-विराग में डुबोकर देखता है, आधुनिक युग की उपज है। यह बात इस देश में नयी है। भारतीय कवि को समझना हो तो भारतीय संस्कारों को समझ लेना चाहिए, नहीं तो गलती हो सकती है। प्रसिद्ध संस्कृत विद्वान श्री ए. बी. कीथ ने भारतीय नाटकों की आलोचना के सिलसिले में एक जगह लिखा है, "मानव-जीवन के गम्भीरतर प्रश्नों के लिए कालिदास ने हमारे लिए कोई सन्देशा नहीं रख छोड़ा है और जहाँ तक हम देख सकते हैं ऐसे गम्भीरतर प्रश्नों ने उनके भी मस्तिष्क में कोई सवाल नहीं पैदा किया। ऐसा जान पड़ता है कि गुप्त-सम्राटों ने जिस ब्राह्मण-धर्मानुमोदित समाज-व्यवस्था की स्थापना की थी, उसमें वे (कालिदास) पूर्णतया सन्तुष्ट थे और विश्व की समस्याओं ने कभी उन्हें उद्विग्न नहीं किया। 'शकुन्तला' नाटक यद्यपि मोहक और उत्कृष्ट है तथापि वह एक ऐसी संकीर्ण दुनिया में चलता-फिरता है जो वास्तविक जीवन की क्रूरताओं से बहुत दूर है। वह न तो जीवन की समस्याओं का उत्तर देने का प्रयत्न करता है और न उसका समाधान ही खोज निकालने की चेष्टा करता है। यह सत्य है कि भवभूति ने दो कर्त्तव्यों के विरोध के अस्तित्व की जटिलता और कठिनता के भाव दिखाये हैं और उस विरोध से उत्पन्न दुःख को भी दिखाया है, पर उनके ग्रन्थों में भी इसी नियम का प्राबल्य दिखायी देता है कि सबकुछ का अन्त सामंजस्य में ही होना चाहिए। ब्राह्मण-धर्मानुमोदित जीवन-सम्बन्धी सिद्धान्तों ने नाटकीय दृष्टिकोण में कितनी संकीर्णता ला दी है, इस बात को संस्कृत नाटकों का समूचा इतिहास प्रमाणित करता है। यही नहीं, ब्राह्मण-धर्मानुमोदित परम्परा को स्वीकार करने के कारण ही 'चण्डकौशिक' जैसे नाटक लिखे जा सके हैं जहाँ एक अभागे राजा की दानशीलता से उत्पन्न ऋषि विश्वामित्र की विक्षिप्तजनोचित प्रतिहिंसा से तर्क और मनुष्यता के प्रति बेहद विद्रोहाचरण हुआ है।"*

यह उद्धरण किसी उत्साही ईसाई धर्मप्रचारक की पुस्तक से नहीं लिया गया है। श्री कीथ विचारशील पण्डित हैं, भावावेग से वे चलित नहीं होते। कई बार उन्हें भारतीय सभ्यता के उत्साहपरायण विरोधियों से लोहा लेना

---

* ए. बी. कीथ, 'संस्कृत ड्रामा', आक्सफोर्ड, 1 । 24, पृष्ठ 280

पड़ा है। उन्हें यूरोपीय पण्डितों के चित्त से अनेक भ्रान्त धारणाओं को दूर करने का श्रेय प्राप्त है। इसलिए यह उद्धरण यों ही टाल देने लायक नहीं है। इसमें जिन बातों को छोटा दिखाने का प्रयत्न किया गया है, उसे छोटा दिखाने के लिए वृहत्तर नैतिक पटभूमिका पर रखना उचित था। यदि उस वृहत्तर पटभूमि पर कालिदास या वाल्मीकि सचमुच छोटे दिखें तो छोटे ही हैं, पर ऐसी बात नहीं है। इस प्रसंग में लेखक ने अपने संस्कारों के चश्मे से देखने की गलती की है। यह नहीं कहा जा सकता कि इन्होंने जो बातें कही हैं वे गलत हैं। गलत है उनकी दृष्टिभंगी। सचाई गलत ढंग से देखी जाने पर अवहेलनीय हो जाती है। जो मनुष्य मानता है कि यह संसार क्षणभंगुर है, इस परिवर्त्तमान क्षणभंगुरता के बाह्य आवरण के भीतर एक चिरन्तन सत्ता है जो सब सत्यों का सत्य है, और जिसे आश्रय करके ही बाह्य जगत् की सत्ता प्रतिभात हो रही है, वह जीवन के गम्भीरतर प्रश्नों की बात मानता ही कहाँ है कि उसका उत्तर देता फिरे? उसके मन से तो जीवन के गम्भीरतर प्रश्नों का समाधान हो गया रहता है। बाकी प्रश्न केवल ऊपरी और भ्रम-जन्य हैं। जिसे आजकल जीवन कहा जाता है, वह भारतीय कवि की दृष्टि से कर्मबन्ध के भोग के लिए एक क्षणिक पड़ाव है। मनुष्य का शाश्वत निवास यह कर्म प्रपंचमूलक जगत् नहीं है। धन और यौवन की समस्याएँ जीवन के गम्भीरतर प्रश्न तो हैं ही नहीं, उनका मूल्य स्वप्न में देखे हुए सुख-स्वप्न के समान नितान्त क्षणभंगुर है। मनोविनोद के लिए इस चिन्ता को थोड़ी देर के लिए मान लिया जा सकता है, पर सम्पूर्ण भारतीय साहित्य इसे इतने से अधिक महत्त्व नहीं देता। वास्तविक और गहन प्रश्न है इस लोक से बाहर का। भारतवर्ष का कवि उस पर ही दृष्टि जमाता है। जो लोग इसी में उलझे हुए हैं, उन्हें देखकर उसे आश्चर्य होता है। भला,

चला विभूतिः क्षणभंगि यौवनं
कृतान्तदन्तान्तरवर्ति जीवतम्
तथाप्यवज्ञा परलोकसाधने
नृणां न कि विस्मयकारि चेष्टितम्।

वस्तुतः यदि कोई सचमुच भारतीय साहित्य का रस अनुभव करना चाहे तो उसे भारतवर्ष के इन चिरसंचित संस्कारों का अध्ययन अवश्य कर

लेना चाहिए। जब हम देश और काल के इन विश्वासों को ठीक-ठीक समझ लेंगे, तभी उनके आधार पर रचित साहित्य के अनाविल रसरूप का परिचय पा सकेंगे। श्री कीथ जैसे विद्वान को भी जब हम विचलित होते देखते हैं तो लगता है कि अभी बहुत प्रयत्न की आवश्यकता है। एक क्षण के लिए सोचिए कि यदि आप भी ग्रीक ट्रैजेडी को उसी प्रकार भारतीय वेदान्त के संस्कारों के चश्मे से देखें तो आलोचना कैसी होगी। मैं समझता हूँ, वह कुछ इस प्रकार की होगी :

"ग्रीक साहित्य के श्रेष्ठ नाटककार भी मायाजन्य भ्रममूलक बातों को ही जीवन का गम्भीरतर प्रश्न समझते रहे। इस निरन्तर परिवर्त्तमान जगत् के भीतर भी एक शाश्वत सत्ता है, एक चिन्मय 'सत्' है जो प्रकृति के भासमान विकारों से एकदम निर्लिप्त है, यह सहज-सी बात कभी उनके मस्तिष्क में आयी ही नहीं। ट्रेजोन की पौराणिक कल्पनाओं के आधार पर जो नाटक लिखे गये वे कभी भी जीवन के वास्तविक गाम्भीर्य तक पहुँचे ही नहीं। वे और उन्हीं के आदर्श पर लिखे गये उत्तरकालीन अंग्रेजी नाटक, एक ऐसे उद्देश्यहीन मायाजाल में उलझे हुए छटपटाते रहे जहाँ पर पद-पद पर परस्पर-विरुद्ध जानेवाले कर्त्तव्यद्वन्द्व उन्हें सताते रहे और अन्त तक वे किसी सामंजस्य-मूलक जागतिक व्यवस्था का पता न लगा सके। ग्रीक विचारधारा ने नाटकीय दृष्टि को कितना विश्रृंखल बना दिया है, इस बात को यूरोपीय नाटकों का समूचा इतिहास बड़े स्पष्ट रूप में दिखा देता है।" इत्यादि-इत्यादि।

कहना बेकार है कि इस प्रकार आलोचना से हम ग्रीक साहित्य के सौन्दर्य को खो देंगे और फिर कोई भी यह नहीं कह सकेगा कि हम अपने वेदान्ती विश्वासों के प्रति पूर्ण ईमानदार नहीं हैं। सचाई भी गलत ढंग से प्रकट करने पर झूठ हो जाती है।

फिर, जीवन के गम्भीरतर समझे जानेवाले प्रश्नों का साहित्य में समाधान खोजना आधुनिक प्रवृत्ति है, अत्यन्त हाल में जड़ विज्ञान की उन्नति के साथ-साथ मनुष्य की दुनिया छोटी हो गयी है। यन्त्रों के आविष्कार ने जहाँ जीवन की ऊपरी आवश्यकताओं की पूर्त्ति के लिए प्रचुर उत्पादन की व्यवस्था की है, वहाँ उससे वितरण और उपयोग की उतनी

ही अच्छी व्यवस्था नहीं हो सकी है; क्योंकि उत्पादन के साधन कुछ थोड़े-से लोगों के हाथों में चले गये हैं। उनके हथियाने में जिस बौद्धिक कौशल की आवश्यकता है, वह मनुष्य अनायास ही उचित अवसर मिलने पर पा जाता है। परन्तु उससे उत्पादित सामग्री को सब तक पहुँचाकर, सबके साथ मिलकर भोगने में जो मानसिक औदार्य और बौद्धिक निर्लिप्तता आवश्यक है, वह उतनी आसानी से नहीं मिलती। पहली मनोवृत्ति छीन-झपटकर अपना स्वार्थ साधन करने के कौशल को प्रश्रय देती है, इसे मनुष्यों ने अपने पूर्वज पशुओं से विरासत के रूप में पाया है। दूसरी मनोवृत्ति में आत्मत्याग, परदुःख-संवेदना और मनुष्य की चरम एकता के भाव हैं, जो संस्कार और साधना की अपेक्षा रखते हैं। पहली मनोवृत्ति ने शोषकों का दल पैदा कर दिया है, परन्तु दूसरी मनोवृत्ति अब भी अत्यन्त शिशु-रूप में है। इस नयी अवस्था ने संसार के सामने सैकड़ों समस्याएँ उपस्थित कर दी हैं। घिनौने युद्ध और भयंकर अकाल अब प्रकृति के कोप से नहीं होते, मनुष्य की दुर्ललित वासनाओं के कारण हो रहे हैं। जीवन एक सिरे से दूसरे सिरे तक इस प्रकार झकझोर दिया गया है कि पुराने संचित संस्कार बुरी तरह झड़ गये हैं और एक-दूसरे से उलझ गये हैं। मनुष्य ने इतने दिनों तक जीवन के विभिन्न पहलुओं का जो मूल्य आँका था वह अधिकांश भहराकर चकनाचूर हो गया है। बहुत-कुछ टूट रहा है, बहुत-कुछ ढह रहा है। मनुष्य सर्वत्र इन समस्याओं का समाधान खोजता है। वह विज्ञान से इसका हाल पूछता है, इतिहास से इसका रास्ता पूछता है और साहित्य से इसके समाधान की आशा रखता है। जीवन जटिल हो गया है। जहाँ विज्ञान ने ज्यादा पैर जमाया है, जहाँ व्यवसायमूलक क्रान्ति हुई है, अर्थात् जहाँ अवसर देखकर एक दल ने उत्पादन के साधनों को हथिया लिया है, वहीं समस्याएँ सहस्रमुखी हो गयी हैं। उन्होंने नाटक को ग्रस लिया है, काव्य को ग्रस लिया है और साहित्य को समझने की दृष्टि को भी ग्रस लिया है। पुराने भारतीय कवि की अपनी सीमाएँ हैं, ग्रीक कवि की भी अपनी सीमाएँ हैं। उन सीमाओं के भीतर उन्होंने कैसी रूप और रस की सृष्टि की है, यही विचार्य है। आधुनिक समस्याओं का समाधान उनमें नहीं मिलेगा ऐसा तो नहीं है, परन्तु उत्तर सामान्य और व्यापक ढंग का होगा, विशिष्ट या शंकुभूत नहीं,

क्योंकि जीवन की सभी समस्याएँ सामयिक ही नहीं हैं, कुछ दीर्घ-स्थायी भी हैं। पुराने लोगों ने भी कुछ का सामना किया था। उनके सभी अनुभव बासी नहीं हो गये हैं। प्रसिद्ध तन्त्रशास्त्रज्ञ सर जान वुडरफ़ ने एक बार बड़े अफसोस के साथ कहा था कि "साधारणतः यूरोपीय प्राच्य-विद्याविशारदगण और उनके वे भारतीय शिष्य जो उनकी ही अँगुली पकड़-कर चला करते हैं, कुछ ऐसे अवहेलामूलक विचारों का पोषण करते हैं कि भारतीय शास्त्र केवल ऐतिहासिक कुतूहल के विषय हैं। यही कारण है कि वे इस तथ्य को स्वीकार नहीं कर पाते कि प्राचीन पूर्वीय ज्ञान और आधुनिक आविष्कारों में भी आश्चर्यजनक साम्य मिलता है।"*

इस प्रकार की सदोष दृष्टि का परिमार्जन वांछनीय है।

इस प्रकार की दृष्टि लेकर भारतीय साहित्य को देखनेवालों ने अनजान में इस देश में एक प्रकार की प्रतिक्रिया उत्पन्न कर दी है। इसी प्रतिक्रिया के कारण इस देश में उन अत्यन्त उत्साहपरायण समालोचकों का आविर्भाव हुआ है जो सब समस्याओं का समाधान एक ही कसौटी पर कसके करने लगे हैं: 'हमारे यहाँ' ऐसा माना है, या 'हमारे यहाँ' ऐसा नहीं माना है, 'हमारे यहाँ' उनका अमोघ ब्रह्मास्त्र है जिससे किसी को भी धराशायी किया जा सकता है। 'पाश्चात्य विचारों का प्रभाव' उनका ऐसा बहुधा विघोषित निन्दा वाक्य है कि जिस किसी विचार को परास्त करने के लिए यह एक वाक्यांश बहुत काफी समझा जा सकता है। साधारणतः उपनिषदों के कुछ मन्त्र या 'काव्यप्रकाश' या 'साहित्य दर्पण' के कुछ श्लोक पढ़कर ये लोग काव्यगत सौन्दर्य के उत्कर्ष या अपकर्ष का निर्णय किया करते हैं और उसके बाहर के किसी भी विचार को 'पाश्चात्य' कहकर निश्चिन्त हो जाते हैं। यह प्रायः ही भुला दिया जाता है कि 'हमारे यहाँ' कोई छोटा-मोटा ज्ञान-रत्नाकर नहीं है। किसी एक ही विचार को भारतीय विचार कह देना न केवल अपनी अल्पज्ञता का प्रदर्शन करना है, बल्कि अपने देश की विशाल ज्ञान-परम्परा का अपमान करना भी है। न जाने इस 'हमारे यहाँ' नामक समुद्र में कितने ज्ञान के रत्न और संस्कारों के नक्र-मकर भरे पड़े हैं। इसमें आत्मवादी हैं, अनात्मवादी हैं, वैराग्यमार्गी हैं, भोगमार्गी हैं, द्वैतवादी हैं,

---

* 'क्रिएशन ऐज एक्सप्लेण्ड इन दि तन्त्राज'

अद्वैतवादी हैं, शून्यविश्वासी हैं, नियतिविश्वासी हैं। नाना मतमतान्तरों के इस विशाल भाण्डार से ज्ञान के एकाध टुकड़े चुनकर उसी को सम्पूर्ण मनीषा की एकमात्र उपज मान लेना क्या उचित है? हमारे देश का इतिहास हजारों वर्षों की निरन्तर प्रवहमान विचारधारा से समृद्ध है। हमारे पूर्वजों ने अपने सुदीर्घ इतिहास में न जाने कितनी सामयिक परिस्थितियों से युद्ध किया है, कितने विकट प्रश्नों का समाधान खोजा है, वे परिस्थितियाँ समाप्त हो गयीं, उन विकट प्रश्नों को उपस्थित करनेवाले घटनाचक्र महाकाल के रथचक्र के नीचे पिस गये, इतिहास के अनवरुद्ध धारा के वेग में उन प्रश्नों के सोचे समाधान भी समाप्त हो गये, केवल किनारों पर छिटककर छूट गये कुछ ग्रन्थ, कुछ शिलालेख और कुछ अनुभव जो हमारे पास रह गये हैं। भारतीय विचारधारा इन सबसे बड़ी वस्तु है। हमारा ज्ञान-भण्डार केवल संयोगवश प्राप्त कुछ छिटके-फुटके ताल-पत्रों और प्रस्तरखण्डों की लिपियों तक ही सीमाबद्ध नहीं है। और कुछ थोड़े-से श्लोकों में उसे बाँधने का प्रयत्न तो एकदम हास्यास्पद है। ऐसा करने से हम वृहत्तर मानवी दृष्टि की प्रतिष्ठा में बाधा खड़ी करते हैं। हमारे देश के मनुष्य भी वृहत्तर मानवसमाज के अंग हैं। हमारे पास जो कुछ भी साहित्य बच रहा है, वह यद्यपि अत्यन्त कम है तो भी विशालता तथा गम्भीरता में वह संसार का सर्वश्रेष्ठ साहित्य है। उसमें हजार प्रश्नों के हजार उत्तर हैं। उनकी निपुण भाव से परीक्षा करनेवालों ने देखा है कि भारतीय मनीषियों ने हर बात का मूल्य बृहत्तर नैतिक पटभूमिका पर रखकर ही किया है। काव्य का ही अगर प्रश्न लिया जाय तो हमारे देश के मनीषियों ने कभी भी उसे विश्वजनीन नैतिक पटभूमि से निम्न स्तर पर रखकर विचार नहीं किया। आप उनसे सहमत हों, या नहीं, यह अवश्य स्वीकार करेंगे कि शब्द और अर्थ के 'साहित्य' की चारुता का विचार उन्होंने निम्नतर पटभूमि पर रखकर नहीं किया।

जहाँ तक केवल जीवन धारण करने का प्रश्न है, मनुष्य अपने प्रयोजनों से बँधा हुआ है। उसकी दुनिया प्रयोजनों की दुनिया है। परन्तु वह केवल जीवन धारण करने को, केवल किसी प्रकार बचे रहने को ही पर्याप्त नहीं समझता। वह अपने को नाना भाव से प्रयोजन के जगत् से बाहर भेजना चाहता है। वहीं उसका ऐश्वर्य है। पशु का जीवन केवल जीने के लिए है,

उसमें प्रेम नहीं है, सौन्दर्य-प्रीति नहीं है, कुछ नयी बात गढ़ने की इच्छा नहीं है। ये बातें मनुष्यजीवन का ऐश्वर्य हैं, उसका प्रकाश हैं। जिस जीवन में प्रेम नहीं, भक्ति नहीं, सौन्दर्य नहीं वह जीवन पशु का जीवन है। मनुष्य उतने से सन्तुष्ट नहीं है। घी का लड्डू टेढ़ा भी भला होता है, उससे प्रयोजन तो सिद्ध हो ही जाता है पर मनुष्य उतने से ही सन्तुष्ट नहीं होता। उसे लड्डू को सुन्दर बनाने में रस मिलता है। प्रयोजन के अतीत पदार्थ का ही नाम सौन्दर्य है, प्रेम है, भक्ति है, मनुष्यता है। जहाँ स्थूल जीवन का स्वार्थ समाप्त होता है, वहीं मनुष्यता प्रारम्भ होती है। जीवन में जहाँ तक स्वार्थ है वहाँ तक वह लालसा के क्षेत्र में रहता है, जहाँ उसके ऊपर जाता है वहाँ वह 'प्रेम' के जगत् में आता है। जीना ही केवल जीना थोड़े है !

कवि ठाकुर भोग संजोग सबै सुख जीजतु है पै न जीजतु है।
मनभावने प्यारे गुपाल बिना जग जीजतु है पै न जीजतु है॥

गद्य हमारे प्रयोजनों की भाषा है। काव्य हमारे प्रयोजनातीत आनन्द का प्रेरक है। समस्यासमाधान गद्य का काम है, जीवन की चरितार्थता काव्य का अभिप्रेत है। जब तक यह काव्य जीवन का अंग नहीं बन जाता तब तक मनुष्य दीन होता है, प्रकाशहीन होता है; पर काव्य का रस जब उसे मिलता है, जब वह केवल प्रयोजनों की दुनिया से ऊपर उठता है तब उसे उस वस्तु का अनुभव होता है जो 'मनुष्यता' है जो उसके हृदय को संवेदनशील और उदार बनाती है। यह मनुष्य जीवन का ऐश्वर्य है। जीवन का यही काव्य नाना भाव से अपने को प्रकाशित करता है। काव्य में, शिल्प में, नृत्य में, गीत में, धर्म में, भक्ति में मनुष्य उस अपार भूमा का रस पाता है जो उसे प्रयोजनों की संकीर्ण दुनिया से उठाकर असीम में प्रतिष्ठित करता है। तभी वह उपनिषद् के ऋषि की भाषा में कह उठता है—'भूमैव सुखं, नाल्पे सुखमस्ति'।

मनुष्य के सभी विराट प्रयत्नों के मूल में कुछ व्यक्तिगत या समूहगत विश्वास होते हैं, परन्तु जब वे उस संस्कारजन्य प्रयोजन की सीमा का अतिक्रम कर जाते हैं तो उनमें मनुष्य की विराट एकता और अपार जिजीविषा का ऐश्वर्य प्रकट होता है। फिर वे किसी सीमा में आबद्ध न रहकर मनुष्यमात्र की सम्पत्ति हो जाते हैं। ताजमहल कुछ व्यक्तिगत प्रीति और कुछ समूहगत संस्कारों की बुनियाद पर खड़ा हुआ है, परन्तु मानवमात्र को मुग्ध

करने योग्य सुन्दर रूप में ढलने के बाद वह उस सीमा को अतिक्रम कर गया है। कोणार्क के मन्दिर की जो लोग केवल यह कहकर उपेक्षा करते हैं कि वह मूर्त्तिपूजा को प्रश्रय देनेवाली कला है तो वे संस्कृति के बहुत निचले स्तर पर भी नहीं पहुँच सके। वे उन बर्बरों के स्तर से बहुत ऊपर नहीं उठ सके जिन्होंने कुफ्र दूर करने के लिए मन्दिरों और मूर्त्तियों को ध्वंस किया था और प्रतिहिंसा से स्पर्द्धित होकर सुन्दर मकबरों में भूसा भरवा दिया था। आज के प्रजातन्त्र के युग में तुलसीदास को राजतन्त्र का प्रचारक कहकर आसानी से फेंक दिया जा सकता है। ये लोग भूल जाते हैं कि जितना हिस्सा जलता है, वह प्रकाश नहीं कहलाता। प्रकाश उससे अतिरिक्त वस्तु है। ताप केवल प्रयोजन है, प्रकाश उसका ऐश्वर्य है, उसका अतिरिक्त दान है। तुलसीदास का काव्य उस प्रयोजन से कहीं अधिक प्रकाश देता है, जिसके लिए वह रचित हुआ था। वह रामनाम का प्रचारक है, पर इतना ही उसका परिचय नहीं है। वह मनुष्य के सुख-दुःख को, आशा-आकांक्षा को उसके सम्पूर्ण ऐश्वर्य के साथ प्रकट करता है। मनुष्यजीवन में जो कुछ श्रेष्ठ है, जो कुछ महत् है, उसी का विजयोद्‌घोष करता है, वह उस मानवीय महिमा का प्रचारक है जो धर्म की कान्ति से मनोहर हो उठा है, वीरता के तेज से दीप्त हुआ है और सतीत्व की श्री से समृद्ध हुआ है। वह मानवधर्म के जगद्विदित महामान से पूरा उतरता है, इसीलिए वह महान् है। जब-जब और जहाँ-जहाँ यह मनुष्यपन का ऐश्वर्य काव्य में, नाटक में, चित्र में, मूर्त्ति में अपनी प्रयोजन की सीमा को छोड़कर प्रकाशरूप में प्रकट हुआ है, वहीं-वहीं वह पूजनीय हुआ है। उसी महिमा के बल पर महाकवियों की रचनाओं ने देवता को मनुष्य बनाया है। मूर्त्तिकारों की छेनी ने पत्थर में प्राणसंचार किया है और नागराय दारुखण्ड को पूजार्ह बनाया है।

आज यदि आप संसार की सारी समस्याओं का विश्लेषण करें तो इनके मूल में एक ही बात पायेंगे— मनुष्य की तृष्णा। यह अद्‌भुत तृष्णा कहीं समाप्त होने का नाम नहीं लेती। मनुष्य में सर्वत्र अभाव-ही-अभाव भर गया है। जीवन की परिपूर्णता कम हो गयी है जो मनुष्य को जाचक न बनाकर दाता बनाती है। आज उत्पादन बढ़ाने की धूम है, जीवन का स्तर ऊँचा उठाने का संकल्प मुखर है; परन्तु जीवन में वह उच्छलित आनन्द कैसे आयेगा जो

मनुष्य को संयत, सन्तुष्ट और वदान्य बना सके, इसकी चिन्ता किसी को नहीं है। मैं भौतिक समृद्धि के प्रयत्नों को छोटा बनाने के उद्देश्य से यह बात नहीं कह रहा हूँ। उत्पादन को बढ़ाना आवश्यक है, जीवन स्तर को ऊँचा उठाने का प्रयत्न भी श्लाघ्य है, पर इतने से समस्या का हल नहीं हो जाता। तृष्णा वह आग है जिसके पेट में जितना भी झोंक दीजिए सब भस्म हो जायेगा। उस वस्तु की खोज होनी चाहिए जो मनुष्य को छोटे प्रयोजनों में बांधने के बदले उसे प्रयोजनातीत सत्य की ओर उन्मुख करे। साहित्य और संगीत यही काम करते हैं, कला और सौन्दर्य उसे इसी ओर ले जाते हैं। नितान्त उपयोगिता की दृष्टि से भी विचार किया जाये तो मनुष्यसमाज की स्थिति के लिए—सभ्यता और संस्कृति की रक्षा के लिए ही—यह आवश्यक हो गया है कि मनुष्य अपने उस महान् उन्नायक धर्म की उपेक्षा न करे जो उसे क्षुद्रता और संकीर्णता से ऊपर उठाते हैं। भौतिक समृद्धि के बढ़ाने का प्रयत्न होना चाहिए, पर उसे सन्तुलित करने के लिए साहित्य और संगीत आदि का भी बहुल प्रचार वांछनीय है। सो, प्रयोजनों की सीमा छोड़कर पशुसुलभ आहार-निद्रा के धरातल से ऊपर उठकर ही मनुष्य उस महिमा को पाता है, जो उसे देवता बनाते हैं। संक्षेप में इसी गुण को 'मनुष्यता' कहते हैं।

यह तो निश्चित है कि स्थूल जगत् को छोड़कर मनुष्य नहीं रह सकता और न अपने देश और काल की सीमाओं से अस्पृष्ट रहकर ही कोई शिल्प-सृष्टि कर सकता है। काव्य भी स्थूल जगत् से विच्छिन्न होकर नहीं रह सकता; क्योंकि शब्द और अर्थ ही उसके शरीर हैं और अर्थ शब्दों द्वारा सूचित बाह्य सत्ता को प्रकट करते हैं। एक व्यक्ति के चित्त में स्थित अर्थ को दूसरे के चित्त में प्रवेश कराके ही शब्द सार्थक होता है। भावावेग द्वारा कम्पित और आन्दोलित शब्दार्थ अपने सीमित अर्थ से अधिक को प्रकाशित करता है। शब्द के अभिधेय अर्थ से कहीं अधिक को प्रकाशित करनेवाली शक्ति को प्राचीनों ने नाना नाम देकर स्पष्ट करना चाहा है। सबसे अधिक प्रचलित और मान्य शब्द 'व्यंजना' है। अनुरणन के साथ उसकी तुलना करके उसी भावावेगजन्य कम्पन की ओर इशारा किया गया है। छन्द उस आवेग का वाहन है। छन्दोहीन भाषा में कल्पना और सम्मूर्त्तन तो हो सकता है, पर आवेग का कम्पन नहीं होता। प्राचीन कथाओं की गद्य समझी जानेवाली

भाषा में भी एक प्रकार का 'छन्द' है—एक प्रकार की वक्र कम्पनशील नृत्य-भंगिमा। वे कहानी की इस सीधी बात को कि 'एक था राजा' इतने सरल ढंग से नहीं कहेंगे। 'धनदर्प कन्दर्य सोन्दर्य सोदर्य रूपो भूपो बभूव।' यह भाषा ही छन्दोमयी है; इसमें छन्द है, झंकार है, लोच है, वक्रता है जो अर्थ में आवेग भरने का प्रयत्न करते हैं। उपन्यास में यह आवेग कम होते हैं; क्योंकि उनकी भाषा में गद्यात्माकता होती है, परन्तु जहाँ कहीं भी उसमें आवेग का कम्पन आता है, वहीं प्रच्छन्न छन्द भी रहता है। मेरे कहने का यह मतलब नहीं समझना चाहिए कि आवेग-कम्पित भाषा न होने के कारण मैं उपन्यास को कम महत्त्वपूर्ण साहित्यांग मानता हूँ। उपन्यास भी साहित्य के मुख्य उद्देश्य का उसी प्रकार पूरक है, जिस प्रकार काव्य। यहाँ पर मैं छन्द और प्रास की क्रिया तक ही अपने विचारों को केन्द्रित रख रहा हूँ। अनुप्रास भावावेग के वेग में नृत्य का छन्द जोड़ता है, जब एक ही ध्वनि बार-बार दुहरायी जाती है तो श्रोता आवेग की वङ्किमता से सहज ही प्रभावित हो जाता है। यदि काव्य में से अर्थप्रकाशक शब्द हटा दिये जायँ तो वह ध्वनि-प्रवाह संगीत बन जायेगा। वस्तुतः अर्थहीन छन्दःप्रवाह संगीत ही है। संगीत में बाह्य जगत् की उस सत्ता से, जो शब्द द्वारा प्रकाशित होती है, कम-से-कम योग होता है, ठीक उसी प्रकार जिस प्रकार गणित में उस आन्तर सत्ता से, जो आवेगकम्पित स्वर से प्रकाशित होती है, कम-से-कम योग होता है। चेतना के एक प्रान्त पर संगीत है, दूसरे पर गणित। संगीत में जिसे स्वर कहते हैं वह एक प्रकार का वेग ही है। बाह्य अर्थों से युक्त होने पर वह आवेग के रूप में प्रकट होता है। परन्तु काव्य जिस प्रकार शब्द-प्रकाश्य अर्थ के द्वारा बाह्य विषय-सत्ता से बँधा रहता है, उस प्रकार संगीत नहीं बँधा रहता। वह अपने-आप ही स्पन्दित होता है। ताल उसमें उसी प्रकार की अनुभूति क्षमता भरता है जिस प्रकार छन्द आवेग में। काव्य द्वारा और संगीत द्वारा स्पन्दित मानवचित्त के आवेगों में थोड़ा अन्तर होता है। काव्य में आवेग द्वारा जो स्पन्दन उत्पन्न होता है वह बाह्य सत्ता से पूर्णतया सम्बद्ध होता है, हम बाह्य घटनाओं की अनुभूति से चलित होते रहते हैं। काव्य पाठक के सुख-दुःख का आवेग उत्पन्न करता है। मनुष्य दूसरों के सुख-दुःख से प्रभावित होता है उनके साथ उसकी समवेदना होती है और अन्त तक उस सुख-

दु:ख को अनुभव करने लगता है। इस प्रकार काव्य मनुष्य-मनुष्य के भीतर वर्त्तमान एकत्व का प्रतिष्ठापक हो जाता है। काव्य प्रमाणित कर देता है कि व्यक्ति-मानव के ऊपरी विभेदों के नीचे एक अभेद है, एकता है।

कहते हैं, विभिन्न आवेगों से भिन्न-भिन्न जाति और आकृति के कम्पन उत्पन्न होते हैं। संगीत से भी उसी प्रकार के कम्पन उत्पन्न होते हैं जिस प्रकार के कम्पन काव्य से उत्पन्न होते हैं, फिर भी संगीत से उत्पन्न कम्पनों का योग बाह्य सत्ता से कम होने के कारण श्रोता के चित्त में उतनी गाढ़ अनुभूति नहीं होती जितनी काव्यजनित आवेगों के कम्पन से होती है। टोड़ी के आलाप से जो एक प्रकार की उदास और विरह-व्याकुल वेदना चित्त में उमड़ आती है वह विश्वजनीन तो होती है, पर अविच्छिन्न या एब्सट्रैक्ट होने के कारण अनुभूति में वह सान्द्रता नहीं ले पाती जो काव्य के करुणरस से उत्पन्न होती है; क्योंकि संगीत की अनुभूति अहेतुक होती है। मनुष्य का चित्त सर्वत्र कार्य-कारण की शृंखला खोजता रहता है—अनुभूति और वेदना के क्षेत्र में भी। काव्यजन्य अनुभूति की सान्द्रता इस बात का पक्का प्रमाण है कि मनुष्य आवेगचालित अवस्था में भी कार्य-कारण-शृंखला के प्रति आस्था बनाये ही रहता है। जहाँ वह उसे नहीं पाता, वहाँ देर तक जमना नहीं चाहता। यही कारण है कि भक्त कवि भगवान् के साथ व्यक्तिगत सम्बन्ध की कल्पना कर लेता है। जिस काव्य में केवल शब्दालंकार ही झंकार उत्पन्न करता है, अर्थ का भार कम होता है वह बहुत-कुछ उसी प्रकार का असान्द्र अनुभूतिजनक आवेग-कम्पन उत्पन्न करता है जो संगीत करता है, पर उसमें संगीत की अबाध गति भी नहीं होती और अर्थ-जगत् से सम्पूर्ण विच्छेद भी नहीं होता; क्योंकि उसके शब्द बराबर बाह्य सत्ता से श्रोता का सम्बन्ध जोड़ते रहते हैं और स्वर के स्वच्छन्द प्रवाह में बाधा उत्पन्न करते रहते हैं। अर्थभारहीन शब्दालंकार न तो काव्य की गाढ़ अनुभूति ही पैदा करते हैं न संगीत का प्रवाह ही। वे दोनों के केवल घटिया प्रभाव-भर उत्पन्न करते हैं। परन्तु जहाँ शब्दालंकार में अर्थ भार बना रहता है वहाँ वे काव्यगत प्रभाव में संगीत की सहज गति भर देते हैं। परन्तु अर्थालंकार शब्द के प्राणप्रद और विशेषाधानहेतुक दोनों ही धर्मों में गाढ़ अनुभूति का रस ले आते हैं, हम उनकी सहायता से व्यक्तव्य के व्यक्तित्व को, गुणों को और क्रियाओं को गाढ़ भाव से अनुभव करते

हैं। पदार्थ के विशेषाधानहेतुक धर्म—चाहे वे सिद्ध हों या साध्य—सादृश्य-मूलक अलंकारों से इस प्रकार सम्मूर्त्तित होते हैं कि पाठक के चित्त में अनुभूति सहज हो जाती है। वस्तुत: अलंकार जब आवेग-सहचर होकर आते हैं तो काव्य में अत्यधिक उर्जस्वल तेज भर देते हैं, पर जब आवेगहीन होकर आते हैं तो चमत्कारी उक्ति-भर रह जाते हैं। वे उस अवस्था में बिजली की कौंध के समान एक क्षणिक ज्योति विकीर्ण करके अन्तर्धान हो जाते हैं। यह क्षणिक ज्योति हमारे किसी बड़े काम की नहीं होती, केवल अन्तर की चेतना पर मृदुल आघात करके विलीन हो जाती है। रीति कवि की अज्ञातयौवना नायिका ने जब अपनी दासी को ईख की दँतुअन ले आने के अपराध पर झिड़का था तो उसकी सरलता ने ऐसी ही एक क्षणिक ज्योति उत्पन्न की थी। अधर के माधुर्य से दँतुअन कहीं भी मीठी होकर ऊख-सी नहीं लगने लगती। इसीलिए इस दोहे में मृदुकम्पन उत्पन्न करने की शक्ति होते हुए भी वह उतना अनुभूतिप्रेरक नहीं हो पाया, क्योंकि इस कम्पन का हेतु बाह्य सत्ता से असम्पृक्त होने के कारण स्थायी नहीं होता और न अनुभूति को गाढ़ रंग ही देता है। दोहा इस प्रकार है :

अधर परसि मीठी भई, दई हाथ सो डारि।
लावति दतुअनि ऊख की, नोखी खिजमतिगारि।।

लेकिन प्रश्न यहीं समाप्त नहीं हो जाता। यह कविता भी एक श्रेणी के लोगों को आनन्द देती ही है, इसीलिए इसे उपेक्षा की दृष्टि से नहीं देखा जा सकता।

अधर का माधुर्य एक श्रेणी की चीज है और चीनी का माधुर्य दूसरी श्रेणी की। चीनी के संस्पर्श से कोई वस्तु मीठी हो जाती है, पर अधर के संस्पर्श से नहीं होती। होती भी हो तो उस व्यक्ति के लिए तो नहीं ही होती जिसके अधर में यह अद्भुत माधुर्य दिन-रात निवास करता है। किसी और के लिए उक्त अधर से स्पृष्ट वस्तु अमृत से भी मीठी हो जाती हो तो मैं आपत्ति नहीं करूँगा। कविता की चर्चा करते समय मुझसे इतना ठूँठ होने की आशा आप नहीं कर सकते। पर मेरी आपत्ति उसी व्यक्ति की दँतुअनि के मीठी लगने पर है जो स्वयं उस माधुर्य का धनी है। इस प्रकार के चामत्कारिक उक्तियों के मूल में 'माधुर्य'-जैसे लाक्षणिक शब्द हैं। उर्दू का साहित्य इस

प्रकार की उक्तियों का समुद्र ही है। सभी देशों में और सभी जातियों में ऐसे शब्द प्रचलित हैं जो अपने मूल अर्थ से खिसककर भी उससे मिलते-जुलते अर्थों में प्रयुक्त होते हैं। शब्दों और अर्थों में संस्कारसमर्पित रूढ़ि पैदा होती है जो उस देश और उस जाति के साहित्य को समझने के लिए अवश्य ज्ञातव्य होते हैं। उन रूढ़ियों को जाने बिना आप किसी साहित्य का रस नहीं ले सकते। रूढ़ि नितान्त निरर्थक नहीं होती, केवल कालप्रवाह में लुढ़कते आने के कारण उसके मूल अर्थ घिसकर अदृश्य हो गये रहते हैं। इन रूढ़ियों से शब्दों को, अर्थों को और आचारों को एक ऐसा मूल्य मिलता है जो लोक-कल्पित और अवास्तव होता है। 31 बार तोप दगने के बजाय यदि राष्ट्रीय ध्वज के सम्मान के अवसर पर 30 बार या 29 बार दगता तो कुछ बन या बिगड़ नहीं जाता। परन्तु किन्हीं अज्ञात कारणों ने 31 की संख्या को एक कल्पित मूल्य दे रखा है कि जो लोकचित्त में आवेग का कम्पन पैदा करता है। अधर-संस्पर्श से दँतुअन का मीठी हो जाना इसी प्रकार का कल्पित और अवास्तव अर्थ है, पर वह भी एक श्रेणी के सहृदय के चित्त में आवेग का कम्पन उत्पन्न करता ही है। एक और सरस उदाहरण लिया जाय :

अति चाह भरी जमुना-जल को बरजै पर हू नित ऐबौ करै।
सखि को सुख लाख सुनै न कछू अपनी कहि कै मुसुकैबौ करै।
दुति दूनी बढ़ाय 'गुलाब' खबै गुरु लोगन तैं न रुकैबौ करै।
नव नागरि रूप उजागरि सो भरी गागरी क्यों ढरकैबौ करै।

इस पद्य में गागरी ढरकाने की जो चर्चा है, उसका कारण यह है कि अज्ञात-यौवन इस बालिका की आँखें हाल ही में मछली-जैसी हो गयी हैं और बेचारी को शारीरिक परिवर्त्तन का एकदम पता नहीं है। जब-जब वह भरी गागरी देखती है तब-तब इन कम्बख्त आँखों की छाया पानी में पड़ जाती है और उसे भ्रम होता है कि पानी में मछली आ गयी है और ढरका देती है। हर बार ही ऐसा होता है। कहना व्यर्थ है कि इस अर्थ में रूढ़ि द्वारा ही चमत्कार आया है। इस रूढ़ि को समझे बिना रसबोध नहीं हो सकता कि युवावस्था आने के समय किशोरियों की आँखों में मत्स्यधर्मिता आ जाती है।

अर्थ की वक्रिमता को प्रकट करनेवाली सूक्तियाँ मनुष्य के चित्त में गुदगुदी जरूर उत्पन्न करती हैं, साहित्य में उनकी आवश्यकता भी होती है। इन

सूक्तियों के सहारे कोमलीकृत चित्त में कवि सहज ही भावों को प्रवेश करा देता है। बृहत्तर मानवजीवन को गाढ़ भाव से उपलब्ध कराने में सूक्तियाँ सहायक होती हैं, परन्तु उससे विच्छिन्न होने पर उनकी उपयोगिता कम हो जाती है। नाटक, काव्य और उपन्यास में ये बहुत उपयोगी होती हैं क्योंकि इनके बिना पाठक का चित्त भाव को ग्रहण करने में तत्परता नहीं दिखाता। श्रीहर्षदेव की 'रत्नावली' में एक श्लोक है जिसमें कहा गया है कि वसन्त पहले लोगों के चित्त को कोमल बनाता है और उस कोमलीभूत चित्त में प्रेम का देवता आसानी से अपने फूल के बाणों को चुभो देता है :

इह पढमं महुमासो जनस्स चित्ताइँ कुणइ मिउलाइँ।
पच्छा विज्झइ कामो लद्धप्पसरेहिँ बाणोहिँ॥

भावों की सहायता के लिए सूक्तियाँ भी बहुत-कुछ वही काम करती हैं जो वसन्त प्रेम के देवता की सहायता के लिए करता है। छन्द इन सूक्तियों में गति देते हैं और अलंकार शोभासंचार करते हैं। पर सूक्तियाँ मनुष्य के मनोभावों में सहायक होकर ही सरस होती हैं।

केवल गतिमात्र आ जाने से वह उद्देश्य सिद्ध नहीं होता जो काव्य का प्रधान उद्देश्य है। गति तो जड़ पिण्डों में भी होती है। यह धरित्री-खण्ड न जाने कब से गतिशील है लेकिन जड़ता उसकी गति में बाधा पहुँचाती है। जड़ पिण्ड घूम-फिरकर एक ही स्थान पर आ जाता है, चेतन आगे निकल जाता है। वर्त्तुलाकार मार्ग गति में संचारित जड़धर्म-जन्य बाधा का परिणाम है, वह पद-पद पर बाधा पहुँचाता है और जड़ पिण्ड चक्करदार मार्ग में घूमने को बाध्य होता है। गति के साथ आगे बढ़ना भी आवश्यक है। इसी को 'प्रगति' कहते हैं। यह चेतन की अपनी विशेषता है। जब तक काव्यगत सूक्तियों में यह बात अर्थात् चेतनधर्म नहीं संचारित होता तब तक छन्द उनमें गति का वेग भर दे सकते हैं, प्रगति का उत्साह नहीं संचारित कर सकते। जो कवित्व मनुष्य को घुमा-फिराकर जहाँ-का-तहाँ छोड़ देता है उसमें गति तो है लेकिन प्राण नहीं है। कुछ प्राण भी चाहिए। केवल कहना तो कहना नहीं है, कहने की चरितार्थता इस बात में है कि मनुष्य को आत्मधर्म के प्रति सचेतन बनाये। जिस कहने से कहनेवाले की वेदना प्रत्यक्ष न हो जाय, श्रोता का हृदय सहानुभूति से पूर्ण न हो जाय, उसमें स्वाद क्या

है भला !

कवि बोधा कहे में सवाद कहा, को हमारी कही पुनि मानतु है।
हमैं पूरी लगी कि अधूरी लगी, यह जीव हमारोइ जानतु है।

जब कभी मुझे छन्द की, झंकार की और संगीत की इस प्रकार चर्चा करनी पड़ती है तभी हृदय के अन्तस्थल से यह ध्वनि निकलती रहती है—ततः किम् ? छन्द की, झंकार की या संगीत की महिमा क्या बृहत्तर जीवन में भी कुछ सन्तुलन पैदा करती है या वे केवल शब्द और अर्थ के सम्बन्धों को लेकर बौद्धिक कसरत करनेवाले कलाबाजों के आरोपित अवास्तव मूल्य के बल पर ही इतने बड़े गौरव का मुकुट धारण किये हुए हैं ? यह प्रश्न अनुचित नहीं है; क्योंकि जिससे जीवन को कुछ और ऊपर उठने की शक्ति न मिलती हो, नीचे की ओर गिरने से बचाव न होता हो वह वस्तु बहुत काम की नहीं हो सकती। जिससे हमारे बन्धन शिथिल हों, पद-पद पर का विनिपात दूर होता हो वही काम की चीज है, नहीं तो बड़ा नाम देने से ही कोई चीज बड़ी नहीं हो जाती और हो भी जाय तो उससे विशेष लाभ नहीं हो सकता—येनाहं नामृतास्यां किमहं तेन कुर्याम् ?

वस्तुतः मनुष्य के व्यक्ति-चित्त को आवेग-कम्पित करनेवाला छन्द व्यक्ति-विशेष की पृथक्भूता शक्ति का परिचायक नहीं है। मैंने शुरू में ही कहा है कि वह एक समूहगत शक्ति है। एक चित्त के अनुभव को अनेक चित्तों में अनायास संचारित करनेवाला महान् साधन है। ऐसा वह इसीलिए कर सकता है कि वह बृहत्तर जगत् की किसी ऐसी ही शक्ति का वागाश्रित मानवीय प्रतिनिधि है। जब वह मनुष्य के वाक्य को आश्रय करके प्रकट होता है तो उस वाक्य के पीछे रहनेवाले अर्थ को प्रयोजन की गुरुता से मुक्त करके भावलोक में ले जाता है। जब वह मनुष्य की देह को आश्रय करके प्रकट होता है तो इस देह में भी असाधारण ऐश्वर्य भर देता है, उस समय हम उसे नृत्य कहते हैं। छन्द भारसाम्य की रक्षा करता है, सन्तुलन नहीं बिगड़ने देता और नितान्त गद्यात्मक प्रयोजनों के भारीपन से भाव को मुक्त करता है। मनुष्य के समाज को आश्रय करने पर यही छन्द धर्म के रूप में प्रकट होता है और सामाजिक सन्तुलन की रक्षा करता हुआ, आचार-परम्परा में अध्यात्म का ऐश्वर्य संचारित करता है। जिस समाज में छन्द नहीं,

उसमें सन्तुलन भी नहीं है और उसमें आध्यात्मभावना का अभाव हो जाता है। समूची सृष्टि में ही एक प्रकार की छन्दोमयी गति है। काव्य का छन्द उस बृहत्तर सत्य के अनुरूप होने से ही महान् है, वह कलाबाजों द्वारा आरोपित काल्पनिक मुकुट पहनकर बड़ा नहीं हुआ है।

इस प्रसंग में मुझे कविवर रवीन्द्रनाथ की एक कविता का स्मरण होता है। आदिकवि को जब प्रथम बार छन्द का साक्षात्कार हुआ तो उन्हें इस बात की बड़ी चिन्ता हुई कि किस प्रकार इस छन्द का---इस महान् साधन का---ऐसा उपयोग किया जाय कि मनुष्य प्रयोजन के गुरुभार से बचकर थोड़ा ऊपर उठ सके, वह पृथ्वी पर रहकर भी स्वर्ग का देवता बन सके। मनुष्य में जो क्षुद्र स्वार्थ हैं, संकीर्णताएँ हैं, प्रयोजन का बन्धन है, वे सब उसे नीचे की ओर खींचते हैं। कुछ ऐसा होना चाहिए जो उसे भाव के स्वाधीन लोक में ले जा सके। आदिकवि जब इसी प्रकार बेचैन घूम रहे थे, उसी समय नारद को ब्रह्मा ने उनके पास भेजा। नारद और वाल्मीकि के इस मिलन में जो बातें हुईं, वह काव्य के चिरन्तन सत्य को प्रकट करती हैं। मुझे खेद है कि कविवर रवीन्द्रनाथ की पूरी कविता इस समय नहीं सुना सकूँगा, पर उसके एक अंश का स्खलित भाषान्तर मैं अवश्य सुनाना चाहता हूँ। उससे मेरा वक्तव्य अधिक स्पष्ट हो जायेगा। वाल्मीकि ने नारद से कहा :

"हाय, भाषा मनुज की है बँधी केवल अर्थ के दृढ़बन्ध से, चक्कर लगाती है सदैव मनुष्य को ही घेरकर। अविराम बोझिल मानवीय प्रयोजनों से क्षीण हो आया गिरा का प्राण है, उसके परिस्फुट तत्त्व देते बाँध सीमा में चरण को भाव के। इस धूलितल को छोड़ बिल्कुल ही न उड़ सकती नवल संगीत-सी उन अर्थबन्धनहीन अपने सप्तस्वर के सप्तपंखों को अबाध पसार विपुल-व्योम में निर्द्वन्द्व अपराधीन !

"प्रातःकाल की यह शुभ्र भाषा वाक्य बन्धन-रहित जो प्रत्यक्ष किरणें हैं कि वे क्षण-मात्र में ही खोल देती हैं इस जगत् के मर्म मन्दिरद्वार को, होता प्रकट त्रैलोक्य के नवगीत का भाण्डार और विभावरी आच्छन्न कर देती पलक गिरते अपार अनन्त जग को शान्ति की निज ललित भाषा से; कि उसका बाध्यहीन निषेध अपने मन्त्रबल से शान्त कर देता जगत् के खेद,

दारुण क्लान्ति, कठिन प्रयास, क्षण में भेद जग के मर्म कोलाहलजनित काठिन्य को, लाता विपुल आभास शामक मरण का नरलोक में। नक्षत्र की निश्चल गिरा निर्धूम अग्नि समान देती है स्वयं की सूचना ज्योतिष्क सूचीपत्र पर आकाश में; दक्षिण समीरण की गिरा केवल तनिक निःश्वास के बल पर जगाती है। नवल आशा निकुंज-निकुंज में, है पैठ जाती भेद दुर्गम दुर्ग पल्लवराजि का दुस्तर अरण्यान्तः पुरी में अनायास अबाध, यौवन की विजय-गाथा वहन करती सुदूर दिगन्त तक; —वैसा सहज आलोक दुर्लभ है मनुज के वाक्य में, इसमें कहाँ आभास सीमाहीन मिलता है, कहाँ वह अर्थभेदी अभ्रभेदी गीत का उल्लास, मिलता कहाँ आत्मविदीर्णकारी तरलतर उच्छ्वास ?

"मानव-वाक्य की इस जीर्ण काया बीच मेरा छन्द भर दे एक नूतन प्राण, उसको अर्थबन्धन से छुड़ा ले जाय ऊपर भाव के स्वाधीन मोहक लोक में दृढ़ पक्षधारी अश्वराज समान द्रुत उद्दाम शोभन वेग से—यह है हृदय की साध ! मुनि, जिस तरह है यह अग्नि की उद्दीप्त नौका नित्य अपनी गोद में ले सूर्यमण्डल को उतार रही नियत इस पार से उस पार विपुल व्योम-सागर बीच, मेरा छन्द भी उस अनल-नौका सदृश ढोये विमल महिमा मनुज की दिक्प्रान्त से दिक्प्रान्त तक। मैं दान करना चाहता हूँ बद्ध मानव-वाक्य को यह दीप्त गतिमय छन्द —ऐसा हो कि यह उन्मुक्त होकर संतरण कर सके जग की क्षुद्र सीमाराशि, लेवे खींच इस गुरुभार पृथ्वी को गगन की ओर, ले फिर खींच बन्धन-जड़ित भाषा को मनोहर भावरस की ओर जो है देव-पीठस्थली मानवजाति की। जिस भाँति बाँधा है महाम्बुधि ने धरित्री को समावृत कर निरन्तर गान, अविरत नृत्य से; यह छन्द मेरा भी उसी भाँति ही आलिंगन-जड़ित कर युग-युगान्तर को सहज गम्भीर कलरव से प्रचारित करे मानव का अपार-अतुल महिम्नस्तोत्र, दे महनीय मर्यादा भुवन में इस क्षणस्थायी निरस नरजन्म को।

"हे देवदूत मुने, पितामह के चरण में यह निवेदन करो मेरी ओर से यह स्वर्ग से जो आ गयी है परमनिधि नरलोक को, उसको न अब ले जायँ लौटा फिर वहाँ। है जो अपौरुष छन्द हमको मिला उसने देवता को है मनुज कर दिया, मैं हूँ चाहता देवत्वपद पर उठा देना क्षुद्र मानव को, उठाना

चाहता हूँ इस धरा पर स्वर्ग का प्रासाद !!"

यही छन्द की महिमा है, वह मनुष्य को देवता बनाने के संकल्प का आदिवाहक है।

सो, काव्य-साहित्य का एक बहुत बड़ा भाग केवल छन्द के कारण, शब्दालंकारों के कारण और अर्थ-वक्रिमा के कारण ही लोकप्रिय हुआ है। पुराने अलंकारशास्त्रों में ऐसे स्थलों के सौन्दर्य का निपुण भाव से विचार किया गया है । परन्तु जिन लोगों ने इस चमत्कार की विवेचना की है वे लोग उन्हीं संस्कारों में पले थे जिनमें ऐसी उक्तियों के लेखक पले थे, इसीलिए असंगतिजन्य आनन्द को वे सिद्ध अर्थ मान लेते थे अर्थात् वाक्य के व्याहत और अनुपपन्न अर्थ को लक्षणा या व्यञ्जना के सहारे अव्याहत और उपपन्न कर लेने के बाद इस प्रकार की असंगति की संगति लग जाने में जो एक प्रकार का कौशल प्रकट होता था उसे वे आनन्द का कारण स्वीकार कर लेते थे। नाना कारणों से असंगति में संगति लगा-लगाकर आनन्द पाने के मनोभाव विकसित हुए हैं। हमें उनका ठीक-ठीक अध्ययन कर लेना चाहिए। अशोकवृक्ष सुन्दरियों के वाम पद के मृदु आघात से फूल उठता है, इस वस्तु के आधार पर न जाने पुराने भारतीयों ने कितनी रसमयी रचनाएँ लिखी हैं। लेकिन यह विश्वास भारतीय साहित्य में बहुत पुराना नहीं है, बहुत दीर्घकाल तक वह टिका भी नहीं। कालिदास के पूर्व शायद अपरिचित था और मध्ययुग के हिन्दी साहित्य में वह नहीं मिलता। मैंने अन्यत्र दिखाया है कि सम्भवतः भारतीय सभ्यता में यक्षों की सभ्यता के मिश्रण के बाद यह विश्वास आया। साँची, भरहुत आदि में अशोकवृक्ष में इस प्रकार दोहद उत्पन्न करनेवाली यक्षिणीमूर्त्तियाँ अंकित हैं। इधर बताया जाने लगा है कि ये और ऐसी ही अन्य बहुत-सी मूर्त्तियाँ शिल्प में कालिदास के प्रभाव को सूचित करती हैं। मुझे दूसरी ही बात सूझती है। ये मूर्त्तियाँ उस युग के अत्यधिक प्रचलित विश्वास की सूचना देती हैं और कुछ खास बातों के कल्पित मूल्य की ओर इशारा करती हैं। सच्चा कलाकार इन कल्पित मूल्यों का जमकर उपयोग करता है। कालिदास ने ऐसा ही किया था। बाद में कल्पित मूल्यवाली बात भूल गयी और आलंकारियों ने इसे कविप्रसिद्ध मान लिया। पर यदि इसके आरोप का इतिहास जाना जाय तो कालिदास के

काव्य को अधिक गाढ़ भाव से अनुभव किया जा सकता है। अशोक दोहद स्थूल वस्तु का उदाहरण है, इससे अधिक सूक्ष्म वस्तु वे अविच्छिन्न विश्वास हैं जो किसी स्थूल आधार पर टिके नहीं रहते। एक युग के काव्य के मर्म को दूसरे युग का सहृदय तब तक नहीं समझ सकता जब तक इन रूढ़, किन्तु वस्तुतः किसी कारणवश आरोपित, मूल्य की ठीक-ठीक जानकारी न हो। एक देश के काव्य-प्रयत्न भी दूसरे देश के काव्यप्रयत्नों की परम्परा जानने-वाले सहृदयों के निकट सब समय स्पष्ट नहीं होते। वस्तुतः कल्पित मूल्यों की जानकारी से हम काल और देश की सीमा लाँघने का सामर्थ्य पाते हैं। यदि भारतीय समाज की विश्वासपरम्परा का अध्ययन किया जाय तो मनुष्य की अद्भुत ग्राहिका शक्ति का पता चल जायगा। हमारे पास जितना भी साधन उपलब्ध है उससे इतना तो स्पष्ट ही जान पड़ता है कि इस देश में भी नाना प्रकार के विश्वास स्वीकार किये गये हैं, भुलाये गये हैं और झाड़कर फेंक दिये गये हैं। भारतीय चित्त आज जैसा है, वैसा ही सदा नहीं रहा। संस्कार भी सदा वैसे ही नहीं रहे, सब समय ऐसे रहेंगे भी नहीं। नये विश्वास आयेंगे, नये कल्पित मूल्य स्वीकार किये जायेंगे और नये रास्ते से आवेग का रथ 'भारतीय' कहे जानेवाले चित्त में अबाध भाव से प्रवेश करेंगे। भारतीयता का प्रेमी जब नये अंग्रेजी पढ़े लड़कों की यह कहकर भर्त्सना करते हैं कि इनमें कुछ भी भारतीय नहीं है, कुछ भी ऐसा नहीं बचा है जो पाश्चात्य प्रभाव से कलुषित न हो गया हो, तो वे अप्रत्यक्ष रूप से यही स्वीकार करते हैं कि भारतीय संस्कार भी परिवर्तनशील हैं और भारतवर्ष में ऐसे व्यक्ति आसानी से पैदा किये जा सकते हैं जो एकदम भारतीय हों ही नहीं।

फिर यूरोपीय प्रभाव होने-मात्र से कोई चीज अस्पृश्य नहीं हो जाती। प्रेमचन्द की कहानियाँ 'बैतालपचीसी' या 'गुलबकावली' के ढंग की न होकर आधुनिक यूरोपीय कहानियों के ढंग की हुई हैं, इतना कह देने से प्रेमचन्द का महत्त्व कम नहीं हो जाता। रामचन्द्र शुक्ल के साहित्यिक 'निबन्ध 'काव्य प्रकाश' की शैली पर या 'कविप्रिया' की शैली पर न लिखे जाकर अगर यूरोपीय समालोचकों के ढंग पर लिखे गये हैं तो इससे उनका महत्त्व घट नहीं जाता। प्राण चाहिए। जहाँ प्राण का उच्छलित तेज होता है वहाँ यह बात गौण हो जाती है कि बाह्य ढाँचा किस

देश का किस जाति से लिया गया है। फिर जो लोग यह मानते हैं कि देशविशेष के मनुष्य को अपने-आपमें ही सन्तुष्ट और सीमाबद्ध रहना चाहिए, किसी अन्य देश के मनुष्य से कुछ ग्रहण ही नहीं करना चाहिए, वे मनुष्य की मूल एकता में ही विश्वास नहीं रखते। आज हम साहित्य की जिस ढंग से चर्चा करते हैं, वह पुराने भारतीय ढंग के अनुरूप न होकर यूरोप के आधुनिक ढंगों के अनुरूप है। हमारे समाचार पत्र और साहित्यिक पत्रिकाएँ यूरोपीय प्रभाव हैं, हमारी विश्लेषणात्मक आलोचनाशैली यूरोपीय प्रभाव है, हमारे कॉमा-फुलस्टॉप तक में यूरोपीय प्रभाव है। प्रभाव तो मनुष्य पर तब तक पड़ेगा, जब तक उसमें जीवन है। जहाँ जीवन का वेग अधिक है, प्राणधारा का बहाव तेज है, उसी स्थान में उसका ऐश्वर्य छितरायेगा ही। आलोक सीमा में बँधना नहीं चाहता, उसका धर्म ही प्रकाशित होना और प्रकाशित करना है। किसी समय भारतवर्ष में भी यह जीवन का ऐश्वर्य था। कहाँ उसका प्रकाश नहीं फैला? चीन, जापान, अरब, यूनान, मिस्र, ईरान जहाँ कहीं भी लोगों में प्रकाश सहन करने की शक्ति थी, वहीं इसने अपना प्रभाव विस्तार किया। आज यदि यूरोप ने तपस्या की है, उसके जीवन में ऐश्वर्य का आलोक प्रकट हुआ है तो आभा भी फैलेगी ही और लोग भी ग्रहण करेंगे ही। भारतवर्ष ने उसे अगर ग्रहण किया है तो इसमें लज्जा की कौन-सी बात है? लज्जा प्रकाश ग्रहण करने में नहीं होती, अन्धानुकरण में होती है। अविवेकपूर्ण ढंग से जो भी सामने पड़ गया उसे सिर-माथे चढ़ा लेना, अन्ध भाव से अनुकरण करना जातिगत हीनता का परिणाम है। जहाँ मनुष्य विवेक को ताक पर रखकर सबकुछ की अन्ध भाव से नकल करता है वहाँ उसका मानसिक दैन्य और सांस्कृतिक दारिद्र्य प्रकट होता है, किन्तु जहाँ वह सोच-समझकर ग्रहण करता है और अपनी त्रुटियों को कम करने का प्रयत्न करता है वहाँ वह अपने जीवन्त स्वभाव का परिचय देता है। विवेक दाता की पहिचान की शक्ति देता है, अन्धानुकरण दान की ओर सतृष्ण भाव से झुकाता है। दातृत्व तपस्या से प्राप्त होता है, अविवेक साधना के अभाव से उपजता है। यूरोप जितनी दूर तक तपस्वी है, उतनी दूर तक दाता भी बन सकता है। जहाँ वह तपस्या से चालित न होकर तृष्णा से, मोह से, लोभ से चालित हो रहा है, वहाँ वह स्वयं दीन है, वहाँ उसमें ऐश्वर्य

का अभाव है। जहाँ तक उसमें तपोलब्ध दातृधर्म है, वहाँ वह सबका सम्मान-भाजन है। सबकुछ को बटोर लेने की प्रवृत्ति गलत है, मनुष्यता को उदार बनानेवाले ऐश्वर्य से प्रभावित होना नहीं। वस्तुतः जो राष्ट्र जीवनरस से भरा है वह प्रभावों से डरता नहीं फिरता। वह खुली आँखों से जगत् के समस्त पदार्थों को, धर्मों को, मतों को, काव्यों को, चित्रों को देखता है और उसके जीवन की पूर्ति के लिए जो आवश्यक होता है उसे ग्रहण करता है और अपने-आप जीवनरस की परिपूर्णता के कारण जो ऐश्वर्य आलोकित हो उठता है उसे दूसरों को देता रहता है। देने में और लेने में विवेक की शरण जाना चाहिए, संस्कारों की नहीं। लेकिन ठीक-ठीक विवेक के लिए हमें अपने और पराये संस्कारों का ज्ञान चाहिए।

यह दुर्भाग्य की बात है कि पिछली राजनीतिक दासता के कारण आधुनिक शिक्षा प्राप्त भारतीय जनता के चित्त में एक प्रकार की हीनता-ग्रन्थि पैदा हो गयी है। हम दो प्रकार की प्रतिक्रियाओं के शिकार हैं। अंग्रेजों के दातृत्व की योग्यता की परीक्षा किये बिना हमने उनका अन्धाधुन्ध अनुकरण किया है। दान बटोरने की ऐसी हास्यास्पद प्रवृत्ति शायद ही इतिहास में इतने उग्र रूप में दिखी हो। आज राजनीतिक दासता समाप्त हो गयी है, पर मानसिक दासता ज्यों-की-त्यों बनी हुई है। ब्रज की गोपिका की आँखों पर एक बार अहीर के प्रसिद्ध बालक ने एक मुट्ठी अबीर फेंक दिया था। जैसे-तैसे वह अबीर तो आँखों से निकल गया, पर अहीर का छोकरा जो जमके बैठा सो बैठा, किसी प्रकार नहीं निकल सका :

एरी मेरी बीर जैसे तैसे इन आँखिन सों
कढ़िगो अबीर पै अहीर कौ कढ़ै नहीं !

कुछ इसी तरह का हाल भारतीय शिक्षित चित्त का है। अंग्रेजी शासन तो निकल गया, पर अंग्रेजी अभी जमी है। हर बात में वे अपने को अनाथ और अरक्षित बालक समझ रहे हैं। अंग्रेजों की सिखायी हुई बोली भूल गयी तो क्या होगा? अंग्रेजों की बनायी हुई पढ़ाई की नहर सूख गयी तो क्या होगा? अंग्रेजों की रटायी हुई कानूनी बोली अगर नहीं रही तो क्या होगा? मानसिक दासता का ऐसा जबर्दस्त भूत सिर पर सवार है कि हम भूल ही गये हैं कि हम दुनिया की सबसे प्राचीन सभ्यता के धनी हैं, हजार-हजार वर्षों से

हमारी अपनी भाषा रही है, विद्वत्ता रही है, शासन-व्यवस्था रही है, शिक्षा-व्यवस्था रही है। नवीन समस्याएँ भी आयी हैं और नवीन ज्ञान भी हमें लेना है, पर हम न तो नौसिखुए हैं न, असहाय हैं। एक बड़ी तीव्र प्रतिक्रिया भी हो रही है। लोग यह कहते हैं कि जो कुछ अंग्रेजों के संसर्ग से आया है, सब बुरा है, सब त्याज्य है। इन दो चरम अन्तों से बचने का प्रयत्न होना चाहिए। इसीलिए अपने और पराये संस्कारों तथा वास्तविक मानवीय मूल्यों का विवेक अत्यन्त आवश्यक हो गया है।

उद्देश्य क्या है ?

संस्कारों के समझने से मनुष्य दूसरे देश और दूसरे काल के साहित्य को समझ सकता है। ततः किम् ? क्या होगा इस प्रकार देश और काल की सीमा को लाँघ जाने की स्पर्द्धित मनोवृत्ति को बढ़ावा देकर ? वस्तुतः समाज के सर्वांगीण विकास के वैज्ञानिक अध्ययन को बढ़ावा देने का एक ही उद्देश्य हो सकता है—ऊपरी भेद-विभेदों के तलदेश में स्तब्ध भाव से विराजमान मानवजाति की अन्तर्निहित एकता की उपलब्धि। परन्तु इसी की क्या आवश्यकता है ? आज समूचे जगत् में जिस मानवीय संस्कृति की प्रतिष्ठा के बिना सभ्यता का अस्तित्व ही खतरे में पड़ा हुआ दिखायी दे रहा है, जिसके बिना समूची मनुष्यता विनाश के गहन वात्याचक्र में उलझने को लाचार हो गयी है, उसकी प्रतिष्ठा इस प्रकार की उपलब्धि के बिना नहीं हो सकती। जीवविज्ञान और मनोविज्ञान आदि शास्त्रों ने मनुष्य की एकरूपता को अच्छी तरह प्रमाणित कर दिया है, लेकिन सामाजिक रीति-नीति और संस्कारों के अध्ययन से मनुष्य की दृष्टि और भी उदार बनेगी और देश तथा काल की सीमा को लाँघकर सौन्दर्य और माधुर्य का रस ले सकने का सामर्थ्य इस मानवीय संस्कृति की नींव को मजबूत करेगा। आज भी ऐसे महामानव मिल जाते हैं जो देश और काल की संकीर्ण सीमाओं को भेदकर यथार्थ मानवधर्म को समझ लेते हैं। हमारे देश के रवीन्द्रनाथ और गांधीजी ऐसे ही नर-रत्न थे। परन्तु इतना ही पर्याप्त नहीं है। इस दृष्टि की प्रतिष्ठा के लिए देशव्यापी प्रयत्न करने होंगे। छोटी-छोटी सीमाओं में आबद्ध जातीय या राष्ट्रीय ठसक उस गम्भीर संस्कृति के अभाव की परिचायिका है, जो मनुष्य की विचारधारा का ऐश्वर्य है। देश और काल की सीमाओं को

बहुमान देकर मनुष्य की अन्तर्निहित एकता के विरुद्ध सोचने का अभ्यास मानव-विकास के इतिहास को न जानने की निशानी है। प्रयत्न करने से इस त्रुटि की पूर्ति हो सकती है। उस प्रयत्न की ओर मनुष्यजाति को उद्‌बुद्ध करना वांछनीय है। मनुष्य की जो सबसे सूक्ष्म और महनीय साधना है उसी का प्रकाश साहित्य है। उसके अध्ययन से यह उद्देश्य सहज-साध्य होगा। सभ्यता और संस्कृतियों के इतिहास से यही तथ्य प्रकट होता है कि मनुष्य समस्त संस्कारों, समस्त आरोपित मूल्यों और समस्त रीति-रस्मों से बड़ा है। मनुष्यता की निरन्तर प्रवहमान धारा नाना मूलों से शक्तिसंग्रह करती हुई आगे बढ़ती आ रही है। मनुष्य का इतिहास इन्हीं साधनाओं का इतिहास है। उसने आदिम कही जानेवाली मनोवृत्तियों के हाथ अपने को नहीं छोड़ दिया, प्रयोजन की संकीर्णता की बेड़ियों से अपने को नहीं बँधने दिया, मृत्यु के नागपाश में अपने को नहीं फँसने दिया। सबकुछ को रौंदकर, सबकुछ को छोड़कर वह न जाने किस विजय-यात्रा के लिए निकल पड़ा है। ऋषि के शब्दों में कहने की इच्छा होती है :

"गुह्यं ब्रह्म तदिदं वो ब्रवीमि न मानुष्याच्छ्रेष्ठतरंहि किंचित्।"

[तुम्हें यह गुप्त रहस्य बताता हूँ, मनुष्य से श्रेष्ठ कुछ भी नहीं है।]

साहित्य की नयी मान्यताएँ

साहित्य की मान्यताएँ जीवन की मान्यताओं से विच्छिन्न नहीं होतीं। नयी परिस्थितियों में जब मनुष्य नये अनुभव प्राप्त करता है तो जागतिक व्यापारों और मानवीय आचारों तथा विश्वासों के मूल्य उसके मन में घट या बढ़ जाते हैं। सभी मानों के मूल में कुछ पुराने संस्कार और नये अनुभव होते हैं। यह समझना गलत है कि किसी देश के मनुष्य सदा-सर्वदा किसी व्यापार या आचार को एक ही समान मूल्य देते आये हैं। पिछली शताब्दी में हमारे देशवासियों ने अपने अनेक पुराने संस्कारों को भुला दिया है और बचे संस्कारों के साथ नये अनुभवों को मिलाकर नवीन मूल्यों की कल्पना की है। वैज्ञानिक तथ्यों के परिचय से, राजनीतिक, सामाजिक और आर्थिक परिस्थितियों के दबाव से और आधुनिक शिक्षा की मानवतावादी दृष्टि के बहुल प्रचार से हमारी पुरानी मान्यताओं में बहुत अन्तर आ गया है। आज से दो सौ वर्ष पहले का सहृदय साहित्य में जिन बातों को बहुत आवश्यक मानता था उनमें से कई अब उपेक्षणीय हो गयी हैं और जिन बातों को त्याज्य समझता था उनमें से कई अब उतनी अस्पृश्य नहीं मानी जातीं। आज से दो सौ वर्ष पहले के सहृदय के लिए उस प्रकार के दुःखान्त नाटकों की रचना अनुचित जान पड़ती जिनके कारण यवन-(ग्रीक) साहित्य इतना महिमा-मण्डित समझा जाता है और जिन्हें लिखकर शेक्सपियर संसार के अप्रतिम नाटककार बन गये हैं। उन दिनों कर्मफल-प्राप्ति की अवश्यम्भाविता और पुनर्जन्म में विश्वास इतना दृढ़ भाव से बद्धमूल था कि संसार की सामंजस व्यवस्था में किसी असामंजस्य की बात सोचना एकदम अनुचित जान पड़ता

था। परन्तु अब वह विश्वास शिथिल होता जा रहा है और मनुष्य के इसी जीवन को सुखी और सफल बनाने की अभिलाषा प्रबल हो गयी है। समाज के निचले स्तर में जन्म होना अब किसी पुराने पाप का फल (अतएव घृणास्पद) नहीं माना जाता बल्कि मनुष्य की विकृत समाज-व्यवस्था का परिणाम (अतएव सहानुभूतियोग्य) माना जाने लगा है। इस प्रकार के परिवर्तन एक-दो नहीं, अनेक हुए हैं और इन सबके परिणाम-स्वरूप सिर्फ साहित्य की प्रकाशन-भंगिमा में ही अन्तर नहीं आया है, उसके आस्वादन के तौर-तरीकों में भी फर्क पड़ गया है। साहित्य के जिज्ञासु को इन परिवर्तित और परिवर्तमान मूल्यों की ठीक-ठीक जानकारी नहीं हो तो वह बहुत-सी बातों के समझने में गलती कर सकता है। फिर परिवर्तित और परिवर्तमान मूल्यों की ठीक-ठीक जानकारी प्राप्त करके ही हम यह सोच सकते हैं कि परिस्थितियों के दबाव से जो परिवर्तन हुए हैं उनमें कितना वाञ्छनीय है, कितना अपरिहार्य और कितना ऐसा है जिसे प्रयत्नपूर्वक वांछनीय बनाया जा सकता है। सभी संस्कारों को भुला देना वांछनीय ही नहीं होता, और सभी नये सिरे से गृहीत मान्यताएँ अच्छी-भली ही नहीं होतीं।

साहित्यिक रूढ़ियों के ग्रहण और त्याग का अर्थ

किन्तु यह नहीं समझना चाहिए कि जीवन का ज्यों-का-त्यों छाया-चित्र ही साहित्य होता है। कलाकृति में कुछ सुचिन्तित प्रयत्न होते हैं। कलाकार जीवन के सैकड़ों व्यापारों में से कुछ को चुनता है और एक निश्चित उद्देश्य से उनकी योजना करता है। आनन्द से नाच उठने में एक प्रकार का अशिक्षितपटुत्व होता है, किन्तु नाचने की कला कुछ विशिष्ट गतियों का ऐसा सुनियोजित रूप होती है जो उनमें नियन्त्रण और संचालन के— ताल और लय के—आधार पर विशिष्टता भरती है और उसके द्वारा दर्शक के चित्त में उल्लास का संचार करती है। शताब्दकों पहले भारतीय नाट्यशास्त्रियों ने इस बात को अनुभव कर लिया था। भरतमुनि ने नाट्य लक्षणों को लोकधर्मी (यथार्थवादी) और नाट्यधर्मी (नाटकीय रूढ़ि) इन दो भागों में विभक्त किया था और उन रूढ़ियों की विस्तृत विवेचना की थी जो नाटकों में प्राण-संचार करती हैं। नाट्यशास्त्र में इन रूढ़ियों का बड़ा विस्तृत

उल्लेख है। विभिन्न मुद्राओं और अंगहारों और उनके विनियोगों का विराट् संकलन इस बात का सूचक है कि नाट्यशास्त्र की रचना उस काल में हुई जब इस विषय का विपुल साहित्य दीर्घकाल से वर्तमान था और रूढ़ियों के मूल प्रयोजन विस्मृत होने लगे थे। प्रत्येक रूढ़ि के पीछे शुरू-शुरू में कुछ-न-कुछ तत्त्ववाद रहा करता है, बाद में तत्त्ववाद भुला दिया जाता है और व्यवहार में आती रहनेवाली चेष्टा रूढ़ि का रूप ग्रहण करती है। जब नाट्यशास्त्रकार ने बताया कि शुक या सारिका का अभिनय अँगुलियों की त्रिपताक मुद्राओं द्वारा और बड़े पक्षियों और जन्तुओं का अभिनय विभिन्न अंगाहारों से (चौखम्बा संस्करण 26-65-66) होना चाहिए तो यह निरर्थक रूढ़ि भर नहीं था, किन्तु धीरे-धीरे उस मूल अर्थ की स्मृति लोप होती गयी और साधारण प्रेक्षक के लिए इनका समझना कठिन हो गया। ऐसा नहीं समझना चाहिए कि हमारे इस नये युग में ही हम लोग उस अर्थ को भूल गये हैं। बहुत पहले ही उनका अर्थ भुला दिया गया था और मध्य-काल में ये रूढ़ियाँ इतनी भाररूपा समझी जाने लगी थीं कि नाट्यशास्त्र के आदर्श पर जो दशरूपकादि लक्षण-ग्रन्थ लिखे गये, उनमें इनकी चर्चा भी अनावश्यक समझी गयी। एक बात विशेष रूप से ध्यान देने की यह है कि नाट्यशास्त्र केवल नाटक लिखनेवालों की सहायता के लिए नहीं लिखा गया था. बल्कि खेलनेवालों और देखनेवालों की सहायता करना भी उसका उद्देश्य था। नाटक की सिद्धिवाले अध्याय में (सत्ताईसवाँ अध्याय) शास्त्रकार ने बताया है कि किस प्रकार प्रेक्षक-जनों के उल्लास और साधुवाक्य से नाटक की सफलता मानी जानी चाहिए, परन्तु परवर्ती काल के नाट्य लक्षणों में इस उल्लास प्रकट करनेवाली मानुषी सिद्धि को कोई विशेष महत्त्व नहीं दिया गया। अधिकांश शास्त्रकारों की दृष्टि रसमर्मज्ञ लोक-दुर्लभ सहृदयों तक आकर रुक गयी। उनकी पुस्तकें केवल नाटक-लेखकों की सहायता के उद्देश्य से ही लिखी गयीं। नाट्यधर्मी रूढ़ियों के उस विशाल आयोजन का बहुत थोड़ा अंश ही बचाया जा सका। और भी आगे चलकर वह बचा-खुचा अंश भी भुला दिया गया और नयी शिक्षा के प्रचण्ड आघात ने तो प्रायः कुछ भी नहीं रहने दिया। शायद ही कोई ऐसा हो जो मध्ययुग के इस इतिहास को बहुत गौरवपूर्ण मानता हो, पर तथ्य यही है कि

ऐसा हुआ। बहुत-कुछ भुला दिया गया और नाट्यशास्त्र के मर्मज्ञ मुनि ने जिन रूढ़ियों के आधार पर रसज्ञता का संस्कार सहृदय-चित्त में बद्धमूल करना चाहा था, वे भूल गयीं। वह जर्जर और दण्ड और पताका एवं कुतय वाद्य तथा अंगहार और चारियाँ और और न जाने क्या-क्या आडम्बर एकदम भुला दिये गये। अभिनवगुप्त-जैसे पण्डित को भी कई शब्दों के अर्थ बताने में कठिनाई अनुभव करनी पड़ी थी। कालिदास के नाटकों में और उनके परवर्ती संस्कृत नाटककारों में अशोक और वकुल के विषय में प्रचलित काव्यरूढ़ियों ने काव्य में अद्भुत चारुता भर दी थी, परन्तु अपभ्रंश काल में और उसके बाद के हिन्दी साहित्य में ऐसी सुकुमार काव्य-रूढ़ियों को कोई भी स्थान नहीं मिल सका। और फिर भी यह सत्य है कि कुछ-न-कुछ रूढ़ियों के बिना साहित्य का कारबार नहीं चल सकता। ये रूढ़ियाँ मानवीय चेष्टाओं और आचारों में तथा जागतिक व्यापारों में कृत्रिम माननीय मूल्यों का आरोप करके उनमें विशिष्टता और गरिमा का संचार किया करती हैं। रूढ़ियों को भुलाने का अर्थ है इस प्रकार के मूल्यों को भुलाना और इस प्रकार विशिष्टता और गरिमा की मात्रा में हेर-फेर का होना।

परन्तु यह तो इस प्रश्न का निषेधात्मक पहलू है। अनेक संस्कारों के भूलने से जिस प्रकार आचार-परम्परा और चेष्टाओं तथा जागतिक व्यापारों के मूल्य में परिवर्तन होता है उसी प्रकार नये अनुभवों से और नयी परिस्थितियों के दबाव से आपतित विवशताओं से भी बहुत परिवर्तन होते हैं। हमारे सुदीर्घ इतिहास में जिस किसी ललित कला को लेकर इस बात की परीक्षा की जा सकती है। आधुनिक काल में तो यह परिवर्तन बहुत अधिक हुआ है क्योंकि बहुत थोड़े समय के भीतर सिर्फ सौ जातियों की हजार विचार-सरणियों से ही हमारा परिचय नहीं हुआ है, विज्ञान के कारण ऐसी अनेक बातें हमारे सामने आयी हैं जो अब तक संसार की किसी जाति के अनुभव में नहीं आयी थीं। केवल जड़-विज्ञान ही नहीं, प्राणिशास्त्र और मनोविज्ञान के क्षेत्र में भी अद्भुत तथ्यों का उद्घाटन हुआ है। इन सबके सम्मिलित योग से मनुष्य नयी बाधाओं के सम्मुखीन हुआ है और नये समाधानों की खोज में प्रवृत्त हुआ है। मनुष्य में जो जिजीविषा है उसकी बहुत ही दुर्दम शक्ति है। यह शक्ति मनुष्यों के अपने ही बनाये हुए घरौंदों को तोड़ने

में बिल्कुल नहीं हिचकती, उसकी मोहों और आसक्तियों को रौंदती हुई आगे बढ़ जाती है और अपनी गति के प्रचण्ड वेग से वह कभी-कभी ऐसी मतवाली बन जाती है कि पीछे की ओर ताकने की आवश्यकता भी नहीं अनुभव करती।

(2)

ऊपर बताया गया है कि आज से दो सौ वर्ष पहले का सहृदय शेक्सपियर की ट्रेजेडियों का रसास्वाद उस तरह नहीं कर सकता था जिस तरह आज हम कर रहे हैं। नयी शिक्षा के कारण आज का भारतीय जिस ढंग से सोचता है वह पुराने ढंग से भिन्न है। वह सोचता है कि मनुष्य के ऐसे अनेक मानसिक आवेग और संवेग हैं जो एक दूसरे के विरुद्ध जाते हैं, एक दूसरे को क्षीणबल बनाते हैं – चित्त में कभी-कभी युगपत् उत्थित होते हैं। ऐसा तो नहीं है कि इस बात को हमारे देश के पुराने आलंकारिकों ने एकदम सोचा ही न हो। रसबोध पर विचार करते समय इन पण्डितों ने स्वीकार किया है कि दो विरुद्ध भाव एक ही आश्रय के मन में आ सकते हैं। यह अवश्य है कि जिसे वे रसबोध कहते हैं – जो सामाजिक सहृदय के मानसिक संस्कारों की उपेक्षा करके नहीं टिक सकता—उसके लिए ऐसे दो तुल्यबल संवेग घातक सिद्ध हो सकते हैं। इसीलिए भारतीय अलंकार-शास्त्री और सहृदय या तो उनमें से एक को अंग और दूसरे को अंगी समझेगा, नहीं तो सदोष समझेगा। आज के नवशिक्षित चित्त में ऐसा कोई संस्कार नहीं है जिसके कारण ऐसे तुल्यबल संवेगों की उपस्थिति देखकर दोष देखने की या संगति लगाने की आवश्यकता अनुभूत हो। संगाति तब लगायी जाती है जब पहले से ही किसी सिद्धान्त की अकाट्यता में विश्वास कर लिया गया हो। आज के नवशिक्षित चित्त में शायद ऐसा कोई रस-विषयक सिद्धान्त नहीं है। उदाहरणार्थ, तरस खाना और करुणार्द्र होना अभिमुखीकरण के संवेग हैं, अर्थात जिस वस्तु को देखकर ये भाव उदित होते हैं उसकी ओर मनुष्य बढ़ता है। परन्तु त्रास और विभीषिका प्रतिमुखीकरण के संवेग हैं, इनके द्वारा मनुष्य उस वस्तु से दूर भागना चाहता है, या मुँह फिरा लेना चाहता है जिसे देखकर ये संवेग उत्पन्न हुए थे। स्पष्ट ही ये एक दूसरे के विरोधी हैं। ट्रेजेडी की समाप्ति पर ये दोनों संवेग एक साथ सहृदय सामा-

जिक के चित्त में बने रहते हैं और बने रहकर एक ऐसे लोकोत्तर आस्वाद को उत्पन्न करते हैं जो साधारण जीवन के अनुभवों से हू-ब-हू नहीं मिलता। आधुनिक मनोविज्ञान ने बताया है कि हम दो कौशलों से उन मनोवेगों को पुकार दे जाते हैं जिनसे हैरान होने की आशंका होती है—दमन से और उन्नयन से। ट्रेजेडी की महिमा इस बात में है कि वह इन दोनों से हमें मुक्त रखती है। कठिनाई या तो मनोभावों के दमन से पैदा होती है या उनके उन्नयन से। मनोनुकूल सफलता के मिलने से मनुष्य न तो किसी मनोभाव का दमन करता है, न उन्नयन। सफलताजन्य सन्तोष के मूल में यह उल्लास रहता है कि स्नायुमण्डल का सबकुछ दुरुस्त है, कहीं कोई दबाव और तनाव नहीं है, कहीं कोई आयास नहीं करना पड़ा है। आधुनिक सौन्दर्यशास्त्री ट्रेजेडी को सर्वप्रेरक, सर्वग्राह्य वस्तु मानते हैं क्योंकि वह दो परस्पर विरुद्ध मनोभावों का संतुलन ठीक रखकर आश्चर्यजनक सामंजस्य उत्पन्न करती है। वह सहृदय के हृदय में कपट भी उत्पन्न करती है और साथ ही उसकी चेतना पर निरन्तर आघात करके उसे उद्बुद्ध करती रहती है। हमें इस बहस में नहीं पड़ना है कि आधुनिक सहृदय जो ऐसा मानता है वह ठीक है या पुराना सहृदय जो ऐसा नहीं मानता वह। सचाई यह है कि इन दिनों ट्रेजेडी इस देश में लिखी जाने लगी है और सहृदयों को मुग्ध भी करने लगी है।

कारण क्या है ?

हमारे इतिहास में जो सबसे बड़ी नयी बात इस बीच हुई है वह है हमारा अंग्रेज जाति और अंग्रेजी साहित्य से घनिष्ठ योग। नये परिवर्तनों के मूल में यही योग है। परन्तु यह सिर्फ एक जाति के साथ दूसरी जाति का मिलन मात्र नहीं है, इससे बड़ी बात है। यह एक युग से दूसरे युग में संक्रमण है। प्रायः इस नवीन संक्रमण को पाश्चात्य प्रभाव कहा जाता है परन्तु केवल पाश्चात्य जाति के प्रभाव से एक अत्यन्त समृद्धि संस्कृतिसम्पन्न जाति का इस प्रकार परिवर्तन स्वीकार करने का अर्थ यह होता है कि हम स्वीकार करते हैं कि जाति-विशेष के सोचने का ढंग और आचार-विशेष और भावना-विशेष को विशिष्ट मूल्य देने की प्रवृत्ति सहजात नहीं होती। शिक्षा द्वारा जिस किसी मनुष्य को जिस किसी प्रकार की संस्कृति में संस्कृत किया जा सकता है। अर्थात् संस्कृति किसी जाति-विशेष या देश-विशेष की अपनी वस्तु

नहीं होती बल्कि परिस्थिति-विशेष को देन होती है। यदि ऐसा न होता तो विशुद्ध भारतीय रक्त पर पाश्चात्य सम्पर्क ऐसा उथल-पुथल कर देनेवाला प्रभाव न डाल सकता। यद्यपि 'पाश्चात्य प्रभाव' कहकर हर वस्तु में दोष निकालनेवाले विचारक इस बात को स्वीकार नहीं करते। परन्तु अगर पहली बात सत्य है तो दूसरी बात भी सत्य है। मैं इस विषय में अभी उलझना नहीं चाहता, यथावसर इसकी चर्चा होगी, पर इसमें कोई सन्देह नहीं कि देश-विशेष की सहजात संस्कृति में विश्वास रखकर हर वस्तु को पाश्चात्य प्रभाव से प्रभावित, अतएव गर्हित समझना उलझे दिमाग की ही बात है।

इस 'पाश्चात्य प्रभाव' की ठीक-ठीक जानकारी आवश्यक है। तभी हम अपने देश के आधुनिक मानस-गठन को भी समझ सकेंगे और उस विकृत मानसिक प्रतिक्रिया का भी रहस्य समझ सकेंगे जो हर नवीन साहित्यिक प्रयत्न को 'पाश्चात्य प्रभाव' कहकर गर्हित करार देती है और बराबर ही 'हमारे यहाँ' का ब्रह्मास्त्र तानकर अपरिपक्व मस्तिष्क के बाल-साहित्यिकों को डराया करती है। शुरू में ही निवेदन करूँ कि मैं भारतीय काव्य का उतना ही बड़ा प्रेमी हूँ—जानकार तो कैसे कहूँ ?—जितना कोई भी व्यक्ति अपने को समझ सकता है। यहाँ प्रश्न भारतीय काव्य के सौन्दर्य को स्वीकार करने या न करने का नहीं है। जिस काव्य-लक्ष्मी के अपूर्व सौन्दर्य को देखकर सात समुन्दर पार के लोग इतने मुग्ध हुए हैं उसे कौन भारतवासी उपेक्षणीय समझ सकता है ? पुरूरवा ने उर्वशी से जो बात कही थी वही इस काव्य-लक्ष्मी के बारे में कही जा सकती है—

यदृच्छया त्वं सकृदप्यवन्ध्ययोः
पथिस्थिता सुन्दरि यस्य नेत्रयोः।
त्वया विना सोऽपि समुत्सुको भवेत्
सखीजनस्ते किमुतार्द्रसौहृदः॥

हे सुन्दरि, तुम एक बार भी जिनकी भाग्यशाली आँखों के सामने आ जाती हो, वह तुम्हारे बिना व्याकुल हो उठता है फिर स्नेहार्द्र सखियों की तो बात ही क्या, वे तो नितान्त स्वजन ही हैं !

कैसे इस महान् साहित्य की उपेक्षा की जा सकती है। मेरे मन में यह व्याकुलता अवश्य है कि इस साहित्य को जिस उन्मुक्त चित्त से हमें पढ़ना

चाहिए उस प्रकार हम पढ़ नहीं रहे हैं। भारतीय शास्त्रों के अध्ययन के लिए भी आवश्यक है कि हम आधुनिक वैज्ञानिक चित्त लेकर उसका अध्ययन करें। मध्यकाल में जिस प्रकार आप्तवाक्यों के रूप में पुराने साहित्य का अध्ययन हुआ था, उसी रूप में यदि हम आज भी करेंगे तो यह पुराना महान् ज्ञान हमारी उतनी सहायता नहीं कर सकेगा, जितनी सहायता की उससे आशा की जा सकती है। बल्कि कभी-कभी बाधक हो जायगा। अस्तु।

(3)

वैसे तो भारतवर्ष का सम्बन्ध यूरोप के देशों से बहुत पहले ही हो चुका था, परन्तु वह निविड़ संयोग जो चित्त को चालित कर सकता है उन्नीसवीं शताब्दी में ही हुआ। जिन बातों को आजकल इस देश में 'पाश्चात्य प्रभाव' कहा जाता है वे पश्चिमी देशों में भी बहुत पुरानी नहीं हैं। वहाँ के समाज में वे बहुत संघर्ष और कशमकश के बाद धीरे-धीरे गृहीत हुई हैं। परन्तु इस देश में अंग्रेजी शासन की प्रतिष्ठा के बाद यहाँ की शिक्षा-पद्धति को एकाएक ऐसा रूप प्राप्त हुआ कि इस देश का विद्यार्थी एक ओर तो अपने देश के संस्कारों से एकदम विच्छिन्न हो गया और दूसरी ओर पाश्चात्य साहित्य में प्राप्त बातों को उसने इस रूप में ग्रहण किया मानो ये उन देशों में अनादि काल से चली आ रही हों। उन देशों में जो शिक्षा-पद्धति दशाब्दियों के संघर्ष और कशमकश के बाद स्वीकृत हुई थी वह यहाँ रातों-रात प्रवर्तित हो गयी। पहले तो धीरे-धीरे पर बाद में बड़ी तेजी से यह नवीन शिक्षा सारे देश के उगते दिमागों पर प्रभाव-विस्तार करने लगी।

जिन दिनों अंग्रेजी साहित्य से भारतवर्ष का सम्पर्क हुआ वह अंग्रेजी इतिहास का सर्वाधिक समृद्ध काल था—विचारों की दृष्टि से भी और भौतिक सम्पत्ति की दृष्टि से भी। उन दिनों जड़-विज्ञान नित्य नये सुधरे यन्त्रों को उत्पन्न कर रहा था, अधिकाधिक सुधरे यन्त्र—यातायात के जलीय और स्थलीय साधन, कपड़ों की मिलें, लोहा और अन्य धातुओं की बनानेवाली मशीनें—नित्य नूतन सम्पत्ति को बढ़ा रहे थे। धन-समृद्ध इंग्लैण्ड में एक प्रकार का अभिजात भाव बढ़ती पर था। आचारगत नियम, विचारगत संयम, बेकार बातों से बचने का प्रयत्न और काम की बातों में ध्यान केन्द्रित

करने की आदत उन दिनों के अंग्रेजों में विशेष रूप से दिखायी देती हैं। भौतिक सम्पत्ति की बढ़ोत्तरी यथार्थता और युक्तियुक्त विचारधारा के प्रति निष्ठा उत्पन्न करती है और विचारगत संयम को बढ़ावा देती है। अंग्रेज-चरित्र के इस पहलू ने तत्कालीन भारतीय शिक्षित चित्त को आकृष्ट किया था।

सोलहवीं शताब्दी से ही इसकी भूमिका तैयार हो रही थी। उस समय यूरोप में धर्म और कला का ही प्रभुत्व था, विज्ञान यद्यपि इन दोनों के प्रतिद्वन्द्वी के रूप में ही उत्पन्न हुआ था पर अट्ठारहवीं शताब्दी के पहले वह सच्चा प्रतिद्वन्द्वी नहीं बन सका। इस शताब्दी में प्रत्येक सुसंस्कृत व्यक्ति के चित्त पर इसका प्रभाव पड़ा और उन्नीसवीं शताब्दी में विविध ऐतिहासिक कारणों के दबाव में वह सुविधा-प्राप्त वर्ग के हाथ से सरककर साधारण जनता के हाथ में आ गया। उन्नीसवीं शताब्दी के दूसरे चरण में अनेक मानसिक और भौतिक विज्ञान की शाखाओं का युगपत् और समानान्तर विकास बड़े ही महत्त्वपूर्ण ऐतिहासिक परिवर्तन और विचारगत उथल-पुथल-का कारण बना। इन दिनों यूरोपीय विचारों में घोर मंथन हुआ और मानवीय विचारों और क्रियाओं के पुराने मूल्यों में क्रान्तिकारी परिवर्तन हुए। इन्हीं दिनों जगत के समस्त व्यापारों में एक व्यापक नियम और सामंजस्य खोजने की दुर्दम जिज्ञासा का जन्म हुआ। अन्त में डार्विन ने जीव-विज्ञान के क्षेत्र में विकासवाद के सिद्धान्त का प्रतिपादन किया जो सच्चे अर्थों में आधुनिकता की नींव कहा जा सकता है। इसने मनुष्य को हर क्षेत्र में देखने की नयी दृष्टि दी। डार्विन के विचारों से ही सूत्र पाकर स्पेंसर ने सम्पूर्ण जागतिक व्यापारों में विकास-परम्परा की प्रतिष्ठा करनेवाले तत्त्व-दर्शन का प्रतिपादन किया। यहीं से विज्ञान ने मनुष्य की सम्पूर्ण चिन्ता-धारा पर प्रभुत्व-स्थापना की। आज शायद ही कोई ऐसा विज्ञान या ज्ञान हो, जिसे इस विकासवाद के सहारे समझने का प्रयत्न नहीं किया जाता—सब प्रकार के आध्यात्मिक दर्शन, सब प्रकार की अलौकिक समझी जानेवाली भावनाएँ जैसे रसबोध, सौन्दर्यतत्त्व, सब प्रकार की कर्मप्रणालियाँ इस विकासवाद की लपेट में आ गयीं। भारतीय साहित्य का भी इस दृष्टि से अध्ययन किया गया। आज का शिक्षित भारतीय ऊपर से चाहे जो कहता हो, भीतर से अवश्य विश्वास करता है कि सब कुछ क्रमशः विकसित हुआ है—वैदिक

साहित्य भी, दार्शनिक विचार भी, साहित्यिक मीमांसाएँ भी—सब कुछ धीरे-धीरे विकसित हुए हैं, सबमें पूर्ववर्ती और पार्श्ववर्ती विचारों का योग है। यह पाश्चात्य प्रभाव नहीं है, क्योंकि पाश्चात्य सभ्यता में भी यह बात नयी ही है, यह आधुनिक विज्ञान की देन है। साहित्य का मर्म भी इस विचार-धारा के अनुसार उपलब्ध किया जाता है। आज से दो सौ वर्ष पहले का सहृदय इस ढंग से साहित्य पर कभी विचार नहीं करता था। इस बात के स्वीकार करने से रसास्वाद के ढंग में बहुत अन्तर आ जाता है। क्योंकि ऐसा विचार करनेवाला यह नहीं मानता कि किसी मुनि या आचार्य ने जो कहा है वह स्वयंसिद्ध सत्य है; अतएव उसके प्रतिकूल जाना अनुचित है। वह प्रत्येक मुनि और आचार्य की बात को उसके पूर्ववर्ती विचार की पृष्ठभूमि में और पार्श्ववर्ती विचारों के आलोक में देखने का प्रयत्न करता है। सब कुछ क्रम-विकास की अवस्था से गुजरकर आया है। जीवित रहने की परिस्थितियों में अन्तर आ जाने से केवल प्राणी को ही परिस्थितियों के अनुकूल नहीं बनना पड़ता, विचारों और भावनाओं को भी तदनुकूल बनना पड़ता है।

(4)

विकासवाद का सिद्धान्त आजकल प्रायः सर्वस्वीकृत सिद्धान्त है। इस सृष्टि-प्रक्रिया को इस दृष्टि से देखनेवाले को यह बात अत्यन्त स्पष्ट हो जायगी कि मनुष्य के रूप में ही सृष्टि का सर्वोत्तम प्राणी विकसित हुआ है। मनुष्य-देह में ही मन और बुद्धि का—भावावेग और तर्क-युक्ति के आश्रय इन्द्रिय-विशेष का—विकास हुआ है। यह संसार क्या है और कैसा है इसके जानने का एकमात्र साधन मनुष्य की बुद्धि है। हम जो कुछ समझ रहे हैं और जो कुछ समझ सकते हैं, सब मनुष्य का समझा हुआ सत्य है। मनुष्य निरपेक्ष सत्य बात की बात है। इस जगत में जो कुछ सत्य है वह मनुष्य-दृष्टि में देखा हुआ सत्य है अतएव मानव सत्य है। इसीलिए मनुष्य की मर्यादा, उसकी महिमा और उसके विचारों का मूल्य अपार है। इन्हीं विचारों ने उस नयी विचार-भंगिमा को जन्म दिया जिसे न्यू-ह्यु मैनिज्म या नव-मानवतावाद नाम दिया गया है। इस मानवतावाद के दो प्रधान लक्षण हैं: (1) मनुष्य की महिमा और मानवीय मूल्यों में विश्वास तथा (2) मनुष्य

के मर्त्य जीवन को किसी प्रकार के पापफल भोगने का परिणाम न समझकर इसे इसी दुनिया में दुःख-शोक से बचाना और इसी दुनिया में इसे सुख-समृद्धि से युक्त करना। यह दूसरी बात एक ओर तो उन सब पुरानी वैरागी मनोभावनाओं का प्रत्याख्यान करती है जो शरीर को नाना कृच्छ्राचारों से तापित करके किसी अनन्त शाश्वत सुख की ओर मनुष्य को प्रवृत्त करती है और दूसरी ओर इस जीवन को सम्पूर्ण रूप से उपभोग करने की प्रवृत्ति को प्रश्रय देती है। परन्तु पहली भावना इस पर अंकुश का काम करती है, क्योंकि वह मनुष्य के द्वारा उद्‌भावित पशु-सामान्य धरातल से उपरले स्तर के मानसिक संयम, बौद्धिक ईमानदारी और मनुष्य रूप को विकसित करने-वाले समस्त नैतिक आदर्शों का बहुत अधिक मूल्य देती है। इस प्रकार यह तो माना जाता है कि मनुष्य का यह जीवन ही सम्पूर्ण रूप से उपभोग्य है, पर साथ ही यह भी स्वीकार किया जाता है कि मनुष्य की मनुष्यता अपूर्व सम्भावनाओं से भरी है, वह सब प्रकार के नैतिक और आध्यात्मिक विकास का साधन है, उसकी महिमा अपार है।

भारतवर्ष की विशाल साहित्यिक परम्परा पर दृष्टि दीजिए तो इसके अनेक साहित्यिक युगों में सर्वत्र किसी विशेष मानवीय विश्वास को प्रेरणा देते पायेंगे। सर्वत्र ऐसा होता है। वैदिक साहित्य के केन्द्र में मूल प्रेरणा-स्रोत के रूप में यज्ञ-याग का स्थान है। इन्हीं से वैदिक युग का कवि और विचारक प्रेरणा पाया करता था। चाहे व्याकरण हो या ज्योतिष-छन्द हो या निरुक्त, ज्यामिति हो या अंकगणित, सभी विचारधाराएँ इस यज्ञ-याग की क्रियाओं के ठीक-ठीक सम्पादित करने के उद्देश्य से प्रवर्तित हुईं। बाद में इन्होंने स्वतन्त्र शास्त्रों का रूप लिया। परवर्ती काल में यद्यपि सभी शास्त्र किसी-न-किसी बहाने श्रुतिसम्मत यज्ञ-याग प्रक्रिया के साथ अपना सम्बन्ध बताते रहे, पर वस्तुतः वे उनसे विच्छिन्न हो गये थे। गुप्तकाल में एक बार पुनर्जागरण अवश्य हुआ और श्रुतिसम्मत क्रियाएँ अधिक दृढ़ता से याद की जाने लगीं लेकिन तब तक गंगाजी का बहुत पानी समुद्र में ढरक चुका था। धर्म और विश्वास के क्षेत्र में मनुष्य रूप की प्रतिष्ठा स्वीकृत हो चुकी थी। इस युग के काव्य-शिल्प में देव-देवियाँ निखरे हुए मानव-सौन्दर्य के भीतर से प्रकट हुईं। देवता का मनुष्य-रूप जिस मोहक और मोहनीय रूप में इस युग

में प्रकट हुआ वैसा पहले कभी नहीं हुआ था। शास्त्र और काव्य दोनों में ही देवता का नाम लिया जाता रहा, पर मनुष्य ही वास्तविक प्रतिपाद्य था, और श्रुति तथा आप्तवाक्य की महिमा बनी रही, पर मनुष्य की बुद्धि ही अधिक प्रामाण्य समझी गयी। क्योंकि श्रुति-वाक्यों में कौन-सा विधि-परक है और कौन-सा अर्थवाद, इन बातों के निर्णय की कसौटी मनुष्य-बुद्धि को समझा जाता रहा।

मनुष्य-रूपी देवता का और भी व्यापक रूप मध्यकाल के अन्त में आया, जब भगवान् के नर-रूप की लीला ही सब प्रकार साहित्य, शिल्प और नृत्य-गीत का आश्रय बनी। भक्ति का पूरा साहित्य भगवान् के नर-रूप की लीला को आश्रय करके बना है। वहीं से वह प्रेरणा पाता है। आगे चलकर हर देवता के अवतार की कल्पना की गई। भगवद्भक्त महात्माओं को भी किसी-न-किसी पुराने आचार्य या भक्त का अवतार माना गया। कोई उद्धव का अवतार समझा गया, कोई वाल्मीकि का, कोई हनुमानजी का, तो कोई भगवान् की मुरली का। शिव के भी एकाधिक अवतार स्वीकार किये गये और अवतार-विश्वास इस हद तक पहुँचा कि यह विश्वास किया जाने लगा कि भगवान् नर का रूप धारण करके नाना भाव से भक्त की सहायता करते रहे हैं, उसकी गाय चरा देते हैं, उसका हाथ पकड़कर रास्ता दिखा देते हैं, उसकी गलतबयानी को सुधार देते हैं, उसके घर का पहरा देते हैं, और ऐसे ही अन्य अनेक कार्य करते हैं। इस युग की सम्पूर्ण मानवीय उच्च साधना उसके मूल में इस अवतारवादी भक्ति की प्रेरणा है। इस प्रकार हम देखते हैं कि विभिन्न युगों में साहित्यिक साधनाओं के मूल में कोई-न-कोई व्यापक मानवीय विश्वास होता है। आधुनिक युग का यह व्यापक विश्वास मानवतावाद है। इसे मध्य युग के उस मानवतावाद से घुला नहीं देना चाहिए, जिसमें किसी-न-किसी रूप में यह स्वीकार किया गया था कि मनुष्य-जन्म दुर्लभ है और भगवान् अपनी सर्वोत्तम लीलाओं का विस्तार नर-रूप धारण करके ही करते हैं। नवीन मानवतावादी विश्वास की सबसे बड़ी बात है, इसकी ऐहिक दृष्टि और मनुष्य के मूल्य और महत्त्व की मर्यादा का बोध।

इस नवीन मानवतावाद को स्वीकार करने का युक्ति-संगत परिणाम हो सकता है मनुष्य की मुक्ति। सब प्रकार के सामाजिक और राजनीतिक और

आर्थिक शोषणों से मनुष्य को मुक्त किया जाना चाहिए, क्योंकि मनुष्य के जीवन का बड़ा मूल्य है। मनुष्य पर अखण्ड विश्वास इसका संवल है। जिन दिनों इंग्लैण्ड के साहित्य से भारतवर्ष का प्रथम परिचय हुआ, उन दिनों इस नवमानवतावाद की प्रतिष्ठा हो चुकी थी और इस सिद्धान्त को स्वीकार कर लेने से कवि-चित्त उन रूढ़ियों से मुक्त हो जाता है जो दीर्घकालीन रीति-नीति से सरकती हुई मनुष्य के चित्त पर आ गिरी होती है और कल्पना के प्रवाह में और आवेगों की अभिव्यक्ति में बाधा देती है। इस सिद्धान्त को स्वीकार कर लेने के बाद कवि-चित्त में कल्पना के अविरल प्रवाह से घन-संश्लिष्ट निविड़ आवेगों की वह उर्वर भूमि प्रस्तुत होती है जो रोमाण्टिक या स्वच्छन्दतावादी साहित्य के लिए बहुत ही उपयोगी होती है। ऐसे अविरल कल्पना-प्रवाह का स्वाभाविक रूप है कवि-चित्त की उन्मुक्तता। जब यह एक बार साहित्य में प्रकट होती है तो वह जीवन के सभी क्षेत्रों में अपना प्रभाव विस्तार करती है। उस काल के अंग्रेजी साहित्य के मर्मज्ञों ने दिखाया है कि उन दिनों इंग्लैण्ड के सभी विचार-क्षेत्रों में यह चित्तगत उन्मुक्तता अपना प्रभाव विस्तार कर रही थी। इस युग में मनुष्य ने धर्म पर सन्देह किया, ईश्वर पर सन्देह किया, परम्परा-समर्थित नैतिक दृष्टि-भंगी पर सन्देह किया, परिपाटीविहित रसज्ञता पर सन्देह किया, परन्तु फिर भी यह युग अपूर्व विश्वास का युग है क्योंकि मनुष्य ने अपने ऊपर अविश्वास नहीं किया। उसने मनुष्य की महिमा पर दृढ़तापूर्वक आस्था बनाये रखा। मनुष्य सब कुछ कर सकता है, प्रकृति के दुर्ग पर अपनी विजयपताका फहरा सकता है, वह सृष्टि परम्परा की सबसे उत्तम परिणति है। नवीन साहित्य के मूल में यही विश्वास काम कर रहा था। कितने ही कवियों में निराशावाद का स्वर अवश्य था, पर, मनुष्य के विशाल चित्त में स्नान करके निकली हुई उनकी आस्था बनी रही।

(5)

स्वभावतः यह मानवतावाद शुरू-शुरू में व्यक्ति मानव को शोषण और बन्धन से मुक्त करने के बड़े आदर्श से आन्दोलित हुआ। तत्त्व चिन्तकों और साहित्यिक मनीषियों के चित्त में इस आदर्श का रूप बहुत ही उदार था, पर

व्यवहार में मनुष्य की समानता केवल एक राष्ट्र की मनुष्यता की मुक्ति तक ही सीमित रही। धीरे-धीरे राष्ट्रीयता नाम की नवीन देवी का जन्म हुआ, एक हद तक यह भी प्रगतिशील विचारों की उपज थी। हमारे देश में भी नये जीवन-साहित्य के स्पर्श से नवीन जीवन-आदर्श जाग पड़े। मानवतावाद भी आया, दलितों और अधःपतितों के प्रति सहानुभूति का भाव भी आया और राष्ट्रीयता भी आयी। दोनों बातें एक साथ नहीं चल सकतीं। एक तरफ व्यक्ति मानव की महिमा पर अखण्ड विश्वास ने एक ही राष्ट्र में सुविधा-भोगी व्यक्ति मानवों को बढ़ावा दिया, दूसरी तरफ राष्ट्रीयता की देवी युवावस्था की देहली पर पहुँचकर ऐसी ईर्ष्यालु रमणी साबित हुई जो सारे परिवार को ही ले डूबती है। संसार में एक ओर राष्ट्रीयता ने सिर उठाया और दूसरी ओर मानवतावाद के विकृत चिन्तन से उस विकृत मतवाद को जन्म दिया जिसके अनुसार मनुष्यों में भी दो श्रेणी के मनुष्य हैं। एक उत्तम दूसरे निकृष्ट, एक में देवत्व की सम्भावनाएँ हैं और दूसरे में पशुता से कोई विशेष अन्तर नहीं है। इन विकृति विचारों ने ठाँव-ठाँव दो महायुद्धों को भूपृष्ठ पर उतार दिया। इस प्रकार मनुष्यता की महिमा भी विकृत-रूप में भयंकर हो उठी।

आज संसार का संवेदनशील चित्त इस भयंकर दुष्परिणाम से व्याकुल हो गया है। सारे संसार के साहित्य के निष्ठावान् मनीषियों के मन में आज एक ही प्रश्न है : यही क्या वास्तविक मानवतावाद है जो मनुष्य को अकारण विनाश के गर्त में ढकेल रहा है? उन्नीसवीं शताब्दी के पश्चिमी स्वप्न-दर्शियों ने और इस देश के पिछले खेवे के महान् साहित्यकारों ने क्या मानवता की इसी महिमा का प्रचार किया है? आज नाना स्वरों में वैचित्र्य-संवासित आकार धारण करके एक ही उत्तर मानव-चित्त की गम्भीरतम भूमिका से निकल रहा है : मानवतावाद ठीक है। पर मुक्ति किसकी? क्या व्यक्ति मानव की? नहीं। सामाजिक मानवतावाद ही उत्तम समाधान है। मनुष्य को, व्यक्ति मनुष्य को नहीं, बल्कि समष्टि मनुष्य को, आर्थिक सामाजिक और राजनीतिक शोषण से मुक्त करना होगा।

यह गलत बात है कि मनुष्य कभी पीछे लौटकर ठीक हू-ब-हू उन्हीं विचारों को अपनायेगा जो पहले थे। जो लोग मध्य-युग की भाँति सोचने

की आदत को इस भयंकर वात्याचक्र की उलझन से बच निकलने का साधन समझते हैं, वे गलती करते हैं। इतिहास चाहे और किसी क्षेत्र में अपने को दुहरा लेता हो, विचारों के क्षेत्र में वह जो गया सो गया। उसके लिए अफसोस करना बेकार है। पर इतिहास हमारी मदद अवश्य करता है। रह-रहकर प्राचीन काल के मानवीय अनुभव हमारे साहित्यकारों के चित्त को चंचल और वाणी को मुखर बनाते अवश्य हैं, पर वे व्यक्ति साहित्यकार की विशेषता रूप में ही जी सकते हैं। हमारे साहित्यकार ने निश्चित रूप से मनुष्य की महिमा स्वीकार कर ली है। अगला कदम सामूहिक मुक्ति का है, सब प्रकार के शोषणों से मुक्ति का। अगली मानवीय संस्कृति मनुष्य की समता और सामूहिक मुक्ति की भूमिका पर खड़ी होगी। इतिहास के अनुभव इसी की सिद्धि से साधन बनकर कल्याणकर और जीवनप्रद हो सकते हैं। इस प्रकार हमारी चित्तगत उन्मुक्तता पर एक नया अंकुश और बैठ रहा है--व्यक्ति मानव के स्थान पर समष्टि मानव का प्राधान्य। परन्तु साथ ही उसने मनुष्य को अधिक व्यापक आदर्श और अधिक प्रभावोत्पादक उत्साह दिया है। जब-जब ऐसे बड़े आदर्श के साथ मनुष्य का योग होता है तब-तब साहित्य नये काव्य-रूपों की उद्भावना करता है। नये बाह्य आकारों को प्रकट करता है और जन-जीवन में नवीन आशा और विश्वास का संचार करता है। नया साहित्य भी इस ओर बढ़ रहा है।

चित्तगत उन्मुक्तता का अर्थ यह नहीं होता कि मनुष्य अपने पूर्वजों की विशाल अनुभव-सम्पद् की उपेक्षा करे। यह बिलकुल गलत धारणा है। जिन दिनों यूरोप में मानवतावाद की नयी लहर आयी थी, उन दिनों देश-विदेश के शास्त्रों का जैसा गहरा और गम्भीर अध्ययन हुआ, वैसा पहले कभी नहीं हुआ। नवीन मानव-चिन्ता किन्तु उससे नुकसान तो हुआ ही नहीं, और भी लाभ हुआ। ज्यों-ज्यों मानवतावाद और व्यक्तिवादी स्वर विकृत होता गया और राष्ट्रीयतावादी और जातीय उत्कर्षवादी स्वर प्रबल होता गया, त्यों-त्यों इस अध्ययन के प्रयत्न में भी शिथिलता आती गयी और उद्देश्य में भी आविलता आती गयी। नवीन आदर्श प्राचीन अनुभवों की उपेक्षा त्याग करता ही नहीं, उनका सर्वोत्तम उपयोग करता है। जहाँ कहीं भी नये साहित्यकार ने नवीन आदर्श को अपनाया है वहीं उसने प्राचीन मानवीय

प्रयत्नों को मनुष्य की सबसे बड़ी सम्पत्ति माना है। नवीन आदर्शों का महत्त्व तब तक ठीक-ठीक समझा ही नहीं जा सकता, जब तक उसके प्राचीन का निष्पक्ष अध्ययन न किया जाय। जिस महान् आदर्श की अभी चर्चा हुई है वह जिस दिन स्वीकृत होगा उस दिन समस्त जगत् के प्राचीन कृतित्व का अध्ययन अधिक गम्भीर, अधिक व्यापक और अधिक निष्पक्ष हो सकेगा। उस दिन प्राचीन मानवीय साधना भी सम्पूर्ण रूप से नवीन साहित्य को समृद्ध बनायेगी, क्योंकि उस दिन केवल देश में छितराया मानव-समाज ही हमारा लक्ष्य नहीं बनेगा। काल में प्रव्याप्त मनुष्य भी उतना ही महत्त्वपूर्ण लक्ष्य बनेगा।

मानव-सत्य

काव्य की अद्‌भुत शक्ति से सभी परिचित हैं। परन्तु इस विचित्र शक्ति का आश्रय क्या है ? किसके बल से बलीयान् होकर काव्य का यह उद्‌गीत रूप इतना मनोहर और इतना आकर्षक हो जाता है ?

इस प्रसंग में मुझे 'छान्दोग्य उपनिषद' के प्रथम अध्याय के आठवें और नवें खण्ड में दी हुई एक कथा का स्मरण हो आता है। इस कथा में एक बहुत पुराने शास्त्रार्थ-विचार का विवरण मिलता है। प्रसिद्ध है कि तीन ऋषि उद्‌गीथ-तत्त्व के बहुत अच्छे जानकार थे। उनमें दो तो ब्राह्मण थे और तीसरे क्षत्रिय थे। ब्राह्मण ऋषियों में प्रथम थे शालवान् के पुत्र शिलक और दूसरे थे चिकितायन के पुत्र दाल्भ्य। क्षत्रिय ऋषि जीवाल के पुत्र प्रवाहण थे। तीनों उद्‌गीथ-विद्या के मर्मज्ञ थे। एक बार इन लोगों में इस तत्त्व के आश्रय के सम्बन्ध में विचार हुआ। शिलक के प्रश्नों का उत्तर देते हुए दाल्भ्य ऋषि ने बताया था कि 'साम का आश्रय स्वर है, स्वर का आश्रय प्राण है, प्राण का आश्रय जल है, और जल का आश्रय स्वर्ग-लोक है। इसके आगे प्रश्न नहीं करना चाहिए, क्योंकि साम को 'स्वर्ग-लोक' कहकर ही स्तुति की गयी है—स्वर्गो वै लोकः सामवेदः !'

किन्तु शालवान् के पुत्र शिलक, चिकितायन के पुत्र दाल्भ्य के इस कथन से सहमत नहीं हो सके। यह कैसे हो सकता है कि स्वर्गलोक ही अन्तिम सत्य हो ? उन्होंने शिलक के प्रश्न के उत्तर में कहा था, 'स्वर्ग-लोक का आश्रय मनुष्यलोक है – यह मिट्टी की धरित्री है।' शिलक ने बाद में दाल्भ्य के ढंग पर ही स्वीकार किया कि 'इसके आगे प्रश्न करना अनुचित है। सबकी

प्रतिष्ठारूप इस मनुष्य-लोक की प्रतिष्ठा और क्या हो सकती है? साम की, पृथ्वी कहकर ही, स्तुति की गयी है—इयं वै रथन्तरम्! सो साम का चरम आश्रय यह मनुष्य-लोक ही है।'

जीवल के पुत्र प्रवाहण को यह भी चरम आश्रय नहीं जान पड़ा। बोले, 'मनुष्यलोक ही अन्तिम सत्य नहीं है। मनुष्य-लोक की भी कोई गति होनी चाहिए। यह कैसे मान लिया जाय कि इसके आगे कुछ है ही नहीं? वस्तुतः इसका भी आश्रय आकाश है। भूतमात्र आकाश में ही उत्पन्न होते हैं, आकाश में ही विलीन होते हैं। आकाश सबसे बड़ा है। आकाश ही परम आश्रय है।'

सर्वाणि ह वा इमानि भूतान्याकाशादेव समुत्पद्यन्त आकाशं प्रत्यस्तं
यन्त्याकाश एवैभ्यो ज्यायानाकाशः परायणम्॥

यह विचार आज से कई हजार वर्ष पहले हुआ था। तब से दुनिया के ज्ञान-साधनों में बहुत परिवर्त्तन हुआ है, विद्वानों के तर्क-कर्कश मस्तिष्कों ने इस प्रश्न पर कई दिशाओं से आक्रमण किया है, पर आश्चर्य यह है कि हम आज भी इन्हीं तीन उत्तरों की जुगाली करते जा रहे हैं। घूम फिरकर इन्हीं में से किसी एक पर आकर मनुष्य का मस्तिष्क टिकता है। कहने का ढंग और है, भाषा का रूप और तर्क की विधियाँ और हैं, पर उत्तर यही हैं।

बहुत से विचारकों ने बताया है कि काव्य में, कवि के द्वारा प्रयुक्त शब्दों में, छन्दों में, यमक-अनुप्रासों में और समूची पदसंघट्टना में एक ऐसी विचित्र शक्ति होती है जो इस दुनिया से ग्रहण की हुई सामग्रियों के उपादान से ही पाठक के चित्त में एक मनोरम कल्पलोक का निर्माण करती है। यह लोक इस दुनिया में अनुभूत सुख-दुःखों के समानधर्मा सुख-दुःखों से ही निर्मित होता है और इसीलिए इस दुनिया के समानान्तर ही कहा जा सकता है, परन्तु वह इससे ऊपर होता है और स्थूल जगत् के झमेलों से मुक्त होता है। काव्य के पंख पर केवल मनोभाव ही ऊपर उड़ सकते हैं, स्थूल भार नीचे ही पड़ा रह जाता है। फल यह होता है कि यहाँ के सभी मनोभाव वहाँ आनन्द ही उत्पन्न करते हैं, हास भी, रोदन भी, असूया भी, जुगुप्सा! इन मनोभावों के लौकिक रूप में दुनिया के स्थूल और मलिन पदार्थ मिल जाते हैं, परन्तु कवि निर्मित अलौकिक रूप में यह स्थूल और मलिन पदार्थ असम्पृक्त रह

जाते हैं, इसीलिए आनन्द भी अनाविल और सूक्ष्म होता है। वह कवि का निर्मित जगत् है, उसकी निखरी हुई रुचि की छलनी से सब मलिनता छन जाती है और अपूर्व रसलोक की सृष्टि होती है। यहाँ का प्रजापति कवि ही है, उसे जैसा रुचता है, वैसा ही जगत् को बनना पड़ता है।

अपारे काव्य संसारे कविरेव प्रजापतिः।
यथास्मै रोचते विश्वं तथैतत् प्रतिपद्यते ।।

बात यह है कि काव्य में एक बड़ा भारी गुण साधारणीकरण का होता है। जब आप लोक में कहते हैं कि 'हे ब्राह्मण, तुम्हारे घर पुत्र उत्पन्न हुआ है' तो इस वाक्य के श्रवण से ब्राह्मण के मन में भी एक प्रकार का आनन्द होता है, पर यह आनन्द अपने विशुद्ध रूप में नहीं आता। इसके साथ-ही-साथ इसके अनेक सहवर्त्ती झमेले भी ब्राह्मण को भुगतने पड़ते हैं, फिर यह आनन्द ब्राह्मण के अपने मन तक ही सीमित होता है। इसलिए यह लौकिक है। लोक की स्थूल आवश्यकताएँ इसे न तो ऊपर उड़ने देती हैं, न सबके हृदय को समान भाव से आन्दोलित करने देती हैं। काव्य में यदि कोई ऐसा ही प्रसंग आता तो वह पाठक को इससे भिन्न कोटि की अनुभूति देता। वह आनन्द सर्वजनभोग्य तो होता ही, उसमें से लौकिक स्थूल अंश भी छन गये होते। इसी अर्थ में वह अलौकिक आनन्द होता। काव्य के शब्दों में पाठक को रजोगुण और तमोगुण के पचड़े से हटाकर सत्वस्थ करने की शक्ति होती है। उसे आनन्द के साथ उसके सहवर्त्ती स्थूल उपदानों की लपेट में नहीं आना पड़ता। उसका आनन्द विशुद्ध मानसिक आनन्द होता है। बड़े-बड़े आचार्यों का कहना है कि काव्य वस्तुतः पाठक की चेतना का आवरण हटा देता है और वह अपने ही अनुभूत भावों का आस्वादन करता है। उसे बाहर की किसी भी अन्य सहायता की जरूरत नहीं होती। सचमुच ही काव्यलोक अपूर्व है। 'मेघदूत' की तथाकथित अलकापुरी के समान इसमें आनन्द-ही-आनन्द है। आँसू अगर हैं भी तो आनन्द के ही, ताप अगर हैं भी तो प्रेम के देवता के मृदुलाघात के ही, वियोग-बाधाएँ हैं भी तो केवल प्रणयकलह की ही और यौवन के सिवा दूसरी अवस्था को तो लोग वहाँ जानते ही नहीं :

आनन्दोत्थं नयनसलिलं यत्र नान्यैर्निमित्तै—
र्नान्यस्तापः कुसुमशरजादिष्टसंयोगसाध्यात्।

नाप्यन्यस्मात् प्रणयकलहाद्विप्रयोगोपपत्ति—
वित्तेशानां न च खलु वयो यौवनादन्यदस्ति ।।

इस प्रकार यह काव्यलोक वस्तुतः ही मनुष्य का बनाया हुआ स्वर्ग-लोक है—स्वर्गो वै लोकः सामवेदः।

किन्तु इस प्रकार माननेवाले भी यह मानते ही हैं कि सभी काव्य इस प्रकार का अपूर्व रस मन में संचार नहीं कर पाते। कुछ कम कर पाते हैं, कुछ अधिक कर पाते हैं। दोष रसों के अपकर्षक होते हैं और सब काव्य उनसे मुक्त नहीं हो पाते। रह-रहकर पृथ्वी का आकर्षण कविनिर्मित स्वर्ग-लोक में भी कम्पन उत्पन्न करता है। स्थूल अनुभूतियाँ उसे धरती की मिट्टी तक घसीट लाती हैं। फिर सब लोग एक ही काव्य से एक ही प्रकार का आनन्द नहीं पा सकते। जिस सहृदय के हृदय में स्थायी भावों की अनुभूति जितनी ही अधिक होगी, वह उतने ही गाढ़ भाव से रस का अनुभव कर सकेगा। जो साहित्य-शास्त्र का मर्मज्ञ है, उसी के चित्त में कवि की सरस वाणी प्रसार पाती है। जल छोड़कर और किस स्थान पर तैल-विन्दु फैल सकता है ?

विना न साहित्य बिदा परत्र गुणा कथंचित् प्रथते कवीनाम् ।
आलम्बते तत्क्षमम्भसीव विस्तारमन्यत्र न तेल बिन्दुः ।।

परन्तु ऐसा क्यों होता है ? निश्चय ही कवि का रस-लोक अपने-आप में परिपूर्ण नहीं होता। उसे मनुष्य का ग्राहक हृदय चाहिए। सहृदय चित्त ही उसका आनन्द ले सकता है। और फिर यह प्रश्न होता है कि कवि के काव्य की अच्छाई-बुराई का, उत्तमता-मध्यमता का निर्णायक कौन है ? निश्चय ही साहित्यशास्त्र का पारखी मनुष्य ही विवेचना करेगा कि कौन-सा काव्य अच्छा है, कौन-सा कम अच्छा और कौन-सा एकदम अच्छा नहीं। मनुष्य ही तो इस काव्य के कल्पलोक का पारखी है। क्या प्रत्येक व्यक्ति को यह अधिकार है कि वह जिस किसी भी काव्य को बुरा कह दे ? या फिर और सीधा प्रश्न यह है कि काव्य की अच्छाई-बुराई क्या हर आदमी अपनी-अपनी रसानुभूति के आधार पर बता सकता है? निश्चय ही नहीं। प्रत्येक व्यक्ति समान भाव से रसवस्तु को नहीं समझ पाता, उसे समझने के लिए भी शिक्षा चाहिए, संस्कार चाहिए, साधना चाहिए, दुनिया में ऐसे उदाहरण बहुत हैं कि एक ही कवि को किसी ने बहुत उत्तम कहा है और किसी ने एकदम निकृष्ट। किसी जमाने में

लोग शेक्सपियर की बहुत प्रशंसा किया करते थे, उन्हीं दिनों फ्रांस के लोग यह भी मानने को तैयार नहीं थे कि शेक्सपियर को नाटक के एक अक्षर का भी ज्ञान है। एक बार पुरस्कार के निर्णायकों में से एक ने एक पुस्तक पर अस्सी नम्बर दिये थे, दूसरे ने शून्य! ऐसे उदाहरण एक दो नहीं सैकड़ों खोजे जा सकते हैं। हिन्दी साहित्य एक पीढ़ी पहले बड़ी सरगर्मी के साथ विचार कर रहा था कि बिहारी संसार के श्रेष्ठ कवि हैं या देव? मज़मून छीनने की योग्यता किसमें अधिक है और कल्पना की उड़ान में कौन किसे धकेलकर ऊपर उड़ जाता है? कोई भी विचारक किसी से कम गम्भीर नहीं था, किसी के माथे पर कम शिकन नहीं थी और किसी की भृकुटि कम कुंचित नहीं थी। नितान्त हाल में न जाने कितने कवि प्रगतिवादी कहकर तेजी से अपनी ओर खींचे गये हैं, और फिर चौगुनी तेजी से प्रतिक्रियावादी कहकर दूर फेंक दिये गये हैं—बहुत-कुछ रहीम के हरि की तरह जिन्होंने कमान की तरह एक बार अपनी ओर खींच लिया था और फिर दूर फेंक दिया था :

हरि रहीम ऐसी करी, ज्यों कमान सर पूरि।
खैंचि आपनी ओर को, डारि दिए पुनि दूरि॥

यह सब ठीक है। लेकिन फिर भी इन समस्त परस्पर-विरुद्ध जानेवाली सम्मतियों के होते हुए भी दूसरे तरह के उदाहरण हैं जो उलटी दिशा में सोचने को बाध्य करते हैं। कालिदास का 'शाकुन्तल' भारतीय सहृदयों के गले का हार रहा है, किन्तु उसका अत्यन्त त्रुटिपूर्ण अनुवाद समुद्रपार के सहृदय को वाचाल बना सका, जर्मनी के सर्वश्रेष्ठ कवि गेटे ने अपना सम्पूर्ण हृदय ढालकर उसकी प्रशंसा की। 'पंचतन्त्र' की कहानियों ने देश की, धर्म की, संस्कृति की, भाषा की सबकुछ की दीवाल को एक ही धक्के में धूलिसात् कर दिया है; उमर खय्याम की रुबाइयों ने विधि-निषेधों की अत्यन्त संकीर्ण सीमाओं को तोड़कर भी मनुष्य का हृदय जीता है; शेक्सपियर के नाटकों ने एकदम विरुद्ध समझी जानेवाली संस्कृतियों के उपासकों का मन हरण किया है। यह नहीं कहा जा सकता कि सुन्दर वस्तु केवल व्यक्तियों के मन की कल्पना है। ग्रीस देश की मूर्त्तियाँ संसार के सभी पारखियों का आदर पा सकी हैं, नटराज की मूर्त्ति ने मूर्त्ति-पूजा के विरोधियों का भी हृदय गलाया है, ताजमहल और कोणार्क मन्दिर यद्यपि दो बिल्कुल विरुद्ध मनोभाव से उद्‌भूत हुए हैं, पर

संसार के पारखी मात्र उन्हें देखकर मुग्ध हुए हैं, अजन्ता के चित्रों ने धर्म के मिथ्याभिमान का आवरण आसानी से दूर करके सहृदयों का सम्मान प्राप्त किया है, ईरान के गलीचों और पात्रों ने किस देश के सहृदय को नहीं तरसा दिया ? निश्चय ही सौन्दर्य का भी एक ऐसा समान मान है, जो व्यक्ति की मानसिक कल्पना नहीं है और न इस प्रकार की झूठी उन्मादना ही है जिसे अत्यन्त आधुनिक काल में श्रेणी-विशेष की चालबाजियों की उपज माना जाने लगा है। काव्य में भी एक प्रकार का सौन्दर्य होता है, जो सहृदय को प्रभावित करता है। वह सौन्दर्य क्या है, कैसे उत्पन्न होता है, किस प्रकार के मनुष्य के चित्त को आस्वादग्राही बनाता है, ये प्रश्न नाना भाव से विद्वानों के बौद्धिक विनोद को उकसाते रहे हैं। प्रश्नों का ताँता यहीं समाप्त नहीं हो जाता; क्योंकि मनुष्य जो कुछ भी जानता है वह मनुष्य का अपना ही समझा हुआ सत्य है। उसे जितने भी इन्द्रिय प्रकृति ने दिये हैं उनके विषय-इन्द्रियार्थ कुछ थोड़े-से ही हैं; इन इन्द्रियार्थों को भी मनुष्य पूरी तरह से नहीं जानता। इनके अतिरिक्त यदि कुछ हो तो वह एकदम ही अज्ञात है। क्या मनुष्य की जानी हुई अत्यन्त सीमित परिधि में जो सत्य प्रकट हो रहे हैं वही चरम सत्य हैं ? किसी दिन जब मनुष्य कम जानता था तब उसने मान लिया था कि सूर्य पृथ्वी के चारों ओर घूम रहा है। अब उसने कुछ अधिक जाना है तो मानने लगा है कि पृथ्वी ही सूर्य के चारों ओर घूम रही है। क्या ठिकाना है कि यही मनुष्य का अन्तिम निर्णय हो ! जब जानी हुई दुनिया का यह हाल है तो अनजानी दुनिया की, इस विशाल विपुल व्योम के अन्तरवर्त्ती कोटि-कोटि अनजाने लोगों की तो बात ही करना बेकार है। शिलक ने ठीक ही कहा था कि यह मनुष्य-लोक ही साम का आश्रय है, पर प्रवाहण ने यह कहकर कि आकाश ही मनुष्य-लोक का आश्रय है, और भी बड़ी सचाई की ओर इशारा किया था, और भी बड़ी सचाई—जिसे हम सोच नहीं सकते। तो क्या फिर सचाई भी बड़ी या छोटी होती है, अच्छी या बुरी होती है, गलत या सही होती है ? साधारणतः मनुष्य की बुद्धि इतना ही सोच पाती है कि सचाई सचाई है, वह एक और अविरोधी होती है, छोटी हो तो, बड़ी हो तो, सचाई सचाई है, शालिग्राम की बटिया क्या छोटी क्या बड़ी ! परन्तु फिर भी सन्तोष नहीं होता।

परन्तु ये प्रश्न काव्यालोचना से प्रत्यक्ष सम्बन्ध नहीं रखते। ये तत्त्वज्ञान के विषय हैं। यद्यपि आज तक कोई तत्त्ववेत्ता इन प्रश्नों का ठीक-ठीक उत्तर नहीं दे सका, लेकिन उत्तर देने के व्याज से उन्होंने कुछ-न-कुछ अच्छी अनुमितिमूलक प्रतिज्ञाओं की अवतारणा की है और उनमे सचाई का पता लगे या न लगे—क्या सचमुच उसका पता लग सकेगा ?—मनुष्य की तर्क-वृत्ति को सन्तुष्ट करने लायक युक्तियाँ उद्‌भावित हुई हैं। तत्त्ववेत्ता इन अनुमितिमूलक प्रतिज्ञाओं को तत्त्वज्ञान या सिस्टम या जगत्-प्रपंच की थ्योरी कहने में आनन्द पाते हैं और समस्त जागतिक व्यापारों को उन प्रतिज्ञाओं के साँचे में ढालना चाहते हैं। मनस्तत्त्व, सौन्दर्यतत्त्व और काव्य भी इनकी लपेट से नहीं बच पाते। फल यह होता है कि काव्य में अनेक प्रकार के ऐसे वादों का समावेश हुआ है जो वस्तुतः तत्त्ववादियों की अनुमितिमूलक प्रतिज्ञाओं की सन्तान हैं। अत्यन्त आधुनिक काल में यह प्रवृत्ति बड़े जोरों पर है।

यह तो मैं कैसे कहूँ कि प्राचीन काल में हमारे देश में यह बात थी ही नहीं। काव्यालोचना के क्षेत्र में यहाँ भी दार्शनिकों का प्रवेश हुआ था। महिमभट्ट नैयायिक थे और उन्होंने काव्य के रसबोध को भी अनुमान का विषय सिद्ध करना चाहा है। अभिहितान्वयवादी और अन्विताभिधानवादी मीमांसक भी काव्यचर्चा में थोड़ी-बहुत गर्मी ले आये थे, पर उनका मुख्य विषय अर्थ-निर्णय था, रसमीमांसा नहीं। कुमारिल अभिहितान्वयवादी थे और प्रभाकर भट्ट अन्विताभिधानवादी। अभी तक यह नहीं सुना गया कि इन दोनों में से किसी ने काव्यार्थ पर विचार किया था। इनका विषय वैदिक अर्थ था। परन्तु इनके विचार बहुत युक्तिपूर्ण थे और परवर्त्ती आलंकारिक इनके मतों की उपेक्षा नहीं कर सकते थे। इसलिए इनका मत अलंकारशास्त्र का आलोच्य होने पर भी यह नहीं कहा जा सकता कि इन्होंने काव्यविचार को सीधे अपना लक्ष्य बनाया था। अभिनवगुप्त कश्मीर के शैव दर्शन के आचार्य थे। उनका मत निश्चय ही एक विशेष दृष्टिवाले दार्शनिक का विचार है। मम्मट ने उनको ही सबसे बड़ा सम्मान देकर उनके मत के पक्ष में अपना झुकाव दिखाया था। बहुत थोड़े अन्तर के साथ पण्डितराज जगन्नाथ ने भी इनका मत मान लिया था। परन्तु चाहे मम्मट और अभिनवगुप्त की

भाँति यह मान लें कि अज्ञानरूप आवरण से रहित जो चैतन्य है उससे युक्त इत्यादि स्थायी भाव ही रस हैं, या पण्डितराज की भाँति यह मान लें कि इत्यादि से युक्त आवरणरहित चैतन्य ही रस है, दर्शन का प्रभाव स्पष्ट लक्षित होता है। दोनों मतों में जो भेद है वह दो दृष्टिकोणों के कारण ; एक में चैतन्य विशेषण, इत्यादि विशेष्य और दूसरे में इत्यादि विशेषण है, चैतन्य विशेष्य। पण्डितराज का मत शांकर अद्वैत से प्रभावित है और बाद में चलकर इस मत ने अन्य आलंकारिकों को भी प्रभावित किया है। इस प्रकार काव्यालोचना के क्षेत्र में थोड़ा-बहुत दर्शन का प्रभाव इस देश में भी पड़ा है, पर दार्शनिकों ने इस क्षेत्र को सम्पूर्ण रूप से हथिया कभी नहीं लिया। आज नाना प्रकार की समस्याओं ने मनुष्यजीवन को चंचल बनाया है, वे दर्शन को नयी खाद्यसामग्री देती रहती हैं और दर्शन के माध्यम से उन समस्याओं का समाधान बतानेवाले वाद काव्यालोचना के क्षेत्र में उतरते हैं। इसीलिए आज काव्य की आलोचना करते समय मनुष्य उन सब बातों की आलोचना करता है जो किसी भी तत्त्वज्ञान की पोथी में पाये जा सकते हैं—मनस्तत्त्व, जीवविद्या, प्रजननशास्त्र, नीतिविद्या, कानून, अर्थशास्त्र, और ऐसे ही अनेक विषय काव्यालोचना के विषय होते जा रहे हैं। छूटता है केवल एक ही विषय, काव्यगत रसानुभूति; क्योंकि वस्तुतः रसवस्तु अनुभव की चीज है, विवेचना की नहीं। कहते हैं, एक बार श्रीकृष्णचन्द्र ने स्त्रीवेश धारण करके राधिका के प्रेम की परीक्षा लेनी चाही थी। राधा ने उनके प्रश्नों का उत्तर देते हुए कहा था कि 'ऐ सखी, जो व्यक्ति प्रेमानुभूति को जानने की इच्छा रखता है—ज्ञान द्वारा उसे प्राप्त करना चाहता है—उसे वेदना (अनुभूति) को समझाना एक वेदना (पीड़ा) ही है। प्रेम तो कुछ ऐसी वस्तु है जो विवेचना करने से अन्तर्धान हो जाता है और नहीं विवेचना करने से भी अविदित ही रह जाता है।'

यो वेदयेद्विविविषुं सखि वेदनं यत् या वेदना तदखिलं खलु वेदनैव ।
प्रेमा हि कोऽपि पर एव विवेचने सत्यन्तर्दधात्यलमसावविवेचनेऽपि ।।

यह ठीक है, पर 'अलमसावविवेचनेऽपि' ही मनुष्य का बड़ा परिचय है। सत्यमात्र अनुभवगम्य वस्तु है, फिर चाहे वह गणितज्ञ की पेंसिल की नोंक से निकला हो या संगीतज्ञ के सितार की झंकार से। परन्तु मनुष्य उसको बुद्धि-

परक विवेचना देने में हिचका नहीं है—'सब जानत प्रभु प्रभुता सोई। तदपि कहे बिन रहा न कोई।' क्योंकि कहे बिन रह जाना मनुष्यत्व का विरोधी है। अनुभूति भी बुद्धि-विवेच्य अवश्य है। कभी-कभी यह बात गलत ढंग से समझी जाती है। यह विश्वास किया जाता है कि मनुष्य की आन्तरिक अनुभूति से जो बातें जानी जाती हैं वह और होती हैं और तर्क से जो बातें जानी जाती हैं वह और होती हैं। दोनों मानो दो जगत् हैं, जिनका परस्पर कोई सम्बन्ध ही नहीं है। साहित्य-जैसी सुकुमार वस्तु के लिए कार्य-कारण-परम्परामूलक तर्कभावना एकदम बेकार चीज है और न्याय जैसे कठोर शास्त्र के लिए अनुभूतियों का कोमल तन्तु उतना ही निरर्थक है जितना हाथी को बाँधने के लिए कच्चा धागा। यही समझकर श्रीहर्षकवि को उनके विरोधी नैयायिक पण्डितों ने सुकुमार शास्त्र का जानकार कहकर उपहास किया था। श्रीहर्षकवि को यह बात स्वीकार नहीं थी। उनका मत था कि मूल वस्तु है ज्ञान की सक्रिय प्रतिभा। जो लोग समझते हैं कि तरुण दम्पतियों का प्रेम कण्टकाकीर्ण वनस्थली में शिथिल हो जाता है और सुख मय प्रासाद में दृढ़ हो जाता है, वे भोले हैं। प्रेम हो तो बाह्य परिस्थितियाँ कुछ बना या बिगाड़ नहीं सकतीं। सक्रिय प्रतिभा हो तो कोई भी शास्त्र बुद्धि-विलास का विषय हो सकता है। श्रीहर्ष-कवि ने विरोधी नैयायिक पण्डितों को दृप्त भाषा में उत्तर दिया था :

साहित्ये सुकुमारवस्तुनि दृढ़न्यायग्रहग्रंथिले
तर्के वा मयि संविधातरि स्वयं लीलायते भारती।
शय्या वास्तु मृदूत्तरच्छदवती दर्भांकुरैःसंवृता
भूमिर्वा हृदयंगमो यदि परिस्तुल्या रतिर्योषिताम्॥

यह सत्य है कि कुछ विषय आन्तरिक अनुभूति के क्षेत्र में आते हैं और कुछ दूसरे विषय बाह्य वस्तुओं को सामंजस्यविधायिनी तर्कना के क्षेत्र में, परन्तु सर्वत्र एक ही वस्तु दोनों को समझती और प्रकाश करती है—मनुष्य की बुद्धि। मानवीय चेतना के एक किनारे है भाव और दूसरे किनारे है तथ्य। एक काव्य को, संगीत को, कला को माध्यम बनाकर प्रकाशित होता है; दूसरा दर्शन को और विज्ञान को। दोनों एक-दूसरे से विच्छिन्न नहीं हैं। एक को छोड़कर दूसरा रह नहीं सकता। तथ्य भी भाव के सहारे खड़ा है

और भाव तो तथ्य के बिना एकदम लँगड़ा ही होता है। श्रीहर्षकवि का मत चाहे एक ही व्यक्ति को आश्रयरूप में देखने से स्वीकार करने योग्य न जान पड़े, पर मनुष्यजाति को आश्रयरूप में देखकर यदि इस पर विचार किया जाय तो वह सोलह आने सत्य है। कैसे ? देखा जाय।

तथ्य को समझनेवाली बुद्धि चेतना के उस किनारे पर कारोबार करती है जो बाह्यजगत् को दृष्टा की अनुभूतियों से यथासम्भव असम्पृक्त रखती है। मनुष्य में वह विषयप्रधान दृष्टि की प्रतिष्ठा करती है। विषयी यानी द्रष्टा के भावों से विषय यानी द्रष्टव्य जितना ही स्वतन्त्र, असम्पृक्त और निर्लिप्त रहेगा, वह उतना ही तथ्यमूलक होगा। परन्तु बाह्य-जगत् के सभी विषय एक ही साथ इस तथ्यानुधाविनी दृष्टि के लक्ष्य नहीं बनते। द्रष्टा ही उन वस्तुओं को बाह्य-जगत् से चुनता है और उनके विश्लेषण से तथ्य-जगत् का पता लगाता है। इस प्रकार रसायन-विज्ञान या पदार्थ-विज्ञान एकदम द्रष्टनिरपेक्ष विद्या नहीं कहे जा सकते, फिर भी यह ठीक है कि विज्ञानों का आदर्श द्रष्टनिरपेक्ष होना ही है। विज्ञान, द्रष्टनिरपेक्ष तथ्य का अनुसन्धाता है, गणित इस प्रकार की चेतना के सबसे पहले किनारे का विषय है। अन्यान्य विज्ञानों में लौकिक जगत् की जानकारी आवश्यक होती है और इसीलिए द्रष्टा या विषयी के कुछ भावों के लिप्त होने की आशंका बराबर बनी रहती है पर गणित में लौकिक वस्तुओं की जरूरत कम-से-कम होती है; इसीलिए गणित सबसे अधिक द्रष्टनिरपेक्ष विज्ञान है, और कम-से-कम द्रष्टसापेक्ष। ठीक इसी प्रकार चेतना के उस किनारे पर संगीत और साहित्य हैं जहाँ बुद्धि अन्तर्जगत् के भाव को लेकर काम करती है। परन्तु यह भी तथ्य को छोड़कर नहीं रह सकते।

साहित्य का और अन्य ललित कलाओं का धर्म ही प्रकाश करना है। वे तथ्य के पात्र में सुरक्षित भाव को ही आस्वाद योग्य बनाते हैं। हम पहले ही कह आये हैं कि संगीत कम-से-कम विषयसापेक्ष विद्या है। काव्य उससे अधिक किन्तु अन्य साहित्यांगों से कम विषय-सापेक्ष है। यदि साहित्य का एक छोटा-सा क्षेत्र चेतना के अन्तर्मुखी पहले किनारे की ओर बना दिया जाय तो काव्य उसमें संगीत की ओर अर्थात् चेतना के विषय-सापेक्ष और विषय-निरपेक्ष किनारे की ओर रहेगा और उपन्यास उसके विरुद्ध दूसरी ओर

रहेगा। उपन्यास और काव्य में यह मौलिक अन्तर है कि उपन्यास मौजूदा परिस्थिति को भूलकर भविष्य की कल्पना नहीं कर सकता, जबकि काव्य वर्त्तमान परिस्थिति की या ज्ञात तथ्य की सर्वाधिक नवीन परिणति की सम्पूर्णतः उपेक्षा करके भी अपने आदर्श गढ़ सकता है। यही कारण है कि उपन्यासकार तथ्य को नहीं छोड़ सकता, वह वर्त्तमान से आँख नहीं मूँद सकता—यहाँ तक कि पुराने ऐतिहासिक कथानक को आश्रय करने पर भी वह आधुनिकतम ऐतिहासिक अनुसन्धान की बात मन में बराबर बनाये रहकर ही आगे बढ़ सकता है। वह कवि की भाँति जमाने के आगे रहने का दावा नहीं करता। काव्य दुनिया की छोटी-से-छोटी तुच्छता को भी महिमा-मण्डित कर सकता है, पर उपन्यासकार तुच्छता को तुच्छता मानकर ही कारबार करता रहता है। यह सम्पूर्ण रूप से नये यन्त्रयुग की उपज है और इस युग के सम्पूर्ण दोष-गुणों को लेकर ही इसका जन्म हुआ है। नये युग की कलों ने इसकी माँग बढ़ायी है और उन्हीं ने इसकी पूर्त्ति का साधन भी जुटाया है। यह गलत धारणा है कि उपन्यास और कहानियाँ संस्कृत की कथा और आख्यायिकाओं की सीधी सन्तान हैं। कथा और आख्यायिका नाममात्र के गद्य हैं। उनमें वह झंकार है जो छन्द का प्राण है। वे काव्य की श्रेणी में पड़ती हैं। यह झंकार आधुनिक कविता का प्राण भले हो, उपन्यास में यह दुर्लभ है। उपन्यास तथ्य-जगत् से बहुत अधिक सम्पृक्त है। वह विशुद्ध गद्य-युग की उपज है। उसकी प्रवृत्ति में गद्य का सहज स्वच्छन्द प्रवाह है। उपन्यास में दुनिया जैसी है उसे वैसी ही चित्रित करने का प्रयास प्रधान होता है, कथा-आख्यायिकाओं का लेखक पुराने कवि की भाँति कल्पना द्वारा एक रसमय लोक का निर्माण करता है। वस्तुतः कथा-आख्यायिकाएँ काव्य के पास पड़ती हैं और उपन्यास तथ्यप्रधान जगत् के पास। उपन्यास और कहानियाँ आज के सबसे मजबूत साहित्यांग हैं। इसका कारण यह है कि उपन्यासकार और कहानीकार का अपना एक मत होता है, काव्य की भाँति वह भावावेग द्वारा अन्तर्जगत् की अनुभूति को उतना नहीं जगाता बल्कि बाह्यजगत् के तथ्यान्वेषण के कारण उत्पन्न समस्याओं के बारे में अपना निश्चित मत व्यक्त करता है। वैयक्तिक स्वाधीनता के नाम से परिचित आधुनिक डेमोक्रेटिक भावना का सर्वोत्तम रूप उत्तम उपन्यासों को आश्रय

करके प्रकट हुआ है। इसकी नींव उन वस्तुओं पर रखी हुई है जो गम्भीर भाव से निरन्तर ही हमारी सामान्य मनुष्यता की कठिनाइयों और द्वन्द्वों को प्रभावित करती रहती है। उपन्यासकार के रचनाकौशल, घटना-विन्यास का चातुर्य और तथ्यात्मक जगत् की समस्याओं में सीधे घुसनेवाली भेदक निजी दृष्टि—इन तीन गुणों के कारण उपन्यास आज इतना लोकप्रिय साहित्यांग बन गया है। नाटक में भी ये गुण होते हैं, पर नाटक विशुद्ध साहित्य नहीं होता अर्थात् शब्द और अर्थ की सिर्फ परस्परस्पर्द्धी चारुता तक ही रहकर रससृष्टि नहीं कर सकता, उसके लिए रंगमंच की जरूरत होती है।

किन्तु कविचित्त की गम्भीर अनुभूति सुन्दर रूप लेकर भाषा में अपनी महिमा प्रतिष्ठित करना चाहती है। प्रेम अपने को सँजोना-सँवारना चाहता है। अन्तर में उसका जो आनन्द है उसे बाहर के जगत् में सौन्दर्य के भीतर वह प्रतिष्ठित करना चाहता है। वस्तुतः काव्यचेतना के उस संवेदनात्मक स्पन्दन का परिणाम है जो बाह्य जगत् के ज्ञात तथ्यों के आधार पर और अन्तर्जगत् के परिचित भावावेग-साधनों के सहारे कविचित्त की मर्मानुभूति को समस्त सहृदयों के हृदय में संचारित करता है। उसका आधार तथ्यों की दुनिया है। भाव जब तथ्य से युक्त होता है, तभी साधारण सत्य होता है। श्रीमती महादेवी वर्मा ने आधुनिक विषयिप्रधान कविताओं का विश्लेषण करते हुए छायावाद की तीन विशेषताओं पर जोर दिया है : (1) व्यक्तिगत अनुभव में प्राणसंचार, (2) प्रकृति के अनेक रूपों में एक महाप्राण का अनुभव, और (3) ससीम और असीम का ऐसा सम्बन्ध जिसमें अलौकिक व्यक्तित्व का आरोप हो। किन्तु महादेवीजी बताती हैं कि मनुष्य-मनुष्य के बीच जो रागात्मक सम्बन्ध हैं, उनमें जब तक "अनुराग-जन्य आत्मविसर्जन का भाव नहीं घुल जाता तब तक वे सरस नहीं हो पाते। परन्तु मनुष्य के हृदय का अभाव तब तक दूर नहीं होता जब तक वह सरसता सीमाहीन के प्रति न हो।" इन बातों का विश्लेषण किया जाय तो यह स्पष्ट होगा कि भाव को तथ्य से एकदम असम्पृक्त रखकर काव्य नहीं बन सकता। यद्यपि विषयि-प्रधानता काव्य में अवश्य रहती है, पर काव्य के अनेक ऐसे भेद भी हैं जिनमें विषय कम महत्त्वपूर्ण नहीं होता। ऐति-

हासिक महाकाव्य, काव्य, वर्णनात्मक वीरगाथाएँ आदि बाह्य जगत् के तथ्य से निर्लिप्त नहीं रह सकतीं, पर उपन्यास इनमें सबसे अधिक तथ्याश्रयी है। इससे थोड़ा ही सटा हुआ तथ्योन्मुख साहित्य आत्मकथा का है जिसका एक पैर साहित्य में और दूसरा इतिहास में होता है।

लेकिन मूल बात जो हम कहना चाहते हैं, वह यह है कि काव्य और विज्ञान एक ही मानवीय चेतना के दो किनारों की उपज हैं। वे परस्पर-विछिन्न नहीं हैं, परस्पर-विरुद्ध तो नहीं ही हैं। मनुष्य की एक ही चेतना से दोनों की स्थिति है। इसलिए ऐसा तो नहीं हो सकता कि एक की अच्छाई-बुराई का निर्णय यदि आसानी से होता है तो दूसरे की अच्छाई-बुराई का निर्णय हो ही नहीं सकता। कोई-न-कोई एक सामान्य मापदण्ड अवश्य है। विज्ञान के विभिन्न क्षेत्रों में काम करनेवाले वैज्ञानिक तथ्य-जगत् के नये-नये तत्त्व बराबर आविष्कार करते रहते हैं। एक क्षेत्र का वैज्ञानिक दूसरे क्षेत्र के वैज्ञानिक द्वारा आविष्कृत तथ्य की बात नहीं सोचता। वह बिल्कुल ही विचलित नहीं होगा यदि उसका आविष्कार किसी ऐसी बात का समर्थन करे जो दूसरे क्षेत्र के वैज्ञानिक के आविष्कृत तथ्यों से एकदम उलटी पड़ती हो। इसमें विज्ञान की कोई शिकायत नहीं है परन्तु यह बताने की जरूरत फिर भी रह जाती है कि इन विभिन्न वैज्ञानिक अनुसन्धानों में सामंजस्य कैसे स्थापित किया जाय। सामंजस्य का खोजना आवश्यक है। मनुष्य के आविष्कृत सत्य को मनुष्य के ही आविष्कृत अन्य सत्यों का विरोधी नहीं होना चाहिए; क्योंकि वह वस्तुतः एक ही चेतना के परिणाम हैं। तत्वज्ञान का शास्त्र यही काम करता है। जिस प्रकार तथ्यात्मक जगत् के साधक विभिन्न क्षेत्रों में काम करते हुए परस्पर विच्छिन्न और कभी-कभी परस्पर-विरुद्ध जानेवाले परिणामों को खोज निकालते हैं, उसी प्रकार भाव-जगत् में विचरण करनेवाले कवि, चित्रकार, नाटककार और संगीत-विशारद विभिन्न क्षेत्रों में विचरण करते हुए ऐसी सौन्दर्य-प्रेरणाओं का सन्धान पाते हैं जो साधारण मनुष्य की समझ के लिए जटिल हो जाती हैं। सौन्दर्यशास्त्र का आलोचक इन्हीं परस्पर-असम्बद्ध और विच्छिन्न-सी लगनेवाली रस-प्रेरणा के स्रोतों में सामंजस्य खोजता है। यह भी तत्त्वज्ञान का ही विषय है। धर्म-विज्ञान पहले से ही एक ऐसी सत्ता में विश्वास कर लेता है जो इस

मनुष्यदृष्ट जगत को अंशमात्र से व्याप्त करके चला रही है। सुना है, इधर हाल में पदार्थ-विज्ञान के नये आविष्कारों ने तत्त्वज्ञानियों की युक्तिसमर्थित समझी जानेवाली कार्य-कारण-परम्परा पर गहरी चोट मारी है और पदार्थ-विज्ञान की पूर्त्ति के लिए धर्म-विज्ञान द्वारा अनुधावित किसी लोकोत्तर विश्वास की आवश्यकता महसूस की जाने लगी है।

लेकिन ततः किम्? यदि यह मान ही लिया गया कि ये सारी बातें मनुष्य की एक ही चेतन सत्ता के विलास मात्र हैं जिन्हें साहित्य कहते हैं, कला कहते हैं, विज्ञान कहते हैं या गणित कहते हैं, तो क्या हुआ? गणित या पदार्थविज्ञान की उपयोगिता तो समझ में आ जाती है, साहित्य की क्या उपयोगिता हो सकती है? दूसरे शब्दों में यह प्रश्न हुआ कि साहित्य पढ़ने मे मनुष्य को कुछ जीवन में न पढ़ने से सफलता या असफलता मिलती है या नहीं? और फिर यह असफलता या सफलता काव्य या अन्य साहित्यांगों के उत्कर्ष या अपकर्ष की कसौटी है या नहीं? मनुष्य ने जो अपने अनुभवों की दुनिया बनायी है उसी के हिसाब से उसने भले या बुरे, सुन्दर या असुन्दर कल्पना भी बना ली है। यह कल्पना क्या कल्पना-भर ही है या इसकी कुछ उपादेयता या यथार्थता भी है? सब प्रश्नों को समेटकर संक्षिप्त किया जाय तो मूल प्रश्न यह है कि किस बात से हम निश्चय कर सकते हैं कि कोई वस्तु अच्छी है या बुरी है और वह कसौटी साहित्य पर किस प्रकार लागू होती है। इतना शुरू में ही मान लेना चाहिए कि सबकी एक कसौटी होनी चाहिए, यह नहीं कि विज्ञान के लिए एक हो और कला के लिए दूसरी और तत्त्ववाद के लिए तीसरी; क्योंकि जब सभी मनुष्य-चेतना की ही उपज हैं तो उनमें कोई समानता तो होनी ही चाहिए।

जब कभी मैं इस मनुष्य की उत्पत्ति की बात सोचता हूँ तो अपने रक्तकणों में एक अपूर्व झनझनाहट अनुभव करता हूँ। आप मेरी इस दुर्बलता को क्षमा करेंगे। पर मैं इस बात को सोचे बिना रह नहीं सकता। यह मुझे समस्त सत्यों का सत्य जान पड़ता है। न जाने किस पुण्यक्षण में, किसी अज्ञात काल के अज्ञात मुहूर्त्त में हमारा यह ग्रहपिण्ड, जिसका नाम पृथ्वी दिया गया है, सूर्यमण्डल से टूट गया था। उस समय यह ज्वलन्त गैसों से भरा हुआ था। शुरू से अन्त तक केवल ताप से परिपूर्ण इस त्रुटित धरित्री-

खण्ड के किस कण में जीवतत्त्व वर्त्तमान था, कोई नहीं जानता। उसके बाद लाखों वर्ष तक यह पिण्ड ठण्डा होता रहा, चक्कर मारता रहा, दुर्दान्त वेग से दौड़ता रहा। खिलाड़ी के इशारे पर नाचनेवाले सरकस के घोड़े की तरह यह चक्कर काटता रहा। लाखों वर्षों तक तप्त धातुओं की लहाछेह वर्षा होती रही, लाखों वर्ष धरित्री का ऊपरी भाग धसकता, मसकता रहा; लाखों वर्ष इसकी पपड़ी ठण्डी होती रही। तब से आज तक यह विचित्र धरित्री-पिण्ड विपुल आकाश में निस्सहाय घूम रहा है। कोई भी परवलय-मार्गी धूमकेतु इसे एक ही धक्के में चूर्ण-विचूर्ण कर दे सकता था और आज भी कर दे सकता है, कोई भी अतिपरवलय-पन्थी परिव्राजक पिण्ड इसे चुम्बक की भाँति सटाक से खींचकर निगल ले सकता था और निगल ले सकता है, पर ऐसा कुछ नहीं हुआ। दुर्दान्त वेग कम हो गया, तप्त धातुओं की लहाछेह वर्षा रुक गयी, धसकन-मसकन का उत्पात शिथिल हो गया। और सबसे आश्चर्य की बात यह हुई कि एक एकदम नवीन वस्तु का आविर्भाव हुआ—जीवकण! न जाने कब से जीवतत्त्व उन तप्त धातुओं में छिपा हुआ अनुकूल अवसर की प्रतीक्षा में बैठा हुआ था। समस्त जड़शक्ति के मस्तक पर पैर रखकर जब वह मृदुल तृणांकुर के रूप में पैदा हुआ, तो पृथ्वी के इतिहास में अघटित घटना ही घटी थी। जड़शक्ति में सबसे अधिक शक्तिशाली थी महाकर्ष की शक्ति—ग्रैविटेशन पावर। नगण्य तृणांकुर ने उसकी प्रतिभा नहीं मानी, वह सिर उठाके खड़ा हो गया। महाकर्ष की शक्ति उसे नीचे नहीं खींच सकी, नहीं खींच सकी। तब से आज तक वह उस वस्तु को नीचे नहीं खींच सकी है जिसमें प्राण है। जीवतत्त्व की ऊर्ध्वगामिनी वृत्ति आज तक समस्त जड़तत्त्वों को परास्त करके विराज रही है।

जीवतत्त्व विकसित होता गया, एक कोश से अनेक कोशों में, सरल संघात से जटिल समूह के रूप में, कर्मेन्द्रियप्रधान जीवों से ज्ञानेन्द्रियप्रधान जीवों के रूप में और अन्त में उसने मनुष्य के रूप में अपने को प्रकट किया। मनुष्य उसकी अन्तिम परिणति है। पण्डितों ने देखा है कि मनुष्य तक आते-आते प्रकृति ने अनेक प्रयोग किये हैं, कितने ही जीव ऐसे बनाये हैं जिनका नाम भी अब नहीं बच रहा है। इस प्रयोगशाला में प्रकृति ने न जाने कितने प्रयोग किये हैं। एक वृक्ष बनाने के लिए उसने एक हजार बीज बनाये हैं।

यह विशाल फिज़ूलखर्ची क्या व्यर्थ है ? यह अद्‌भुत रचना-कौशल क्या अन्ध प्रचेष्टा का फल है ? यह असंख्य प्रयोग क्या राह भूले व्यक्ति के प्रयास हैं ? या योजना बनानेवाली किसी बुद्धि के अभाव का परिचायक हैं ? मनुष्य को यहाँ तक ले आने में क्या केवल संयोग ने काम किया है या किसी अज्ञात महाशक्ति का इशारा काम कर रहा है ? कौन बतायेगा कि इतनी बरबादी प्रकृति ने किस उद्देश्य की सिद्धि के लिए सही है ?

मनुष्य के आने के पहले प्रकृति अपने-आप लुढ़कती-पुढ़कती, घिसटती-घिसटती चल रही थी। मनुष्य ने उसके कार्य-कारण-परम्परा की नीरन्ध्र ठोस भूमिका में दरार पैदा किया। उसने इच्छाशक्ति को प्रवेश कराया। अब तक जो कुछ जैसा था, होने को बाध्य था। मनुष्य ने कहा, जैसा है वैसा नहीं, जैसा होना चाहिए वैसा ! यहीं से सृष्टि का नया अध्याय शुरू हुआ। मनुष्य प्रकृति के आदेश को न मानकर वह रास्ता ढूँढ़ने लगा जिसमें प्रकृति उसकी इच्छा की अनुवर्त्तिनी हो। वह विजयी हुआ। उसके इशारे पर प्रकृति चलने लगी। क्या यह रक्तकण को झनझना देनेवाली वार्त्ता नहीं है, इससे अधिक उल्लास और उत्कम्प पैदा करनेवाली बात और क्या हो सकती है ?

जो जैसा है उसे वैसा ही मान लेना मनुष्यपूर्व जीवों का लक्षण था, पर जो जैसा है वैसा नहीं, बल्कि जैसा होना चाहिए वैसा करने का प्रयत्न मनुष्य की अपनी विशेषता है। इसमें प्रयत्न की आवश्यकता होती है। प्रयत्न करना मनुष्य का स्वाभाविक धर्म है। पशु में और मनुष्य में बहुत-से सामान्य धर्म हैं। मनुष्य उतनी दूर तक पशु ही है जितनी दूर तक वह केवल आदिम सहजात मनोवृत्तियों और असंगत तथा अविविक्त संयोगों से चालित होता है। लोभ सहजात मनोवृत्ति है, वह पशु और मनुष्य में समान हैं, पर औदार्य, पर-दुःख-संवेदन उसमें नहीं होते। यह मनुष्य की अपनी विशेषता है। स्वार्थ के लिए लड़ पड़ना मनुष्य और पशु में समान है, पर दूसरे के लिए अपने को उत्सर्ग कर देना, अपने कष्ट सहकर भी दूसरे की सुविधा कर देना मनुष्य की अपनी विशेषता है। इसी प्रकार आहार, निद्रा आदि पशु-सामान्य धरातल से जो ऊपर की चीज है, जो संयम से, औदार्य से, तप से और त्याग से प्राप्त होती है, वह मनुष्य की अपनी विशेषता है। यही मनुष्य की मनुष्यता है। फिर मनुष्य विवेकी है, वह प्रकृति के नियमों का विश्लेषण करता है और

इस प्रकार उनका उपयोग करता है जिससे वह नयी सृष्टि कर सके। विवेक, कल्पना, औदार्य और संयम मनुष्यता है और इसके विरुद्ध जानेवाले मनोभाव मनुष्यता नहीं हैं।

परन्तु क्या प्रमाण है कि मनुष्य ने जो कुछ सोचा है या किया है, वह सचमुच ही वैसा होना चाहिए? या फिर क्या सबूत है कि जिन बातों को हमने मनुष्यता कहा है वे निश्चित रूप से उनसे अच्छे ही गुण हैं जिन्हें हमने मनुष्यता नहीं कहा है? हम यहाँ जो कुछ देख रहे हैं, जो कुछ सोच रहे हैं, जो कुछ समझ रहे हैं और वे सभी बातें जिन्हें हम भविष्य में जानेंगे, मनुष्य की दृष्टि से देखा हुआ मनुष्य की अपनी त्रुटि-विच्युतियों से परिभावित मानव-सत्य हैं। यह कोटि-कोटि योजनों में विस्तृत विशाल ब्रह्माण्ड-निकाय भी मनुष्यता का सत्य है और यह अत्यन्त सूक्ष्म तर्क-वितर्क, ज्ञान-वैराग्य, रस-भाव, तथ्य-सत्य सब मनुष्य की आँखों से देखा हुआ मानव-सत्य है। केंकड़ा तिरछा चलता है। एक बार केंकड़े के बच्चे ने अपनी माँ से पूछा कि 'माँ, मनुष्य के बच्चे तिरछा क्यों चलते हैं?' माँ ने उत्तर दिया, 'उनका स्वभाव ही ऐसा है।' केंकड़े की दृष्टि से मनुष्य की चाल तिरछी है, क्योंकि केंकड़े का जगत् केंकड़े का अपना सत्य है। मनुष्य की दृष्टि में केंकड़े की चाल तिरछी है, क्योंकि यह मनुष्य-दृष्ट तथ्य है। दोनों में कौन ठीक है?

वस्तुतः यह प्रश्न उतना महत्त्वपूर्ण है नहीं, जितना ऊपर-ऊपर से दिखायी देता है; क्योंकि चाहे भलाई-बुराई कहिए या सुन्दर-असुन्दर कहिए या नैतिक-अनैतिक कहिए, ये सारी धारणाएँ मनुष्य-दृष्ट जगत् की हैं। इसलिए जब हमें इन बातों के माध्यम से सोचना पड़ता है तो वस्तुतः हम मानवीय सत्य की ही बात सोचते रहते हैं। इसलिए जब हम अच्छा या बुरा, सुन्दर या असुन्दर, नीतिसंगत या अनीतिसंगत बात करते हैं तो वस्तुतः मनुष्य-दृष्ट तथ्यों और भावों के सामंजस्य या असामंजस्य की ही बात करते हैं। मनुष्य में दो भाव हैं—जड़ भाव और चेतन भाव। जड़ भाव उसे नीचे की ओर खींचता है, गतिहीन बनाता है और चेतन भाव उसे ऊपर की ओर ले जाता, गति देता है। चेतन में भी कुछ मनुष्य-पूर्व संस्कार हैं जो उसकी स्वार्थमय वृत्ति को रूप देते हैं और कुछ मनुष्य-संचित संस्कार हैं जो उसे छोटी स्वार्थ-सीमा को छोड़कर दूसरों के साथ एक करते हैं। मनुष्य जितना

ही अधिक 'मनुष्य' होता है, उतना ही अधिक वह दूसरों के साथ अपना तादात्म्य स्थापित कर सकता है और इसको अन्तिम तर्कसंगत परिणाम तक ले जाया जाय तो कह सकते हैं कि 'एकत्व' की अनुभूति ही मनुष्य की चरम मनुष्यता है। यह देखा गया है कि व्यक्तिगत सुख-सुविधा के लिए मनुष्य जिन बातों के भाव को बहुमान देता है, अभाव से विचलित होता है, उन्हें वह उस समय एकदम तुच्छ समझता है जब दूसरों के प्रति समवेदना से आकृष्ट होकर अपने-आपकी बलि देने को तैयार हो जाता है। साधारण अर्थ में जिसे दुःख माना जाता है, उसे वह उस अवस्था में सुख मानता है। दुनिया के समस्त व्यवहारों का अर्थ ही उसकी दृष्टि में भिन्न हो जाता है। यह समवेदना एक अपूर्व द्रावक रस है। समस्त ललित कलाओं का यह प्राण है। इसके संस्पर्श में आकर दुःख दुःख नहीं रहता, सुख सुख नहीं रहता। समस्त मनोभाव ज्यों-के-त्यों रहते हैं, पर उनकी अनुभूतियाँ एकदम बदल जाती हैं। मनुष्य का यह निजी धर्म है। 'भागवत' में यह बताया गया है कि धन से, प्राण से, मन से, वचन से, कर्म से मनुष्य अपनी देह के लिए, पुत्र-पौत्रादि के लिए उन्हें सम्पूर्ण मानव-समाज से अलग समझकर जो कुछ भी करता है वह असत् होता है, परन्तु इन्हीं स्थूल वस्तुओं से और रागप्रवण मनोवृत्तियों से जब वह समस्त मनुष्य को एक समझकर, अपृथक् समझकर कर्म करता है तो वह 'सत्' हो जाता है; क्योंकि ऐसा कर्म किसी खण्ड-तथ्य की नहीं बल्कि 'पूर्ण' की सेवा में नियुक्त होता है और स्नेहरस से सबके मूल का सेचन करता है :

यद् युज्यतेऽसुवसुकर्ममनोवचोभिर्देहात्मजादिषु नृभिस्तदसत् पृथक्त्वात्।
तैरेव सद्भवति चेत् क्रियतेऽपृथक्त्वात् सर्वस्य तद्भवति मूलनिषेचनं यत्॥

— भा., 8-9-29

सो, यह मनुष्य की एकत्वानुभूति ही मनुष्य की चरम मनुष्यता है। जब अपने को दलित द्राक्षा के समान निचोड़कर—समस्त सुख-दुःखों की तेल-बाती में जलाकर—मनुष्य अपने-आपको 'महा एक' को समर्पण करता है तो वह 'मनुष्य' बनता है। उसका सम्पूर्ण जीवन चरितार्थ होता है। जहाँ यह भाव नहीं है, जहाँ कहीं मनुष्य अपने को, निर्दलित इक्षुदण्ड की भाँति, सुख-दुःख की चक्की में पीसकर अपना जीवन-रस सबके सुख के लिए दे सका

है वहीं उसका श्रेष्ठ रूप प्रकट हुआ है, जहाँ ऐसा नहीं हो सका वहाँ उसका श्रेष्ठ रूप भी प्रकाशित नहीं हुआ। मनुष्य का श्रेष्ठ रूप में प्रकट होना ही उसका स्वाभाविक धर्म है। स्वाभाविक का अर्थ सहजात आदिम मनोभाव नहीं समझना चाहिए। प्रयत्न करना मनुष्य का स्वभाव है और उसका स्वाभाविक धर्म प्रयत्न का विरोधी नहीं हो सकता। मनुष्य में कुछ पशु-सामान्य आदिम मनोवृत्तियाँ हैं जो अनायास ही, थोड़ी-सी उत्तेजना पाते ही झनझना उठती हैं। उनमें मनुष्य की अपनी कोई विशेषता नहीं है। जिस बात में मनुष्य की विशेषता है, वह है उसकी साधना, तपस्या, आगे बढ़ने का प्रयत्न। इसीलिए मनुष्य का स्वाभाविक धर्म अनायास नहीं प्राप्त होता, साधनालभ्य होता है, वह आहार-निद्रा के समान पशु-सामान्य धर्म है। अब तक मनुष्य में साधनालभ्य धर्म को प्राप्त करने का सामूहिक प्रयत्न नहीं हुआ। व्यक्तिगत रूप से ही अब तक उसकी साधना चलती रही है। परन्तु 'महा एक' की साधना के लिए समूचे समाज का प्रयत्न होना चाहिए। जब तक यह साधना नहीं होती तब तक वह सिद्धि भी नहीं मिलने की जिसके बिना संसार में मार-काट, नोंच-खसोट, झगड़े-टण्टे, युद्ध-अकाल बढ़ते जा रहे हैं, और मनुष्य के नख-दन्त नाना भाँति के मारणास्त्रों के रूप में प्रकट होते रहेंगे।

अभी जिस बात को मैंने मनुष्यता कहा है वही जब उच्छलित हो उठती है, उसका आनन्द जब अन्तर को पूर्ण रूप से भरकर बाहर प्रकाशित हो उठता है तभी काव्य बनता है, और काव्य ही जब तथ्य-जगत् के विभिन्न उपादानों का आश्रय लेता है तो अन्यान्य साहित्यांगों के रूप में प्रकट होता है। साहित्य वस्तुतः मनुष्य का वह उच्छलित आनन्द है जो उसके अन्तर में अँटाये नहीं अँट सका था। परिपक्व दाड़िमफल की भाँति वह अपने रंग और रस को अपने भीतर बन्द नहीं रख पाता। आम्रफल के बाहर जब उसके रंग का ऐश्वर्य उच्छलित हो उठे तो समझना चाहिए कि उसके भीतर मधुर रस पूर्ण रूप से भर गया है। मनुष्य का अन्तर भी जब रस से परिपूर्ण हो उठता है तो वह गा उठता है, काव्य करने बैठता है और तथ्यात्मक जगत् से सामग्री संग्रह करके छन्दों में, स्वरों में, अनुच्छेदों में, परिच्छेदों में, सर्गों में, अंकों में अपना उच्छलित आनन्द भर देता है। जिसे भी इस रस का साक्षात्कार मिल गया होता है,

वह रुक नहीं सकता। वह अपने सम्पूर्ण अस्तित्व को निचोड़कर 'महा एक' को समर्पित किये बिना रह नहीं सकता। दूसरे भी छन्द लिखते हैं पर उस छन्द में प्राण नहीं होता, उसमें 'मनुष्य' बनने की ओर जाने की प्रेरणा नहीं होती, और यह गाँठ बाँध लीजिए कि जिस काव्य या नाटक या उपन्यास के पढ़ने से मनुष्य में अपने छोटे और संकीर्ण स्वार्थों के बन्धन से मुक्त होने की प्रेरणा नहीं मिलती तथा 'महान् एक' की अनुभूति के साथ अपने-आपको दलित द्राक्षा के समान निचोड़कर 'सर्वस्य मूल निषेचनं' के प्रति तीव्र आकांक्षा नहीं जाग उठती, वह काव्य और वह नाटक और वह उपन्यास दो कौड़ी के मोल का भी नहीं है। छन्द में भी शक्ति होती है, स्वर में भी शक्ति होती है, अनुप्रास में भी शक्ति होती है, परन्तु वे सभी बाह्य हैं। मूल वस्तु है यही आनन्द का अतिरेक। उसी से सजीव सृष्टि सम्भव है। शास्त्रकारों ने बताया है कि विधाता ने भी आनन्द से ही समस्त जगत् की सृष्टि की थी, समूचा दृश्य जगत् उसकी लीला है। यह जो कुछ हम देख रहे हैं, छू रहे हैं, सुन रहे हैं, यह सब प्रपंच उसका लीला-विलासमात्र है। मनुष्य उसी विधाता का श्रेष्ठ प्रतिरूप है। जब उसमें अपना स्वाभाविक धर्म चरम उत्कर्ष पर पहुँचता है तो उसमें भी वही लीला-विलास उत्तरंग हो उठता है। उसके उच्छलित आनन्द के अतिरेक से उद्भूत सृष्टि ही सच्चा साहित्य है।

साहित्य के अध्ययन के लिए नाना प्रकार के बाह्य आकार-प्रकारों का—छन्द का, शैली का, व्यंग्यार्थ का, अलंकार का, रचना-कौशल का—अध्ययन आवश्यक होता है। वस्तुतः ये सभी बातें मनुष्य-बुद्धि की उपज हैं और इसीलिए अनुपेक्षणीय हैं, लेकिन इनकी कोई सीमा नहीं बँधी है। जिस व्यक्ति के मन में मानवता के स्वाभाविक धर्म की उपलब्धि का आनन्द उच्छल हो गया होता है, जिसमें कहने योग्य बात कहलाने की बेचैनी पैदा होती है, वह नया छन्द बना लेता है, नये अलंकारों की योजना कर लेता है, नयी शैली बना लेता है; परन्तु जिसे इन बातों का तो ज्ञान हो लेकिन मूल बात का स्पर्श ही नहीं, वह साहित्यकार नहीं हो सकता। वह भी साहित्य लिख सकता है, उसके लिखे को भी लोग साहित्य कह लेते हैं, उसमें 'मनुष्यता' हो या न हो। परन्तु जिस मनुष्य के पास बेचैनी होती है पर बाह्य आकार-प्रकार का परिचय नहीं होता, वह अपना रास्ता बना ही लेता है। साहित्य

का सहृदय आलोचक सिर हिलाकर घोषणा करता है कि यह नयी शैली है, नया छन्द है, नयी अलंकार-योजना है ! असली बात यह होती है कि नया मनुष्य नया प्राण लेकर नवीन आवेगों से भाषा को झंकृत करता है और उनसे अपने हृद्गत भावों को कहलवा लेता है। कबीरदास इसलिए नहीं रुके कि उन्हें छन्द और अलंकार पढ़ लेने चाहिए। उन्होंने उस महारस का पान कर लिया था, उनका अन्तर उससे परिपूर्ण हो गया था, समूचे काल को निचोड़कर उसकी छाक पी ली थी। वे कहने को व्याकुल थे और इसीलिए कह गये। जिस छन्द में कह गये, जिस शैली में कह गये, जिस भाषा में कह गये, वह सब नयी हैं। साहित्य का आलोचक मूँड मारकर उसका हिसाब-किताब सम्हालता रहे, कहनेवाले को उसकी परवा नहीं है। जो मस्ताना आठों पहर की छाक पीकर, समूचे काल का रस निचोड़कर कुछ बन गया था, वह कहाँ तक इन बातों की चिन्ता करता ?

आठहूँ पहर मस्ताना माता रहै
आठहूँ पहर की छाक पीवै।
कहै कब्बीर कोइ सन्त जन सूरमा
लाल निच्चोड़ि कै अमृत पीवै !!

जिन लोगों ने तथ्यात्मक जगत् में अनुसन्धान किया है वे भी अन्त तक इस आनन्द को अनुभव करते हैं। उनका रास्ता दूसरा है, यहाँ हम उनकी चर्चा नहीं करेंगे। परन्तु उनकी साधना से जो ज्ञान उपलब्ध होता है, उसको आश्रय करके मानवचित्त का उच्छल आनन्द नाना रूपों में प्रकट होता है। यह उचित ही है। पर कभी-कभी गलती यह की जाती है कि तथ्यात्मक जगत् के ज्ञान को आश्रय करके मानवचित्त के स्वाभाविक धर्म की उपलब्धि से प्राप्त आनन्द को रूप नहीं दिया जाता, बल्कि उन ज्ञात तथ्यों को प्रचारित करने का प्रयत्न किया जाता है। फ्रायड आदि विचारकों ने मनुष्य को समझने के नये द्वार उद्घाटित किये हैं। ये विचारक वैज्ञानिक हैं, उन्होंने मनोजगत् के जिन रहस्यों का उद्घाटन किया है, उन्हें तथ्यात्मक जगत् का ही रहस्य समझना चाहिए। ये चरम सत्य नहीं हैं, यद्यपि कभी-कभी इन्हें अन्तिम सत्य मानकर साहित्य लिखने का प्रयत्न होता रहता है।

यह अस्वीकार नहीं किया जा सकता कि तथ्य-जगत् से गाढ़ भाव से

सम्बद्ध होने पर भी साहित्य का सबसे अधिक सम्बन्ध मानसिक जगत् से है। इसलिए इसमें कोई आश्चर्य नहीं कि आज के मनोविज्ञान के नवीन आविष्कारों ने हमारे तरुण साहित्यकारों को अभिभूत कर दिया है। मुझे मनोविश्लेषणशास्त्र से बड़ा अनुराग है, जब कभी सुनता हूँ कि इस विषय की कोई नयी पुस्तक छपी है तो उसे पाने और पढ़ने का प्रयत्न करता हूँ। बुद्धि-विद्या के अनुसार उसके भावों को ग्रहण भी करता हूँ। मुझे ऐसा लगता है कि फ्रायड और उसके शिष्यों ने मनुष्य को समझाने के लिए बहुत उत्तम साधन प्रस्तुत किये हैं। हमारे अपने मानस में निरन्तर प्रवाहित होनेवाली अनेक अज्ञात धाराओं को उन्होंने ज्ञात बताया है और अपने-आपको समझने की कुन्जी दी है। पर सब मिलकर वह शास्त्र अभी शैशवावस्था में ही है। अब भी बहुत-कुछ इसकी पकड़ के बाहर रह गया है। फिर यह मनोविश्लेषण-विज्ञान यद्यपि बहुत तेजस्वी है, जनमते ही न जाने कितने रूढ़ विश्वासों को इसने चित कर दिया है और आचारशास्त्र, सौन्दर्य-विवेचक शास्त्र तथा नैतिक विधान आदि पर तो इसने दुर्दान्त आक्रमण किये हैं, तथापि वह मनुष्य द्वारा उद्भावित महान् ज्ञानराशि का एक कणमात्र ही है। इसे सब साँचों के साथ मिलाकर तब स्वीकार करना चाहिए—"सँब साँच मिलै तो साँच है, ना मिलै सो झूठ!"

हमने ऊपर देखा है कि तथ्यात्मक जगत् के ऊहापोह में लगे हुए वैज्ञानिक इस बात की परवा नहीं करते कि उनका आविष्कृत नवीन तथ्य अन्य गवेषणाओं द्वारा उपलब्ध तथ्यों के साथ सामंजस्य रखता है या नहीं। यह काम उनका नहीं है। यह तत्त्वज्ञानियों का काम है। सुना है, पदार्थ-विज्ञान और जीव-विज्ञान ने ऐसे अनेक तथ्यों का पता लगाया है जिनका अर्थ एक समय उन तथ्यों के अनुकूल नहीं पड़ता था जिन्हें मनोविश्लेषण-शास्त्र ने खोज निकाला है। तरुण साहित्यकार एकमात्र मनोविश्लेषणशास्त्र को ही साहित्य-सहायक शास्त्र मान ले तो गलती करेगा। मनोविश्लेषण-शास्त्र भी उसी प्रकार का तथ्य-विवेचक शास्त्र है जिस प्रकार के अन्य जड़ विज्ञान हैं। यह समझना कि अवचेतन चित्त की शक्तिशाली सत्ता ही हमारे चेतन चित्त के विकारों को कार्य का रूप दे रही है और अत्यन्त निचले स्तर में विद्यमान हमारी अवदमित वासनाओं और प्रसुप्त कामनाओं के महासमुद्र

में हमारा यह दृश्य चेतन-चित्त बोतल के कार्क के समान उतरा रहा है और दुर्दान्त अन्तर्लहरियों के थपेड़े की मार खाकर इधर से उधर उसी प्रकार मारा-मारा फिर रहा है जिस प्रकार भारहीन तूलखण्ड प्रचण्ड बवण्डर में भटक रहा हो, पूर्ण समझना नहीं है। इससे मनुष्य की नियतिदासता के भाव को बढ़ावा मिलता है, जो असत्य है; इससे मनुष्य की स्वतन्त्र इच्छाशक्ति की नगण्यता सिद्ध होती है, जो झूठ है; इससे मनुष्य की युक्ति-तर्क-प्रवण प्रवृत्ति का प्रत्याख्यान होता है, जो एकदम गलत है; इससे मनुष्य की उस दुर्जय शक्ति का अपमान होता है जिसमें प्रकृति को अपने अनुकूल करने का संकल्प है, जो अशोभन है; ओर सबसे बढ़कर मनुष्य के उन समस्त सद्‌गुणों का तिरस्कार होता है जिन्हें संयम कहा जाता है, विवेक कहा जाता है, साधना कहा जाता है, आत्मदान कहा जाता है—जो अवाञ्छनीय है। मुझे यह देखकर आश्चर्य होता है कि उन प्रगतिवादियों को भी यह सिद्धान्त मनोरम लगने लगा है जिनका मूल मन्त्र ही दुनिया को नये साँचे में ढालना है, जो कर्म में विश्वास करते हैं, जो उन समस्त मानसिक उन्मादनाओं को ध्वंस करने का स्वप्न देखा करते हैं जिन्हें सुविधाभोगी वर्गों ने बड़े-बड़े नाम देकर अपने स्वार्थसाधन का उपाय बना रखा है!

वस्तुतः इन दोनों मनोभावों का कोई सामंजस्य नहीं है। यह विश्वास करना कि मनुष्य का युक्तिपरायण होना ही उसके समस्त नैतिक आचरणों का स्रोत है, यहाँ तक कि ईश्वर की कल्पना भी मनुष्य ने इसी नैतिकता के स्रोत की सिद्धि के लिए की है और साथ ही यह भी कहना कि मनुष्य जिसे तर्कसंगत विचार (या रीज़न) कहता है वह असल में उसके संगति बैठाने (या रैशनलाइजेशन) का ही प्रकारान्तर है, वदतोव्याघात दोष है। फिर भी यह क्या आश्चर्यजनक बात नहीं है कि हमारे बहुत-से साहित्यकार ऐसी बातें एक साँस में कह जाते हैं! जब मैं कहता हूँ कि मैं मनोविश्लेषणशास्त्र का प्रेमी हूँ तो मेरे मन में जो बात होती है उसे स्पष्ट कर देना चाहिए। मुझे ऐसा लगता है कि सचमुच ही मनुष्य के ऐसे अनेक कार्य हैं जो उसकी अवदमित वासनाओं के प्रकाश हैं। सचमुच ही ऐसे अनेक विचार हैं जो उसकी प्रसुप्त वासनाओं के विलास हैं और सचमुच ही ऐसे अनेक तर्क हैं जो तर्काभास हैं और अपने-आपको भुलावा देने के लिए उद्‌भावित संगति लगाने

के प्रयासमात्र हैं। मनोविश्लेषणशास्त्र के आधार पर मनुष्य के इन आचरणों को समझा जा सकता है। ठीक उसी प्रकार जिस प्रकार थर्मामीटर द्वारा शरीर के ताप को समझा जा सकता है। परन्तु न तो थर्मामीटर मनुष्य के और भी गम्भीर मर्मस्थल के ताप का पता देने का दावा कर सकता है और न मनोविश्लेषणशास्त्र को मानवात्मा की बुनियादी नींव का पता लगाने का दावा करना चाहिए। उसकी भी एक सीमा है। एक खास तह तक पहुँचकर वह बेकार और भोथा हो जाता है। इसी प्रकार श्रेणी-संघर्ष के कारण मनुष्य-समाज की अनेक समस्याएँ पैदा हुई हैं, उनके स्वरूप को समझने के लिए और उनका प्रतिविधान करने के लिए भी कुछ विशेष प्रकार के शास्त्र आवश्यक हैं। उनके अध्ययन से हमें मानव-समाज की ऊपरी सतह की हलचलों का यथार्थ ज्ञान होता है। परन्तु इन समस्त ऊपरी हलचलों के विक्षुब्ध तरंग-संघात के नीचे निस्तब्ध भाव से विराजमान है मनुष्य की एकता। मनुष्य एक है, भेद-विभेद ऊपरी बातें हैं। मनुष्य की इस महान एकता को पाने के लिए समस्त संकीर्ण स्वार्थों का बलिदान, क्षणिक आवेगों का दमन, उत्ताल संवेगों का निरोध, अशुचि वासनाओं का संयमन, गलत तर्कपद्धति का निरास और आत्मधर्म का विवेक आवश्यक साधन हैं। इन्हीं से वह परम आनन्द चित्त में उच्छल हो उठता है जिसका प्रकाश साहित्य है। जो साहित्यिक सुख असंयम से, अविवेक से, लोभमोह से उत्पन्न होता है वही मानसिक उन्मादना है, प्रसुप्त वासनाओं का विलास है, 'लिबिडो' की उत्ताल तरंगों पर असहाय भाव से भटकना है। उसे साहित्य नहीं कहना चाहिए, क्योंकि वह 'सर्वस्य मूल निषेचनं' नहीं है।

वह भी निस्सन्देह मनुष्य-दृष्ट सत्य ही है। परन्तु मनुष्य के पास इन समस्त इन्द्रियों द्वारा साक्षात्कृत जगत्-प्रपंच के अतिरिक्त और कुछ देखने का साधन क्या सचमुच ही नहीं है? ऐसा जान पड़ता है कि यही सबकुछ नहीं है, कुछ इससे भी व्यापक है, मनुष्य-दृष्ट जगत् केवल कणमात्र है। जिस महासत्य ने अपने को मनुष्य-दृष्ट जगत् के रूप में प्रकट किया है वह यहीं समाप्त नहीं हो जाता—'त्रिपादस्यामृतं दिवि'। किस साधन के द्वारा मनुष्य ऐसा अनुभव करता है? कौन बतायेगा? प्रवाहण जैवलि ने इसी बात की ओर इशारा किया था, हमारे अन्तस्तल से यही ध्वनि निकल रही है कि

ऐसा जान पड़ता है कि मनुष्य के भीतर ऐसा कुछ अवश्य है जो उस विशालतर अज्ञात का समानधर्मा है। ऐसा कुछ है अवश्य। परन्तु यह मेरा विश्वास है और मैं आपके सामने इसे इस रूप में प्रकट नहीं करना चाहता कि वह तर्कसंगत जँचे। वह केवल विश्वास है। बुद्धि और तर्क के द्वारा हम जो कुछ जानते हैं, जान सकते हैं, कल्पना कर सकते हैं, वह सब मनुष्य-दृष्ट सत्य है। सबकुछ, कोई भी अपवाद नहीं। काव्य हो या काव्यगत रसानुभूति हो, मनुष्य-दृष्ट बृहत्तर नैतिक नियमों से बाहर नहीं पड़ सकते।

लेकिन रस के नाम पर मैंने बहुत अधिक नीरस चर्चा बढ़ा दी। वस्तुतः रस अनुभवगम्य वस्तु है और उसकी विवेचना के लिए ऐसे विषयों की अवतारणा करनी पड़ती है जो रस के उपकरण होते हैं या फिर ऐसी बातों की चर्चा करनी पड़ती है जो रस होते ही नहीं। ऐसा विवेक के परिष्करण के लिए किया जाता है। लक्षणग्रन्थ विशेष रूप से काव्य-उपादानों की ही चर्चा करते हैं। हमने देखा है कि चाहे लक्षणग्रन्थ हों या काव्यग्रन्थ हों, दोनों के ही लिए यह आवश्यक है कि हम उन्हें तत्काल वर्त्तमान वाह्य परिस्थितियों से विच्छिन्न करके देखें नहीं तो छिलके को ही रस समझने की भूल कर सकते हैं। फिर भिन्न-भिन्न मानव-समुदाय, भिन्न-भिन्न भौगोलिक और ऐतिहासिक परिस्थितियों के भीतर से विकरित होने के कारण अपने भीतर ऐसे अनेक संस्कार पैदा कर लेते हैं जिन्हें उस समुदाय की विशेषता माना जाता है। इन संस्कारों के अध्ययन करनेवालों ने देखा है कि यद्यपि विभिन्न समाज में उनके रूप बहुत भिन्न-भिन्न हो गये हैं, पर एक ही प्रकार के मनोभाव से चालित होकर मनुष्य उन विशेष प्रकार के संस्कारों तक पहुँचा है। इस प्रकार परस्पर-विरुद्ध से दिखनेवाले संस्कार भी वस्तुतः मनुष्य की एकधर्मिता को ही सिद्ध करते हैं। 'संस्कार' शब्द का प्रयोग करते समय मुझे थोड़ा संकोच ही हो रहा है। संस्कार शब्द अच्छे अर्थ में ही प्रयुक्त होता है, परन्तु मनुष्य स्वभाव से ही प्राचीन के प्रति श्रद्धापरायण होता है और प्राचीन काल से सम्बद्ध होने के कारण कुछ ऐसी धारणाओं को श्रद्धा की दृष्टि से देखने लगता है जो जब शुरू हुई होंगी तब तो निश्चय ही उपयोगी रही होंगी, परन्तु बाद में उनकी उपयोगिता घिस गयी और वे रूढ़िमात्र रह गयीं। ऐसे संस्कार सब समय बृहत्तर मानव-पट-भूमिका पर खरे नहीं उतरते।

काव्यजिज्ञासा के क्षेत्र में भी संस्कार हमारे मार्ग-दर्शक बन जाते हैं। कुछ तो प्राचीन काल के काव्य-लक्षणों के अध्ययन के कारण हमारे चित्त में काव्य-स्वरूप और रस-स्वरूप के विषय में ऐसी बातें जड़ जमा लेती हैं जो कालविशेष की परिस्थिति विशेष के कारण उपजी थीं। इन धारणाओं को मन में जमाये रखकर हम जब आधुनिक युग के काव्य को पढ़ने लगते हैं तो रस-बोध में बाधा पड़ती है। ठीक यही बात आधुनिक काल के काव्यलक्षणों से उत्पन्न धारणाओं के कारण प्राचीन काव्य के समझने में बाधक होती है। अपने प्रथम व्याख्यान में मैंने संक्षेप में इन कालगत संस्कारों की चर्चा की है। फिर देशगत और जातिगत संस्कार भी अन्य देश और अन्य जाति के विश्वासों पर आधारित साहित्य को समझने में बाधक होते हैं। अपने दूसरे व्याख्यान में मैंने इस कठिनाई की ओर ही आपका ध्यान विशेष रूप से आकृष्ट किया है। मनुष्य का मस्तिष्क ठोस आधारों को आसानी से ग्रहण करता है। सौन्दर्य को वह उसके सम्पूर्ण उपादानों के साथ ही ग्रहण करता है। इसीलिए सौन्दर्य के साथ-साथ उसके आधारभूत बाह्य उपकरणों और अधिकरणों को वह छोड़ नहीं पाता। हमारे साहित्याध्ययन में उपकरण, अधिकरण और आधेय रसवस्तु के परिष्करण और विवेक की व्यवस्था और भी अधिक होनी चाहिए। सहृदयों ने बराबर सावधान किया है कि लावण्य वस्तु प्रसिद्ध अवयवों से भिन्न और अतिरिक्त पदार्थ है। मुख, नाक, कान आदि शारीरिक अवयव सबके होते हैं, पर सबमें लावण्य नहीं होता। उसी प्रकार काव्य में भी कुछ प्रतीयमान वस्तु होती है जो प्रसिद्ध अवयवों से भिन्न वस्तु है :

> प्रतीयमानं पुनरन्यदेव वस्त्वस्ति वाणीषु महाकवीनाम्।
> यत्तत् प्रसिद्धावयवातिरिक्तं विभाति लावण्यमिवांगनासु॥

लेकिन मनुष्य-स्वभाव—तत्राणि तरुण मस्तिष्क—प्रसिद्ध अवयवों को छोड़कर उस लावण्य को सहज ही धारण नहीं कर पाता। इसी के लिए साधना और विवेकशक्ति की आवश्यकता होती है। यदि यह साधना नहीं की गयी अर्थात् काव्य के मूल सौन्दर्य को तत्तत्कालीन परिस्थितियों द्वारा उपस्थापित उपकरणों से तथा तत्तत् समुदाय के विश्वासों से अलग करके देखने योग्य विवेचना-शक्ति नहीं जाग्रत की गयी तो ये बाह्य आधार देश और

काल को भेदकर मनुष्य के सर्वोत्तम प्रयत्न—साहित्य—को समझने में बाधक सिद्ध होंगे।

पुराने और नये काव्यों, उपन्यासों और नाटकों को उनकी सामाजिक पृष्ठभूमि पर रखकर देखना और देशगत और कालगत संस्कारों को रसोपलब्धि के मार्ग में बाधक न होने देना, इन दोनों बातों का एक ही अर्थ है—साहित्य को बृहत्तर मानव-समाज से अविच्छिन्न समझना। साहित्यिक रचनाएँ केवल व्यक्ति की निजी अनुभूति की सीमाओं में आबद्ध नहीं होतीं, वे समूची सामाजिक चेतना का अनुरणन हैं। यदि इस प्रकार पूर्व निश्चित धारणाओं से मुक्त होकर और बृहत्तर मानव-समाज से अविच्छिन्न समझकर और सामाजिक चेतना का अनुरणन जानकर साहित्य का अध्ययन किया जाता तो वे अनेक मत जन्म ही न ले पाते जिनके कारण साहित्यिक आलोचना का कार्य इतना वैयक्तिक, और कभी-कभी हास्यास्पद तक लगने लगता है। नाना मुनियों के नाना मत देशगत, जातिगत और कालगत संस्कारों को चरम सत्य मान लेने के कारण प्रादुर्भूत होते हैं। बृहत्तर सामाजिक पटभूमि से विच्छिन्न करके देखने के कारण ही ये मत केवल खण्डसत्य की बात बताते हैं। सत्य को उसके पूर्णरूप में देखने का प्रयत्न होना चाहिए। परन्तु समस्या इतने से ही हल नहीं हो जाती। हम विभिन्न सामाजिक परिस्थितियों के कारण उत्पन्न मानों और देशगत, कालगत तथा जातिगत संस्कारों का विवेक कर भी लें तो भी यह विवेच्य रह ही जाता है कि किसी भी विचार या कार्य का औचित्य कैसे निश्चय किया जाय। यह आवश्यक हो जाता है कि प्रत्येक कार्य को और प्रत्येक विचार को हम बृहत्तर मानवीय नैतिकता के तुलादण्ड पर रखकर उनका वजन निश्चित करें। मनुष्य के सुख-दुःखों का परिचय और उसकी आशा-अकांक्षाओं की गाढ़ उपलब्धि तब तक महनीय नहीं हो सकती जब तक उनसे मनुष्य उस महान् धर्म की ओर उन्मुख और क्रियाशील नहीं हो जाता, जिसे 'मनुष्यता' कहते हैं। मनुष्य की ऐसी भी आशा-आकांक्षाएँ हैं जो उसे पशुता की ओर ले जाती हैं, ऐसे भी सुख-दुख हैं जो उसकी जड़ता के परिचायक हैं, सबको सिरमाथे धारण करने से साहित्य अपने मूल धर्म से विच्युत होता है। बहुत-सी आदिम मनोवृत्तियाँ ऐसी हैं जो ज़रा-सी उत्तेजना पाते ही झनझना उठती

हैं, साहित्य में उनकी भी खुशामद की गयी है, उनकी भी स्तुति की गयी है; परन्तु वे मनुष्यता के आधारभूत धर्म को ही नहीं स्वीकार करतीं। उनमें वह नयी सर्जन-प्रेरणा नहीं है, जगत् को सुन्दर बनाने की उमंग नहीं है जिसने मनुष्य में ऐसी शक्ति दी थी कि उसने प्रकृति को अपने अनुकूल बनाने का संकल्प किया था। धूल में लोटना बहुत सहज है, परन्तु मनुष्य धूल में लोटना पसन्द नहीं करता। सब आसान और अनायास साध्य बातें मनुष्य को प्रिय नहीं हैं, क्योंकि वह स्रष्टा है, वह धर्मवृत्तिक है, वह समूचे प्राकृतिक जगत् को अनुकूल और मनोरम रूप में गढ़ लेने का व्रती है। इसीलिए साहित्य का मर्म वही समझ सकता है जो साधना और तपस्या का मूल्य समझ सके। 'मनुष्य'-रूपी पुरुष ही, अर्थात् पशुसुलभ धरातल से ऊपर उठा हुआ मनुष्यत्व-धर्मी जीव ही सृष्टि की सबसे बड़ी साधना है। उससे बड़ा कुछ भी नहीं—'पुरुषान्न परं किञ्चित् सा काष्ठा सा परा गतिः।'

धर्मचक्र

कोई ढाई हजार वर्ष पहले भगवान् बुद्ध इस पवित्र भारत-भूमि में अवतरित हुए थे। उनका जन्म एक बड़े राज-परिवार में हुआ था, घर दास-दासियों से भरा हुआ था, अन्न-वस्त्र और रत्न का भण्डार था, परिजनों और पुरजनों का स्नेह भी उन्हें प्राप्त था। परन्तु उन्हें ये सब चीजें जँची नहीं। यह जो सुख और सम्पत्ति का आडम्बर है, वह क्या सचमुच मनुष्य को दुःखों और बन्धनों से मुक्त कर सकता है?

कुमार सिद्धार्थ, जो बाद में बोधि प्राप्त करने के बाद बुद्ध नाम से प्रथित हुए, बहुत ही भावुक और चिन्तनशील बालक थे। उन्होंने अपने इर्द-गिर्द विचरण करनेवाले मनुष्यों और घटनाओं को सावधानी से देखा, और समझने का प्रयत्न किया। उनके मन में बार-बार ये प्रश्न उठते रहे कि जरा से, मरण से, व्याधि से क्या मनुष्य सचमुच छूट सकता है? ये जो दुनिया के धन्धे हैं, टीमटाम हैं, धन-दौलत है, दास-दासियाँ हैं, सम्पत्ति के विशाल ठाठ हैं, वे क्या मनुष्य को जरा से, मरण से और व्याधियों से छुटकारा दिला सकते हैं? इनका स्पष्ट उत्तर उन्हें नहीं मिलता था।

सिद्धार्थ ने प्रव्रज्या ली

उन्होंने सब-कुछ छोड़कर प्रव्रज्या ग्रहण की। उन दिनों तपस्या में लोगों का बड़ा विश्वास था। कृच्छ्र तपस्वी लोगों के बड़े-बड़े सम्प्रदाय थे; शीत में, धूप में, कठिन-से-कठिन कष्ट पाकर, उपवास के द्वारा शरीर को सुखाकर और स्वेच्छा से स्वीकार किये गये अनेक कायक्लेशजनक या पीड़ादायक

साधनों को अंगीकार करके परलोक में सुख पाने या मुक्ति पाने की अभिलाषा से लोग बुरी तरह ग्रस्त थे। प्रव्रज्या ग्रहण करने के बाद सिद्धार्थ ने इस कृच्छ्र तप का भी अनुभव प्राप्त किया। गया के पास उरुबेला तीर्थ में वह वर्षों घोर तप में लीन रहे। उन्होंने यह अनुभव किया कि जिस प्रकार अनेक भोगों के भोगने से जरा, मरण और व्याधि से छुटकारा नहीं मिलता, उसी प्रकार यह कृच्छ्र तपवाला मार्ग भी छुटकारे का साधन नहीं है। ये दोनों ही चरम सीमाएँ हैं, वास्तविक मुक्ति का मार्ग कहीं इन दोनों के बीच में है। यह सोच-कर उन्होंने कृच्छ्र तप का मार्ग छोड़ दिया, जिसके फलस्वरूप उनके प्रति श्रद्धापरायण पाँच परिव्राजक साथी, जिन्हें पंचवर्गीय भिक्षु कहा जाता है, उनसे रुष्ट हो गये। उन लोगों ने आपस में कहा कि छह वर्ष तक दुष्कर तपस्या करने पर भी यह बुद्ध नहीं हो सका, तो अब गाँव-गाँव भीख माँगकर और मोटा आहार करके यह कैसे बुद्ध हो सकेगा। यह लोभी है, तपस्या के मार्ग से भ्रष्ट है। ऐसे मनुष्य से किसी बड़े तत्त्व के पाने की आशा करना उसी प्रकार व्यर्थ है, जैसे स्नान के इच्छुक व्यक्ति का ओस की बूँद की ओर ताकना। इस प्रकार सोच करके वे लोग बुद्ध को छोड़कर वाराणसी के समीप इसिपत्तन तीर्थ (सारनाथ) की ओर चले गये।

परन्तु बुद्धदेव ने कृच्छ्र तप की व्यर्थता समझ ली। बौद्ध शास्त्रों में बताया गया है कि सुजाता की पवित्र खीर को उन्होंने प्रसन्नतापूर्वक ग्रहण किया, वही उनके बुद्ध होने के बादवाले, सात सप्ताह के उनचास दिनों के लिए आहार हुआ। इतने काल तक न स्नान किया, न आहार किया और न मुँह धोया। जिस बोधिवृक्ष के नीचे वह तप कर रहे थे, उसकी ओर पीठ करके दृढ़चित्त हो उन्होंने प्रतिज्ञा की कि 'चाहे मेरा चमड़ा, नसें और हड्डी ही क्यों न बाकी रह जायें; चाहे शरीर, मांस और रक्त तक क्यों न सूख जाये, सम्यक् सम्बोधि या परम ज्ञान प्राप्त किये बिना मैं इस आसन को नहीं छोड़ूँगा।' वह पूर्वाभिमुख हो अपराजित आसन में, जिसके बारे में कहा जाता है कि सौ-सौ बिजलियों की कड़क से यह आसन छूटता नहीं, आसीन हुए।

बोधि-प्राप्ति

बुद्धदेव को बुद्धत्व प्राप्त हुआ। उनकी प्रतिज्ञा सफल हुई। बोधि प्राप्त होने के बाद उन्होंने सोचा कि उन्हें जो ज्ञान प्राप्त हुआ है, उसे सुनने का सबसे श्रेष्ठ पात्र कौन है ? सबसे पहले उनकी दृष्टि पण्डित अलारकालाम की ओर गयी, पर वह एक सप्ताह पहले ही मर चुके थे। उसके बाद उनकी दृष्टि उद्दक रामपुत्र की ओर गयी, जिन्हें वह चतुर, मेधावी और अल्पमलिनचेता समझते थे। लेकिन यह भी उसी रात को मर चुके थे। तब भगवान् की दृष्टि उन पंचवर्गीय भिक्षुओं की ओर गयी, जो उन्हें छोड़कर वीतश्रद्ध होकर वाराणसी के इसिपत्तन तीर्थ की ओर चले गये थे। उन्हीं को स्मरण करके भगवान् ने इसिपत्तन की ओर मुँह किया। उनका जन्म और बोधि-लाभ, दोनों ही वैशाखी पूर्णिमा को हुए थे। इसिपत्तन में पंचवर्गीय भिक्षुओं के पास पहुँचते-पहुँचते आषाढ़ का दिन आ गया और आषाढ़ी पूर्णिमा को, जो परम्परा से व्यासपूर्णिमा और गुरुपूर्णिमा के नाम से प्रचलित थी, उन्होंने धर्मचक्र का प्रवर्त्तन किया।

प्रथम उपदेश

बौद्ध शास्त्रों में लिखा है कि इन भिक्षुओं को सम्बोधित करके भगवान् बुद्ध ने कहा—"भिक्षुओ, दो प्रकार की अतियाँ हैं। पहली 'अति' पथ-भ्रान्त लोगों के योग्य, अनार्य-सेवित, अनर्थयुक्त काम-वासनाओं में लिप्त होना है। दूसरी 'अति' दुःखमय, अनार्य-सेवित, अनर्थ से युक्त काय-क्लेश में लगना है।" एक काय-सुख की अति है, दूसरी कृच्छ्र तप की। इन दोनों ही अतियों के चक्कर में न पड़कर तथागत ने बीच का मार्ग—मध्यमा-प्रतिपदा—खोज निकाला।

कैसा है यह मध्यम मार्ग ? तीन गुण इसमें मुख्य रूप से हैं। यह दृष्टि-दाता है, ज्ञानदाता है और शान्तिदाता है। इससे परिपूर्ण ज्ञान और निर्वाण प्राप्त होता है। इसी का नाम आर्य-अष्टांगिक मार्ग है—अष्टांगिक अर्थात् आठ अंगोंवाला मार्ग। आठ अंग से क्या तात्पर्य है ? पहली बात है कि दृष्टि ठीक होनी चाहिए। फिर संकल्प सम्यक् या ठीक होना चाहिए। वचन ठीक

होना चाहिए। कर्म भी सम्यक् या समुचित होना चाहिए। फिर प्रयत्न, स्मृति और समाधि ठीक होनी चाहिए। इन सबकी सम्यक् सिद्धि होने से ही आर्य-अष्टांगिक मार्ग सिद्ध होता है।

बुद्धत्व-प्राप्ति के पूर्व ही कुमार सिद्धार्थ संसार के प्राणियों के कष्ट से व्याकुल हो उठे थे। उनका हृदय करुणा का अपार पारावार था। जरा, मरण और व्याधि से पीड़ित जन-समूह को देखकर उनका हृदय गल जाता था। जिस समय वह तपस्या में लीन हो परम सत्य को प्राप्त करने के लिए व्रतमान थे, उस समय भी उनके हृदय की गहराइयों में करुणा का व्याकुल हाहाकार उठ रहा था। पंचवर्गीय भिक्षुओं को सम्बोधन करके जब उन्होंने प्रथम धर्म का चक्कर घुमाया, उस दिन सबसे प्रमुख बात उनके चित्त में यही थी। उन्होंने कहा— "भिक्षुओ, दुःख आर्य-सत्य है। जन्म भी दुःख है, जरा या बुढ़ापा भी दुःख है, व्याधि (रोग) भी दुःख है, अप्रियों का संयोग भी दुःख है, प्रियजनो या प्रिय वस्तुओं का वियोग भी दुःख है, इच्छा करने पर किसी इच्छित वस्तु का न मिलना भी दुःख है। संक्षेप में समझो तो रूप, वेदना, संज्ञा, संस्कार और विज्ञान— ये पाँचों उपादानस्कन्ध ही दुःख हैं। इस प्रकार पहली बात जो संसार में सत्य है, जिसके कारण प्राणि-मात्र पीड़ित-व्यथित है, वह दुःख है।"

परन्तु यदि दुःख सत्य है तो इसका कुछ कारण भी होना चाहिए। संसार में यदि सर्वप्रथम सत्य दुःख ही है, तो जीवों को निराश होकर छटपटाते रहने के सिवा कोई चारा नहीं है। परन्तु भगवान् बुद्ध ने केवल दुःख की सचाई बताकर मौन नहीं ग्रहण किया। उन्होंने बताया कि दुःख अवश्य सत्य है, परन्तु दुःख का कारण भी आर्य-सत्य है। दुःख का निरोध भी आर्य-सत्य है और दुःख-निरोध-गामिनी प्रतिपदा अर्थात् दुःख का निरोध करनेवाला मार्ग भी आर्य-सत्य है। इस प्रकार दुःख जरूर बहुत बड़ी सचाई है, परन्तु उसके कारण, उसका निरोध और दुःख-निरोध तक पहुँचानेवाला मार्ग भी उतने ही सत्य हैं। बुद्धदेव ने अपने आचरण और उपदेशों से दुःख के निरोध का मार्ग बताया। उन्होंने दुःख के स्वरूप को, उसके कारणों को, उसके निरोध के यथार्थ रूप को और उस निरोध तक पहुँचानेवाले साधना-

मार्ग को भी समझाया। दीर्घकाल तक वह इस मुक्ति-मार्ग का उपदेश घूम-घूमकर देते रहे।

प्रेम और मैत्री का धर्म

बुद्धदेव ने जो मार्ग बताया, वहअन्तिम विश्लेषण पर प्रेम, मैत्री और तितिक्षा का धर्म है। मनुष्य जितनी दूर तक ऊपर उठ सकता है, यह धर्म उसे उतनी ऊँचाई पर ले जाता है। बुद्ध के व्यक्तित्व और उपदिष्ट मार्ग, दोनों में एक ऐसा अद्भुत आकर्षण था कि जो उनके सम्पर्क में आया, वह उन्हीं का हो रहा। उनके परिनिर्वाण के कुछ ही सौ वर्षों के भीतर वह प्रेम और मैत्री का धर्म तत्कालीन समस्त ज्ञानजगत् में फैल गया। जिन बर्बर जातियों के मन में क्रूरता और प्रतिहिंसा के अतिरिक्त और कोई बड़ी बात उठ ही नहीं सकती थी, वे भी इस प्रेम और मैत्री के धर्म के सामने मन्त्रमुग्ध होकर नतशीश हुईं। प्रेम और मैत्री का धर्म संसार में अद्भुत सफलता के साथ उद्घोषित हुआ।

ढाई हजार वर्ष बाद आज फिर वही पवित्र समय आया है जिसने बुद्ध भगवान् जैसे महाप्राण के धर्म-प्रवर्त्तन को जन्म दिया। आज भी संसार को इस प्रेम और मैत्री के धर्म की आवश्यकता बनी हुई है। भारतवर्ष के निवासी यदि गर्व करें कि आज से ढाई हजार वर्ष पहले हमारे देश में ऐसा महामानव पैदा हुआ था, जिसने प्रेम और मैत्री के धर्म को विश्वव्यापक बनाया, तो उनका गर्व उचित ही है। धन्य है भारत-भूमि, धन्य है यह प्रेम और मैत्री का पाठन-मन्त्र। आज से ढाई हजार वर्ष पहले इसने सिद्ध कर दिया कि मनुष्य को विधाता ने प्रेम और मैत्री का सन्देशवाहक बनाया है। युद्ध, मारकाट और क्रूर हिंसा उसका स्वाभाविक धर्म नहीं है। वह प्रेम और मैत्री का उपासक है। यह धर्म भी धन्य है।

रवीन्द्रनाथ की आशाभूमि

जब कभी कविवर रवीन्द्रनाथ के विषय में लिखने का प्रयत्न करता हूँ, तभी एक विषम समस्या उठ खड़ी होती है—कहाँ से शुरू करूँ? सबसे पहली बात जो बिना सोचे ही मन में आ जाती है, वह है मनुष्य की जय-यात्रा में उनका अखण्ड विश्वास। वे केवल कल्पना-विलासी कवि नहीं थे, वे द्रष्टा थे। जीवन की उच्छल प्राणधारा में उनका अडिग विश्वास था। जहाँ यह उच्छल प्राणधारा है, वहीं मनुष्य का सर्वस्व है, वहीं आशा है। चाहे शिक्षा का क्षेत्र हो, चाहे वाणिज्य-व्यवसाय का, प्राण की उच्छल धारा ही प्रधान वस्तु है। युद्ध-विग्रह का उन्होंने कसके विरोध किया था; क्योंकि यह भय से, मोह से, लोभ से विकृत मानव का उन्माद है। परन्तु तोपों का गर्जन अघटित घटना नहीं है, असम्भावित वस्तु नहीं है; मनुष्य जिस रास्ते पर जा रहा है उसका यही परिणाम हो सकता है। राष्ट्रीयता के नाम पर पुंजीभूत गतिहीन-प्राणहीन स्वार्थ-सम्भार की सड़ाँध से मनुष्य का मन विकृत हो उठा है। परन्तु निराश वे नहीं होते थे। युद्ध इसी सड़ाँध को झाड़ फेंकने का प्रकृति-दत्त उपचार है। युद्ध में यद्यपि मनुष्यता अपार कष्ट में फँस जाती है, पर मरती वहाँ मृत्यु है, जीतता जीवन है। प्रथम महायुद्ध के आरम्भ होने के पूर्व ही उन्होंने संसार को बारम्बार चेतावनी दी थी कि मनुष्य विनाश की ओर बढ़ रहा है। परन्तु युद्ध छिड़ के ही रहा। शायद विधाता के अस्त्रागार में मनुष्य की दुर्दम लिप्सा और मोह को ध्वस्त करने का दूसरा अस्त्र बचा नहीं रह गया था। सन् 1914 ई. के पौषोत्सव के प्रवचन में उन्होंने कहा था :

"एक बार विचारकर देखो तो सही, हम जब यहाँ आनन्दोत्सव मना रहे हैं, ठीक उसी समय समुद्रपार मनुष्य के साथ मनुष्य का कैसा दारुण युद्ध चल रहा है। वहाँ आज के इस प्रातःकाल का आलोक क्या दिखा रहा है—किस भयंकर प्रलय की विभीषिका को ! वहाँ इसी प्रलय की विभीषिका पर खड़ा होकर मनुष्य अपने मनुष्यत्व का प्रचार कर रहा है। वहाँ इतिहास की पुकार आयी है, उस पुकार को सुनकर सब लोग निकल पड़े हैं। किसने गलती की है, किसने नहीं; कौन किस बात के लिए कितना जवाबदेह है, कौन नहीं—दूर रहने दो इस विचार को। किन्तु इतिहास ने पुकारा है, यह सही है; उस पुकार को जर्मनों ने सुना है, अंग्रेजों ने सुना है, फ्रांसीसियों ने सुना है, बेलजियनों ने सुना है, रूसियों ने सुना है। इतिहास के भीतर से इतिहास के देवता अपनी पूजा ग्रहण करेंगे; इस युद्ध में उसी महादेवता का वह उत्सव चल रहा है। यह नहीं होने का कि कोई जाति अपने राष्ट्रीय स्वार्थ को पुंजित करके अपनी राष्ट्रीयता को सँकरी कर दे—इतिहास-विधाता का यही आदेश है। मनुष्य राष्ट्रीय-दानव के पदतल में इतने दिनों से नरबलि का उद्योग कर रहा है, इसीलिए आज उस अपदेवता का मन्दिर तोड़ देने का हुक्म हुआ है। इतिहास-विधाता कहते हैं—तुम सबको इस स्वार्थ-दानव के मन्दिर की दीवालें तोड़ देनी होंगी, यह नरबलि अब नहीं चलेगी। हुक्म मिलते ही तोप के गोले आकर उस मन्दिर की दीवालों को तड़ातड़ चूर्ण करने में जुट गये हैं। वीरों का दल अपने रक्त-पद्म का अर्घ्य लेकर इस इतिहास-विधाता की पूजा के लिए निकल पड़ा है। जो लोग आराम में थे, वे आराम को धिक्कार देकर कहने लगे हैं—प्राणों से चिपके नहीं रहेंगे, मनुष्य के पास प्राणों से भी बढ़कर कोई चीज है ! आज तोपों के गर्जन में मानव का जय-संगीत बज उठा है, माताएँ रो उठी हैं, स्त्री-पुत्र अनाथ होकर छाती कूट रहे हैं और इसी क्रन्दन के ढूह पर उत्सव चल रहा है। जिस समय वाणिज्य-व्यवसाय चल रहा था, घर में पैसा भर रहा था, राज्यों और साम्राज्यों को छापकर प्रताप व्याप्त हो रहा था, ठीक उसी समय पुकार आयी—निकल आना होगा। महेश्वर ने जब अपने पिनाक में रुद्रटंकार भरा है, तब माँ को रोकर कहना पड़ा है—जाओ। स्त्री को रोते-रोते पति को अपने हाथों कवच पहना देना पड़ा है। समुद्र के उस पार आज

मरण-यज्ञ में यही प्राणों का महोत्सव चल रहा है।"

यह रवीन्द्रनाथ का कहने का अपना ढंग है। राष्ट्रीयता के दानव के प्रति उनके मन में बहुत ही कठिन क्रोध था। उन्होंने प्रथम महायुद्ध का कारण इस संकीर्ण राष्ट्रीय भावना को ही समझा था। वे मनुष्य की एकता में विश्वास रखते थे। युद्ध से वे विचलित नहीं हुए थे, क्योंकि उन्हें बहुत पहले ही उसकी काली छाया दिख गयी थी; परन्तु उन्होंने समझा था कि युद्ध में चाहे मनुष्य को जितना कष्ट हो, जितनी भी लांछना और गंजना सहनी पड़े, युद्ध का परिणाम अन्ततः मनुष्य की प्रगतिशील शक्तियों की ही विजय होगी। वही जीतेगा जिसमें प्राण की उच्छल धारा का वेग होगा। जो सड़े विचारों और सूखे आचारों से चिपटे हैं वे कितने भी शक्तिशाली क्यों न हों, अपने ऊपर उन्होंने स्वेच्छा से मृत्यु की खाल डाल ली है। मनुष्यता आगे बढ़ेगी, उसे रोकने का प्रयत्न व्यर्थ होगा। उन्हें विश्वास था कि इस विकट संघर्ष के बाद संकीर्णता की दीवाल टूटेगी, मनुष्य में उदारता का संचार होगा। युद्ध में सर्वत्र यह अनुभव किया गया कि संकीर्णता खतरनाक है। युद्ध के बाद एक होने का प्रयत्न भी किया गया; पर सब व्यर्थ हुआ। क्योंकि मनुष्य ने संकीर्णता के दुःख को तो समझा, पर इतिहास-विधाता के इंगित को नहीं समझा। रवीन्द्रनाथ ने युद्ध के क्रन्दन और चीत्कार के भी उस इंगित को समझा था, इसीलिए आशापूर्ण स्वर में उन्होंने घोषित किया :

"आज जो संसार-भर में क्रन्दन चल रहा है, उसमें डर का सुर नहीं है; उसके भीतर से इतिहास तैयार हो रहा है। इसी में इतिहास-विधाता का आनन्द है। यह क्रन्दन उन्हीं में शान्त हो रहा है। उन्हीं शान्तम्, शिवम्, अद्वैतम् के भीतर मृत्यु मर रही है, उन्होंने अपने हाथों मनुष्य के ललाट पर जय-तिलक लगाया है। वे ही विच्छेद और विरोध के मध्य-स्थल में खड़े हैं। देखो, यात्री जिधर चल पड़े हैं, मृत्यु की झंकार जिधर प्रतिध्वनित है, वहीं विराजमान हैं शान्तम्, शिवम्, अद्वैतम्। आज उस रुद्र के दक्षिण हाथ का आशीर्वाद ग्रहण करो। रुद्र की प्रसन्न हँसी तभी दिखायी देती है जब वे देखते हैं कि उनकी वीर सन्तान दुःख की परवा नहीं कर रही है। उसी समय उनके प्रसन्न मुख की हास्यच्छटा विकीर्ण होकर समस्त विश्व को सत्य-ज्योति से अभिषिक्त कर देती है।"

रुद्र भयंकर रूप में ही ताण्डव करते रहे; पर जब ताण्डव रुका, तो उनका प्रसन्न मुख नहीं दिखायी दिया। संसार से सभी पापों का प्रायश्चित नहीं हो सका था। अभी बहुत बाकी था। इतिहास-विधाता का प्रथम इंगित नितान्त व्यर्थ नहीं गया। युद्ध का बुखार जब उतरा तो संसार जैसा था वैसा ही नहीं रहा। नवीन शक्तियों का प्रादुर्भाव हुआ। पूर्व-गगन में भयंकर झंझा के भीतर से नवीन ज्योति-लेखा का दर्शन हुआ; परन्तु संसार में जिस अपदेवता के मन्दिर को देखकर रवीन्द्रनाथ इतने विचलित हुए थे, उसके मन्दिर की सब दीवालें नहीं टूट सकीं। फिर उनके जीवन-काल में ही नया संघर्ष छिड़ गया। मृत्यु के कुछ दिन पूर्व उन्हें संसार के बलदृप्त राष्ट्रों के भयंकर लोभ और निरीह राष्ट्रों की दयनीय भीति ने विचलित कर दिया था। वे बीमार पड़े थे, बेहोश हो गये थे; पर उस बेहोशी में भी उन्हें लोभ और भय का यह दारुण दृश्य व्याकुल किये रहा। होश में आकर उन्होंने गाया :

"जिस दिन मेरा चैतन्य लुप्ति की गुहा से मुक्त हुआ, उस दिन उसने एक दुःसह विस्मय की आँधी के साथ दारुण दुर्योग के बीच मुझे जाने किस नरकाग्निवर्षी ज्वालामुखी के गिरि-गह्वर के किनारे लाकर खड़ा कर दिया! मैंने देखा कि वह ज्वालामुखी तप्त धूम के रूप में मनुष्य का तीव्र अपमान उगलता हुआ फुफकार रहा है, अमंगल-ध्वनि से धरा को कम्पित कर रहा है और वायुमण्डल के स्तरों में कालिमा पोत रहा है। (वहीं से) मैंने इस युग की आत्मघाती मूढ़ उन्मत्तता देखी और यह भी देखा कि उसके समूचे शरीर में विकृति का घिनौना परिहास छा गया है, एक तरफ है स्पर्धित क्रूरता; मत्तता का निर्लज्ज हुंकार और दूसरी तरफ भीरुता का दुविधा-भरा पद-संचार, कृपण का छाती से चिपका हुआ सतर्क सम्बल। यह सन्त्रस्त प्राणी की भाँति क्षणिक गर्जन के बाद तत्काल ही क्षीण स्वर से अपनी निरापद नीरव नम्रता को बता देता है। जितने प्रौढ़ प्रतापशाली राष्ट्रपति हैं, उन सभी ने मन्त्र-सभा के मण्डप-तले संशय और संकोचवश अपने समस्त आदेशों और निर्देशों को अधरोष्ठों से दबाकर पीस रखा है। इधर वैतरणी नदी के उस पार से दानव-पक्षियों के दल-के-दल क्षुब्ध शून्य से उड़े आ रहे हैं और ये नर-मांस के भुक्खड़ गिद्ध अपने यन्त्ररूपी पक्षों को हुंकारित करके अपवित्र

कर रहे हैं।

"हे महाकाल के सिंहासन पर बैठे हुए विचारक, मुझे शक्ति दो, मुझे शक्ति दो। मेरे कण्ठ में वज्रवाणी संचारित करो ताकि मैं इस शिशुघाती, नारीघाती कुत्सित बीभत्सता को धिक्कार दे सकूँ—जो धिक्कार लज्जातुर इतिहास के हृदयस्पन्दन में उस समय भी स्पन्दित होता रहेगा जबकि यह रुद्धकण्ठ, भयार्त्त, श्रृंखलित युग चुपचाप अपने चिता-भस्म के नीचे प्रच्छन्न हो गया रहेगा।"

कितनी वेदना है इस कविता में! तीन दिन की बेहोशी में कवि ने केवल नरकाग्नि-वर्षी ज्वालामुखी को देखा, क्रूरता का मत्त अभियान और भीरुता का संशय-भरा पद संचार ही अनुभव किया, भुक्खड़ गिद्धों के यन्त्र-पक्षों की कोलाहल-ध्वनि ही सुनी। महाकाल के सिंहासन पर बैठे हुए विचारक से उन्होंने दृढ़ कण्ठ-शक्ति माँगी। ऐसी कण्ठ-शक्ति जो शिशुघाती, नारीघाती कुत्सित बीभत्सता को धिक्कार दे सके। उन्हें विश्वास था कि यह बीभत्स हिंसा एक दिन चिता-भस्म के नीचे दब जायेगी; परन्तु वे व्याकुल बहुत थे। उनकी अनेक कविताओं में इस व्याकुलता का परिचय मिलता है! जीवन-भर उन्होंने आशा का सन्देश सुनाया था, क्षमा और दया का मन्त्र सिखाया था। "जय हो, जय हो, नवीन अरुणोदय की जय हो; पूर्वी आकाश ज्योतिर्मय हो उठे, (महापुरुषों की) अपराजित वाणी, तुम आओ, कसके असत्य पर आघात करो। नाश हो शंका का, नाश हो संशय का! नवजाग्रत प्राण, आओ; चिर-यौवन के विजय-संगीत तुम भी आओ; मृत्यु को जीतनेवाली आशा, आओ; जड़ता को विनष्ट करनेवाली आशा, आओ। तुम्हारा स्वागत है, क्रन्दन दूर हो, बन्धन क्षय हो!"

ऐसे आशावादी कवि ने मृत्यु के कुछ दिन पूर्व अपने भगवान् को पुकार-कर कहा :

"भगवान्, तुमने युग-युग में बार-बार इस दयाहीन संसार में अपने दूत
भेजे हैं।
वे कह गये हैं—क्षमा करो,
कह गये हैं प्रेम करो, अन्तर से विद्वेष का विष नष्ट कर दो।
वरणीय हैं वे, स्मरणीय हैं वे,

तो भी आज दुर्दिन के समय उन्हें निरर्थक नमस्कार के साथ बाहर के द्वार से ही लौटा दे रहा हूँ।

मैंने देखा है—गोपन हिंसा ने
कपट-रात्रि की छाया में निस्सहाय को चोट पहुँचायी है,
मैंने देखा है—प्रतीकारविहीन जबर्दस्त के अत्याचार से विचार की वाणी चुपचाप एकान्त में रो रही है,
मैंने देखा है—तरुण बालक उन्मत्त होकर दौड़ पड़ा है, बेकार ही पत्थर पर सिर पटककर मर गया है;
कैसी घोर यन्त्रणा है उसकी!
आज मेरा गला रुँध गया है, मेरी बाँसुरी का संगीत खो गया है,
अमावस्या की कारा ने मेरे संसार को दुःस्वप्नों के नीचे लुप्त कर दिया है,
इसीलिए तो आँसू-भरी आँखों से तुमसे पूछ रहा हूँ—
जो लोग तुम्हारी हवा को विषाक्त बना रहे हैं,
उन्हें क्या तुमने क्षमा कर दिया है?
उन्हें क्या तुमने प्यार किया है?"

मर्म-वेदना की उक्त वाणी से यह नहीं समझना चाहिए कि उन्होंने आशा छोड़ दी थी। उन्हें उन सब वस्तुओं के लिए कोई मोह नहीं था, जो स्वयं मृत्यु का वरण करके तीव्र गति से विनाश की ओर बढ़ रही हैं। मनुष्य ने वास्तविक प्राण-शक्ति की यदि उपेक्षा की है तो वह विनाश के गड्ढे में गिरेगा ही। विधाता की ओर से उसे यह अभिशाप मिल चुका है। और विधाता कौन है? स्वयं मनुष्य। बहुत-से लोग रवीन्द्रनाथ के राजा, महा-काल, रुद्र, इतिहास-विधाता आदि शब्दों का ठीक-ठीक अर्थ नहीं समझते। रवीन्द्रनाथ अत्यन्त अविच्छिन्न विचार को भी मूर्त्त रूप देकर सोचते थे इसीलिए वे उस ऐतिहासिक शक्ति को, जो मनुष्य को नाना रूपों में उप-स्थित कर रही है, मूर्त्त देवता के रूप में देखते थे। मनुष्य की सबसे बड़ी समस्या यह है कि वह इतिहास-विधाता के इंगित को ठीक-ठीक नहीं समझ पाता। प्राण की उपेक्षा करके जीवित रहने की आशा आत्मवंचना है। मनुष्य उस मिट्टी की ओर से विरत होता जा रहा है जो प्राणशक्ति का

जीवन्त उत्स है और उस आसमान की ओर ताकने लगा है जो माया है, कुहेलिका है। रवीन्द्रनाथ ने गाया था—'अरे भाई, मिट्टी की ओर लौट; वह मिट्टी जो आँचल फैलाकर तेरे मुँह की ओर देख रही है, जिसके वक्षस्थल को फोड़कर यह प्राणधारा उच्छ्वसित हो रही है, जिसकी हँसी से फूल खिले हैं, जो संगीत की हर तान पर पुकार उठती है। वह देखो, इस छोर से उस छोर तक, इस दिगन्त से उस दिगन्त तक उसकी गोद फैली हुई है। जन्म और मरण उसी के हाथ के अलक्ष्य सूत्रों में गुँथे हैं। उसी के हृदय की विगलित वारि-धारा आत्मविस्मृत हो समुद्र की ओर छूटती है और वहाँ से प्राणों का सन्देश वहन कर लाती है। हाँ भाई, इस मिट्टी की ओर ही लौट आ !"

यही आशा है। बाकी सब छलना है, सब माया है। मृत्यु की काली छाया को हटाना है तो प्राण की इस उच्छल धारा की ओर देखो। मनुष्य ने जहाँ कहीं इस प्राणधारा की उपेक्षा की है—साहित्य में, कला में, वाणिज्य में, राजनीति में, विचारों में, आचारों में, सर्वत्र—वहीं मृत्यु की काली छाया स्वयं आ जाती है। प्राणधारा ठीक रहती है तो बाकी सबकुछ ठीक हो जाता है—अनायास। प्राणधारा दुर्बल हुई तो सब विकृत हो जाता है, हजार प्रयत्नों के बावजूद। साम्राज्य बनते हैं और बिगड़ते हैं; जय-डंका बजता है और रुकता है; विजय-पताका फहराती है और झुकती है; परन्तु जीते हैं वही जो मिट्टी से सम्बद्ध हैं, जो प्राणशक्ति से समन्वित हैं। अपनी एक कविता में उन्होंने इस बात को इस प्रकार कहा है :

अलस समय की धारा में बहता हुआ मन
शून्य की ओर ताकता हुआ चला जा रहा है।
उस महाशून्य के मार्ग में छाया के अंकित चित्र दिखायी दे रहे
हैं।
ज़माने से दल-के-दल जन-समूह
सुदीर्घ अतीतकाल में
जयोद्धत प्रबल गति से आये हैं और चले गये हैं।
आये हैं साम्राज्यलोभी पठान,
आये हैं मुग़ल,
उनके विजय-रथ का पहिया धूल उड़ाता रहा,

उनकी विजय-पताकाएँ फहराती रही हैं।
सूने मार्ग की ओर देख रहा हूँ
आज उनका कोई चिह्न नहीं।
युग-युग में प्रभात और सन्ध्या-कालीन
सूर्योदय और सूर्यास्त के रंगीन प्रकाश
उस निर्मल-नीलिमा में चमकते रहते हैं।
दूसरी बार, उसी शून्य के नीचे आये हैं झुण्ड के झुण्ड,
लौहबद्ध मार्ग से, अनल-निःश्वासी रथ पर
प्रबल अंग्रेज,
विकीर्ण कर दिया है अपना तेज,
जानता हूँ काल उनके रास्ते से भी निकल आयेगा,
बहा देगा साम्राज्य का विजयग्रासी जाल
न जाने किस ओर।
जानता हूँ ज्योतिष्क लोक के मार्ग में
उनकी पण्यवाही सेना का लेशमात्र
मिट्टी की पृथ्वी की ओर जब दृष्टि फेरता हूँ
तो देखता हूँ, वहाँ कल-कल रव करती हुई विपुल जनता
चली जा रही है नाना पथों के नाना दलों में
युग-युगान्तर से मनुष्य के नित्य प्रयोजन के कार्यों में
जीवन में, मरण में।
वे चिरकाल रस्सी खींचते हैं, पतवार थामे रहते हैं,
वे मैदानों में बीज बोते हैं, पका धान काटते हैं;
वे काम करते हैं,
नगर में और प्रान्तर में।
राज-छत्र टूट पड़ता है,
रण-निनाद बन्द हो जाता है,
विजय-स्तम्भ मूढ़ की भाँति अपना अर्थ भूल जाता है।
लहूलुहान हथियारों के साथ सभी लहूलुहान आँखें
शिशु-पाठ्य कहानियों में मुँह ढाँपे रहती हैं।

वे काम करते हैं
देश में और देशान्तर में,
अंग-बंग-कलिंग में,
समुद्रों और नदियों के घाट-घाट में
पंजाब में, बम्बई में, गुजरात में।
उनके गुरुगर्जन और उनके गुन-गुन स्वर
दिन-रात में गुँथे रहकर दिन-यात्रा को मुखरित किये रहते हैं;
मन्द्रित कर डालते हैं
जीवन के महामन्त्र की ध्वनि को।
सौ-सौ साम्राज्यों के भग्नावशेष पर
वे काम किये जा रहे हैं!

यहीं मनुष्य की आशा है। यहीं वह मिट्टी से बिछुड़ा नहीं है। यहीं उसकी प्राणधारा अबाध गति से बह रही है। रवीन्द्रनाथ ने यहीं विश्वास जमाया था, यहीं उन्होंने जीवन्त सौन्दर्य देखा था। क्योंकि, यहीं प्राणों की अनाविल धारा का प्रवाह है। मिट्टी की ओर ही उन्होंने देश के अपरिपक्व तरुणों को पुकारा था; क्योंकि यद्यपि वे अपरिपक्व हैं, पर उनमें प्राणधारा है। उन्होंने कहा था :

चलना न चाहतीं मिट्टी की सन्तानें
पग रख मिट्टी पर (उसे अशुचि ये मानें)!
अपनी-अपनी उनकी हैं बास मचानें
जिन पर अडोल आसन बाँधे वे सुस्थिर।

आ रे अशान्त, आ अपरिपक्व, आ अस्थिर!
सब तुझे रोकना चाहेंगे भरसक वे
सोचेंगे देख प्रकाश नया औचक वे—

यह कैसा अद्भुत काण्ड आज दिखता रे!
पाकर तेरा संघात खीझ जायेंगे,
शयनीय छोड़ निज दौड़-दौड़ आयेंगे;
इस अवसर पर निद्रा से जग जायेंगे—

फिर गुत्थमगुत्थी सत्य और मिथ्या की !
आ रे प्रचण्ड, आ अपरिपक्व एकाकी ।

देश के युवकों में उनका अखण्ड विश्वास था । मिट्टी, कार्य, औदार्य और छलकती प्राणधारा—यही चिरन्तन सौन्दर्य के मूल उत्स हैं ।

हिन्दी में शोध का प्रश्न

हमारे-जैसे प्रगतिकामी राष्ट्र को ज्ञान-विज्ञान के प्रत्येक क्षेत्र में शोध की बड़ी आवश्यकता है। इसका इतिहास केवल दीर्घ और महान् ही नहीं है, संसार में शायद बेजोड़ भी है। हमारे ज्ञान के संचय, अर्जन और वितरण के ढंग निराले और शानदार रहे हैं। जिस समाज में मानवीय विचारों और व्यवहारों के निरन्तर परिवर्त्तमान मूल्यों के विचार करनेवाले मनीषी, प्रकृति के रहस्य भेदकर नवीन-नवीन जानकारियों के उद्‌घाटन करनेवाले अनुसन्धाता और उन जानकारियों के आधार पर मनुष्य की सुख-सुविधा और हर्ष-विमर्श को सुलभ बनानेवाले शिल्पी और निर्माता सदा प्रयत्नशील नहीं होते वह समाज प्रवाहरुद्ध जलराशि के समान गन्दा, गतिहीन और मृत बन जाता है। आजकल शोध (या रिसर्च) शब्द का प्रयोग इसी प्रकार के उन्नयनशील व्यापक अर्थों में होता है। जिन लोगों ने अनेक शास्त्रों का गहन अध्ययन किया है वे ही प्रकृति के रहस्यों का भेदन कर सकते हैं और व्यक्ति और समाज-मानव के नये और पुराने जीवनमूल्यों, जीवनादर्शों और उनकी गतिविधि की गहराई में प्रवेश कर सकते हैं। इस युग में विज्ञान के आविष्कर्त्ताओं के परिश्रम का फल तो साधारण जनता भी भोग रही है। बिजली-बत्ती, रेडियो, सिनेमा, हवाईजहाज और रेल ने मनुष्य-समाज के अत्यन्त निरीह और उपेक्षित व्यक्ति को भी सहायता पहुँचायी है और उसके हृदय को गहराई में स्पर्श किया है। किन्तु साहित्य, भाषा, दर्शन, कला, इतिहास, मनोविज्ञान आदि विषयों के सम्बन्ध में जो गहन चिन्तन और ऊहापोह होता है, वह उतना ठोस और प्रत्यक्ष न होने से साधारण जनता

को सरलता से अनुभूत नहीं होते। फिर भी सचाई यह है कि इनके अध्ययन को जो समाज प्रोत्साहन नहीं देगा वह जड़ यान्त्रिक प्रक्रिया का शिकार हो जायेगा। इसीलिए मनुष्य के स्थायी जीवन मूल्यों की खोज निरन्तर जारी रहनी चाहिए। साहित्य, दर्शन और कला हमें उन स्थायी मूल्यों की ओर उन्मुख करती है। भर्तृहरि ने साहित्य, संगीत और कलाविहीन मनुष्य को पशु कहा था तो उनका ध्यान इन्हीं जीवन-मूल्यों की ओर था। केवल आहार, निद्रा आदि प्राकृतिक और आदिम बुभुक्षा की पूर्त्ति के प्रयत्न तो प्राणिमात्र करते हैं, मनुष्य उनसे विशिष्ट इसलिए है कि उसमें उच्चतर जीवनमूल्यों को प्राप्त करने का प्रयत्न है। इस प्रयत्न को प्राचीन भारतीय एक व्यापक अर्थप्रसू शब्द द्वारा प्रकट करते थे। वह शब्द है 'धर्म'। जो समाज 'धर्म-जिज्ञासा' से च्युत हो जाता है वह बर्बर होकर अन्त में विनष्ट हो जाता है। प्राचीन इतिहास और नवीन विचारधारा के निरन्तर अनुशीलन या शोध के द्वारा ही मनुष्य उन मूल्यों के प्रति जागरूक और सचेत रहता है। इसीलिए स्वाध्याय और प्रवचनों द्वारा निरन्तर ऊहापोह करने-वाले मनीषी समाज को समता-सम्पन्न जीवन और उच्च आदर्श दिया करते हैं। किसी भी सभ्य समाज में इस शोधवृत्ति की महिमा अवश्य स्वीकृत होती है।

आजकल हिन्दी में शोध-कार्य की बड़ी धूम है। अपने देश के प्रायः सभी प्रमुख विश्वविद्यालय इन दिनों इस शोध-कार्य को प्रोत्साहन दे रहे हैं। कम-से-कम उत्तर भारत के पन्द्रह विश्वविद्यालय तो इन दिनों हिन्दी के शोध-कार्य को प्रोत्साहन दे ही रहे हैं। कई विश्वविद्यालयों में यह कार्य कई वर्षों से हो रहा है। और शोध-विद्यार्थियों की संख्या भी काफी अधिक है। अनुमान है कि अब तक कम-से-कम तीन सौ विषय विभिन्न विश्वविद्यालयों द्वारा शोध-कार्य के लिए स्वीकृत हो चुके हैं और आगामी चार-पाँच वर्षों में इस संख्या में कम-से-कम इतने की वृद्धि भी अवश्य हो जायेगी। हिन्दी में उपाधि-योग्य माने हुए अनेक निबन्ध प्रकाशित हो चुके हैं। कुछ अप्रकाशित भी रह गये हैं। आशा की जानी चाहिए कि आगामी चार-पाँच वर्षों में प्रकाशित निबन्धों की संख्या में पर्याप्त वृद्धि होगी। यद्यपि स्वीकृत विषयों के अनुपात में उपाधि-प्राप्त विद्वानों की संख्या बहुत कम है, फिर भी जहाँ

तक संख्या और विस्तार का प्रश्न है यह समाचार उत्साह-वर्द्धक है, परन्तु विषय बाहुल्य और प्रकाशित निबन्धों की प्रतिकूल आलोचनाओं ने विचार-शील लोगों के चित्त में आशंका के भाव भी उत्पन्न किये हैं। कई बार यह आशंका प्रकट की गयी है कि एक ही विषय पर अनेक स्थलों पर कार्य होने से व्यर्थ का पिष्टपेषण होगा, कई बार निबन्धों के प्रतिपाद्य विषय की लघुता को भी आलोचना का विषय बनाया गया है और प्रतिपादित विषय के गाम्भीर्य को भी शंका की दृष्टि से देखा गया है। जिन लोगों को ज्ञान के अनुशीलन के प्रति प्रेम है, उन सबके चित्त में इन बातों से चिन्ता उत्पन्न होती है और कभी-कभी वस्तुस्थिति की ठीक-ठीक जानकारी न होने के कारण खीझ भी उत्पन्न होती है। जहाँ तक संख्या का प्रश्न है वहाँ तक मुझे चिन्तित या शंकित होने का कोई संगत कारण नहीं दीखता। हमारे इस विशाल जनसंख्या वाले देश में भाषा और साहित्य की विशेषज्ञता प्राप्त करने के इच्छुक कुछ सौ या कुछ हजार आदमियों की संख्या को अधिक समझना ठीक नहीं है। वास्तविक आँकड़े यदि उपलब्ध हों तो सफलतापूर्वक डाक्टर की उपाधि प्राप्त करके भाषा और साहित्य की विशेषज्ञता प्राप्त करनेवालों की संख्या बहुत ही कम सिद्ध होगी। सन् 1948 में भारत सरकार ने 'साइंटिफिक मैन पावर कमेटी' नियुक्त की थी। इसकी रिपोर्ट के अनुसार भारतवर्ष के समस्त विश्वविद्यालयों ने 6 मौलिक विज्ञानों में केवल 260 व्यक्तियों को पी-एच. डी. और डी. एस-सी. की उपाधि दी थी, जो दाल में नमक के बराबर भी नहीं है। सन् 1935 ई. में केवल कैम्ब्रिज में इन्हीं विषयों में 400 के आसपास उपाधिकामी थे। भाषा और साहित्य के क्षेत्र के आँकड़े इससे कम ही होंगे। इसलिए संख्या से चिन्तित होने की कोई बात नहीं है। स्तर अवश्य ऊँचा बना रहना चाहिए।

यहाँ विश्वविद्यालयों के शोध-सम्बन्धी कार्य का प्रथम उल्लेख इसलिए नहीं किया जा रहा है कि मेरे मन में इसके बाहर होनेवाले कार्यों के प्रति कम आदरभाव है या मैं उनके महत्त्व को नहीं अनुभव कर रहा, बल्कि इसलिए कि विश्वविद्यालयों के हाथ में ले लेने से हिन्दी शोध-कार्य का एकदम नया द्वार उन्मुक्त हुआ है और नयी समस्याएँ खड़ी हो गयी हैं। मेरे मन में विश्वविद्यालयों द्वारा किये गये और किये जानेवाले शोध-कार्य के प्रति श्रद्धा

का भाव कम नहीं है। वस्तुतः हमारे देश के विश्वविद्यालयों में तो शोध-कार्य का, तत्रापि हिन्दी के शोध का, प्रवेश बहुत हाल में हुआ है। हमारी भाषा और साहित्य के सम्बन्ध में अब तक जो कुछ भी उल्लेखयोग्य शोध-कार्य हुआ है उसका अधिकांश विश्वविद्यालयों के बाहर ही हुआ है। अपने देश के विश्वविद्यालयों का आरम्भ और विकास एक ऐसे वातावरण में हुआ है जिसे सहज और अकृत्रिम नहीं कहा जा सकता। बहुत दिनों तक इन विश्वविद्यालयों में देशी भाषाओं की कोई पूछ नहीं थी, सारा कार्य विदेशी भाषा के माध्यम से होता था। आज यद्यपि विदेशी शासन इस देश से हट गया है, तथापि परिस्थिति अभी प्रायः ज्यों-की-त्यों है। अब भी हमारे देश के विश्वबिद्यालयों में सारा कार्य अंग्रेजी के माध्यम से होता है और समझा जाता है कि हिन्दी के उस स्थान पर प्रतिष्ठित होते ही पढ़ाई-लिखाई का स्तर गिर जायेगा। इसीलिए प्रयत्नपूर्वक हर चिट पर अंग्रेजी छापी जाती है, हर ईंट-पत्थर पर यथासम्भव अंग्रेजी भाषा की मुहर लगायी जाती है और सारे वातावरण को ऐसा बनाये रखने का प्रयत्न किया जाता है कि सब ओर से अंग्रेजी की सनसनाहट सुनायी दे। इन विश्वविद्यालयों में विदेशी उपाधियों का बड़ा सम्मान है और विदेशी भाषा में बोल सकने को सब योग्यताओं का मूल मन्त्र माना जाता है। जब आज यह स्थिति है तो आज से कई वर्ष पहले क्या अवस्था रही होगी, यह आप आसानी से समझ सकते हैं। ऐसी स्थिति में इन विश्वविद्यालयों में यदि देशी भाषाओं के शोध-कार्य को उचित स्थान नहीं प्राप्त हुआ तो यह बात दुःखजनक भले ही हो, आश्चर्यजनक नहीं है। ऐसा भी समय गया है जब यह माना जाता था कि शोध-कार्य की तो बात ही अलग है, उच्चतर कक्षाओं में पढ़ाने-भर का साहित्य भी हिन्दी में नहीं है। परन्तु स्वयं इंग्लैण्ड के विश्वविद्यालयों में दीर्घकाल तक अंग्रेजी भाषा और उसके साहित्य को उच्चतर अध्ययन और शोध का विषय नहीं माना जाता था। हमारे देश में अंग्रेजी का प्रवेश कुछ इस प्रकार से हुआ कि इस देश के निवासियों को उसकी महिमा स्वीकार करने में कोई दुविधा या संकोच का भाव ही नहीं जाग्रत हुआ। परन्तु अपने देश में अंग्रेजी को भी उस आसन पर बैठने में काफी कठिनाइयों का सामना करना पड़ा जिस पर वह आसीन है। केवल अंग्रेजी ही नहीं, आजकल के

अनेक लोकमान्य विषयों की यही कहानी है। स्काटलैण्ड के 'भद्र पुरुषों के समाज' ने जब 18वीं शताब्दी में प्रथम बार उस विश्वकोश की नींव डाली जिसका वर्त्तमान रूप 'इनसाइक्लोपीडिया ब्रिटानिका' है तो उसमें इतिहास और जीवन-चरित्र को विश्वकोश में स्थान पाने योग्य विषयों के गौरव से भी हीन माना गया था। चौदहवीं शताब्दी तक इंग्लैण्ड के विश्वविद्यालय तत्त्व-विद्या या फिलासफी को भी डाक्टरेट की उपाधि के योग्य नहीं समझते थे। साहित्य-विज्ञान और संगीत में इस उच्च शोध-पदवी की पहुँच बहुत हाल में हुई है। इसलिए यह कोई आश्चर्य की बात नहीं है कि हमारे विश्वविद्यालयों ने भी बहुत देर से अनुभव किया है कि देशी भाषाओं के साहित्य को विश्वविद्यालय की सर्वश्रेष्ठ उपाधि के योग्य माना जाय। परन्तु फिर भी शोध-कार्य रुका नहीं था। हिन्दी के अनेक कृती विद्वान् किसी प्रकार के लाभ की आशा न होते हुए भी विशुद्ध विद्या-प्रेम से प्रेरित होकर इस प्रदीप को जलाये रहे।

हमारे देश में नये ढंग के जो विश्वविद्यालय बने हैं, जो राज्य की स्वीकृति-पत्र पाने के पश्चात् उपाधि देने और परीक्षा लेने के अधिकारी होते हैं, पश्चिम के विश्वविद्यालयों के आदर्श पर प्रतिष्ठित हैं। अपने देश की पढ़ाई-लिखाई का क्रम ठीक ऐसा ही नहीं था। इन दिनों हमारे देश में जो स्वीकृत विश्वविद्यालय हैं, उन्हें पश्चिम के विश्वविद्यालयों के आदर्शों से प्रेरणा मिलती है। निस्सन्देह पश्चिमी देशों में विश्वविद्यालयों ने अपने सांविधानिक और अध्ययन-अध्यापन-विषयक व्यवस्थाओं का बहुत उत्तम संगठन किया है और उनसे प्रेरणा ग्रहण करना बुरी बात नहीं है। परन्तु यह भूल नहीं जाना चाहिए कि हमारे देश के पिछले सौ-डेढ़ सौ वर्षों का इतिहास अस्वाभाविक परिस्थितियों का इतिहास रहा है। पश्चिम के विश्वविद्यालयों में ऐसी बहुत-सी बातें काफी कशमकश और आलोड़न-विलोड़न के पश्चात् आयी हैं जो हमारे देश में अविसंवादी सत्य के रूप में स्वीकार कर ली गयी हैं। विज्ञान के प्रवेश के बाद यूरोप के देशों के सामाजिक और आर्थिक ढाँचे में बड़ा परिवर्त्तन हुआ है। परिवर्त्तन के साथ-साथ स्वाभाविक भाव से ज्ञान-चर्चा के क्षेत्र में थोड़ा-बहुत दृष्टिभंगी का परिवर्त्तन होता रहा है। 18वीं शताब्दी के पूर्वार्द्ध में जब विज्ञान के नवाविष्कृत साधनों ने प्राचीन विद्याओं के यथार्थ

और अवितथ अध्ययन का नशा-सा ला दिया, यूरोप के पश्चिमी देशों में आरम्भिक अवस्था में ही ग्रीक-लैटिन जैसी प्राचीनतर भाषाओं और उनके साहित्य के अध्ययन का बहुत बल दिया जाने लगा। ग्रेट ब्रिटेन के स्कूलों में पढ़नेवाले जो छात्र भविष्य में शोधप्रिय पण्डित बनना चाहते थे उनके लिए पुरातत्त्व, नृतत्त्वविज्ञान, मुद्राशास्त्र, प्राचीन लिपि-विद्या, मनोविज्ञान, भाषा-विज्ञान और दर्शनशास्त्र को कसकर पढ़ाने की व्यवस्था थी। इसी शिक्षा में शिक्षित भारत सरकार के तत्कालीन कानून-सदस्य लार्ड मेकाले ने 1835 ई. में गर्वपूर्वक घोषित किया था कि "मुझे ऐसा एक भी प्राच्य-विद्याविशारद नहीं मिला जो यह अस्वीकार कर सकता हो कि यूरोपीय पुस्तकालय की एक अलमारी में समूचे भारत और अरब का ज्ञान समा जायेगा !" जिन लोगों की ऐसी हीन और उपेक्षाबुद्धि समूचे भारतीय ज्ञान के बारे में थी, उनसे इस देश की लोकभाषाओं के सम्मान की आशा करना व्यर्थ है ! जो हो, इंगलैण्ड में भी मातृभाषा की शिक्षा उन दिनों बहुत आवश्यक नहीं मानी जाती थी। इसके पूर्व वहाँ भी कुछ वैसी ही व्यवस्था थी जैसी कि हमारे देश की संस्कृत पाठशालाओं में अभी तक चली आती है—इधर बहुत हाल में इसमें भी थोड़ा परिवर्त्तन किये जाने का प्रयत्न हुआ है। इस व्यवस्था में पण्डित बनने की इच्छा रखनेवालों को व्याकरण, कोश, न्यायशास्त्र आदि का आरम्भिक अध्ययन खूब कठोरतापूर्वक कराया जाता है। यद्यपि 18वीं शताब्दी के पूर्वार्द्ध में इंग्लैण्ड में नवीन युग आरम्भ हो गया था और वहाँ नवीन विषयों की पढ़ाई शुरू कर दी गयी थी, पर मनोवृत्ति पुरानी ही थी। केवल उसी मनोवृत्ति को कुछ नवीन विषयों की जानकारी और नवीन लक्ष्यों की पूर्त्ति के लिए आवश्यक सज्जा से सज्जित कर लिया गया था। हमारे देश की पाठशालाओं की पढ़ाई को इस प्रकार नवीन परि-स्थितियों के लिए उपयुक्त बनाने का कोई उल्लेख्य प्रयत्न नहीं हुआ। जो हो, ग्रेट ब्रिटेन के विश्वविद्यालयों में जो लोग विद्वान् बनना चाहते थे, उनके लिए पुराविद्या का ज्ञान परमावश्यक माना जाता था। ऐसा विश्वास किया जाता था कि प्राचीन भाषाओं के कालजयी ग्रन्थों के अध्ययन के बिना औचित्य-ज्ञान, जीवन-मूल्यों के स्तरों के ठीक-ठीक निर्धारण की क्षमता और शब्दों का अवितथ प्रयोग और उनकी सच्चाई के प्रति आदरभाव नहीं आ सकते।

प्राचीन भाषाओं के जो ग्रन्थ सैकड़ों वर्ष की कठोर परीक्षा को सहन करने के सामर्थ्य का परिचय दे चुके हैं, उन्हें कालजयी कहना ठीक ही है। इनका अध्ययन उन लोगों के लिए निस्सन्देह परम आवश्यक है, जो मनुष्य के विस्तीर्ण अतीत में प्रवेश करके उसकी विजय-यात्रा की अवितथ कहानी ठीक-ठीक जानना चाहते हैं और मनुष्य के भविष्य-निर्माण के लिए उन अतीत-कालीन अनुभवों का उपयोग करना चाहते हैं; परन्तु उन्हीं को सब-कुछ मान लेना मनुष्य की असंख्य सम्भावनाओं की ओर से आँख मूँद लेने के समान है। हमारे देश में जिस प्रकार संस्कृत में शास्त्रार्थ करने और लिखने-बोलने की क्षमता को ही पाण्डित्य और ज्ञान का वास्तविक रूप माना जाता था, वैसी अवस्था पश्चिमी यूरोप के देशों में भी थी। वहाँ भी लैटिन में पढ़ने-लिखने को पाण्डित्य का परिचायक समझा जाता था। फ्रांस में उन्नीसवीं शताब्दी के अधिकांश भाग में क्लासिकों का अध्ययन परमावश्यक माना जाता था और उन्हीं के बल पर विश्वविद्यालयों में प्रवेश मिलता था। केवल उस शताब्दी के अन्तिम भाग मे विज्ञान और आधुनिक भाषाओं के अध्ययन के लिए वहाँ बड़ा जबर्दस्त आन्दोलन हुआ। बाध्य होकर सरकार ने 1898 ई. में इस विषय की जाँच करने के लिए एक पार्लियामेण्टरी कमिटी नियुक्त की। यद्यपि इस कमिटी ने 1899 ई. में अपनी रिपोर्ट दे दी थी फिर भी 1902 ई. तक इस सम्बन्ध में कुछ नहीं किया जा सका। उस देश में उस वर्ष चार प्रकार के कोर्स विश्वविद्यालयों में प्रवेश पाने के लिए स्वीकृत हुए—पूर्ण क्लासिकल, लैटिन-सहित आधुनिक, लैटिन-सहित विज्ञान और पूर्ण आधुनिक। यद्यपि 1914-18 ई. के प्रथम महायुद्ध में फ्रांस को घोर कठिनाइयों का सामना करना पड़ा, तथापि 1924 ई. तक वहाँ ये कोर्स अबाध गति से चलते रहे। सन् 1924 ई. में देखा गया कि अन्तिम दोनों कोर्स बहुत लोकप्रिय हो रहे हैं। जहाँ 1904 ई. में इन दोनों कोर्सों को लेने-वाले विद्यार्थियों में प्रत्येक की संख्या 2 हजार से कुछ ऊपर थी, वहाँ 22 वर्ष बाद इनके लेनेवालों की संख्या 5 हजार से भी ऊपर चली गयी। आधुनिक कोर्स तो बहुत ही लोकप्रिय हुआ। ग्रीक की पढ़ाई को बहुत धक्का लगा, पर लैटिन कई कोर्सों के साथ जुड़ी रही और उसकी लोकप्रियता कम होने के स्थान पर अधिक होती गयी। सन् 1922 ई. में जब फ्रांस के नेता महायुद्ध

का धक्का सम्हालकर अपनी भीतरी व्यवस्थाओं का नियमन करने लगे थे, शिक्षा-क्षेत्र में क्लासिकों की इस उपेक्षा से चिन्तित हुए और तत्कालीन शिक्षा मन्त्री श्री एम. बेरार्ड ने प्रस्ताव किया कि चार के स्थान पर सिर्फ दो कोर्स रखे जायें—पूर्ण क्लासिक और पूर्ण आधुनिक तथा ग्रीक और लैटिन की पढ़ाई को अनिवार्य बना दिया जाय। इस विषय पर विचार करने के लिए एक विशेषज्ञ-समिति नियुक्त हुई, जिसने इस प्रस्ताव को अस्वीकार कर दिया। फिर प्रेसिडेण्ट ने अपने विशेषाधिकारों से एक डिग्री जारी करके बेरार्ड के मत को स्वीकार किये जाने की व्यवस्था की, परन्तु साल-भर बाद जब उस मन्त्रिमण्डल का पतन हुआ तो यह व्यवस्था भी समाप्त कर दी गयी। दो कोर्स तो मान लिये गये, पर लैटिन और ग्रीक की अनिवार्यतावाली बात खतम कर दी गयी। इस प्रकार काफी रगड़-झगड़ के बाद पूर्ण आधुनिक कोर्स की विजय तो हुई परन्तु फिर भी जो लोग भाषा, दर्शन और साहित्य आदि क्षेत्रों में शोध करना चाहते हैं वे जमकर क्लासिक का अध्ययन करते हैं।

जर्मनी शोध-प्रेमी विद्यार्थियों का तीर्थक्षेत्र है। यहाँ के विद्वानों ने सारे संसार के पुरावृत्त का जिस निष्ठा और तपस्या के साथ अध्ययन किया है उसे देखकर आश्चर्य होता है। उन्नीसवीं शताब्दी के अन्तिम दशक तक इस देश के विश्वविद्यालयों में प्रवेश पाने के लिए पुरातन शास्त्रों या क्लासिकों के अध्ययन को ही प्रायः एकमात्र साधन माना जाता था। मातृभाषा वहाँ भी काफी उपेक्षित थी। सन् 1890 ई. में कैसर की आज्ञा से प्रशा में एक सम्मेलन बुलाया गया, जिसकी संस्तुतियों के अनुसार 1892 ई. का पाठ्य-क्रम बना जिसमें लैटिन और ग्रीक की पढ़ाई के घण्टे कम कर दिये गये और मातृभाषा के अध्ययन को अधिक महत्त्व दिया गया। वस्तुतः जैसे-जैसे साधारण जनता का अधिकार शासन के क्षेत्र में प्रबल होता गया है, वैसे-वैसे जनता की भाषा को भी महत्त्व प्राप्त होता गया है। अंग्रेजों, फ्रांसीसियों और जर्मनों के देश में मातृ-भाषाओं के अध्ययन को विश्वविद्यालय के गम्भीरतर अध्ययन के लिए काफी समय तक उपयुक्त नहीं माना गया, परन्तु हमारे देश में अंग्रेजी आरम्भ में ही अभिजात भाषा के रूप में आयी और उसने इस देश के विचारशील समझे जानेवाले अधिकांश लोगों का दिमाग

भी ऐसा ग्रस लिया कि वे आज भी नहीं समझ पा रहे हैं कि अपने देश में अंग्रेजी ने जिस प्रकार अपना प्रभाव जमाया है उसी प्रकार इस देश की भाषाओं को भी प्रभाव जमाने का अधिकार है ! खैर, यह प्रश्न समझने-न-समझने का नहीं है। इतिहास-विधाता की स्पष्ट घोषणा को जो लोग गलती से नहीं सुनने का भान कर रहे हैं वे भुला दिये जायेंगे। अन्यान्य सभी सभ्य देशों में जिस प्रकार लोकभाषा ने आभिजात्य प्राप्त किया है, उसी प्रकार वह हमारे देश में भी प्राप्त करेगी और कर भी रही है। इसमें कोई सन्देह या शंका की गुंजाइश नहीं है। इस प्रसंग को संक्षेप में यहाँ उत्थापित करने का मेरा उद्देश्य यह है कि मैं स्पष्ट करना चाहता हूँ कि सारे संसार में विश्वविद्यालयीय शिक्षा के लिए पुरातन भाषाओं के मान्य साहित्य का महत्त्व पहले से स्वीकृत रहा है और मातृ-भाषाओं का महत्त्व धीरे-धीरे स्वीकृत हुआ है। हिन्दी का संघर्ष इस विषय में बहुत नया या चौंका देने-वाला नहीं है। जर्मनी, फ्रांस, इटली और ग्रेट ब्रिटेन में लोकभाषा के नये-पुराने साहित्य के सम्बन्ध में शोध या रिसर्च करने की प्रवृत्ति भी बहुत पुरानी नहीं है। जब उन्नीसवीं शताब्दी के अन्तिम भाग तक देशी भाषाओं के अध्ययन को विश्वविद्यालय में प्रवेश पाने के अधिकार के योग्य भी नहीं समझा जाता था तो शोध-कार्य के लिए उनके स्वीकृत होने की तो बात ही कहाँ उठती है !

वस्तुतः शोध या रिसर्च भी आधुनिकता की ही देन है। पुराने जमाने में पण्डित और शास्त्र-निष्णात बनने की जो धुन थी, वह आधुनिक युग के रिसर्च या शोध की इच्छा से थोड़ी भिन्न थी। विज्ञान द्वारा सुलभ किये गये साधनों ने ही उस अनासक्त उदार अध्ययन-निष्ठा को जन्म दिया है, जिसका आनुषंगिक फल आधुनिक विश्वविद्यालयों के शोध-प्रयत्न हैं। वैज्ञानिक साधनों के विकास और उसके द्वारा निरन्तर पोषित सामाजिक विकास के साथ-साथ शोध-सम्बन्धी विचारों में भी क्रमशः विकास होता रहा है। उन्नीसवीं शताब्दी के पूर्वार्द्ध में नये वैज्ञानिक साधनों ने यातायात की कठिनाइयाँ दूर कर दीं और यूरोपीय देशों ने दूर-दूर के देशों पर कब्जा करके अपने-अपने देशों की समृद्धि बढ़ायी, उसी समय पुराने ध्वंसावशेषों की खुदाई बड़े पैमाने पर की जाने लगी। सन् 1829 ई. में रोम का प्रसिद्ध

आरक्योलाजिकल इन्स्टीट्यूट खोला गया। रोम और एथेंस के फ्रेंच स्कूलों की स्थापना क्रमशः 1846 ई. और 1873 ई. में हुई। इन्हीं में अमेरिकन स्कूलों की क्रमशः 1882 ई. और 1892 ई. में हुई और ब्रिटिश स्कूलों की स्थापना क्रमशः 1883 ई. और 1901 में की गयी। देखते-देखते ट्राय, डेल्फी, माइसेना, टाइरिन्स, स्पार्टा, ओलिम्पिया, एपिडारस डोडोना, डेल्स, क्रीट आदि प्राचीन स्थानों की खुदाई हुई और प्राचीन जगत् की आश्चर्य-चकित कर देनेवाली बातों का पता लगा। मिश्र देश की पेपिरी पोथियों की खुदाई से महत्त्वपूर्ण साहित्य का भी पता लगा। अरस्तू द्वारा रचित 'एथेंस का संविधान' जैसा बहुमूल्य ग्रन्थ (1897 ई.) ऐसे ही अनुसन्धान के फल-स्वरूप हाथ लगा। इन खुदाइयों में उपलब्ध सामग्री की जाँच के लिए उपलब्ध पुराने साहित्य को नये सिरे से समझने का प्रयत्न हुआ। इस प्रकार प्राचीन शास्त्रों के सांस्कृतिक और ऐतिहासिक अध्ययन को बल मिला। पुरानी टीकाओं की व्याख्या को एकमात्र प्रमाण मानने की मनोवृत्ति समाप्त हुई और शास्त्रीय अध्ययन और पुरातत्त्व एक-दूसरे के पूरक और सहायक रूप में अधीत होने लगे। यूरोप में जिन दिनों इस प्रकार की शास्त्र-निष्ठा वेग से विद्वज्जन को प्रेरणा दे रही थी, उसी समय भारतवर्ष के पुराने साहित्य और पुरावृत्त के अनुसन्धान का भी क्रम शुरू हुआ। यहाँ भी यूरोपीय विद्वान् इस कार्य में सयत्न थे। यद्यपि भारत सरकार ने देश में आरक्योलाजिकल सर्वेक्षण को अपना स्थायी और पूर्ण संरक्षण दिया, पर आरक्योलाजी का अनुसन्धान पर्याप्त निष्ठा के साथ बहुत पहले ही आरम्भ हो गया था। सन् 1784 ई. में ही सर विलियम जोन्स ने कलकत्ते में 'एसियाटिक सोसायटी आफ बंगाल' नामक विद्वत्सभा की स्थापना की थी, जो आगे चलकर भारतीय विद्या के उद्धार में महत्त्वपूर्ण कार्य कर सकी। इस देश के पुराने स्थानों की खुदाई और पुरानी लिपियों के पुनरुद्धार की कहानी जितनी ही मनोरंजक है, उतनी ही प्रेरणा देनेवाली। यूरोप के अनेक कृती विद्वानों ने तन-मन-धन लगाकर ज्ञान की इस दीपशिखा का आलोक उज्ज्वल किया। अकेले कोलब्रुक ने पुरानी पोथियों के सन्धान में दस हजार पौण्ड से अधिक व्यय किया। पुरातत्त्व के अध्ययन ने भाषा-विज्ञान और नृतत्त्व-विज्ञान के अध्ययन को प्रोत्साहन दिया। इन्हीं भूली बातों को खोजने और

उन्हें अवितथ भाव से लोकगोचर करने के प्रयत्नों को अंग्रेजी में 'रिसर्च' नाम दिया गया। इस शब्द में का 'रि' उपसर्ग उतना पुनरर्थक नहीं है जितना रिडबल, रिनाउन, रिकार्ड आदि के। 'रि' उपसर्ग की भाँति पौन:पुनिक अभिनिवेश और गम्भीर प्रयत्न का द्योतक है। परन्तु है वह शोध या अनुसन्धान का ही सूचक। वस्तुतः उन्नीसवीं शताब्दी का समूचा पाण्डित्य प्राचीन और विस्मृत इतिहास के शोध और परीक्षण पर ही बल देता है।

एक बार आप भारतवर्ष की पिछली शताब्दी की ऐतिहासिक और पुरावृत्तीय जानकारी की बात सोचकर देखिए तो आपको लगेगा कि हम लोग अपना पुराना इतिहास एकदम भूल बैठे थे। सही बात तो यह है कि अंग्रेजों के इस देश में आने के पहले एक प्रकार से प्राचीनतर विद्याओं के लिए अन्धकार-युग हो चला था। यहाँ के प्राचीन शास्त्रों के मर्मज्ञ सात-आठ सौ वर्षों तक की पुरानी लिपियों को तो यथा-कथंचित् पढ़ लेते थे, परन्तु अधिक पुरानी लिपियों को पढ़ना एकदम भूल चुके थे। चौदहवीं शताब्दी में फिरोजशाह तुगलक ने बड़े परिश्रम से टोपरा और मेरठ से अशोक के लेखवाले दो विशाल स्तम्भ उठवा मँगवाये थे, परन्तु उन दिनों उस लिपि को पढ़नेवाला कोई पण्डित नहीं मिला। सम्राट अकबर भी इन लेखों का आशय समझना चाहते थे, परन्तु भारतवर्ष से प्राचीन लेखों को पढ़ने की विद्या लुप्त ही हो गयी थी। पर विलियम जोंस ने अशोक की लिपियों की छाप बनारस के तत्कालीन हाकिम के पास भेजी कि वहाँ के किसी पण्डित से पढ़वायें। एक पण्डित ने उस लेख को युधिष्ठिर के गुप्त वनवास का लेख कहकर पढ़ दिया और पुरानी लिपियों की एक जाली पोथी भी तैयार कर दी। बहुत दिनों तक इस जाली पोथी ने शोधप्रिय पण्डितों को गुमराह किया। सन् 1834 ई. में कप्तान ट्रायर ने प्रयागवाले अशोक स्तम्भ पर खुदे हुए समुद्रगुप्त के लेख का कुछ अंश पढ़ा, जिसे उसी साल डॉक्टर मिल ने पूरा पढ़ लिया। गाजीपुर जिले में सैदपुर भीतर नामक गाँव के पास एक स्तम्भ है, जिस पर स्कन्दगुप्त ने एक लेख खुदवाया था। सन् 1837 ई. में डॉ. मिल ने उस समूचे लेख को पढ़ लिया था। इस प्रकार गुप्त-लिपि पढ़ ली गयी थी। परन्तु ब्राह्मी लिपि फिर भी दुर्गम ही समझी जाती रही। जिस साल कप्तान ट्रायर और डॉ. मिल ने गुप्त-लिपि पढ़ डाली थी, उसी साल

जेम्स प्रिंसेस ने ब्राह्मी लिपि को पढ़ने का कठिन प्रयत्न किया। उन्होंने इलाहाबाद, रधिया, मथिया और दिल्लीवाले लेखों को मिलाकर यह निष्कर्ष निकाला कि ये चारों लेख एक ही लिपि के हैं। फिर उन्होंने गुप्त-लिपि से मिलते अक्षरों को छाँटा और ब्राह्मी लिपि के कई अक्षर पढ़ लिये। बाद में रेवरेण्ड जेम्स स्टीवेन्सन, लासन आदि पण्डितों की सहायता और उद्योग से पूरी ब्राह्मी वर्णमाला पढ़ी जा सकी। ब्राह्मी लिपि के पढ़े जाने के बाद भारतवर्ष की अन्य लिपियों का पढ़ना बहुत सुगम हो गया। एक खरोष्ठी लिपि में जरूर समय लगा। अभी भी कुछ-कुछ पढ़ना बाकी है। अभी मोहन-जोदड़ों की लिपि ही ठीक-ठीक नहीं पढ़ी गयी। एक बार पुरानी लिपियों की जानकारी होते ही भारतीय इतिहास की अनेक महत्त्वपूर्ण सामग्रियाँ जाँची जाने लगीं। सिक्के पढ़े गये, शिलालेख जाँचे गये, पुरानी पोथियाँ पढ़ी गयीं और दानपत्रों के रहस्य उद्‌घाटित हुए। प्रत्येक शताब्दी और प्रत्येक प्रदेश की लिपि-विषयक विशेषताएँ समझ ली गयीं और यह सिलसिला आज भी चल रहा है। यद्यपि पुरानी लिपियों के पढ़नेवालों में विदेशी पण्डितों का प्रयत्न ही प्रमुख रहा है, तथापि यह नहीं समझना चाहिए कि उन्होंने देशी पण्डितों की सहायता के बिना ही यह कठिन कार्य किया था। वस्तुत: अनेक ख्यात-अख्यात और ज्ञात-अज्ञात देशी विद्वानों की सहायता न मिलती तो यह कार्य असाध्य ही बना रहता।

जिन दिनों की बात हो रही है, उन दिनों नृतत्त्वविज्ञान को पुरावृत्त के यथार्थ और अवितथ अध्ययन में सहायक रूप से ही ग्रहण किया गया था। अनेक आदिम जातियों की रहन-सहन, रीति-नीति, धार्मिक विश्वास आदि ने उन दिनों क्लासिक पुरावृत्त के अध्ययन को बल दिया था। बहुत दिनों तक पुराने ग्रन्थ के पाठों के अध्ययन और सम्पादन और काव्यरूपों की आलोचना को ही नये ढंग के पण्डितों ने बहुमान दिया, फिर धीरे-धीरे लेखकों और ग्रन्थों की अन्तरंग तथा बहिरंग परीक्षा के आधार पर काल-निर्णय का प्रयास प्रमुख हो उठा। पुरावृत्त के अध्ययन में इन सबका उपयोग था। जब तक शुद्ध और प्रामाणिक पाठ न प्राप्त हो जाये और जब तक इस पाठ के लेखक के प्रामाणिक काल का पता न चल जाये तब तक उनके आधार पर ध्वंसा-वशेषों से प्राप्त सामग्री का, उस काल की सामाजिक स्थिति का और भाषा

तथा विचारों का उचित अध्ययन नहीं हो सकता। इन सबके परिणामस्वरूप प्रसिद्ध और सर्वमान्य लेखकों और ग्रन्थों के विषय में अनेक ऊहापोह हुए और ज्ञात जगत के प्राचीन साहित्य और इतिहास के सम्बन्ध में एक मोटी-सी रूपरेखा प्रस्तुत की जा सकी। पुरावृत्त के अध्ययन के सहायक शास्त्रों में क्रमशः विकास होता गया और कालान्तर में अनेक शास्त्र विद्वानों द्वारा उद्‌भूत और प्रतिष्ठित हुए। उनके साथ-ही-साथ शोध का क्षेत्र भी विस्तृत होता गया। अठारहवीं शती ने जिस इतिहास को 'विश्वकोष की मर्यादा' (डिग्निटी आफ एन इन्साइक्लोपीडिया) के योग्य भी नहीं समझा जाता था, वह विद्वज्जनोचित प्रमुख विषय बन गया। इतिहास के बारे में भी विचार बदले। अब वह केवल राजाओं और राजपुरुषों के उत्थान-पतन का विनिगमक न रहकर समूची मनुष्यता के अग्रसर होने या पीछे हटने या ठिठक रहने की जीवन्त कथा के रूप में ग्रहण किया जाने लगा। इस विचार का एक बहुत महत्त्वपूर्ण परिणाम यह हुआ कि केवल प्रसिद्ध और शास्त्र-विश्रुत आचार्य और उनके ग्रन्थ ही अध्ययन के विषय नहीं रह गये, कम ख्यात और अख्यात लेखकों की रचनाओं का महत्त्व भी स्वीकृत हुआ। शिलापट्टों, भित्तिगात्रों, दानपत्रों और साधारण दैनिक व्यवहार के चिट्ठी-पत्रों का महत्त्व स्वीकार किया जाने लगा और इन धातुओं की खोज-बीन से महत्त्वपूर्ण सांस्कृतिक, सामाजिक और ऐतिहासिक विकास के इंगित पाये गये।

इस प्रकार वर्त्तमान शताब्दी के आरम्भ में शोध का क्षेत्र बहुत विस्तीर्ण हो गया। मनुष्य के ऐतिहासिक विकास का कोई अंग शोध-कार्य के अनुपयुक्त नहीं माना गया। यद्यपि विश्वविद्यालयों ने इन कार्यों को बहुत सावधानी के साथ, फूंक-फूंककर कदम बढ़ाते हुए स्वीकार किया, परन्तु अनेक विद्वत्प्रतिष्ठानों, शोध-पत्रिकाओं, वार्षिक विद्वत्सम्मेलनों और सरकार द्वारा स्थापित पुरातत्त्व, भाषा और मनुष्य-गणना के सर्वेक्षणीय प्रयत्नों ने प्राचीन और नवीन ज्ञान का बहुत अच्छा मन्थन किया। आज इन प्रयत्नों के सम्मिलित परिणाम आश्चर्यजनक और आशाजनक जान पड़ते हैं, किन्तु आरम्भ में जिन्होंने इन प्रयत्नों को आरम्भ किया था उन्हें भयंकर आशंकाओं और कठिनाइयों के भीतर से बढ़ना पड़ा था। निस्सन्देह वे हमारी हार्दिक कृतज्ञता और प्रणिपात के अधिकारी हैं। उन्नीसवी शताब्दी में

विदेशी विद्वानों ने कठिन परिश्रम के बाद भारतीय इतिहास का सम्पूर्ण चित्र प्रकाशित करने का प्रयत्न किया। उन्हीं दिनों उनका थोड़ा-बहुत ध्यान हिन्दी तथा अन्य देशी भाषाओं के साहित्य की ओर भी गया। उनका प्रधान उद्देश्य था 'ऐतिहासिक' समझी जानेवाली सामग्री का पता लगाना। इसी दृष्टि से शुरू-शुरू में हिन्दी तथा अन्य देशी भाषाओं के साहित्य का अध्ययन आरम्भ हुआ। उन दिनों की शोधप्रिय विद्वत् सभाओं की ओर से ऐसे ही ग्रन्थों के प्रकाशन का प्रयत्न किया गया, जिनसे कुछ ऐतिहासिक सामग्री प्राप्त होने की आशा थी। बाद में कुछ विदेशी पण्डितों की रुचि भाषा-विकास की ओर भी हुई और इस दृष्टि से भी हिन्दी के पुराने ग्रन्थों के अध्ययन का प्रयत्न किया गया। इन दो उद्देश्यों के अतिरिक्त एक तीसरा उद्देश्य और भी था जिसे सामने रखकर कई विदेशी पण्डितों ने हिन्दी के कुछ धार्मिक ग्रन्थों का अध्ययन किया। इन दिनों ईसाई धर्म के प्रचार में कई विदेशी धर्मयाजक प्रयत्नशील थे। उन्होंने हिन्दी में लिखे धार्मिक ग्रन्थों का अध्ययन उन लोगों के संस्कारों और विश्वासों के अध्ययन के लिए ही शुरू किया था, जिनके बीच उन्हें अपने धर्म का प्रचार करना पड़ता था। कहना बेकार है कि इस प्रकार की दृष्टि वैज्ञानिक अध्ययन के लिए बहुत ही सदोष है, फिर भी यह सत्य है कि इस उद्देश्य को सामने रखकर जिन लोगों ने अध्ययन आरम्भ किया था, उन्होंने भी कुछ ऐसे महत्त्वपूर्ण कार्य किये जो भावी वैज्ञानिक अध्ययन के लिए सहायक सिद्ध हुए। यद्यपि इस युग में जिस विदेशी जाति से भारतवर्ष का सम्पर्क हुआ वह अपने भारतीय समृद्धि के शोषक के रूप में ही परिचित है, तथापि उस जाति के चित्त में विज्ञान-प्रेम अंकुरित हो चुका था और उसकी दृष्टि में इस प्रकार का बौद्धिक वैराग्य और विवेक प्रतिष्ठित हो चुका था। सौभाग्यवश आरम्भ में भारतवर्ष को इस जाति के अनेक उदार और कृती विद्वानों का सहयोग प्राप्त हुआ और किसी-किसी क्षेत्र में छोटे उद्देश्यों को सामने रखकर काम करने पर भी इन पण्डितों ने बड़े परिश्रम से हमारे साहित्य के अध्ययन का मार्ग प्रशस्त किया। विशुद्ध ज्ञान-साधना ही जिनका उद्देश्य था, उन्होंने हिन्दी ग्रन्थों का अध्ययन ऐतिहासिक सामग्री प्राप्त करने और भाषा-विकास की अवस्थाओं की जानकारी प्राप्त करने के उद्देश्य से ही किया। बहुत दिनों तक विदेशी विद्वानों के

मन में भी हिन्दी-साहित्य के पुराने ग्रन्थों का यदि कोई महत्त्व था तो इन दो कारणों से ही। साहित्यिक दृष्टि से हिन्दी ग्रन्थों के अध्ययन का कार्य बहुत बाद में शुरू हुआ। वस्तुतः अपने-अपने देशों में भी उस समय तक यूरोपीय पण्डितों का ध्यान अपनी मातृभाषा या लोकभाषा के ग्रन्थों की ओर प्रायः नहीं गया था। किन्तु ऐसा लगता है कि जिन विदेशी पण्डितों ने ऐतिहासिक सामग्री पाने की लालसा से ही इस साहित्य का अध्ययन आरम्भ किया था, उनका उत्साह बहुत देर तक नहीं टिक सका। 'पृथ्वीराज रासो' की तिथियाँ विवाद का विषय सिद्ध हुईं, 'पदमावत' की ऐतिहासिक मानी जानेवाली घटना की प्रामाणिकता सन्देहात्मक समझी गयी। कई अन्य दरबारी और चारण कवियों की रचनाओं की प्रामाणिकता भी विवादास्पद साबित हुई। उधर तत्तद् बादशाहों के समसामयिक मुस्लिम ग्रन्थकारों की रचनाओं से ऐतिहासिक दृष्टि से अधिक विश्वसनीय सामग्री प्राप्त होने लगी। ऐतिहासिक पण्डितों का झुकाव उसी ओर होता गया। हिन्दी ग्रन्थों के अध्ययन का उत्साह ठण्डा पड़ गया। उन्नीसवीं शताब्दी के अन्त तक यूरोपीय पण्डित हिन्दी साहित्य से प्रायः उदासीन हो गये थे, परन्तु सौभाग्य-वश हिन्दी के विद्वानों ने स्वयं अपने ऊपर इस कार्य को ले लिया। संस्कृत, पाली, प्राकृत आदि के ग्रन्थों का सम्पादन, अनुवाद और अध्ययन विदेशी पण्डितों ने जिस लगन के साथ किया था उसकी आधी निष्ठा के साथ भी हिन्दी के किसी ग्रन्थ का नहीं किया।

उन्नीसवीं शताब्दी के उत्तरार्ध भाग में यूरोप में सारे संसार की क्लासिक समझी जानेवाली रचनाओं के शुद्ध और अवितथ अनुवाद की धूम मच गयी। इन अनुवादों के प्रधान प्रेरक सूत्र दो थे—(1) अनुवाद यथासम्भव अवितथ हो ताकि मूल पढ़े बिना भी केवल अनुवाद के आधार पर मूल ग्रन्थ की पूर्ण विशेषता समझ में आ जाये और (2) भाषा सहजबोध्य, सुपाठ्य और प्रवाहयुक्त हो। इस प्रकार का प्रयत्न बहुत ही कठिन था, परन्तु यूरोपीय विद्वानों ने पाद-टिप्पणियों, व्याख्यात्मक टिप्पणियों, परिस्थिति को स्पष्ट करनेवाली भूमिकाओं और परिशिष्टों को जोड़कर इस असाध्य साधन व्रत को पूरा किया। हमारे देश के संस्कृत, प्राकृत, पाली तथा देशी भाषाओं के अनेक ग्रन्थ इन्हीं दिनों अंग्रेजी, फ्रेंच, जर्मन भाषाओं में अनूदित हुए। जो

लोग इन अनुवादों से परिचित हैं वे ही जानते हैं कि कितने गहन परिश्रम के बाद ये अनुवाद प्रकाशित किये गये हैं। हमारे देश के अनेक कृती विद्वानों ने भी विदेशी भाषाओं—विशेषकर अंग्रेजी भाषा—में अनेक महत्त्वपूर्ण कृतियों का प्रामाणिक अनुवाद प्रकाशित किया।

शोध प्रतिष्ठानों ने समसामयिक विचार को भी सुरक्षित रखने का प्रयत्न किया है। भविष्य के कार्यकत्ताओं की जानकारी के लिए विद्वानों के उन मनोभावों की जानकारी भी आवश्यक है, जिनसे प्रेरित होकर उन्होंने महत्त्वपूर्ण ग्रन्थों का सम्पादन या अनुवाद किया या नये सिद्धान्तों का बीजारोप किया। आपने समसामयिक साहित्यकारों से उनकी रचनाओं के बारे में जो स्वोक्तियाँ प्रकाशित की हैं वे भावी शोध-कर्त्ताओं के लिए बहुत उपयोगी होंगी। मैं समझता हूँ, यह कार्य और भी व्यापक रूप से होना चाहिए। साथ ही पुरातन साहित्य के सम्पादन, प्रकाशन और अनुवाद आदि का काम भी यथाशक्ति हाथ में लेना चाहिए।

अब तक जिन प्रयत्नों के बारे में कहा गया है, उनके मूल में ज्ञान की प्रबल भूख है। जैसे-जैसे ज्ञान के नये-नये क्षेत्रों का पता लगता है, वैसे-वैसे महाप्राण विद्वानों की ज्ञान-पिपासा बढ़ती गयी है। यही निरन्तर वर्धमान ज्ञान-पिपासा शोध-कार्य का मूल मन्त्र है। जिसमें यह पिपासा एक बार जाग्रत हो गयी उसे कोई परिश्रम और अध्यवसाय से रोक नहीं सकता। पिछले डेढ़ सौ वर्षों के भारतवर्ष के इतिहास को ही यदि आप ध्यान से देखें तो स्पष्ट प्रतीत होगा कि पुराने इतिहास के शोध के क्षेत्र में दुनिया ही बदल गयी है। एक जमाना था कि अशोक के शिलालेखों को कोई पढ़नेवाला नहीं था, ऐतिहासिक स्थानों के सम्बन्ध में ऊटपटाँग लोक-प्रवाद व्यापक रूप में चल रहे थे, किन्तु आज हमारे सामने प्रामाणिक तथ्यों का अपार भाण्डार उद्घाटित है और फिर भी वह भण्डार पूरा नहीं है। अभी न जाने कितना कुछ साधकों की इन्तजारी में धूल से ढँका पड़ा हुआ है। फिर यदि संसार-व्यापी शोध-कार्य की ओर दृष्टि फिरायें तो और भी चकित हो जाना पड़ता है। कोई देश या राष्ट्र स्वतन्त्र भाव से विकसित नहीं हुआ है। सुदूर अतीत से जहाँ तक ज्ञान-रश्मियों का क्षेपण शोधप्रेमी पण्डितों ने किया है वहाँ तक स्पष्ट दिखायी देता है कि राष्ट्रीय, धार्मिक और जातीय दलों में विभक्त

होते हुए भी मनुष्य ने एक-दूसरे को दिया है, एक-दूसरे से लिया है। संघर्षों और विकट द्वन्द्वों के ऊपर महाकाल देवता ने विस्मृति का पर्दा डाल दिया है और आदान-प्रदान के मिलन-सूत्र को दृढ़ से दृढ़तर बनाया है। कठोर संघर्षों के अन्तराल में विशाल मनुष्य-जाति का निर्माण निर्बाध गति से होता आया है।

ज्ञान की प्रबल पिपासा ने मनुष्य को शोध-प्रवृत्ति दी है, और जब तक यह पिपासा है तब तक शोध के काम में न शिथिलता आयेगी, न विस्तार या पिष्टपेषण की आशंका उत्पन्न होगी। वस्तुतः इन दिनों विश्वविद्यालयों द्वारा किये-कराये जानेवाले शोध की एक बड़ी त्रुटि यह है कि वे सब समय विशुद्ध और दुर्दम जिज्ञासा द्वारा चालित नहीं होते। पदोन्नति, जीविका-प्राप्ति और अल्पायास-लभ्य यशोलिप्सा इस कार्य में जब प्रेरक वृत्ति के रूप में काम करने लगती हैं तो अपने साथ बहुत-से दोष ले आ देती हैं। मुझे खेद के साथ स्वीकार करना पड़ता है कि ये वृत्तियाँ शोधकार्य को प्रायः प्रेरणा देती दिखायी देती हैं। यदि समय रहते इन्हें ऐसा करने से न रोका गया तो शोध-कार्य भी अन्य परीक्षाओं को पास करने की भाँति साफल्य-लाभ के कौशल की कोटि में चला जायेगा। हमें प्रयत्न करना चाहिए कि ज्ञान की साधना में कोई कलुष न आने पाये।

हिन्दी और अन्य भाषाओं का सम्बन्ध

आज का विषय है हिन्दी के साथ अन्य भाषाओं का सम्बन्ध। जिन भाषाओं के साथ हिन्दी के सम्बन्ध की चर्चा इस समय उठ सकती है उनको चार भागों में विभक्त कर लिया जा सकता है :

1. हिन्दी और संस्कृत आदि प्राचीन भाषाओं में सम्बन्ध।

2. हिन्दी और हिन्दीतर प्रदेश की आधुनिक भाषाओं के साथ सम्बन्ध।

3. हिन्दीभाषी प्रदेशों में बोली और लिखी जानेवाली बोलियों और भाषाओं से सम्बन्ध। इसमें एक ओर जनपदीय बोलियों की चर्चा आ सकती है और दूसरी ओर उर्दू और राजस्थानी, मैथिली, अवधी, ब्रजभाषा आदि की।

4. हिन्दी और अंग्रेजी में सम्बन्ध।

इन भाषाओं के पारस्परिक सम्बन्ध की चर्चा करने के पहले मैं अपना यह निश्चित मत आपकी सेवा में उपस्थित कर देना चाहता हूँ कि हिन्दी को मैं एक ऐसी भाषा नहीं मानता जिसे नये सिरे से बनाना है। उसका एक रूप निर्धारित हो चुका है। कठमुल्लेपन को मैं कभी पसन्द नहीं करता, इसलिए मैं यह भी मानने को प्रस्तुत नहीं हूँ कि अब इस भाषा को और भी सुन्दर और सुगठित बनाने के प्रयत्न अनावश्यक हैं। सुधार हमेशा ही होता रहता है। मनुष्य अगर संगठित प्रयत्न करके इस सुधार को नहीं लायेगा तो प्रकृति ही उस कार्य को कर डालेगी। इसलिए सुधार हो सकता है और होना चाहिए, परन्तु इसका यह मतलब नहीं कि हमें कोई सोलह आने नयी

भाषा गढ़नी है। भाषा पहले से ही बनी हुई है। इसे बनाने का दावा करना दम्भमात्र है। इसका एक परिनिष्ठित रूप बन चुका है। सारे देश में यदि इस भाषा को फैलाना है तो इस परिनिष्ठित रूप तक पहुँचने का ही प्रयत्न करना चाहिए। संसार के प्रत्येक कोने में भारतवर्ष की यह राष्ट्रभाषा निकट भविष्य में अपना उचित स्थान प्राप्त करेगी। साधारण जनता अपने परिवेश में उसे विकृत करके बोलेगी भी और लिखेगी भी, परन्तु इस सबके लिए इसका परिनिष्ठित (स्टैण्डर्ड) रूप ही ध्रुवतारा का काम देगा। मैं फिर कहता हूँ कि इसके परिनिष्ठित रूप में भी मेरे मत से कहीं शैथिल्य है और उसका सुधार होना चाहिए, परन्तु परिनिष्ठित रूप है ही नहीं यह बिल्कुल गलत बात है।

मैंने शुरू में ही जो इस बात की ओर आपका ध्यान आकृष्ट किया, उसका कारण है। यह अत्यन्त महत्त्वपूर्ण बात प्रायः भुला दी जाती है और भुला देने का नतीजा यह होता है कि अकारण आशंका और दुश्चिन्ता से बुद्धिमान समझे जानेवाले लोग भी व्याकुल होते रहते हैं। परन्तु यदि आप ध्यान देकर थोड़ा भी सोचेंगे तो स्पष्ट हो जायेगा कि हमारी भाषा का जो परिनिष्ठित रूप इस समय मिलता है, जिस रूप के निर्माण में हमारे सैकड़ों-हजारों साहित्य-सेवी अज्ञात और अख्यात रहकर भी अपना सबकुछ बलिदान कर गये हैं उसके मूल में कौन-सी महत्त्वपूर्ण बात है। स्वर्गीय आचार्य पं. रामचन्द्र शुक्ल ने रीतिकाल, अर्थात् आधुनिक काल के ठीक पूर्व के काल की भाषा के सम्बन्ध में विचार करते समय कुछ दुःख के साथ ही लिखा है कि "रीतिकाल में एक बड़े अभाव की पूर्त्ति हो जानी चाहिए थी, पर नहीं हुई। भाषा जिस समय सैकड़ों कवियों द्वारा परिमार्जित होकर प्रौढ़ता को पहुँची, उसी समय व्याकरण द्वारा उसकी व्यवस्था होनी चाहिए थी कि जिससे उस च्युत-संस्कृति-क्षेत्र का निराकरण होता जो ब्रजभाषा-काव्य में थोड़ा-बहुत सर्वत्र पाया जाता है। और नहीं तो वाक्यदोषों का ही पूर्ण रूप से निरूपण होता जिससे भाषा में कुछ सफाई आती। बहुत थोड़े कवि ऐसे मिलते हैं जिनकी वाक्यरचना सुव्यवस्थित पायी जाती है। भूषण अच्छे कवि थे। जिस रस को उन्होंने लिया उसका पूरा आवेश उनमें था, पर भाषा उनकी अनेक स्थलों पर सदोष है। यदि शब्दों के रूप स्थिर हो

जाते और शुद्ध रूपों के प्रयोग में जोड़ दिया जाता तो शब्दों को तोड़-मरोड़कर विकृत करने का साहस कवियों को न होता। पर इस प्रकार की कोई व्यवस्था नहीं हुई जिससे भाषा में बहुत-कुछ गड़बड़ी बनी रही।"

गड़बड़ी तो थोड़ी-बहुत आज भी है, पर अब उतना तोड़-मरोड़ नहीं होता। जिस प्रकार इस तोड़-मरोड़ की रीढ़ तोड़ी गयी है, यह अद्‌भुत कथा है। प्रधानतः एक बात से इस युग की भाषा का रूप बहुत दूर तक स्थिर हुआ है और आगे भी अधिक स्थिर हो जाने की सम्भावना है।

एक निर्विवाद बात है संस्कृत के तत्सम शब्दों का प्रयोग। संस्कृत बड़ी चुस्त-दुरुस्त भाषा है। व्याकरण के नियमों से भलीभाँति संस्कृत की गयी है। प्रत्येक शब्द का रूप नियत है। यदि किसी शब्द के कई रूप हो सकते हैं तो वह भी नियत हैं। किसी शब्द के यदि दो रूप होते हैं तो तय है कि दो ही होंगे; तीन नहीं। इस भाषा का आश्रय करके ही प्राकृत और अप-भ्रंश की रक्षा हुई है। यह हमारे देश की मनीषा का अद्‌भुत चमत्कार है। संसार की तथाकथित क्लासिकल भाषाओं में से कोई संस्कृत की ठीक सम-शील भाषा है या नहीं यह मुझे नहीं मालूम। शायद नहीं है। यह एक प्रकार से हमारे भारतीय वाङ्मय का मेरुदण्ड है। हिन्दी ने जब अपने शब्दों के लिए कसकर इस भाषा का पल्ला पकड़ा—जैसाकि उर्दू के सिवाय अन्यान्य भारतीय भाषाओं ने भी किया है तो उसका रूप स्थिर हो गया। हमारे शब्दों के रूपगठन में अब कोई शैथिल्य नहीं है। तद्‌भव शब्दों के बनने की भी एक परम्पराप्राप्त विधि है। संस्कृत इस विधान में भी हमारी सहायता करती है। जहाँ-जहाँ हमने संस्कृत का सहारा नहीं लिया था, लेना सम्भव नहीं हुआ, वहाँ-वहाँ आज भी शिथिलता बनी हुई है। हमने संस्कृत के नियमों के अनुसार परसर्गों और विभक्तियों की स्थिति का निर्णय करने में ढिलाई की और आज भी इस विषय में अराजकता फैली हुई है। कोई विभक्तियों को मिला के लिखता है, कोई अलग लिखता है, कोई सर्वनामों में तो मिलाता है, पर संज्ञा शब्दों में नहीं मिलाता और कोई-कोई तो ऐसे जबरजंग हैं कि जहाँ खुशी वहाँ मिला के लिखते हैं और जहाँ खुशी अलग लिखते हैं। मेरे एक चीनी विद्यार्थी बम्बई से छपी एक पुस्तक पढ़ने लगे। एक ही वाक्य पढ़कर घबरा गये। भागे-भागे आये, बोले,

इसमें का तो कोई शब्द, शब्दकोश में नहीं मिलता। मैंने कहा कि ऐसा तो नहीं होना चाहिए। बोले, "खोज देखिए।" भारी भरकम-सा शब्द उन्होंने दिया—'कहाँपरसे'। बिचारे ने समूचा परसर्ग शब्दकोश में ढूंढ़ना चाहा था, उत्तर प्रदेश से छपी पुस्तकों में उन्हें 'कहाँ' का अर्थ भी मालूम था। 'पर' का भी और 'से' का भी। इसी प्रकार क्रियाओं में भी गड़बड़ी है। कोई 'लिए हैं' लिखता है, कोई 'लिये हैं'। यदि हम पुरानी 'यश्रुति' और 'वश्रुति' की विधियों का अध्ययन करके इसको सदा के लिए हल नहीं कर लेते तो यह आवश्यकता बनी ही रहेगी और समूचे देश में भ्रान्ति फैली रहेगी। यद्यपि आज के विचार का विषय कुछ और है तथापि मैं प्रस्ताव करता हूँ कि आज ही इसी सम्मेलन में हम किसी सर्वमान्य निर्णय पर पहुँचें। यह अराजकता अब बहुत क्षतिकारक सिद्ध होगी।

कहना नहीं होगा कि संस्कृत का सहारा हमारी भाषा के परिनिष्ठित रूप के लिए कितना महत्त्वपूर्ण रहा है। जान-अनजान में हम सदा संस्कृत के व्याकरण की सहायता से अपनी भाषा में व्यवहृत शब्दों का परिनिष्ठित रूप निर्धारित करते हैं। सस्कृत से अपरिचित लोग प्रायः 'षष्टम्', 'अष्टम्', 'अन्तर्साक्ष्य', बहिर्साक्ष्य', 'महत्त्व' इत्यादि रूप लिखा करते हैं। संशय उत्पन्न होने पर उनके परिनिष्ठित रूपों को हम संस्कृत व्याकरण की सहायता से ठीक करके षष्ठ, अष्टम, अन्तःसाक्ष्य, बहिःसाक्ष्य आदि रूप में सुधार लेते हैं। कभी-कभी मुख-सुख के लिए भाषा में ऐसे शब्द चल पड़ते हैं जिनका ठीक परिनिष्ठित संस्कृत रूप कष्टोच्चार्य होता है। स्त्रियोपयोगी, अटल बिधान, उपरोक्त आदि शब्द अपने परिनिष्ठित रूप में व्यवहृत न होकर थोड़ा घिसे रूप में चलने लगे हैं। संस्कृत का ज्ञान कम किन्तु अभिमान अधिक रखनेवाले इन शब्दों से घबराया करते हैं, परन्तु जिन्हें संस्कृत की परम्परा का ज्ञान है वे इस बात से बिलकुल चिन्तित नहीं होते। संस्कृत के पुराने आचार्यों ने 'हिरणमय', 'पद्मावती' आदि रूप तत्काल प्रचलित देखकर मान लिये थे। इन बातों में भी हमें संस्कृत की महती परम्परा से प्रकाश मिलता है। इस देश में अपरिचित बहुत-से विषयों के विदेशी नामों को भी हमारे पूर्वजों ने अपने उच्चारण के अनुकूल बनाकर ले लिये थे—केन्द्र, हिवुक, होरा, हरिज आदि ऐसे ही शब्द थे। मुझे तो लगता है कि आज भी

नवीन भावों को व्यक्त करनेवाले शब्दों को अपने उच्चारण के अनुकूल बनाकर ग्रहण करने में हमें हिचक नहीं अनुभव करना चाहिए। संस्कृत की परम्परा हमें हर क्षेत्र में नया प्रकाश देती है, नवीन प्रोत्साहन देती है और अविचलित चित्त से आगे बढ़ते रहने की प्रेरणा देती है।

हिन्दी संस्कृत भाषा के शब्दों को अपनाने पर ही सारे देश की यथार्थ राष्ट्रभाषा होने का गौरव पा सकती है। संस्कृत का पढ़ना हर हिन्दीप्रेमी के लिए आवश्यक है। प्रश्न है कि कहाँ से संस्कृत पढ़ायी जाय। मेरा विचार है कि हिन्दी के साथ शुरू में ही संस्कृत को अनिवार्य विषय बनाकर समूचे देश को अच्छी हिन्दी सिखाने का संकल्प बहुत लाभप्रद नहीं होगा। संस्कृत उन लोगों को जानना चाहिए जिन्हें हिन्दी में पुस्तक लिखने का कार्य करना है। इसलिए ऊपर की कक्षाओं में संस्कृत को अनिवार्य विषय बना देना चाहिए। नीचे की कक्षाओं में उसे अनिवार्य बनाना हिन्दी के लिए बहुत आवश्यक नहीं है। संस्कृत का उपयोग केवल हिन्दी भाषा और साहित्य के लिए ही नहीं है, वह हमारे उच्चतर जीवन के साथ बहुत घनिष्ठ भाव से घुली हुई है। इसलिए बृहत्तर सांस्कृतिक जीवन के लिए उसे उपयोगी समझकर उसकी व्यवस्था विद्यालयों में हो तो उचित ही है। मैं केवल हिन्दी सुधारने के प्रश्न पर आपका ध्यान आकृष्ट करना चाहता हूँ। हिन्दी सुधारने के लिए शुरू से ही संस्कृत शब्दरूपों और धातुरूपों को रटाना बहुत उत्तम उपाय नहीं जान पड़ता। जो लोग हिन्दी की उच्चतर उपाधियाँ लेना चाहें उनके लिए संस्कृत की पढ़ाई अवश्य अनिवार्य होनी चाहिए, नहीं तो उनकी लेखनी ऐसे-ऐसे शब्दों को उत्पन्न करेगी जो केवल समस्या ही की सृष्टि करते रहेंगे। हिन्दी और संस्कृत का सम्बन्ध किस प्रकार शिक्षा के क्षेत्र में बना रहे, इस सम्ब्रन्ध में मेरा मत संक्षेप में यह है :

1. हिन्दी के परिनिष्ठित रूप के लिए संस्कृत का शब्द-भाण्डार अपने मूल रूप में अत्यन्त आवश्यक है। इसका यह अर्थ नहीं है कि अन्य भाषाओं से शब्द न लिये जायें। मैं अन्य भाषाओं से शब्द लेने का बिलकुल विरोधी नहीं हूँ। परन्तु विदेशी शब्दों को हमारी उच्चारण-परम्परा और ध्वनि-परिवर्त्तन के सिद्धान्त के अनुकूल होकर ही आना चाहिए। किसी शब्द का परिनिष्ठित रूप वह है जो हमारे ध्वनि-परिवर्त्तन के सिद्धान्तों के अनुकूल है। प्रत्येक

भाषा के तत्सम उच्चारणों को हम लेने लगेंगे तो हमारे बूते का वह कार्य भी नहीं हो सकेगा और अराजकता तो आयेगी ही।

2. हमारी सम्पूर्ण सांस्कृतिक परम्परा और जानकारी तथा उच्चतर सांस्कृतिक जीवन की चरितार्थता के लिए संस्कृत का साहित्य अत्यन्त आवश्यक है।

3. हिन्दी का विद्वान् और सुलेखक बनने की इच्छा रखनेवालों को संस्कृत का ज्ञान अवश्य होना चाहिए, इसलिए हिन्दी की उच्चतर कक्षाओं में संस्कृत की पढ़ाई अनिवार्य होनी चाहिए। निचली कक्षाओं में संस्कृत भाषा का ज्ञान कराना मुझे उतना आवश्यक नहीं जान पड़ता जितना संस्कृत के बड़े ग्रन्थों, आचार्यों और कवियों का परिचय कराना।

हिन्दीभाषी प्रदेशों के बाहर हिन्दी का प्रचार हो रहा है और भविष्य में और भी तेजी से होगा। इस भाषा-प्रचार का उद्देश्य देश की एकता को बनाये रखना है। हमारे इस देश की कई प्रादेशिक भाषाओं में बहुत समृद्ध साहित्य है। इस सम्पूर्ण साहित्य की रक्षा, वृद्धि और प्रचार भी देश की एकता को दृढ़ करने में सहायक होंगे। इसलिए यह खूब अच्छी तरह से समझ लेना चाहिए कि हिन्दी का प्रचार और प्रसार किसी भी प्रादेशिक भाषा के प्रचार और प्रसार का विरोधी नहीं है। दोनों एक-दूसरे के सहायक हैं। दोनों का उद्देश्य एक है। किसी भी प्रादेशिक भाषा के बोलनेवालों के मन में यह भाव नहीं पैदा होने देना चाहिए कि हिन्दी का प्रचार उनके लिए क्षतिकर हो सकता है। जो लोग ऐसा कहते हैं वे देश की एकता पर ही कुठाराघात करते हैं।

जो लोग हिन्दी भाषा को अपने साहित्यिक, सामाजिक और सांस्कृतिक कार्यों का माध्यम बना चुके हैं, उन सबकी मातृभाषा यही भाषा नहीं है। उन्होंने इस भाषा को माध्यम मानकर देश की एकता को बहुत दृढ़ किया है। यह समझना भूल है कि सभी हिन्दीभाषी कहे जानेवाले लोगों की मातृभाषा ठीक अर्थों में हिन्दी ही है। हिन्दी की उपभाषा समझी जानेवाली कितनी ही बोलियों का पुराना साहित्य किसी भी प्रादेशिक मानी जानेवाली भाषा के पुराने साहित्य से टक्कर ले सकता है। राजस्थानी, मैथिली, ब्रजभाषा और अवधी, पंजाबी आदि पुराने साहित्य के टक्कर का पुराना

साहित्य किन प्रादेशिक भाषाओं के पास है ? इन सब बोलियों के बोलनेवालों ने स्वेच्छा से अपनी-अपनी भाषाओं के स्थान पर परिनिष्ठित हिन्दी को स्वीकार किया है और इस प्रकार देश की एकता को मजबूत किया है। उनके इस त्याग को भाषा का साम्राज्यवाद कहकर हेय बनाने का प्रयत्न गलत और अनुचित है। दुर्भाग्यवश कभी-कभी उत्तरदायी समझे जानेवाले लोग भी इस बात को इस तरह कह जाते हैं जो इसके महत्त्वपूर्ण पहलू को भुला देने या हीन समझने की प्रवृत्ति को प्रोत्साहन देता है।

जो लोग हिन्दी के प्रश्न पर विचार करते हैं और साथ ही इस देश को खण्ड-विच्छिन्न नहीं देखना चाहते, उनसे मेरी प्रार्थना है कि दो शब्दों का प्रयोग बहुत सोच-समझकर करें। एक शब्द है हिन्दी-साम्राज्यवाद। यह शब्द हर प्रकार से गलत है। यह केवल देश को गलत रास्ते ही ले जा सकता है। हिन्दी को जो राष्ट्रभाषा या राजभाषा के रूप में स्वीकार किया गया है वह इसलिए कि देश के बहुसंख्यक लोगों ने स्वेच्छा से उसे साहित्यिक, सांस्कृतिक और सामाजिक क्रियाकलाप का माध्यम बनाया है। उन्होंने किसी प्रलोभन से, दुरभिसन्धि से या प्ररोचना से चालित होकर परिनिष्ठित हिन्दी को अंगीकार नहीं किया है। और सारा देश साक्षी है कि उन्होंने स्वेच्छापूर्वक जो कार्य किया है, उससे देश की समस्या बहुत हल्की हो गयी है। इस कार्य को लघुभाव से देखना अनुचित और हानिकर दोनों है। दूसरा खतरनाक शब्द है भाषा-निर्माण। इस शब्द ने हिन्दीतर प्रदेशों में गलत ढंग से सोचने का प्रोत्साहन दिया है। लोग सोचते हैं कि हिन्दी में कोई साहित्य ही नहीं है और उसका कोई परिनिष्ठित रूप ही नहीं है। सर्वत्र विचित्र ढंग की हिन्दी गढ़ने का प्रयास चलने लगा है। दक्षिण से आये हुए अनेक विद्यार्थियों ने यह शिकायत की कि हम लोग जो भाषा दक्षिण में पढ़ते हैं, वह यहाँ की बोली और लिखी जानेवाली भाषा से भिन्न है। यह नहीं कि वहाँ के लोग कुछ प्रादेशिक मिश्रित भाषा बोलते हैं। यह तो होगा ही, इसके लिए हम बिल्कुल चिन्तित नहीं हैं। चिन्ता की बात यह है कि उनको जो पाठ्यपुस्तकें पढ़ाई जाती हैं, उन्हीं में कुछ शिथिल भाषा का प्रयोग होता है। मुझे ठीक नहीं मालूम कि इस शिकायत में सच्चाई कितनी है, पर यह तो मैं अपने अनुभव से ही कह सकता हूँ कि हिन्दीभाषी

प्रदेशों के बाहर यह एक धारणा-सी बनी हुई है कि हिन्दी में कोई साहित्य नहीं है और भाषाशैली अभी बन नहीं पायी है। यह गलत बात है। हिन्दी का परिनिष्ठित रूप बन चुका है। 'हिन्दी में साहित्य नहीं है' का मतलब यह है कि अंग्रेजी या रूसी जैसी समृद्ध भाषाओं का जैसा साहित्य है और भारत की राष्ट्रभाषा के पास जैसा और जितना साहित्य वांछनीय है, उतना नहीं है। इसका यह मतलब कदापि नहीं है कि जो लोग भाषा के रूप में हिन्दी सीखना चाहें उनके सामने कोई आदर्श भाषा ही नहीं है। साहित्य बढ़ाइए, पारिभाषिक शब्द बढ़ाइए, ग्रन्थ लिखिए, लिखाइए, अनुवाद कीजिए—सब ठीक है, परन्तु हिन्दीतर प्रदेशों में यह गलत धारणा न फैलने दीजिए कि हिन्दी भाषा का कोई रूप ही नहीं है और यदि कोई रूप है भी तो उसको सीखने योग्य साहित्य ही नहीं है। इससे भाषा सीखनेवालों में शिथिल भाषा से सन्तोष करने का प्रोत्साहन मिलता है जो किसी प्रकार वांछनीय नहीं है।

हिन्दीभाषी प्रदेशों के बाहर की भाषाओं को दो श्रेणियों में रखा जा सकता है; एक वे जिन्हें आधुनिक भारतीय भाषा कहा जाता है, दूसरी वे जिन्हें द्रविड़ परिवार की भाषा कहा जाता है। प्रथम श्रेणी की भाषा बोलनेवालों के लिए हिन्दी सीखना बहुत कठिन नहीं है, परन्तु दूसरी श्रेणीवालों के लिए कुछ अधिक कठिन है। हमें यह ठीक-ठीक समझ लेना चाहिए कि जिन लोगों को हिन्दी सीखनी पड़ रही है, उनकी समस्या वास्तविक है। मुझसे कोई कहे कि तुम्हें साल-भर में तमिल सीखकर सब कारबार तमिल में करना पड़ेगा तो मैं खूब अच्छी तरह जानता हूँ कि सच्चे हृदय से प्रयत्न करके भी मुझे यह शंका बनी ही रहेगी कि मैं उस भाषा में कार्य कर सकूँगा या नहीं। इसलिए समस्या वास्तविक है और कठिन भी है। उन लोगों की बात हमें पूर्ण सहानुभूति से सुननी चाहिए और प्रयत्न करना चाहिए कि उनकी कठिनाइयाँ कम हो जायें। मुझे बहुत दुःख के साथ कहना पड़ रहा है कि हम हिन्दीवाले बिल्कुल ही सोये हुए हैं। हमें ऐसे शब्दकोशों, मुहावरा कोशों और शब्द-स्वसारों का निर्माण करना चाहिए था जिनके सहारे थोड़ी हिन्दी जाननेवाला आसानी से अपने मन का शब्द खोज ले। हमें विभिन्न भाषाओं के माध्यम से हिन्दी सिखाने की दर्जनों पुस्तकें अब तक लिख देनी

चाहिए थीं। हमें तत्तद् भाषाओं में शब्दकोशों का निर्माण कर देना चाहिए था। अब तक हमारे बीसों कार्यकर्ताओं को दक्षिण की भाषाओं की प्रकृति के अध्ययन में जुट जाना चाहिए था और उनके साहित्य का मन्थन कर डालना चाहिए था। अब तक हमारे पास कई दर्जन ऐसी पुस्तकें हो जानी चाहिए थीं जिनमें हिन्दी के तत्तद् भाषाओं के साम्य और वैषम्य का वैज्ञानिक विवेचन हो जाता। परन्तु हम कुछ भी नहीं कर रहे हैं। मैं जोर देकर कहना चाहता हूँ कि राष्ट्रीय एकता बड़ी महान् वस्तु है। उसे प्राप्त करने के लिए बड़े उदार मन और विशाल हृदय की आवश्यकता है और कठिन तपस्या द्वारा ही उसकी सिद्धि हो सकती है। एक छोटे परिवार को ऐक्य सूत्र में बाँधने के लिए भी त्याग की आवश्यकता होती है और कष्ट सहने की जरूरत होती है। यह तो बहुत बड़ा परिवार है और इसकी एकता के लिए बहुत कठोर तप की आवश्यकता है। अगवाह रास्ता नहीं है।

मैं समझता हूँ कि बिना किसी झिझक के हमें यह घोषणा कर देनी चाहिए कि जो विश्वविद्यालय चाहें उन्हें अवश्य अपने क्षेत्र की भाषा में ऊँची-से-ऊँची शिक्षा देने का अधिकार है। केवल दो शर्तें आवश्यक हैं--(1) राष्ट्रभाषा की शिक्षा सर्वत्र अनिवार्य हो, और (2) विभिन्न शास्त्रों के लिए प्रयोग किये जानेवाले पारिभाषिक शब्द एक हों। कुछ लोगों को यह व्यर्थ की शंका है कि ऐसा होने से विभिन्न विश्वविद्यालयोंमें पारस्परिक आदान-प्रदान कम हो जायेगा। यह शंका निर्मूल है। राष्ट्रभाषा का साधारण ज्ञान और पारिभाषिक शब्दावली की एकता, इन दो बातों को अगर हम प्राप्त कर लेते हैं तो एक विद्वान् के लिए कहीं कोई रुकावट नहीं है।

मैं यह भी चाहता हूँ कि हमारा यह सम्मेलन मुक्त कण्ठ से घोषणा करे कि हम प्रान्तीय भाषाओं की केवल समृद्धि ही नहीं चाहते, हर प्रकार से उनके उन्नयन, प्रचार और प्रसार में सक्रिय सहयोग देने को प्रस्तुत हैं। इसमें किसी को खुश करने का मनोभाव नहीं, कर्त्तव्य की आन्तरिक प्रेरणा है। सबको विकसित और समृद्ध होने में सहायता देना हमारा प्रधान कर्त्तव्य है। हम हिन्दीभाषी क्षेत्रों में अहिन्दी भाषाओं के साहित्य को पढ़ने का प्रोत्साहन देना चाहते हैं। हिन्दी का आन्दोलन वस्तुतः भारतीयकरण का आन्दोलन है।

कुछ लोग कठिनाइयों को इस प्रकार बढ़ा-चढ़ाकर कहते हैं मानो वे अजेय हैं। ये लोग अंग्रेजी को कठिन नहीं मानते और उसे इस देश में जिलाये रखने की दलीलें देते हैं। इन लोगों को क्या कहा जाय ! अंग्रेज जब इस देश के शासक थे तो इन्हीं लोगों की यह धारणा थी कि अंग्रेजों के बिना यह देश अनाथ हो जायेगा। अंग्रेजों को हटाना असम्भव है, अंग्रेज अजेय हैं। अब यह लोग अंग्रेज को तो नहीं, पर अंग्रेजी भाषा को वही गौरव देने लगे हैं। इतिहास ने दिखा दिया कि इनका प्रथम मत गलत है। अंग्रेज को हटाने के लिए बड़ा कष्ट उठाना पड़ा, अंग्रेजी को हटाने के लिए भी उठाना पड़ेगा। इतिहासविधाता उसी रास्ते से अपना रथ हाँकते हैं जिस रास्ते आदर्श प्रेमी त्याग और कष्ट सहने जाते हैं।

यह तो मैं कह ही चुका हूँ कि उत्तरभारत की अनेक बोलियों के बोलने वालों ने स्वेच्छा से खड़ी बोली को अपनी साहित्यिक और सांस्कृतिक भाषा मान लिया है। कहना व्यर्थ है कि इन बोलियों में भाव प्रकाशन के उपयुक्त अनेक ऐसे शब्द हैं जो न तो संस्कृत में हैं और न खड़ी बोली के साहित्यिक रूप में। इन शक्तिशाली शब्दों-मुहावरों का संकलन होना चाहिए और भाषा को नवीन शक्ति से तेजोदृप्त बनाना चाहिए। यद्यपि मैं संस्कृत का प्रेमी हूँ और मानता हूँ कि अहिन्दी-भाषियों के द्वारा जो भाषा बोली और लिखी जायेगी वह संस्कृत शब्दों से भरी होगी, वे उसे अधिक समझ भी सकेंगे, पर मेरा यह भी कहना है कि राष्ट्रभाषा के साथ हिन्दी प्रादेशिक भाषा भी है। इसमें यथार्थ शक्ति तो तभी आ सकती है जब वह जनपदीय बोलियों की प्राणप्रदा शक्ति मे तेजस्वी बने। मैं साहित्यकारों को कृत्रिम और निर्जीव भाषा लिखने की सलाह नहीं दे सकता। मैं उन लोगों को साहित्य का शत्रु मानता हूँ जो शब्दों का हिसाब लगाकर भाषा को बाँधना चाहते हैं या जो इस या उस भाषा के दो-चार शब्दों को साहित्य में प्रयुक्त देखकर मरकट्टे बैल की भाँति टूट पड़ते हैं। शक्तिशाली साहित्यकार शब्दों की नाड़ी पहचानते हैं। वे जानते हैं कि कौन-सा शब्द कहाँ सौन्दर्य ले आ देता है और कहाँ भोंड़ापन। पर जो ऐसे शक्तिशाली साहित्यकार नहीं हैं, उनसे मैं हाथ जोड़कर प्रार्थना करता हूँ कि वे भाषा के परिनिष्ठित रूप को ही स्वीकार करें। अद्भुत प्रयोगों और गलत-सही अर्थोंवाले नाना जाति

के शब्दों की पल्टन खड़ी करके जीवित भाषा के साथ खिलवाड़ न करें।

आजकल अंग्रेजी की बड़ी स्तुति होने लगी है। इन स्तुति-वाक्यों को एकत्र करके कहीं छपवाया जाय तो एक अच्छा-सा महात्म्य-ग्रन्थ बन सकता है। ऐसा लगता है कि भगवान् के बाद इस महिमाशालिनी भाषा का ही स्थान रह गया है। मैं स्वयं अंग्रेजी साहित्य और भाषा का प्रेमी हूँ। मैं उन लोगों में हूँ जो शुरू से ही अंग्रेजी पढ़ने का मौका नहीं पा सके। मैंने स्वेच्छा से इस भाषा को सीखा था। मैं जानता हूँ कि अंग्रेजी न जानने का क्या अर्थ होता है। परन्तु मैं बलपूर्वक कहना चाहता हूँ कि जो लोग यह कहने लगे हैं कि अंग्रेजी के जाते ही यह देश अनाथ हो जायेगा, वे देश के आत्मविश्वास की मात्रा घटा रहे हैं। अंग्रेजी अवश्य पढ़ी जाये; परन्तु यह समझना कि अंग्रेजी के जाते ही हम रसातल को चले जायेंगे, आत्मवंचना है। अभी तक हम लोग अंग्रेजीभाषा को रटते ही रहे हैं। यद्यपि इस भाषा को सीखने के लिए हमारे देश का बहुत अधिक धन व्यय होता रहा है और हमारे युवकों की बहुत अधिक शक्ति खर्च होती रही है, तथापि इसका साहित्य साधारण जनता तक जितनी मात्रा में पहुँचना चाहिए उतनी मात्रा में नहीं पहुँच रहा है। मेरा दृढ़ मत है कि अंग्रेजी साहित्य की अन्तरात्मा का अच्छा परिचय हमारे देशवासियों के लिए अभी हितकर ही है। देशी भाषाओं के माध्यम से अंग्रेजी साहित्य के अध्ययन और प्रचार की व्यवस्था होनी चाहिए, तभी हमारे देश की जनता उस साहित्य के अन्तस्तल में आसानी से प्रवेश कर सकेगी। यह बहुत आवश्यक है कि हमारे कुछ विद्वानों को अंग्रेजी भाषा पर बहुत अच्छा अधिकार हो। कुछ आदमी अंग्रेजी लिखने और बोलने में बहुत पटु हों, यह बिल्कुल ठीक बात है, इससे देश का कल्याण ही होगा। परन्तु यह सोचना कि जब तक हर क्लर्क और चपरासी इस भाषा को नहीं सीख लेता और हर चिथड़े पर यह भाषा नहीं छाप दी जाती तब तक हमारा देश अनाथावस्था से मुक्त नहीं हो सकेगा, बहुत ही गलत मनोवृत्ति का सूचक है। हमें इस सम्बन्ध में तनिक भी दुविधा या झिझक नहीं अनुभव करना चाहिए कि आज जिन-जिन स्थानों पर अंग्रेजी है उन-उन स्थानों पर निश्चित रूप से हिन्दी को और यथास्थान, देशी भाषाओं को बिठाना है और जिस स्थान पर अंग्रेजी नहीं पहुँच पायी है,

उस विशाल जनसमुदाय के चित्त-सिंहासन पर तो उन्हें बैठाना ही है। जो लोग इस प्रकार के विचार का परिहास करते हैं वे नहीं जानते कि राष्ट्र के किस मर्मस्थल पर वे चोट कर रहे हैं। वे सचमुच 'कृपण' हैं। इस समय देश में हर प्रकार के आत्मविश्वास के संचार की आवश्यकता है। इस समय ढुलमुल चिन्तन-प्रणाली बहुत ही घातक सिद्ध होगी।

अन्त में मैं यह निवेदन करके अपना वक्तव्य समाप्त करता हूँ कि हिन्दी की वास्तविक शक्ति जनता है। हमें राजसिंहासनों से शक्ति कभी भी नहीं प्राप्त हुई है, आज भी नहीं प्राप्त होगी। हमें डेपुटेशन भेजने की मनोवृत्ति को छोड़कर ऐसे साहित्य का निर्माण करना चाहिए जो जनता का वास्तविक कल्याण करे। उसमें उदात्त भावनाओं का संचार करे, उसकी जीवन-यात्रा में सहायता पहुँचाने और उसे संसार के किसी देश की जनता के सामने गर्वपूर्वक खड़ा होने का बल दे यही वास्तविक कार्य हैं, और यहीं हमारी शक्ति का वास्तविक भण्डार सुरक्षित है।

अभी थकने का समय नहीं आया

नवीन स्नातक मित्रो,

आज आपके जीवन का बहुत ही महत्त्वपूर्ण दिवस है। आप विद्यालाभ करके कर्मजीवन में प्रविष्ट होने की तैयारी कर रहे हैं। इस अवसर पर आपके विद्यालय के आचार्य महोदय ने आपको सम्बोधित करके कुछ कहने का अनुरोध किया है। मैं इसे उनकी विशेष कृपा मानता हूँ परन्तु आज शिक्षा के क्षेत्र में इतनी उलझनें पैदा हो गयी हैं और शिक्षित मनुष्य के जीवन-क्रम का भविष्य इतना धूमिल हो गया है कि कुछ कहने का प्रयत्न करना कठिन हो गया है। सब जगह से आवाज आ रही है कि शिक्षा का स्तर गिर गया है, शिक्षा का उद्देश्य अस्पष्ट हो उठा है और नवशिक्षितों के सामने कोई सुनिर्धारित कार्यक्रम या आदर्श रह ही नहीं गया है। ऐसी अवस्था में आपके आचार्य महोदय के अनुरोध का पालन करना कितना कठिन हो गया है, यह आसानी से समझा जा सकता है। हमारी सामाजिक समस्याएँ बहुमुखी हैं। निरन्तर बढ़ती हुई जनसंख्या को अन्न-वस्त्र देने की समस्या ने हमारी बहुत-सी योजनाओं की पूर्ति में बाधा खड़ी की है। इस देश की रत्नप्रसू भूमि में अपार सम्पत्ति है, आधुनिक विज्ञान और करण-कौशल के द्वारा उसे प्राप्त कर लेने पर अन्न-वस्त्र की कमी नहीं रहेगी, पर उस सम्पत्ति को प्राप्त करने के लिए धन की आवश्यकता है। शिक्षा-व्यवस्था को आदर्शप्रवण बनाकर शिक्षित को मनुष्योचित धर्मों के प्रति निष्ठावान् बनाना बहुत आवश्यक है, पर शिक्षा-व्यवस्था को सर्वसुलभ और सच्चे अर्थों में कार्यकरी बनाने के लिए बहुत बड़ी धनराशि की आवश्यकता

है। देश को स्वावलम्बी, आदर्शनिष्ठ और समृद्ध बनाने के लिए वर्तमान शिक्षा-व्यवस्था को भी आदर्शनिष्ठ और समृद्ध बनाये बिना काम नहीं चल सकता, पर ऐसा करने के लिए जिस विपुल साधन की आवश्यकता है, दुर्भाग्यवश उसका शतांश भी इस समय हमारे पास नहीं है। क्या किया जाय ? धन के बिना शिक्षा-व्यवस्था नहीं सुधर सकती और शिक्षा-व्यवस्था के सुधरे बिना हम अपने पहाड़ों, जंगलों, नदियों, समुद्रों, भूमिखण्डों से यथोचित सम्पत्ति नहीं वसूल कर सकते। यह भयंकर अन्तर्विरोध है जो हमारे आगे बढ़ने में पग-पग पर बाधा पहुँचा रहा है। घर-द्वार गिरवी रखने के बाद जिन्हें कुछ थोड़ी-बहुत शिक्षा मिल भी जाती है वे बेकारी के शिकार हैं। इससे बड़ा दुर्भाग्य का परिहास क्या हो सकता है कि काम भी बहुत है और बेकारी भी बेहद है !

ऐसे ही दुर्घटकाल में अपनी शिक्षा समाप्त कर आप जीवन-क्षेत्र में प्रवेश कर रहे हैं। मैं बहुत अच्छी तरह जानता हूँ कि आज का स्नातक बड़ा असहाय होकर जीवन-क्षेत्र में प्रवेश करता है। किसी को नहीं मालूम कि सामने जो मरुकान्तार दिखायी दे रहा है उसमें कहीं पानी का सोता है भी या नहीं, छाया मिलने का कोई भरोसा है या नहीं, रास्ते की थकान दूर करने का कुछ साधन भी मिलेगा या नहीं। बहुत-कुछ भाग्य के ऊपर निर्भर है। ग्रहगण प्रसन्न हुए तो कहीं कोई नौकरी मिल जा सकती है, अप्रसन्न हुए तो केवल भटकना-भर हाथ आनेवाला है। मैं जब नौजवान स्नातकों से उनकी निराशा-भरी असफलता की कहानियाँ सुनता हूँ तो व्याकुल हो उठता हूँ। यही क्या शिक्षा का परिणाम है ? ये हजार-हजार युवक क्या भाग्य के बवण्डर में छोड़ देने के लिए ही विश्वविद्यालयों की परीक्षा की फैक्टरी से निकाले जाते हैं। बड़ी दारुण अवस्था है यह, इसका अन्त होना चाहिए। यह असह्य है।

निस्सन्देह स्वाधीनता-प्राप्ति के बाद नवीन सम्भावनाओं के द्वार उद्घाटित हुए हैं। पंचवर्षीय योजना के द्वारा देश को सुखी और समृद्ध बनाने का प्रयत्न जारी है। अन्न-वस्त्र की समस्या को हमारे नेता हल करने में लगे हैं। वर्षों की जमी हुई किट्ट क्षण-भर में नहीं धोयी जा सकती। समय लगेगा। किन्तु उससे शिक्षित युवकों की तात्कालिक समस्या भी नहीं सुलझ

रही है। फिर, जैसे-जैसे हम सुचिन्तित योजनाओं की पूर्ति की ओर अग्रसर होते जा रहे हैं वैसे-वैसे नयी समस्याएँ भी हमारे सामने आती जा रही हैं। ऐसी समस्याएँ, जिनका हमें कोई आभास भी नहीं था—नवीन, अज्ञात अननुध्यात ! अभी युवकों की असहाय अवस्था कुछ दिन और चलेगी। अभी भी क्लान्तिकर यात्रा समाप्त होती नहीं दिखती।

कोढ़ पर खाज यह है कि हमारे देश के अनेक प्रौढ़ जन, जो इन युवकों के भाग्य का निर्णय किया करते हैं, प्रायः यह प्रचारित करते हैं कि इन युवकों के ज्ञान का स्तर बहुत नीचा है, ये अपने प्रान्त के गवर्नर का नाम भी नहीं जानते, चरखा-संघ के सदर मुकाम का इन्हें कुछ पता नहीं है, अपने जिले के रेलवे पुल की कोई खबर नहीं रखते, अखबार में प्रतिदिन छपकर दूसरे दिन बासी हो जानेवाली घटनाओं का कोई हिसाब नहीं रखते —सब प्रकार से अक्षम, अटल गँवार हैं। युवकों के चरित्र बल का उपहास तो किया ही जाता है, यदि कहीं कोई आत्म-विश्वास की क्षीण रेखा उनमें रह भी गयी हो तो यथासम्भव धो-पोंछ देने का प्रयास किया जाता है ! बेकारी और अवमानना की दुहरी मार से शिक्षित युवक की रीढ़ ही टूट गयी है। इस विषम परिस्थिति में आपको जाना है। मैं चाहता तो हूँ कि आपको 'सत्यं वद, धर्मं चर' के हृदयहारी उपदेशों को सुनाकर मंगलमय भविष्य की कामना के साथ कर्मक्षेत्र में प्रवेश करने का प्रेरणादायक सन्देश सुना दूँ, पर मेरा हृदय भरा हुआ है, बड़ी-बड़ी बातों के उच्चारण करने का हौसला ही नहीं रह गया है।

परन्तु मैं आपको वस्तुस्थिति का ज्ञान इसलिए नहीं करा रहा हूँ कि आप और भी हतोत्साह हो जायँ। मैं कुछ साफ-साफ कहने के उद्देश्य से ऐसा कर रहा हूँ। मैं उत्साह-हीनता की नहीं, मनोबल की बात बताना चाहता हूँ, भुलावने और लुभावने शब्दों में नहीं, वास्तविक और अर्थवाही शब्दों में।

मैं शुरू में ही अपना यह विश्वास प्रकट कर देना चाहता हूँ कि मैं सबसे महत्त्वपूर्ण वस्तु जड़ सम्पत्ति को नहीं मानकर चेतन मन के बल को मानता हूँ। स्वतन्त्रता की लड़ाई क्या रुपये-पैसे के बल पर लड़ी गयी है ? पिछले तीस-चालीस वर्षों का संघर्ष एकमात्र मानसिक बल के सहारे सफल हुआ

है। इन दस वर्षों में ऐसा कौन-सा अघटित घट गया है कि हमारे नौजवान निराशा और उत्साह-हीनता का भाव अनुभव करें। देश वही है, देश की जनता वही है, दरिद्रता और हीनता की व्याधि ज्यों-की-त्यों है, संकट कुछ बढ़ गया हो तो बढ़ गया हो, कम नहीं हुआ; फिर भी इस पीढ़ी के युवकों में संकट का सामना करने का उत्साह क्यों नहीं रह गया है ? बात नितान्त दुर्बोध नहीं है, कुछ थोड़ी समझ में आने योग्य लगती है। स्वतन्त्रता के पहले हमने बड़ी-बड़ी आशाएँ पाल रखी थीं। हमने सोचा था कि अंग्रेजों के हटते ही सारी कठिनाइयाँ हल हो जायेंगी। शायद यह आशातिरेक ही वर्तमान निराशा के मूल में हो। स्वतन्त्रता मिलने के बाद हमने जितनी जल्दी समृद्धि प्राप्त करने की आशा की थी, जब उतनी जल्दी वह फलवती नहीं हुई तो हमारे प्रयत्नों में ढिलायी आ गयी। मनोबल क्षीण हो गया। हम पहले सबसे बुरे फल की आशा लेकर चलते थे; जेल, कुड़की, नीलामी, फाँसी, अपमान, सबको सम्भव मानकर चलते थे और जब इन कठिन विपत्तियों की सम्भावनाओं के कुहासे में कुछ थोड़ी भी सफलता की रोशनी दिख जाती थी तो हमारा संकल्प और भी दृढ़ हो जाता था। किन्तु आज हममें वह मनोवृत्ति नहीं रही। हम अतिरिक्त आशा लेकर आगे बढ़ते हैं और थोड़ी-सी कठिनाई दिखती है तो हमारा दिल टूट जाता है, हम हतोत्साह हो जाते हैं। अंग्रेजों की गुलामी बुरी थी, पर आशा की गुलामी और भी भयंकर सिद्ध हुई है। संस्कृत के कवि ने कहा था कि जो आशा के गुलाम होते हैं वे सारी दुनिया के गुलाम हो जाते हैं, पर आशा जिनकी दासी होती है उनकी गुलामी सारी दुनिया करती है—

आशाया ये दासास्ते दासाः सर्वलोकस्य।
आशा येषां दासी तेषां दासायते लोकः॥

मित्रो, निराश होना बुरा है, पर आशा का गुलाम होना और भी बुरा है। भारत माता की ऊपरी बेड़ियाँ कट गयी हैं लेकिन भीतर की जर्जरावस्था ज्यों-की-त्यों बनी हुई है। पिछले दस वर्षों में हमने प्रान्तीयता के विषम विष का विस्फूर्जन देखा है, देश-भाषा के दारुण अपमान की कठोर वाणी सुनी है, पारस्परिक विद्वेष के घिनौने सर्पों के फूत्कार प्रत्यक्ष अनुभव किये हैं और आत्महीनता का निर्लज्ज नर्तन देखा है। संकट अभी

कटा नहीं है। इसमें विश्राम पाने की लालसा का प्रश्न ही कहाँ उठता है। रवीन्द्रनाथ के शब्द आज भी सत्य हैं, बल्कि पहले से अधिक मुखर हो उठे हैं। आज से पचास-साठ वर्ष पहले उन्होंने गाया था—अरे ऐ मेरे राजहंस, अभी क्लान्ति अनुभव करने का समय नहीं आया; अभी पंख बन्द करने की बात क्यों सोच रहा है, सामने जो दिखायी दे रहा है वह मर्मध्वनि से गुंजरित मोहन वनभूमि नहीं है, यह तो अजगर के समान फुफकारता हुआ महासागर है; यह कुन्द-कुसुमों से रञ्जित मनोरम कुञ्ज नहीं है, यह तो तरंगों के परस्पर आघात से उत्पन्न फेनराशि हिल्लोलित होकर कल-कल्लोल कर रही है; पुष्प-पल्लवों से लहराती वनस्थलीवाली तटभूमि अभी कहाँ आयी, तुम्हारा नीड़ कहाँ आया, आश्रय देनेवाली तरु शाखा कहाँ है? अरे ओ विहंग (यद्यपि मैं जानता हूँ कि तेरे अंग-अंग में क्लान्ति उतर आयी है) तो भी मेरे राजहंस, मेरे अन्ध विहंग, अभी पंख बन्द करने का समय नहीं आया—

ए नहे मुखर वन मर्म्मर-गुञ्जित,
ए-ये अजागर गरजे सागर फुलिछे।
ए नहे कुञ्ज कुन्द-कुसुम-रञ्जित,
फेन-हिल्लोल कल कल्लोले दुलिछे।
कोथा रे तीर फूल-पल्लव-पुञ्जित,
कोथा रे नीड़, कोथा आश्रय-शाखा।
तबु विहंग, ओरे विहंग मोर,
एखनि, अन्ध, बन्ध कोरो ना पाखा!

रवीन्द्रनाथ आगे मानो आज के युवकों को ही ध्यान में रखकर कहते हैं—

डरो मत मेरे राजहस, डरने की क्या बात है भला? स्नेह-मोह के बन्धन छोड़ो। अरे ओ विहंग, कहीं आशा नहीं है, आशा तो सिर्फ मिथ्या छलना का नाम है। अरे ओ विहंग, तेरे पास भाषा भी नहीं है और बैठकर निराश भाव से रोने का समय भी नहीं है। मेरे विहंग, घर भी नहीं है, फूलों के सेज की तो बात ही कहाँ उठती है। हैं केवल पंख और है यह सामने फैला हुआ महा आकाश का आँगन, जिसमें उषा दिङ्मूढ़ होकर न जाने कहाँ

भटक गयी है, इस छोर से उस छोर तक केवल निविड़ अन्धकार-ही-अन्धकार दिखायी देता है, (परन्तु पंख का होना कोई मामूली बात है!) अरे ओ मेरे अन्ध विहंग, (जानता हूँ तुझे आर-पार नहीं सूझ रहा है।) पर कोई चिन्ता नहीं मेरे राजहंस, अभी पंख बन्द करने का समय नहीं आया!

ओरे भय नाइ, नाइ स्नेह-मोह बन्धन
ओरे आशा नाइ, आशा शुधु मिछे छुलना।
ओरे भाषा नाइ, नाइ वृथा बसे क्रन्दन
ओरे गृह नाइ, नाइ फुल शेज रचना।
आछे शुधु पाखा, आछे महा नभ अंगन
ऊषा दिशा हारा, निबिड़-तिमिर-आँका,
ओरे विहंग, ओरे विहंग मोर
एखनि अन्ध, बन्ध कोरो न पाखा॥

मित्रो, इससे बड़ा सन्देशा आपको क्या दिया जा सकता है? भगवान् की कृपा से इस दरिद्र देश से जितना कुछ बन सका है, उतनी शिक्षा उसने आपको दी है। यह सिर्फ पंख है। हिम्मत कीजिए, भारतमाता आज भी दीन-हीन होकर पुकारती है। रोग, अशिक्षा, कुरीति और अविश्वास से इस देश की कोटि-कोटि जनता आज भी जर्जर और पीड़ित है। इतना कठोर संकट-काल है। वह जवानी क्या जो विपत्ति को देखकर साहस खो बैठे, वह वीरता क्या जिसके उत्साह टूट जाय—

बाधा है, हैं आघात जानता हूँ मैं,
पर यही जानकर प्राण वक्ष में झूमैं!

मित्रो, जमाने ने आपको नयी चुनौती दी है। अपने विद्यालय में आपने जो कुछ पढ़ा है वह बहुत थोड़ा है, लेकिन वही साधन है, वही सम्बल है। अब बड़े विद्यालय में जा रहे हैं—जीवन के, कर्म के, संकटों के महाविद्यालय में। वहाँ सही शिक्षा मिलेगी। बड़ी कठोर शिक्षा होगी वह। दफ्तरों में भर्ती होने की होड़ में मत पड़िए। आपने लिखना-पढ़ना सीखा है। हमारे देश की जनता के बारे में परिचयात्मक पुस्तकें हमारी भाषाओं में नहीं हैं। क्यों न आप अपने गाँव-जवार को ही अध्ययन का क्षेत्र बनायें? वहाँ कौन-से लोग रहते हैं, कैसे जीते हैं, क्या उनका इतिहास है, क्या खाते-पीते हैं,

भूमि कैसी है, बाढ़-सूखे का क्या हिसाब है, कौन-सी भाषा बोलते हैं, किन रीति-रस्मों का पालन करते हैं, शिक्षा की क्या गति है, आर्थिक उन्नयन का कोई साधन है या नहीं, कौन-से शिल्प और उद्योग हैं, खपत का कोई उपाय हो सकता है या नहीं, उनको कुछ नया कौशल दिया जा सकता है या नहीं, यातायात की सुविधाएँ कैसे दी जा सकती हैं, सिंचाई की कोई व्यवस्था हो सकती है, कुछ खनिज द्रव्य मिल सकते हैं, बाहर की दुनिया की खबर उन तक पहुँच सकती है या नहीं, क्यों नहीं पहुँचती ? फिर दूसरे देशों की इन्हीं समस्याओं से तुलना करके देखने की भी जरूरत है। आज सरकार जन-कल्याण के अनेक प्रयत्नों में लगी है। सब समय सरकारी मशीन सन्तोषजनक ढंग से नहीं चलती। क्यों नहीं चलती ? देनेवालों की त्रुटियाँ क्या हैं, लेनेवालों की बाधाएँ कहाँ हैं ? शिकायत करने का प्रश्न नहीं है, सुधार करने का सवाल है। नौकरी पाने के लिए नहीं, शुद्ध चित्त से सेवा करने के लिए। मन को दृढ़ कीजिए, उदार बनाइये। जिनके हाथ में अधिकार है वे गलत समझ सकते हैं, पर डरिये नहीं। कुछ समय तक सन्देह और कष्ट का शिकार बनना पड़ेगा, पर अधिक देर तक नहीं। वे दिन गये हैं जब अधिकारी हमेशा अधिकारी ही बना रहता था। अगर आप लिखने में रुचि रखते हैं तो लिखने की सामग्री का अभाव नहीं है। लक्ष्य निश्चित हो जाने पर रास्ता भी मिल जाता है। पहले लक्ष्य निश्चित कीजिए। और फिर रास्ते पर निकल पड़िये। रास्ता ही रास्ता बता देगा। निराश होकर बैठ रहना अपना ही अपमान है। अगर आपका हृदय संवेदन-शील है तो चारों ओर फैली हुई वेदना का कम्पन उसमें अवश्य सुनायी देगा। आप बैठे नहीं रह सकते। जब मैं अपने विद्यार्थियों से यह सुनता हूँ कि 'बैठा हूँ' तो सिर ठोक लेता हूँ। हमने कैसी शिक्षा दी है कि जिसे सौ-पचास की नौकरी नहीं मिलती वह बैठ जाता है ! मानों पेट भरने के लिए कुछ रोजगार न मिले तो कुछ कर्तव्य शेष ही नहीं रह जाता। वह आपका नहीं, हमारी दी हुई शिक्षा का दोष है। यह कैसी शिक्षा है जो चारों ओर फैली हुई दीनता की त्राहि-त्राहि की पुकार सुनने योग्य भी नहीं बनाती। वह शिक्षा शिक्षा नहीं है जो संवेदन-शून्य, निष्क्रिय बना दे। वह क्या है, मैं नहीं जानता, कदाचित् कोल्हू है जो शिक्षित के दिमाग और

हृदय को पेर के रसशून्य, संवेदनशून्य खली बना देती है।

मित्रो, शिक्षा व्यवस्था में और सब सुधार देर-सबेर होते रहेंगे, पर युवक के चित्त की संवेदनशीलता उभाड़ने का काम क्यों रुका हुआ है ? क्या सारी पढ़ाई का स्वर ऐसा नहीं बदला जा सकता कि उससे हम अपने चारों ओर फैले हुए हाहाकार को सुनने के कान दे सकें और विपत्ति की आग में अपने प्राणों को झोंककर भी संकटग्रस्त का उद्धार करने की ललक जगा सकें ? क्या समाज में फैले हुए विद्वेष की आग की लपटें देखने की आँख देने के लिए लाख-लाख रुपये के मकानों की आवश्यकता है ? कब इस देश की शिक्षा व्यवस्था से जड़ साधनों का मोह दूर होगा ? कब हम पुस्तकालयों और प्रयोगशालाओं का महत्त्व अधिक आँकेंगे और टेबुल, कुर्सियों और इमारतों की माया काट सकेंगे, कब हम नीरस टेक्स्ट बुक्स की मरीचिका के स्थान पर उद्‌बोधनकारी प्रेरणादायक साहित्य पर और डिग्रियों और टेस्टीमोनियलों के स्थान पर सच्चे गुरु प्राणोद्दीपक उल्लास और शिष्य के सेवाभाव पर विश्वास करेंगे ? विश्वविद्यालय की डिग्री लेते-लेते इस दरिद्र प्रदेश के युवक पत्नी और पुत्र का भार ढोने लगते हैं, माँ-बाप की सम्पत्ति समाप्त कर चुके होते हैं, स्वास्थ्य और मनोबल गँवा चुके रहते हैं, कैसी दारुण अवस्था है। उनको मनोबल का उपदेश देना भी क्रूर उपहास के समान लगता है। क्या कुछ ऐसा नहीं हो सकता कि सरकार कोई ऐसा उपाय कर दे कि जब तक कोई अपना भार स्वयं न सँभाल सके, तब तक अनावश्यक बन्धनों में बँध ही न सके। पता नहीं वह दिन कब आयेगा जब सारी शिक्षा निःशुल्क होगी, पर शिक्षा प्राप्त होने के पहले अनावश्यक बोझ को तो अभी से रोका जा सकता है। जब तक अनावश्यक बोझ नहीं उतारे जाते, तब तक निश्चिन्त सेवा का मार्ग विघ्नसंकुल ही रहेगा। परन्तु मनोबल दृढ़ करने का प्रयास अभी से शुरू होना चाहिए। जिसके पास मनोबल नहीं, आत्मविश्वास नहीं, संवेदनशील हृदय नहीं है, उसके लिए जानकारियों का बण्डल बोझ मात्र है।

हमारी राष्ट्रीय शिक्षा का मूल मन्त्र सच्चा गुरु है। दुर्भाग्यवश हमारी नयी शिक्षा-व्यवस्था में कानून और व्यवस्था का स्थान मुख्य हो गया है, गुरु का गौण।

हमारे सुदीर्घ इतिहास में नाना भाव से शिक्षण देने के उदाहरण पाये जा सकते हैं। ये सब भारतीय प्रथाएँ हैं, यद्यपि इनमें देश-काल-पात्र के अनुसार किसी को कम, किसी को ज्यादा महत्त्व प्राप्त होता रहा है। इन सारी प्रथाओं के भीतर एक बात सर्वत्र सामान्य रूप से पायी जाती है। वह है गुरु का प्राधान्य। भारतीय मनीषा ने अनेक प्रयोगों के भीतर एक बात को सदा मुख्य स्थान दिया है। शिक्षा का मुख्य साधन उत्तम गुरु है। कोई निश्चित प्रणाली या योजना उतने महत्त्व की वस्तु नहीं है जितना उदार, निस्पृह और प्रेमी गुरु। दूसरी बात जो अत्यन्त स्पष्ट है वह यह है कि बदली हुई अवस्था के साथ सदा सामंजस्य स्थापित करने का प्रयास किया गया है। उपलब्ध साधनों का—यज्ञों का, तीर्थों का, मेलों का, गोष्ठियों का, समाजों का यथेच्छ उपयोग किया गया है। विद्या जीवन से विच्छिन्न कभी नहीं की गयी है। पुस्तकों का सहारा लेने में भी नहीं हिचका गया है। किन्तु सर्वत्र और सर्वदा 'गुरु' का आदर्श वही रहा है—निःस्पृह, उदार, प्रेमी और चरित्रवान्।

मध्ययुग में भी बदली हुई परिस्थिति के साथ सामंजस्य स्थापित किया गया था। पिछले सौ-डेढ़ सौ वर्षों से इस मार्ग में बाधा पड़ी है। परिस्थिति के साथ भारतीय मनीषा को निबटने का मौका नहीं दिया गया। विदेशी विद्वानों ने अपने लाभालाभ को सामने रखकर इस देश के लिए एक योजना बनायी और उस योजना के साँचे में आदमी ढाले जाने लगे। यही काल, क्षेपक का काल है। इसके पहले यद्यपि भारतीय विद्या नाना कारणों से म्लान हो आयी थी फिर भी उसने अपनी शिक्षा-प्रणाली को एक ढंग पर लाने का प्रयत्न किया था। सन् 1815 के आस-पास वार्ड नामक अंग्रेज ने भारतवर्ष के नाना स्थानों की अवस्था देखकर 'हिन्दूज' नामक एक पुस्तक लिखी थी। काशी में उसने अनेक पाठशालाएँ देखी थीं। इनमें विद्यार्थियों की संख्या 25 और कम-से-कम 10 थी। प्रत्येक पाठशाला में एक गुरु होते थे। उनकी वृत्ति साधारणतः मठों और मन्दिरों से बँधी होती थी। वार्ड ने इन पण्डितों के अध्याय विषयों की भी सूची दी है। ऐसा जान पड़ता है कि उन दिनों शिक्षण-व्यवस्था का भार मठों और मन्दिरों ने सँभाल लिया था लेकिन सरकारी व्यवस्था ने इस व्यवस्था को अधिक स्वस्थ और सबल

होने में बाधा पहुँचायी और मन्दिरों और मठों से शिक्षा का जो योग था वह कट गया। अब समय आया है कि बाहरी हस्तक्षेप की उपेक्षा करके हम सम्पूर्ण उपलब्ध साधनों का उपयोग करके बदली हुई अवस्था के साथ अपनी शिक्षा-प्रणाली का सामंजस्य स्थापित करें। हमें पुराने साहित्य में इतने प्रकार के प्रयोग मिलते हैं कि किसी विशेष प्रथा को अपनी राष्ट्रीय प्रथा मानने का बन्धन स्वीकार करने की जरूरत नहीं है। केवल एक ही बात मुख्य रूप से हमारी राष्ट्रीय परम्परा की देन है और हमारे स्वभाव और संस्कारों से अविच्छेद्य रूप से सम्बद्ध है—'गुरु' का प्राधान्य। हमें बँधी योजनाओं और प्रणालियों पर उतना जोर नहीं देना चाहिए जितना आदर्श गुरु की खोज पर। योजनाओं के साँचे में मनुष्य को नहीं ढालना है; मनुष्य के आदर्श पर योजनाओं को मोड़ना है। इसी एक अर्थ में भारतीय राष्ट्रीय शिक्षा-प्रणाली को 'गुरु-कुल' प्रणाली कहा जा सकता है, क्योंकि इस व्यवस्था के केन्द्र में 'गुरु' का रहना आवश्यक है।

'गुरु' के बाद ही दूसरा स्थान शिक्षा के उपयुक्त वातावरण का है। पौधा जिस प्रकार केवल मूल से ही नहीं, वायुमण्डल से भी अपना पोषण-रस खींचता रहता है वैसे ही विद्यार्थी भी वातावरण से रस खींचता है। परन्तु वह वातावरण आज कहाँ मिलता है ?

परन्तु मैं अपने नौजवान मित्रों को हतोत्साह नहीं देखना चाहता। जानता हूँ, माँ-बाप आशा लगाये बैठे हैं कि शिक्षा समाप्त करके बेटा कुछ कमायेगा, कुछ भार हल्का करेगा। आज की आर्थिक मार बड़ी भयंकर है। माँ-बाप की आशा पूरी करने का प्रयत्न करना ही चाहिए। अच्छा रोजगार मिल जाये तो अवश्य करना ही चाहिए। पर यदि न मिले तो हर दफ्तर में आवेदन-पत्र देकर अपने आपको अपमानित न कीजिए। हिम्मत न हारिये। देशमाता व्याकुल भाव से पुकार रही है। बैठिए मत, क्लर्की की मृगमरीचिका के पीछे न दौड़िए। देश-सेवा के सैकड़ों पथ खुले हुए हैं। उत्साह के साथ, उल्लास के साथ जमाने की चुनौती स्वीकार कीजिए। देश की मिट्टी सोना उगलेगी, उगलाने का प्रयत्न करना आपका काम है; इस देश की जनता सशक्त होकर संसार से भय और लोभ की धमाचौकड़ी दूर करेगी, सशक्त बनने का काम आपका है; हमारी देश-भाषाएँ संसार में

सम्मान का आसन ग्रहण करेंगी, कराने की तैयारी आपका काम है; हमारे देश के युवक नयी वैज्ञानिक खोजों से विश्व को शान्ति के मार्ग की ओर अग्रसर करेंगे; उनके लिए रास्ता साफ करना आपका काम है और हमारा साहित्य संसार की त्रस्त-कातर जनता में आशा, विश्वास और आत्मबल का संचार करेगा, उसके लिए उपयुक्त वातावरण प्रस्तुत करना आपका काम है। यह देश कोई नौसिखुआ नहीं है। हजारों वर्ष का विराट् निर्मल साहित्य हमें विरासत में मिला है, ऋषियों, आचार्यों, सन्तों, भक्तों और कवियों की वाणी से हमारी परम्परा विशाल और उदार बनी हुई है। उद्‌बुद्ध भारत संसार को आलोक देगा, शान्ति देगा, शक्ति देगा। यह निश्चित है। मुझे इसमें रंचमात्र भी शंका नहीं है। इस पीढ़ी के युवक इस महान् भविष्य के निमित्त बनेंगे। महाकाल का भृकुटि-तर्जन अमंगल की ही सूचना नहीं देता। 'रुद्र' का भीषण मुख मंगलमय कर्म से प्रसन्न होता है। ऊपर-ऊपर से जो बात भीषण दिख रही है उसी के अन्तर में प्रसन्न दाक्षिण्य की धारा बहती रहती है। काल-देवता के दुर्घट रूप को देखकर विचलित होना ही दारुण अभिशाप है, उससे उल्लसित होकर कर्म मार्ग में जुट जाना ही वरदान है। आइये, प्राचीन ऋषियों की भाषा में हम भी कहें कि हे रुद्र, तुम्हारा जो प्रसन्न मुख है उसी से मेरी रक्षा करो—वही कल्याण का वाहक है—रुद्र यत्ते दक्षिणं तेन मां पाहि नित्यम्।

मेरे तरुण मित्रो, आप में यदि कहीं रचनात्मक प्रतिभा है तो उसके उपयोग का ऐसा स्वर्ण-सुयोग फिर नहीं मिलेगा। मैं अपनी ओर से कुछ न कहकर कविवर रवीन्द्रनाथ ठाकुर का सन्देशा अपने स्खलित-कम्पित शब्दों में सुना देना चाहता हूँ। यही आज का सन्देशा है। कवि ने एक बार अपने को ही सम्बोधित करके जो कुछ कहा था वह प्रतिभाशाली युवकों के लिए प्रेरणादायक मन्त्र है—

"आज जब संसार के सब लोग शत-शत कर्म में हैं निरत आठों याम; ऐसे ही समय तू छिन्नबाधा भगोड़े शिशु की तरह मैदान में बैठा उदासी से भरे तरु के तले छिपकर यहाँ चुपचाप दुपहरिया गँवाता, दूर के वन गन्ध-वाही तप्त झंझा के झकोरों में बजाता बाँसुरी दिन-भर? अरे उठ, आज अपना सिर उठाकर देख आग लगी कहाँ है? कौन शंख बजा रहा है विश्व-

जन के जगाने के हेतु ? यह आकाश फटता कहाँ की दुस्तर-करुण क्रन्दन-गिरा से ! किस अँधेरे रुद्ध कारा-गेह में बैठी अनाथ वधू पुकार रही तुझे व्याकुल-विकल हो और किस अज्ञात स्थल में स्फीतवपु अपमान दीन-दरिद्र अक्षम की शिरा का रक्त चूस रहा निरन्तर लाख मुँह फैला ? कि उठ, वह देख, स्वार्थोद्धत कलुष अन्याय का कैसा घृणित परिहास ग्रास किये बढ़ा जा रहा इस नरलोक को, संकुचित भीत-क्रीत दास छिपा हुआ है छद्मवेशी !

"देख, वह जो मूक मानव खड़ा—जिसके म्लान मुख पर सदा अंकित शत-शताब्दी की कठिन निर्यातना की पीर, जितना भी न लादो भार ढोता ही चला जाता अलस गति से जहाँ तक साँस चलती है, मरण के बाद देता लाद है औलाद के सिर पर, कमर को ठोकता है पर न झुँझलाता, न देता देवता को दोष, रखता है न मन में रंच-भर अभिमान, सूखी रोटियों को चाट अधपेटा बचाये जा रहा है कष्ट-रक्षित प्राण, हाहाकार से जर्जर; कि जब इस अन्न को भी छीन लेता है निठुर कोई, लगाता प्राण में ठोकर निठुर गर्वान्ध अत्याचार तो फिर जानता यह भी नहीं वह जाय किसके द्वार पर कुछ न्याय की आशा लिये; बस एक बार दरिद्र के भगवान को है याद कर लेता करुण निःश्वास लेकर के विचारा ! इन अभागे मूक-कातर-म्लान अधरों में तुझे देनी पड़ेगी मुखर भाषा, श्रान्त शोषित-भग्न हृदयों में जगानी पड़ेगी दुर्वार आशा !

"और, कवि, यदि रह गया है प्राण-कणिका का कहीं भी लेश तेरी देह में तो दान कर दे उसी को निःशेष करके। बड़ा दुःख है, बड़ी पीड़ा, बड़ी दारुण व्यथा, सम्मुख दिख रहा है कष्ट का संसार, भारी दैन्य पारावार, भीषण शून्य, ओछी क्षुद्रता, घनबन्ध तमिस्र ! चहिए अन्न, चहिए प्राण, चहिए ज्योति, चहिए मुक्त निर्मल वायु, चहिए शक्ति, सुन्दर स्वास्थ्य, आनन्दोज्ज्वलित परमायु, साहस से भरा विस्तीर्ण वक्षःस्थल। अरे कवि, एक बार उतार ला तू स्वर्ग से विश्वास का आलोक उज्ज्वल, धवल !"

मित्रो, इससे अधिक मुझे कुछ भी नहीं कहना। भगवान आपको शक्ति और विश्वास दें। शुभास्ते सन्तु पन्थानः।

—सतीशचन्द्र कालेज, बलिया में दिये हुए दीक्षान्त भाषण से।

संकीर्णताओं पर हथौड़े की चोट

26 जनवरी आयी और चली गयी। आठ वर्ष पूर्व इस दिन भारतवर्ष ने अपना नया संविधान कार्यान्वित किया। तब से कुछ क्रान्तिकारी आचरण समाज में तेजी से परिवर्त्तन लाने लगे हैं। यद्यपि आठ वर्ष का समय बहुत थोड़ा है और यह हिसाब लगाना कठिन है कि ये क्रान्तिकारी परिवर्त्तन कितनी मात्रा में देश को आगे बढ़ाने या पीछे सरकाने में समर्थ हुए हैं, फिर भी कुछ परिवर्त्तन इतने स्पष्ट हैं कि वे बिना किसी अभ्यास के दीख जाते हैं। थोड़े में उनकी चर्चा करना सम्भव नहीं है, परन्तु थोड़े में उनकी ओर इंगित अवश्य किया जा सकता है।

पहली बात जो बिल्कुल स्पष्ट है, वह है बालिग मताधिकार वर्ग-स्वीकृति के कारण घटित परिवर्त्तन। हमने दो देशव्यापी चुनाव शान्ति-पूर्वक लड़े हैं। बालिग मताधिकार के कारण बहुत-से उपेक्षित जन-समूह राजनीतिक अधिकारों की चेतना से शताब्दियों बाद उद्बुद्ध हुए हैं। वे अपनी शक्ति अनुभव करने लगे हैं। चुनाव का यह सुपरिणाम है। परन्तु स्वाभाविक रूप से यह चेतना भारतवर्ष की पुरानी और निन्दित जाति-प्रथा को उभाड़ने में और बल देने में समर्थ हुई है। संविधान में हम जाति-भेद को समूल नष्ट करने का संकल्प कर चुके हैं। परन्तु उस संकल्प का आरम्भिक परिणाम उल्टा हुआ है। कुछ लोग इससे चिन्तित हुए हैं। चिन्तित होना स्वाभाविक है। यदि 'लिखत सुधाकर लिखिगा राहू' वाली उक्ति चरितार्थ हुई है तो चिन्ता का उचित कारण है। पर वे लोग भूल जाते हैं कि अग्नि-शिखा के पहले धुआँ उठा करता है। हमारी राष्ट्रीय-

चेतना के व्यावहारिक रूप का यह पहला कदम है। हजारों वर्ष की प्रथा एकदम नहीं नष्ट हो सकती। राजनीतिक अधिकार की प्रथम चेतना उस प्रथा में उलझकर प्रकट हो रही है। आगे चलकर आर्थिक और सामाजिक हितों के आगे यह अधिक देर तक टिक नहीं सकेगी।

26 जनवरी, 1950 को लगभग समूचा हिन्दू भारत एक संविधान के अन्तर्गत आ गया। नेपाल और पूर्वी पाकिस्तान के कुछ थोड़े-से हिन्दू इसके बाहर रह गये हैं। इतिहास में यह कदाचित् पहला अवसर है जब हिन्दू सभ्यता एक शासन के अन्तर्गत आ गयी है। जाति-पाँति का भेदभाव इस सभ्यता का अविच्छेद्य अंग रहा है। पिछले दिनों भारतीय गणतन्त्र की संसद ने कुछ ऐसे कानून बनाये हैं, जो आगे चलकर इस भेदभाव को निस्सन्देह समाप्त कर सकेंगे। 18 मई, 1955 ई. को पारित 'हिन्दू विवाह विधेयक', 17 जून, 1956 ई. का 'हिन्दू उत्तराधिकार विधेयक', 25 अगस्त, 1956 ई. का 'हिन्दू अल्पवयस्कता और संरक्षण विधेयक' और 14 दिसम्बर, 1956 ई. का 'हिन्दू दत्तक ग्रहण और निर्वाह विधेयक' अत्यन्त क्रान्तिकारी और दूरगामी कानून हैं। पहली बार हिन्दुओं की सभी शाखा-प्रशाखाओं को—ब्राह्म समाज, आर्यसमाज, वीरशैव, लिंगायत तथा बौद्ध और जैन को भी—ये कानून एक प्रकार के सामाजिक नियमों में बाँधते हैं। स्त्रियों को सम्पत्ति का समान भागी माना गया है, असवर्ण और प्रतिलोम विवाह को सामाजिक स्वीकृति मिली है, तलाक-प्रथा को कानूनी घोषित किया गया है, इन कानूनों के फलस्वरूप उत्पन्न बच्चों को पैतृक सम्पत्ति का अधिकारी माना गया है और इस प्रकार शताब्दियों की दृढ़-प्रतिष्ठित जाति-व्यवस्था के मूल पर कठोर कुठाराघात किया गया है। परिणाम अभी स्पष्ट रूप से नहीं रहे हैं, पर ज्यों-ज्यों समय बीतता जायेगा, त्यों-त्यों ये कानून समाज को तेजी से परिवर्त्तित करेंगे। अच्छा होगा या बुरा, यह बहस का विषय हो सकता है, पर परिवर्त्तन होगा यह निश्चित है। जाति से बहिष्कृत होने का अब भय नहीं रहेगा, दहेज आदि की कुरीतियाँ शिथिल होंगी, स्त्रियाँ अधिक शक्ति अनुभव करेंगी, छोटी जाति नाम की चीज क्रमशः समाप्त हो जायेगी और बालिग मताधिकार से उठा हुआ धुआँ शान्त होने को बाध्य होगा।

इस बीच हमारी संसद ने एक और दूरगामी कानून पास किया है—मृत्यु-कर। आर्थिक दृष्टि से इसका प्रभाव यह होगा कि बहुत बड़ी धनराशि कोई संचित नहीं रखना चाहेगा। अपनी जीवितावस्था में ही बड़ी धनराशि को वह बाँटकर छोटी करने का प्रयत्न करेगा और यद्यपि यथासम्भव वह परिवार में ही रह जायेगी, तथापि अत्यधिक संचय का विघटन शुरू हो जायेगा। मुझे एक प्रतिष्ठित वकील ने बताया कि इस कानून में कुछ दरार खोजा जा सका है और इसकी प्रत्याशित सफलता कुछ सन्देहास्पद है, फिर भी वह मानते हैं कि दरार बहुत बड़ा नहीं सिद्ध होगा और भविष्य में अनुभव के आधार पर उसे पाटा भी जा सकेगा। संसद ने आर्थिक समानता लाने के लिए और भी अनेक कदम उठाये हैं, जिनसे आर्थिक वैषम्य के दूर होने की आशा की जा रही है।

देश के विभाजन के समय देश में हिन्दू-मुसलिम-वैमनस्य का वातावरण बहुत ही भयंकर था। आज अनुभव से सिद्ध होता है कि पिछले आठ वर्षों की उदारतापूर्ण नीति ने देश में सौहार्द का वातावरण प्रस्तुत किया है। मुसलमान आज भी कुछ सहमी अवस्था में हैं। भारतीय संघ ने उनकी झिझक और अरक्षणकातर मनोभाव को दूर करने का प्रयत्न किया है। भारतीय मुसलमान अपनी पिछली भूलों को समझने लगा है और इसीलिए वह अधिकाधिक सतर्क होता जा रहा है। पर अभी साम्प्रदायिक मनोवृत्ति निर्मूल नहीं हुई है। पैगम्बर-विषयक अंग्रेजी किताब और कुत्तेवाली घटना से उत्पन्न आन्दोलन इसके सबूत हैं। पड़ोसी देश निरन्तर सन्देह और विच्छेद की भावना को उकसाता रहता है। इसलिए अभी यह अवस्था कुछ दिन और रहेगी, पर अधिक दिन यह नहीं टिक सकती। मुसलमानों के चित्त से शंका दूर होकर रहेगी। जिस दिन दूर होगी, वह बहुत शुभ दिन होगा। हिन्दुओं की ओर से कुछ भी ऐसा नहीं किया जाना चाहिए, जो इस दिन को लाने में बाधा उत्पन्न करे। भारतवर्ष का कोई समाज अपने को अरक्षित न समझे, यही भावी उन्नति का प्रधान चिह्न माना जाना चाहिए।

प्रान्तीयता का भूत इधर अधिक शक्तिशाली हुआ है। भाषावार प्रान्तों के पुनर्गठन से उसे बल मिला है। राष्ट्रभाषा की ओर आगे बढ़ने की बजाय जो हम पीछे हटे हैं, वह इस प्रान्तीय भावना के कारण ही। एक

तरफ अंग्रेजी की स्तुति शुरू हुई है, दूसरी तरफ प्रान्तीय भाषाओं की ओर जनता का ध्यान आकृष्ट हुआ है। पहला अशुभ परिणाम है, दूसरा शुभ लक्षण है। सभी भाषाओं को एक-दूसरे के निकट लाने की आवश्यकता जनता और सरकार दोनों ने अनुभव की है। यह उत्तम प्रयत्न है। परन्तु भारतवर्ष की सभी भाषाओं को अपनी भाषा समझने की प्रवृत्ति उतार पर है। उसे अधिक बल मिलना चाहिए। किसी भी भारतीय भाषा की उन्नति समूचे भारतीय जन-समूह के लिए गर्व और गौरव का विषय होना चाहिए। इस बात में हम आगे नहीं बढ़े हैं।

भारतवर्ष की अन्तर्राष्ट्रीय प्रतिष्ठा बढ़ी है। हमारा देश शान्ति और मानवता का प्रबल समर्थक सिद्ध हुआ है। संघर्ष और कटुता के वातावरण को शान्त करने में हमारा सहयोग सर्वत्र आदर की दृष्टि से देखा जा रहा है। इसके लिए हमें दण्ड भी भोगना पड़ रहा है, पर ऊँचे आदर्श के लिए ऊँचा दाम देना ही पड़ता है।

भीतरी शासन में कुछ कमजोरियों का सबूत पाया गया है। मानव-मूल्यों और मानव-आदर्श में विश्वास करनेवाले देश के व्यक्तियों और समूहों में आचरण और विचार की जिस पवित्रता और निष्ठा की आवश्यकता होती है, सब समय हम उसके पास नहीं सिद्ध हुए। चरित्रगत कमजोरी सब कमाई को नष्ट कर देती है। दुर्भाग्यवश यह कई क्षेत्रों में प्रकट हुई है।

परन्तु सब मिलाकर पिछले आठ वर्ष में हमारा देश सामाजिक, आर्थिक और सांस्कृतिक रूप से दुर्भेद्य महाजनित बनने के लिए महत्त्वपूर्ण कदम उठा चुका है। यह संकल्प बहुत महान् है और इसीलिए बहुत बड़े त्याग और धैर्य की अपेक्षा रखता है। आशा करनी चाहिए कि हम इस संकल्प के उचित पात्र सिद्ध होंगे।

पिछले साठ वर्षों में कुछ ऐसी भी बातें दीखी हैं, जो परस्पर-विरोधी लगती हैं। कई बार आशा एक प्रकार की की गयी, लेकिन फल दूसरे प्रकार का दिखायी दिया। दो-एक उदाहरण दिये जा रहे हैं। स्वायत्त शासनीय स्थानीय संस्थाओं और ग्राम-पंचायतों ने जहाँ गाँवों के अनेक चिर-उपेक्षित वर्गों में आत्मगौरव और आत्म-चेतना का भाव उद्‌बुद्ध किया है, वहीं

तनातनी और अविश्वास का वातावरण भी उत्पन्न किया है। दूर-दूर के गाँवों में विकास-योजनाओं ने आशा का सँदेशा पहुँचाया है; नहरों, नलकूपों, सड़कों आदि के निर्माण से नवयुग गाँवों के द्वार पर झाँकने लगा है। देखा यह जा रहा है कि नवीन साधनों ने गाँव की जनता को शहर की ओर भागने का मार्ग सुगम बना दिया है और आशा यह की जा रही है कि गाँव खुशहाल होंगे और शहर के लोग भी गाँव की ओर आकृष्ट होंगे और शहरों की भीड़ कम होगी। गाँव आबाद न होकर उजड़ रहे हैं, शहर खाली न होकर भर रहे हैं। गाँवों में लोग निरन्तर अपने को अरक्षित अनुभव कर रहे हैं।

एक ओर सरकार सुनिश्चित योजनाओं द्वारा देश के व्यवसायिकीकरण पर तुली हुई है और दूसरी ओर दूरगामी कानूनों द्वारा पूँजी के विघटन का भी प्रयास कर रही है। कहा जा रहा है कि निजी क्षेत्र में पूँजी लज्जावती वधू के समान घर से बाहर निकलने में संकुचित हो रही है।

कदाचित् आरम्भ में ऐसा ही होना स्वाभाविक हो। पर जब बात सुनायी एक तरह से दे और दिखायी दूसरी तरह दे, तब बुद्धि-भेद उत्पन्न होने को बाध्य है। सामयिक पत्रों में निकली हुई आलोचनाओं के विश्लेषण से यही सिद्ध हो रहा है कि उनके मूल में कान और आँख का असामंजस्य है। जो बात सुनायी देती है, वह दिखायी नहीं देती; जो बात दिखायी देती है, वह सुनायी नहीं देती।

एक बात निश्चित है। अभी से वह स्पष्ट दिखायी देने लगी है। हमारी जनता अब अधिक चलनशील है। दूसरी पंचवर्षीय योजना सफल होने पर वह और भी अधिक चलनशील होगी। कृषि-निर्भरता के कारण जो स्थान-विशेष में स्थायी भाव से रहने की प्रवृत्ति बद्धमूल हो गयी थी, वह शिथिल होती जा रही है। अब एक प्रान्त के लोग दूसरे प्रान्तों में अधिक जाने-आने लगे हैं। आगे और भी जायेंगे-आयेंगे। कदाचित् इतिहास-विधाता घिरौंदों को तोड़ने में ही प्रयत्नशील हैं। बड़ी तेजी से संकीर्णताओं पर हथौड़े की चोट पड़ रही है। भारतवर्ष मुस्तैदी से महाजाति के रूप में अग्रसर होने लगा है। दूसरी पंचवर्षीय योजना स्थानीय विशेषताओं को समाप्त तो नहीं कर सकेगी, पर उसकी अनेक कड़ियाँ टूट जायेंगी। इस अर्थ में हम शुभ यात्रा के लिए निकल चुके हैं।

जनता का 'अन्तःस्पन्दन'

पण्डित शान्तिप्रियजी द्विवेदी अपनी धुन में मगन रहनेवाले साहित्यिक हैं। इस बार वह इधर आ गये थे। सन्त-समागम बड़े पुण्य से प्राप्त होता है। कई दिनों तक हमें यह दुर्लभ वस्तु अनायास ही मिलती रही। द्विवेदीजी आजकल कुछ इस रास्ते सोच रहे हैं—"यद्यपि हम लोग आजकल साहित्य, संगीत, शिल्प और कला की खूब चर्चा करने लगे हैं; तो भी साधारण जनता तक इन अभिराम प्रयत्नों का मामूली अंश भी नहीं पहुँच पाता। साधारण जनता से मतलब गाँव में बसनेवाली कृषिजीवी जनता से है। कुछ ऐसा प्रयत्न होना चाहिए कि इस वंचित जनता के भीतर रसग्राहिका संवेदना उत्पन्न हो; वे भी 'सुन्दर' का सम्मान करना सीखें, 'सुन्दर' ढंग से जीवन बिताना सीखें, 'सुन्दर' को पहचानना सीखें।" इस बात को एक शब्द में द्विवेदीजी ने जनता का 'अन्तःस्पन्दन' कहा है। मुझे यह शब्द बड़ा सुन्दर और अर्थपूर्ण लगा, इसलिए मैंने उसे द्विवेदीजी द्वारा प्रयुक्त अर्थ में व्यवहृत करने का संकल्प किया है। द्विवेदीजी इस 'अन्तःस्पन्दन' को जागरित करने के लिए जो उपाय सुझा रहे हैं उससे मेरा मन नहीं भरा, पर द्विवेदीजी जो कुछ करना चाहते हैं उसकी वांछनीयता में किसी भी सहृदय को आपत्ति नहीं हो सकती।

सबसे पहले मैं यह बता दूं कि मुझे 'अन्तःस्पन्दन' शब्द क्यों अर्थपूर्ण लगा है। शून्य में मुक्का मारने को मैं कभी पसन्द नहीं करता, और अन्तः-स्पन्दन जैसे शब्दों ने अपने इर्द-गिर्द जो वातावरण बना लिया है उससे ऐसा लगता है कि इन शब्दों का व्यवहार करनेवाला कुछ ऐसा ही कौशल

प्रदर्शित करने जा रहा है। स्वभावतः मैं सत्ख्यातिवादी हूँ। जो कभी था ही नहीं, वह कभी हो भी नहीं सकता। गीता में भगवान् ने कहा है कि जो असत् है उसकी सत्ता हो ही नहीं सकती, जो सत् है उसका अभाव भी नहीं हो सकता—'नासते विद्यते भावो नाभावो विद्यते सतः।' सो, जो वस्तु जनता के भीतर नहीं है उसको उद्‌बुद्ध करने की चेष्टा बेकार है। जनता के अन्तःकरण में अगर सौन्दर्य के प्रति सम्मान का भाव नहीं है, तो जनता कभी भी सौन्दर्य-प्रेमी नहीं बनायी जा सकती। द्विवेदीजी ने जो शब्द चुना है वह इसलिए सार्थक है कि उसमें यह बात स्वीकार कर ली गयी है कि जनता के भीतर वह वस्तु स्तब्ध पड़ी हुई है; उपयुक्त उद्दीपक के अभाव में वह स्पन्दित नहीं हो रही है। इस उद्दीपक वस्तु को समाज में प्रतिष्ठित करना वांछनीय है। जो जाति 'सुन्दर' का सम्मान नहीं कर सकती, वह यह भी नहीं जानती कि बड़े उद्देश्य के लिए प्राण देना क्या चीज है। वह छोटी-छोटी बातों के लिए झगड़ती है, मरती है और लुप्त हो जाती है। 'सुन्दर' का सम्मान करना किसी भी जाति की महिमा की कसौटी है।

परन्तु 'सुन्दर' है क्या वस्तु। संसार में 'सुन्दर' की व्याख्या करने के लिए बहुत पोथियाँ लिखी गयी हैं। परन्तु जिस प्रकार रस की चर्चा बराबर नीरस हुआ करती है उसी प्रकार सुन्दर की व्याख्याएँ भी असुन्दर ही साबित हुई हैं। 'सौन्दर्य' रूप को छोड़कर नहीं रह सकता। वह 'रस' जैसा ही एक ऐसा पदार्थ है जो प्रतीत होता है; परन्तु रूप को छोड़कर कहीं रह नहीं सकता। आनन्दवर्धन ने 'लावण्य' को रस-वस्तु के समान ही प्रतीयमान कहा था। वह किसी वस्तु के प्रसिद्ध अवयवों में से कोई भी नहीं है, उनसे अतिरिक्त वस्तु है और फिर भी उन अवयवों को छोड़कर नहीं रह सकता—'यत्तत् प्रसिद्धावयवातिरिक्तं विभाति लावण्यमिवाङ्गनासु'। सो सौन्दर्य, रूप (फार्म) को छोड़कर, नहीं रहता। जीवन को सुन्दर ढंग से बिताने के लिए भी जीवन का एक रूप होना चाहिए। बहुत-से लोग कुछ भी न करने को भलापन समझते हैं। यह गलत धारणा है। सुन्दर जीवन क्रियाशीलता को छोड़कर जीवन का 'सौन्दर्य' टिक नहीं सकता।

इतना तो स्पष्ट ही है कि 'रूप' सौन्दर्य नहीं है, सौन्दर्य का आश्रय है। वस्तुतः रूप हमारे स्थूल प्रयोजनों का निवर्त्तक होता है। जब प्रयोजन की

सीमा समाप्त हो जाती है तो सौन्दर्य का क्षेत्र आरम्भ होता है। घी का लड्डू, टेढ़ा भी भला ही होता है। वह गोल रहे या टेढ़ा रहे, हमारी स्थूल इन्द्रियाकांक्षा की वह अवश्य पूर्ति करेगा। परन्तु मनुष्य जब उसे गोल और चिकना बनाने का प्रयास करता है तो स्थूल प्रयोजनों से कुछ आगे बढ़ता है। एक बार एक सभा में मैंने यही बात कही थी। इसको ठीक-ठीक समझने में एक बड़े श्रद्धेय नेता ने भी गलती की थी। उन्होंने मेरा मजाक उड़ाया था; क्योंकि उनकी समझ के अनुसार मैंने कहा था कि सौन्दर्य निष्प्रयोजन वस्तु है! लेकिन मैं यह नहीं कहता कि सौन्दर्य निष्प्रयोजन वस्तु है। मैं यह कह रहा हूँ कि सौन्दर्य स्थूल प्रयोजनों से अतिरिक्त होता है। प्रयोजन तो उसमें होगा ही। जो वस्तु मनुष्य के किसी काम नहीं आती, उसे मैं दो कौड़ी का भी नहीं मानता। मनुष्य का कल्याण पहली शर्त है। लेकिन मैं इतना अवश्य मानता हूँ कि प्रयोजन कई तरह के हो सकते हैं—कुछ नितान्त स्थूल, कुछ सूक्ष्म और कुछ सूक्ष्मतर। मनुष्य के कल्याण के लिए सभी आवश्यक हैं। स्थूल प्रयोजनों की पूर्ति पहले होनी चाहिए। जिस जनता को पेटभर अन्न नहीं मिलता, वह सौन्दर्य का सम्मान नहीं कर सकती। नींव के बिना इमारत नहीं उठ सकती। 'भूखे भजन न होंहि गुपाला।'

मनुष्य के प्रयोजन कई प्रकार के हैं। जिनको इन्द्रियार्थ या विषय कहा जाता है वे बहुत बाह्य प्रयोजन हैं। हमारे स्थूल शरीर के बचे रहने के लिए आहार-निद्रा आदि आवश्यक है। परन्तु केवल इतना मिल जाने से ही मनष्य 'मनुष्य' नहीं हो जाता। उसे कुछ मानसिक भोजन भी चाहिए। पशु भी आहार-निद्रा के साधन पा ही लेते हैं। परन्तु मनुष्य केवल जो-जैसा है उसको वैसा ही नहीं स्वीकार कर सकता। उसकी रुचि-अरुचि है, राग-विराग है, प्रीति-विषाद है। फिर मनुष्य ने दीर्घ साधना के बाद अनासक्त भाव से देखने योग्य एक यन्त्र भी अपने मस्तिष्क में विकसित किया है; इसे बुद्धि कहते हैं। बौद्धिक अनासक्ति विकसित मनुष्य की निजी विशेषता है। मनुष्येतर जीवों में यह अनासक्ति नहीं पायी जाती। मनुष्यों में भी जो निचले स्तर में हैं, वे अनासक्त भाव से नहीं सोच सकते। अनासक्ति मनुष्य ने बड़ी कठिन तपस्या और आयास के बल पर प्राप्त की है। सो मनुष्य की

यह बड़ी भारी विशेषता है। किसी-न-किसी प्रकार की निःसंग चिन्ता के बिना मनुष्य रह नहीं सकता। लेकिन निःसंगता मनुष्य की चरम साधना नहीं है। इससे भी बड़ी वस्तु है जो निसंग दृष्टि को सरस बनाती है। इसी का नाम भक्ति है। प्रेम जब तक निःसंगता की अवस्था को पार करके नहीं प्राप्त किया जाता, तब तक उसे भक्ति नहीं कहते। आसक्त लगाव मोह है, प्रेम नहीं। जब तक अनासक्त बुद्धि प्राप्त नहीं होती, तब तक मोह भी नहीं छूटता। इसीलिए भक्ति के निमित्त अनासक्त बुद्धि या वैराग्य आवश्यक बताया गया है। एक श्रेणी के भक्त वैराग्य को भक्ति का फल बताते हैं। स्वयं भागवत में कहा गया है कि भगवान् वासुदेव के प्रति प्रयोजित भक्ति अकारण वैराग्य और ज्ञान को उत्पन्न करती है—

वासुदेवे भगवति भक्तियोगः प्रयोजितः।
जनयात्याशु वैराग्यं ज्ञानं च यदहैतुकम् ॥

(भागवत 1, 2, 1)

परन्तु इसका अर्थ सिर्फ इतना ही है कि भक्ति की प्राप्ति से अनासक्त बुद्धि के स्खलित होने का भय जाता रहता है। वस्तुतः अनासक्ति भक्ति का आधार है।

अब, किसी भी बड़ी साधना के लिए सबसे पहले हमारे स्थूलतर प्रयोजनों की पूर्ति हो लेनी चाहिए। जिसे शरीर धर्म के निर्वाह का ठिकाना नहीं, उसको रुचि-अरुचि, राग-विराग का प्रश्न ही नहीं उठता। पेट की मार इतनी भयंकर होती है कि लोग गन्दी गलियों में से सड़ा मांस उठाकर खा जाते हैं। विश्वामित्र जैसे मन्त्रद्रष्टा ऋषि को भूख की ज्वाला ने ऐसा सताया था कि चाण्डाल के घर से मरे कुत्ते की जंघा चुराने लगे थे ! सो जो लोग स्थूल बाह्य प्रयोजनों की पूर्ति की कोई व्यवस्था सोचे बिना सूक्ष्मतर मानसिक, बौद्धिक और आध्यात्मिक साधना की बात सोचते हैं वे काल्पनिक दुनिया में ही चक्कर काटते हैं। विश्वामित्र की कहानी आँख खोलने को काफी है (महाभारत, शान्तिपर्व, 141 अध्याय) परन्तु प्राचीन शास्त्रों में और भी बहुत-से प्रसंग हैं जिनसे पता चलता है कि जो लोग परम ज्ञानी हो चुके हैं वे भी पेट की मार बरदाश्त नहीं कर सके। महाभारत (अनुशासनपर्व, 93 अध्याय) में लिखा है कि शैव्य के यज्ञ में जिन ऋत्विकों का वरण

किया गया था वे एक बार भूख की ज्वाला से ऐसे व्याकुल हुए कि मनुष्य का शव-देह ही पकाने बैठ गये ! जब बड़े-बड़े ज्ञानियों का यह हाल है तब उनकी तो बात ही क्या है जिन्हें अभी ज्ञान देना है ! जितने भी शरीर-धारण के प्रयोजन हैं उनकी पूर्ति होने के बाद ही मानसिक रुचि के परि-मार्जन का प्रसंग उठ सकता है, क्रमश: बौद्धिक नि:संगता और भक्ति की बात उठ सकती है। इसीलिए जब हम जनता के अन्त:स्पन्दन की बात सोचें तो सबसे पहले हमें जनता के बाह्य प्रयोजनों की पूर्ति की बात सोचनी होगी। जिसे खाने को अन्न और पहनने को वस्त्र नहीं मिलता, उससे उस वस्तु के ग्रहण करने की आशा ही कैसे की जा सकती है जो प्रयोजन से अतिरिक्त है। रूप का आधार पाये बिना रूपातीत सौन्दर्य की कल्पना करना निठल्लों का मनोविनोद हो सकता है, विचारशील व्यक्ति उसमें समय नहीं बरबाद कर सकते।

मनुष्य के लिए आहार-निद्रा का साधन जुटा लेना इतना सरल नहीं रह गया है जितना पूर्ववर्ती युगों में था। मनुष्य की बुद्धि विकसित होती गयी है, उसके आहार-विहार के साधनों के उत्पादन में अनेक प्रकार की सुविधाएँ प्राप्त हो गयी हैं, और फिर भी समाज में शान्ति तथा आश्वासन दुर्लभ हो गये हैं। अराजक अवस्था में हम लौट नहीं सकते। समाज के संघटन के मूल में जो गलतियाँ रह गयी हैं, उन्हें सुधारे बिना भी हम जी नहीं सकते। समाज-व्यवस्था को ज्यों-का-त्यों स्वीकार कर लेना एकदम असम्भव हो गया है। इसीलिए मनुष्य की प्राथमिक आवश्यकताओं की पूर्ति के निमित्त हमें बड़े प्रयत्न करने होंगे। राजनीतिक और आर्थिक शक्तियाँ यदि ऐसे लोगों के हाथ में चली गयीं, जिनका परम काम्य स्वार्थ ही है, तो हम जनता के बाह्य स्थूल प्रयोजनों की पूर्ति नहीं कर सकते; अन्त:स्पन्दन तो उसके बाद की बात होगी।

हमारे एक अंग्रेज मित्र संस्कृत पढ़ने के लिए यहाँ आये थे। वह बड़े श्रद्धालु और प्रेमी व्यक्ति थे। भारतीय शास्त्रों के प्रति उनमें बड़ी श्रद्धा थी। उन्होंने एक दिन आश्चर्य के साथ पूछा कि हिन्दुस्तान में राजनीति को इतना महत्त्व क्यों दिया जाता है ! साधारण अवस्था में यह प्रश्न सचमुच द्रष्टव्य है। जीवन में एक निश्चित मर्यादा तक साहित्य का आधार है।

उससे अधिक उस पर ध्यान नहीं देना चाहिए। मनुष्य भोजन के बिना रह नहीं सकता। यह उसकी अत्यन्त जबरदस्त आवश्यकता है। पर यह भी क्या कि जब देखो तब खाने की खब्त सवार है। परन्तु भारतवर्ष इस समय साधारण अवस्था से नहीं गुजर रहा है। राजनीति पर उसका नियन्त्रण न रहने के कारण न तो वह अपनी राष्ट्रीय उन्नति की योजनाओं को कार्यान्वित कर सकता है, न शिक्षा और स्वास्थ्य के विषय में कुछ सोच सकता है, न शिल्प और उद्योग का सन्देश घर-घर पहुँचा सकता है। संक्षेप में, वह न अपनी जनता की उदर-ज्वाला को ठण्डा करने का उपाय कर सकता है, न मानसिक और बौद्धिक भूख मिटा पा रहा है। इस युग में केवल शुभ बुद्धि से काम चलनेवाला नहीं है। उस शुभ बुद्धि को आचरण के रूप में उतारने के लिए राजनीतिक और आर्थिक शक्तियों पर ऐसे व्यक्ति का कब्जा होना चाहिए जिनमें अधिक-से-अधिक शुभ बुद्धि भी हो और उसे कार्यान्वित करने की अधिक-से-अधिक व्यावहारिक योग्यता भी।

हममें से बहुत-से लोग हैं जो या तो स्वेच्छा से या संयोगवश साहित्य, कथा और ज्ञान की चर्चा किया करते हैं। उनका क्या कर्तव्य है ? क्या वे तब तक हाथ-पर-हाथ धरे बैठे रहें, जब तक राजनीतिक शक्तियों पर उन लोगों का हाथ नहीं हो जाता जो जनता का अधिक-से-अधिक कल्याण कर सकते हैं ? या वे अपना छोटा-छोटा दीपक जलाये रखें ताकि उचित अवसर पर वह काम आ सके ? इतना तो निश्चित है कि समग्र जनमण्डली को मनुष्य की उच्चतर साधनाओं के प्रति संवेदनशील बनाना वांछनीय है। यह भी निश्चित है कि प्राथमिक आवश्यकताओं की पूर्ति होना आवश्यक है। जो व्यक्ति इन दोनों बातों को स्वीकार करता है वह निष्क्रिय होकर नहीं रह सकता। उसे राजनीतिक और आर्थिक शक्तियों की गतिविधि पर नजर रखनी ही होगी। वे उन लोगों के हाथ के बाहर न जाने पावें जो लोक-कल्याण की बुद्धि से प्रेरित हैं, यह भी हमें देखना चाहिए। परन्तु इससे भी बड़ा कर्तव्य हमारा यह है कि लोक-कल्याण की प्रेरणा को हम निरन्तर जिलाये रखें, अनासक्त भाव से उसके स्वरूप को स्पष्ट करते रहें और इस बात का बराबर ध्यान रखें कि जो लोग शक्तिशाली होने जा रहे हैं उनमें लोक-कल्याण के स्थान पर किसी प्रकार का मोह तो नहीं पैदा हो रहा है।

संक्षेप में, इस समय जितनी भी अनाविल अनासक्त बुद्धि हमें प्राप्त है उससे हम बराबर जनता और उसके नेताओं के सामने मूल सत्त्व को उज्ज्वल रूप में रखते रहें। यह मूल सत्त्व है, समस्त जन-समाज का कल्याण, मनुष्य के लिए अहैतुक प्रेम, मनुष्यता के लिए आत्म-दान। इसमें किसी प्रकार की संकीर्णता हम न आने दें। हम किसी भी अवस्था में उत्तेजनाओं से विचलित न हों---न जातु कामान्न-भयान्न लोभात्।

जैसा हमने इस वक्तव्य के आरम्भ में निवेदन किया है, आज मनुष्य का जीवन बड़ा जटिल हो गया है। दिन-दिन वह अधिकाधिक जटिलता की ओर अग्रसर होता जा रहा है। परन्तु मनोविज्ञान और नीतिशास्त्र के पण्डितों ने मनुष्य के समस्त प्रयत्नों के कुछ मूल प्रेरक सोच लिये हैं। मनुष्य के प्रत्येक आचरण का एक मूल उत्स होता है। हम जब कोई कर्तव्य-निर्धारण करते हैं तो उस मूल उत्स से ही वह प्रेरित होता है, यद्यपि सब समय हम उसे जानते नहीं होते। कोई यश की इच्छा से अपना कर्तव्य-निर्णय करता है, कोई मान की इच्छा से, कोई धन की इच्छा से और कोई ज्ञान की लिप्सा से। और भी कई प्रकार के मानस-उत्स हैं जहाँ से हमारी कर्तव्य बुद्धि को प्रेरणा मिलती है। मनुष्य ने जब सौन्दर्य की सृष्टि की है तो उसके लिए भी कोई-न-कोई प्रेरक अवश्य रहा है। कभी धन-लिप्सा से, कभी यशोलिप्सा से, कभी कल्याण-कामना से, कभी परलोक में सुख पाने की वासना से ये सुन्दर वस्तुएँ रची गयी हैं। नीतिशास्त्र के पण्डित मानस-उत्सों में सबसे श्रेष्ठ श्रद्धा भक्ति को कहते हैं।

यह नहीं समझना चाहिए कि शुरू से ही मनुष्य के मानस-उत्स इन सभी प्रकार की इच्छाओं से बने हुए हैं। इतिहास की दीर्घ यात्रा में मनुष्य ने बहुत-कुछ खोया है और बहुत-कुछ पाया है। उन्नीसवीं शताब्दी के दार्शनिकों का विश्वास था कि मानव-सभ्यता के प्रथम युग में मनुष्य ने भय और कुतूहलवश नाना अदृष्ट शक्तियों की कल्पना नाना रूपों में की। ऋग्वेद के मन्त्रों में इसी प्रकार के भय और कुतूहल के भाव देखकर यूरोप के पण्डितों ने उन्हें आदिम (प्रिमिटिव) कहा था। परन्तु नृ-तत्त्वशास्त्र के आधुनिक आविष्कारों ने इस बात की जड़ हिला दी है। यह बात विशुद्ध काल्पनिक विश्वास सिद्ध हुई है। आज की वर्तमान आदिम जातियों में

प्रकृति की अदृष्ट शक्तियों के प्रति भय और कुतूहल के भाव नहीं पाये जाते। जिनमें पाये जाते हैं वे आदिम स्थिति में नहीं हैं। वस्तुतः भावमूलक रूपों की कल्पना मध्यवर्ती स्थिति की उपज है। जब जे. जी. फ्रेजर ने पहले-पहल इस विश्वास को निराधार घोषित किया तो यूरोप में बड़ा विरोध हुआ। फ्रेजर का कहना था कि प्रागैतिहासिक युग के चित्रित दीवारों, गुफाओं और अन्य वस्तुओं के अध्ययन से यह जान पड़ता है कि आदिम मानव की रचनाओं के मूल में दो प्रेरक कारण थे। प्रथम यह कि आदिम मानव का विश्वास था कि जिस वस्तु का चित्र बनाया जाता है वह वस्तुतः बढ़ा करती है। हरिण का चित्र बनाने का मतलब है कि वन में बहुत हरिण होंगे और मेघ बनाने का प्रयोजन है कि खूब वर्षा होगी। दूसरा कारण था कि आदिम मानव अपने बनाये चित्रों को असली वस्तु का प्रतिनिधि समझता था। उसके पास किसी वस्तु के चित्र के रहने का अर्थ यह है कि वह वस्तु अधिकार में आ जायगी। फ्रेजर के इस निष्कर्ष का शुरू-शुरू में बड़ा विरोध हुआ। बड़े-बड़े विचारकों ने इस निष्कर्ष को स्वप्नदर्शी के विचार कहकर हँसी उड़ायी। पर जब सन् 1903 ई. में टेनेक ने लगभग 1200 प्रागैतिहासिक चित्रों का बहुमूल्य संग्रह प्रकाशित किया तो विरोध ठण्डा पड़ गया। इन चित्रों में सब-के-सब गायों, बकरियों, हरिणों और घोड़ों आदि के थे। यह प्रागैतिहासिक चित्रण अंग्रेजी में 'मैजिकल क्रिएशन' कहा गया है। हम इसे 'तान्त्रिक रचना' कह सकते हैं।

ज्यों-ज्यों मनुष्य प्रकृति के रहस्यों को भेदता गया, त्यों-त्यों उसकी रूप-सृष्टि के प्रेरक मनोभाव प्राप्त होते गये। परन्तु सुन्दर की सृष्टि सबसे आदिम युग में ही शुरू हो गयी थी। सुन्दर बैल बनाने से सुन्दर बैल मिलने की आशा थी, इसलिए चित्रयितव्य का रूप बराबर सुन्दर बनाने का प्रयत्न रहा। भयमूलक रचना भी हुई और मांगल्य-भावनात्मक भी। परन्तु सर्वत्र मनुष्य की रूप-सृष्टि का उद्देश्य यही रहा है कि जो है उससे कुछ अच्छा हो, जो होनेवाला है, वह मंगलमय होकर होवे, जो अनिवार्य है वह अव्यवहार्य न हो जाय। यह बात केवल चित्रों तक ही समाप्त नहीं हो जाती। मनुष्य के कल्पित प्रत्येक सौन्दर्य के मूल में यह भावना रही है। नाच-गान, नाटक, लास्य-ताण्डव, सभी को मनुष्य ने मंगल-बुद्धि से करने का प्रयत्न किया है।

नाट्यशास्त्र में कहा गया है कि इनको विधिपूर्वक करने से गृहस्थ के पुराकृत कर्म से उत्पन्न विघ्न नष्ट होते हैं, पुण्य होता है, पापक्षय होता है।

ध्यान से देखा जाय तो कर्तव्य-बुद्धि के हमारे मानस-उत्स स्थिर और अविचल वस्तु नहीं हैं। प्रयत्नपूर्वक वे बदले गये हैं और आगे भी बदले जा सकेंगे। मनुष्य प्राथमिक अवस्था में इन्द्रियार्थों की प्राप्ति की कामना से ही अपना कर्तव्य-निर्णय करता रहा। धीरे-धीरे उसमें मान की, यश की, पुण्य की, मांगल्य की, परोपकार की, नैष्कर्म्य की और भागवत आनन्द की कामना विकसित हुई है। अब तक ये ही मनुष्य के मानस-उत्स रहे हैं। आज मनुष्य जो धन कमाने या अधिकार की इच्छा से अनेक प्रकार के प्रयत्न करता है वह पुराने मनुष्य के इन्द्रियार्थ-लाभ का ही रूपान्तर है। अनेक यत्न और आयास से मनुष्य स्थूल इन्द्रियों की आकांक्षा को अतिक्रम कर सका है—

धनञ्च मानञ्च यशश्च पुण्यं भयाद्विमुक्तिश्च परोपकारस्य।
नैष्कर्म्यमानन्दमनाविलञ्च वदन्ति जन्तोश्चरितेरितानि* ॥

तपस्या और साधना द्वारा वह और भी आगे बढ़ सकता है। जिन लोगों ने साहित्य-सेवा का व्रत लिया है उन्हें भली-भाँति समझ लेना चाहिए कि साहित्य-सेवा निठल्लों का वाग्विलास नहीं है। हमें अनेक कौशलों से जनता की कर्तव्य-प्रेरणा के मानस-उत्सों को यथा-सम्भव आदिम अवस्था से हटाना है। उसे धन और मान के चक्कर में न पड़ने देकर बड़े उत्सों का सन्धान बताना है। नाटक, उपन्यास, कविता, आलोचना आदि इन्हीं नाना कौशलों के नाम हैं। इन कौशलों द्वारा हमें बराबर प्रयत्न करना होगा कि यद्यपि स्थूल इन्द्रियार्थ हमारे अत्यन्त आवश्यक प्रयोजन हैं तथापि हम इतने से ही सन्तुष्ट नहीं हो सकते। हमें मानसिक, बौद्धिक और आध्यात्मिक प्रयोजनों के निवर्तन की भी आवश्यकता है। मनुष्य जिससे 'मनुष्य' नहीं बन सके वह मिल ही गया तो क्या और नहीं ही मिला तो क्या। उपनिषद्

* धन, मान, यश, पुण्य, भय से मुक्ति, परोपकार, निष्कर्मता, आनन्द और अनाविलता (निष्पापता)—जीवों के ये आचरण-प्रेरक लक्ष्य हैं।

में महिला-ऋषि ने इसी बात को इस प्रकार कहा था—जिसे पाकर मैं 'अमृत' नहीं हो सकती उसे लेकर क्या करूँगी भला!—'येनाहं नामृता स्यां किमहं तेन कुर्याम् !'

अगर सचमुच हमें जनता के भीतर सुन्दर के सम्मान की भावना जाग्रत् करनी है तो हमें उसके कर्तव्य के श्रेष्ठतर उत्सों का सन्देश देना होगा। परन्तु इसके पहले हमें यह अवश्य ध्यान रखना होगा कि यह जनता उन लोगों के चंगुल में न फँस जाय, जो धन को, मान को और यश को ही बड़ी बात समझते हैं—जो स्थूल इन्द्रियार्थ को ही बड़ी सिद्धि मानते हैं। साहित्यकार अपना सन्देश तभी सुना करता है जब समाज की राजनीति और अर्थनीति उसके अनुकूल हो। वह इन विषयों से उदासीन रहकर कुछ भी नहीं कर सकता। स्थूल प्रयोजनों की पूर्ति हो लेने के बाद ही बड़ी बातें बतायी जा सकती हैं।

पण्डित शान्तिप्रियजी ने जो प्रस्ताव हमारे सामने रखा है उस पर खूब मनन करने की जरूरत है। साहित्यकार को अब निष्क्रिय नहीं रहना चाहिए। हमारी जनता का अन्तःस्पन्दन हो, वह महान् का आदर करना सीखे, शोभन के प्रति उसका प्रेम बढ़े—यह वांछनीय है। इस उद्देश्य की सिद्धि के लिए साहित्यकार को ऐसे बहुत-से काम करने पढ़ेंगे जो साधारणतः साहित्य के प्रचलित अर्थ में नहीं समाते।

चंचला

हे विराट नदी,
अदृश्य अशब्द तेरी वारिधारा बह रही निरवधि विराम-विहीन
अविरल-अविच्छिन्न-अजस्र !
---स्पन्दन से सिहरता शून्य तेरी रुद्र कायाहीन गति के,
वस्तुहीन प्रवाह के खा-खा प्रचण्डाघात उठते वस्तु-रूपी फेन के
शत पुंज;—
नव आलोक की तीव्रच्छटा विच्छुरित होती नित्य चित्र-विचित्र
वर्णस्रोत में
उठ-उठ निरन्तर धावमान विशाल तिमिर व्यूह से।
(इस चण्ड गति से उठे) घूर्णाचक्र के प्रत्येक स्तर में
पतित-घूर्णित भटकते-मरते अनेकों सूर्य-शशि-नक्षत्र बुद्बुद की
तरह दिन-रात।

हे भैरवी, हे वैरागिणी,
तुम जो चलीं उद्देश्यहीन अबाध—
यह गति ही तुम्हारी रागिणी —
नि:शब्द मोहन गान।
क्या तुमको निरन्तर है पुकार रहा अनन्त सुदूर---जिसका
ओर-छोर न सका कोई जान !
उसकी ही निगोड़ी प्रीति से तुम हाय घर-छोड़ी बनीं
चल पड़ी, हो उन्मत्त इस अभिसार-यात्रा को, प्रणय का वह विकट

संचार !
—वक्षोहार बारम्बार टकराता, बिखरते जा रहे नक्षत्र मुक्ताकार !
घनमेचक चिकुर सम्भार उड़-उड़ व्योमतल को कर रहा है
अन्धतिमिराकार,
हिल उठते चपल विद्युद्वलय के कर्णफूल दुरन्त,
व्याकुल-विकल अंचल छू रहा धरती, विलुण्ठित हो रहा कम्पित
तृणों पर
और वन-वन में नवोदित तरुण किसलय-राजि पर निर्बाध;
झर पड़ते कि बारम्बार—चम्पा, वकुल, जूही और पाटल,
मार्ग में;
गिर-गिर तुम्हारे नवल ऋतु की थाल से अनजान !
केवल दौड़ती हो, दौड़ती उद्दाम, उद्धत वाम गति से
ताकती भी हो नहीं फिरकर, लुटाती जा रही सर्वस्व अपना
खींच-खींच, उलीचकर सब शून्य करती हुई निज भाण्डार,
कुछ भी नहीं सँचतीं-सँजोतीं-लेतीं बटोर-बटोर।
मन में कहीं शोक न मोह, तुम निर्भय-निधड़क, निछोह !
इस आनन्द में पथ के लुटाती जा रहीं निर्बाध निज पाथेय,
जिस क्षण पूर्ण हो जातीं उसी क्षण कुछ नहीं रहता
तुम्हारा, सभी हो जाता निखिल का,
स्वयं को इस भाँति दे देना उँड़ेल अशेष—मस्ती का कि अलबेला
नशा निर्द्वन्द्व ! इससे तुम सदैव पवित्र !
पादस्पर्श से है भूल जाती मलिनता निज विश्वधूलि सदा निमेष-
निमेष में उन्मिषित होकर मृत्यु बनती प्राण प्रति उल्लास में;
बस एक क्षणभर अगर थककर,
साँस लो विश्वास का तुम तनिक रुककर,
स्फीत हो उट्ठे जगत दुर्वार पुंजीभूत पर्वत-सदृश वस्तुसमूह से
अति पंगु-मूक-कबन्ध, वधिर-निरन्ध,
वह बाधा घमण्डी
स्थूल तन मोटी मुचण्डी

खड़ी होये छेककर पथ रोक सबका—
क्षुद्र से भी क्षुद्रतर परमाणु अपने-आपके ही भार से—
संशयजनित दारुण-विरूप विकार से —
हो उठे विद्ध असीम नभ के मूल में ही वेदना के शूल से।
हे नटी, हे चपलाप्सरे, तुम हे अलक्ष्य विहारि-मोहिनि सुन्दरी
तेरे मनोहर नृत्य की मन्दाकिनी अहरह स्रवित होकर रही पावन
निरन्तर विश्वजीवन को मरण के स्नान से;
निःशेष निर्मल नील में विकसा रही है इस असीम अनन्त तनु
आकाश का आलोक !

रे कवि,
आज तुझको उत्तरल चंचल बना डाला नवल-झंकार-मुखरा इस
भुवन की मेखला ने, और इसके अलक्षित पद-संचरण की अहैतुक
निर्बाध गति ने, नाड़ियों में आज तेरे सुन रहा हूँ किसी चंचल की
पगध्वनि, वक्ष में रणरणित निःस्वन,
है न कोई जानता यह—नाचती हैं रक्त में तेरे उदधि की लोल लहरें,
काँपती है आज मन में विकलता व्याकुल बनों की,
याद आती है पुरानी बात;—
युग-युग से चला हूँ
स्खलित हो-हो
सदा चुप-चुप
रूप से नवरूप में ढलता हुआ
फिर प्राण से नवप्राण में जलता हुआ
(हो दिवस या कि विभावरी)
हो प्रात या कि निशीथ,
जब जो कुछ मिला है हाथ में
देता गया हूँ—
दान से नवदात को।
(पद-बन्ध में उन्मत्त) रे कवि, देख इस स्रोतस्विनी के स्रोत को जो
मुखर हो उट्ठा अचानक,

काँपती थरथर तरणि है तीर का संचय पड़ा रह जाय तेरा तीर पर
ही उलटकर उस ओर तू मत ताक।
ऐसा हो कि, वाणी सामने की खींच ले तुझको महागतिस्रोत में,
पीछे पड़े उस तीव्र कोलाहल मुखरता से,
बचा ले इस तिमिर के अतल तल से—और ले जाये उठाकर
उस अकूल ज्योति की ही ओर—
जिसका कहीं ओर-न-छोर !

०००